中医适宜技术

艾灸

主　审　邓华强

主　编　赵美玉　姚中进

副主编　张　成　周　悦

编　委（按姓氏笔画排序）

于雅琴　王　海　王学思　王鹤桥　邓松雨　邓哲同　冯美茹

刘　蕾　孙　迪　李一波　李小娟　杨文涛　何小帆　张　成

武敬文　苗艳敏　范　蕾　林小红　金静军　周　悦　郑　颖

赵美玉　钟小文　钟梦琪　钟淑贤　姚中进　徐筱峰　郭　葵

温国民　蔡荣潮

人民卫生出版社

·北京·

图书在版编目（CIP）数据

中医适宜技术：艾灸 / 赵美玉，姚中进主编．
北京：人民卫生出版社，2024. 9. -- ISBN 978-7-117
-36823-0

Ⅰ. R2

中国国家版本馆 CIP 数据核字第 2024JE0324 号

人卫智网	www.ipmph.com	医学教育、学术、考试、健康，购书智慧智能综合服务平台
人卫官网	www.pmph.com	人卫官方资讯发布平台

中医适宜技术——艾灸
Zhongyi Shiyi Jishu——Aijiu

主　　编：赵美玉　姚中进
出版发行：人民卫生出版社（中继线 010-59780011）
地　　址：北京市朝阳区潘家园南里 19 号
邮　　编：100021
E - mail：pmph @ pmph.com
购书热线：010-59787592　010-59787584　010-65264830
印　　刷：廊坊十环印刷有限公司
经　　销：新华书店
开　　本：787×1092　1/16　印张：22
字　　数：549 千字
版　　次：2024 年 9 月第 1 版
印　　次：2024 年 11 月第 1 次印刷
标准书号：ISBN 978-7-117-36823-0
定　　价：69.00 元

打击盗版举报电话：010-59787491　E-mail：WQ @ pmph.com
质量问题联系电话：010-59787234　E-mail：zhiliang @ pmph.com
数字融合服务电话：4001118166　E-mail：zengzhi @ pmph.com

前言

艾灸作为一种古老的中医治疗方法,在数千年的历史长河中,为华夏的繁荣昌盛、世界医学的发展和全人类的健康事业作出了巨大的贡献。为了更好地传承和弘扬中医药文化,促使中医学以更加强大的生命力,为保障人们健康发挥更大的作用,故组织专家和学者编写了《中医适宜技术——艾灸》,旨在不断应用和推广艾灸技术,护佑大众身心健康,福祉社会。

在该教材的编写过程中,先后四次召集编写人员会议,明确教材定位,突出体现教材的"三基"和"五性"。"三基"即基本理论、基本知识和基本技能;"五性"即思想性、科学性、创新性、启发性、实用性。全书共分两个部分,即基础理论篇和临床应用篇,共计十二章内容。

该教材本着适度、够用、理论联系实际等原则而编写,语言通俗易懂,内容言简意赅,并插入案例和知识链接,同时结合相关案例解析,力求起到激发学生学业情绪,促进学习迁移的良好作用,也期望可实现翻转课堂、课证融通、岗课融通等教学理念和教学目标。

由于编者水平有限,该教材不可避免会存在不足之处,在此敬请读者指正,我们也将会竭尽全力,在未来的编写和修订过程中,力求教材内容更加科学、合理、新颖,为培养更多的艾灸专业人才作出积极的贡献。

编 者
2024 年 6 月

目录

基础理论篇

临床应用篇

基础理论篇

第一章

绪　　论

第一节　艾灸技术的起源

【学习目标】
1. 通过本章内容的学习，重点掌握艾灸技术在各朝代发展的历史。
2. 熟悉不同朝代有突出贡献的人物、事件及艾灸技术进步的内容。
3. 学习先贤们在临床工作中认真观察、勇于实践、不断创新的精神。

情景导入

2020 年 2 月由国家卫生健康委和中医药局联合印发的《新型冠状病毒肺炎恢复期中医康复指导建议（试行）》中，要求充分发挥中医药独特优势，加快新型冠状病毒肺炎恢复期康复，推荐采用中医中药和中医适宜技术即艾灸疗法，并重点推荐七个艾灸常用穴位：大椎、肺俞、上脘、中脘、膈俞、足三里、孔最。上述内容，充分表明了艾灸技术的历史意义和现实意义，证明了艾灸技术在几千年的历史长河中的源远流长和经久不衰的独特疗效。

一、艾灸的起源

艾灸，别称灸疗或灸法，是用艾叶制成的艾条、艾炷，产生的艾热刺激人体穴位，通过激发经气的活动来调整人体紊乱的生理生化功能，从而达到防病治病目的的一种治疗方法。

灸法的特点是既能抑制功能亢进，也能使衰退的机能兴奋而趋向生理的平衡状态，因此灸法对人体是一种良性刺激，对增强体质大有裨益。不论病体、健体都可以使用灸法，它尤其对衰弱儿童有促进发育的作用，故灸法的使用范围非常广泛。

灸法，是中医临床治疗的重要手法之一。但要将清灸法在治疗疾病中的确切起源，实不容易。比较起源的各种不同说法，已故安徽省灸法研究会周楣声老先生在他所著的《灸绳》中的观点比较客观："追溯其起源，虽无确切佐证可凭，但它和任何事物一样，是人类文明进步的产物，因此它的诞生，必然是人类在掌握了用'火'的技术以后。"使用火的过程中人们逐渐认识到，用火适当烧灼身体的某些部位，可以减轻或治愈某些病痛。于是，远古的先民就采用火烧灼身体固定部位的方法治疗疾病。

据《素问·异法方宜论》的记载："北方者，天地所闭藏之域也。其地高陵居，风寒冰冽。

其民乐野处而乳食，藏寒生满病，其治宜灸焫。"《灵枢·官能》同样也有类似的记录："针所不为，灸之所宜。"在《灵枢》中的禁服第四十八篇中还讲解了在寸口脉下陷时只用艾灸的原理："陷下者，脉血结于中，中有著血，血寒，故宜灸之。"对于普通人的健康保健，《黄帝内经》也强调了口服中药、艾灸、针刺合用的方法，脉象"不盛不虚，以经取之。所谓经治者，饮药，亦曰灸刺"。这些都是东周战国时期中医经典文献的记载，确切可信。

目前可以推定，至少在西周之初就有灸法用于治疗风寒之疾。也许，其时间还可以提前，利用出土文物考古可帮助后人寻找更早的确切证据。譬如《五十二病方》所载治疗方法多种多样，除了内服汤药之外，尤以外治法最为突出。有敷贴法、药浴法、烟熏或蒸汽熏法、熨法、砭法、灸法、按摩法、角法（火罐疗法）等。战国时期的治疗手段如此多样化，而且还有艾灸治疗的具体操作方法，"取枲垢，以艾裹，以灸癫中颠，令烂而已"（《五十二病方》），为西周之初就有灸法的观点提供了依据。

另外，还有一些佐证证明在周朝时艾灸已成为一种较为普遍的医疗保健措施，如《庄子·盗跖篇》记载孔子"丘所谓无病而自灸也"。《诗经》（王风·采葛）也有"采彼艾兮"的说法。注"艾，蒿属，乾之可灸疾"。所有这些记载有力地说明，至少在西周之初先人就开创了将艾灸之法用于治疗疾病和保健身体的先河。先民们钻木取火或敲击燧石取火，往往用艾绒作为引火材料，起源于原始社会晚期的骨卜也是用艾绒烧灼动物骨。这种用艾绒点火的方法，为灸法以艾为材料提供了条件。

二、艾灸的历史变革

1. 周朝时期　1973 年长沙马王堆三号汉墓出土的医学帛书中，有两种春秋战国时期关于经脉的著作，《足臂十一脉灸经》和《阴阳十一脉灸经》，其中记载了十一经脉的循行路线、灸方等，说明灸法治疗疾病较为成熟，但用艾灸方法记载的病例却很难寻找。南宋名医窦材所著的《扁鹊心书》中记载了"扁鹊灸法"，其中记载了扁鹊用艾灸治疗疾病时的取穴方法、适用病证、病机、艾灸手法、艾灸量，以及疗效，十分详细具体，操作性和实用性很强，如"命关二穴在胁下宛中，举臂取之，对中脘向乳三角取之。此穴属脾，双名食窦穴，能接脾脏真气，治三十种脾病。能凡诸病困重，尚有一毫真气，灸此穴二三百壮，能保固不死。一切大病属脾者并皆治之。盖脾为五脏之母，后天之本，属土，生长万物者也。若脾气在，虽病甚不至死，此法试之极验"，又如"三里二穴在膝眼下三寸，胫骨外筋内宛中，举足取之。治两目不能远视，及腰膝沉重，行步乏力，此证须灸中脘、脐下，待灸疮发过，方灸此穴，以出热气自愈"，数十个字将穴位之取穴方法、主治病证、配穴、灸法、注意事项和病机、疗效均交代清楚。《左传》记载战国时期"扁鹊经虢太子治尸厥时，主其弟子子犳熨两胁下，而太子坐起"，这说明药熨、艾灸已广泛用于疾病的治疗。随着新出土文物的考证，相信未来可能会有更多周朝或者商朝，乃至夏朝用艾灸治疗疾病的证据。

2. 秦汉三国时期　伴随着中医的发展，艾灸也在不断完善。东汉医家张仲景所著的《伤寒杂病论》一直是临床诊疗的经典，至今仍然指导着中医临床的实践。张仲景提出"阳证宜针，阴证宜灸"的见解。在《伤寒杂病论》中，涉及艾灸的内容有 69 条，其用灸法多用于治疗三阴经病、虚证、寒证、阳衰阴盛证。如："少阴病得之一二日，口中和，其背恶寒者，当灸之，附子汤主之""少阴病，下利，脉微涩，呕而汗出，必数更衣，反少者，当温其上，灸之""伤寒六七日，脉微，手足厥冷，烦躁，灸厥阴。厥不还者死""下利，手足厥冷，无脉者，灸之""少阴病，吐利，手足不逆冷，反发热者，不死。脉不至者，灸少阴七壮""伤寒脉促，手足厥在逆,可灸之"。可见,在东汉时期艾灸治疗阴证、虚证、寒证已成为常规,并强调"灸少阴七壮",对于不同的病证,艾灸有剂量的要求。灸法中的壮数多少的"壮",根据周楣声先生所著的《灸绳》的解释,"是用艾炷附着于人体穴位进行烧灼""燃烧一炷为一壮""故几壮就是指烧灼几次之意,几壮就是刺激几次之意"。在此期间,《明堂孔穴针灸治要》、华佗所著的《枕中灸刺经》、曹翕所著的《曹氏灸经》是这一时期针灸方面的专著,可惜均已失传。

3. 晋南北朝时期   西晋时期,灸法得到了长足发展。著名的针灸学家皇甫谧深入钻研《灵枢》《素问》《明堂孔穴针灸治要》,并将这三部著作中的针灸内容汇而为一,去其重复,择其精要,撰成《针灸甲乙经》一书,全书分 12 卷 128 篇,共收集了 349 个腧穴,并首创化脓灸。即"欲令灸发者,灸履偏熨之,三日即发"(《针灸甲乙经》)。关于灸的壮数,《针灸甲乙经》一般为每穴每次 3~4 壮,其中头部、颈部、肩、背等处多为 3 壮;胸腹腋多为 5 壮,大椎灸 9 壮,最少的是井穴,灸 1 壮。个别穴位如环跳灸至 50 壮。在该书中对灸法的禁忌也做了论述,如针灸禁忌第一章节中所述:"头维禁不可灸。脑户禁不可灸,风府禁不可灸"。总共有 24 个穴位禁灸。书中也有用化脓灸感染引起不良后果的记载。另外,该书还再次明确提出"针所不为,灸之所宜"的观点。《针灸甲乙经》是继《黄帝内经》之后对针灸的又一次总结,是现存最早的一部针灸学专著。

东晋时期,以炼丹闻名的葛洪在其《肘后备急方》中,所录针灸医方 109 条,其中 94 条为灸方,从而使灸法得到了进一步的发展,并提出了急证用灸、灸以补阳,同时对灸材进行了改革,并最早使用隔物灸,为灸疗的多样化开辟了新途径,为后世医家进一步研究灸法产生了深远影响。葛洪之妻鲍姑,亦擅长用灸,是我国历史上不可多得的女灸疗家。"鲍姑行灸于海南,每获奇效,所用之艾名鲍姑艾"。

在晋南北朝时期,灸法得到了广泛应用,并在灸的方式上有了极大的改进,灸法灵活多样,并出现了多部论述灸法的著作,为灸法的发展起到了推波助澜的作用。特别是关于灸禁问题,认为《黄帝内经》禁灸十八处并非绝对,并提出直接灸要"避其面目四肢显露处,以疮瘢为害耳"等。其中,不少观点至今仍然可取。

4. 隋唐朝时期   到了隋唐时期,名医甄权著有《针方》《针经钞》和《明堂人形图》。医学家孙思邈著有《备急千金要方》和《千金翼方》,在书中首次介绍了阿是穴和指寸法,并提出采用艾灸预防传染病,艾灸某些热性病的理论,并开创了艾灸器械运用的先河。《备急千金要方》总结了前人的临床经验和治疗方法,其中专门介绍艾灸方法,并扩大其适应证。在艾灸治疗中,孙思邈十分重视灸量,以达到更好的疗效。如《备急千金要方》卷七治风毒脚气章节记载:"若欲使人不成病者,初觉即灸所觉处三二十壮,因此即愈,不复发也"。可见,灸法已经有已病防变的作用,能使疾病"不复发"。孙思邈还提出风毒病要及时治疗,艾灸风市、伏兔、犊鼻、足三里等穴位,每个穴位灸 100~500 壮不等;与此同时还服用八风散,症状可以很快得到控制。孙思邈强调此病要早期治疗,"凡脚气初得脚弱,便速灸之,并服竹沥汤,灸讫可服八风散,无不差者,惟急速治之"。《备急千金要方》载灸方约 400 条。《千金翼方》载灸方 500 余条,可见孙思邈对灸法治疗疾病的重视。在艾灸的发展史上,孙思邈首次提出了在临床上使用加药艾灸,即在艾炷中加入中药,以治疗不同的病症。如《千金翼方》卷二十四治疗瘰疬,"以艾一升,熏黄如枣大,干漆如枣大,三味末之,和艾作炷灸之,三七壮止"。艾中掺药是孙思邈对《黄帝内经》药灸疗法的进一步发展,从而扩大了灸法的适应证和治疗范围,对后世艾条灸有重要影响。孙思邈还提倡多种隔物灸,他在临床上采用隔豆豉、薤、黄土、面饼、附子、蒜、商陆、葶苈饼等 8 种隔物灸法。如治疗背部痈疽肿未溃破时,"取香豉三升,少与水和,熟捣成强泥,可作饼子,厚三分,已有孔,勿覆孔,可肿上布豉饼,以艾列其上。"豆豉,味苦,性寒,无毒,能解表发汗。豆豉饼灸对疮疽发背、恶疮肿硬未溃破时很有效。另外,对于湿疹、白癣等皮肤病,可用泥饼灸:"小觉背上痒痛有异,即火急取净土,水和为泥,捻作饼子,厚二分,阔一寸半,以粗艾大作炷,灸泥上,贴著疮上灸之,一炷一易饼子。"效果甚佳。另外,还有隔独头蒜灸、隔姜灸、隔葶苈子灸等。"葶苈子两合,豉一升,右二味合捣大烂,熟作饼子如上,以一饼子当孔上贴,以艾炷如小指大,灸上三壮一易,三饼九炷,日三,隔三日一灸。"上述孙思邈倡导的隔物灸,有些方法至今尚在临床上广泛应用。对于施灸顺序施灸的先后顺序,《备急千金要方·灸例》也有创新:"凡灸,当先阳后阴,言从头向左而渐下,次后从头向右而渐下,先上后下。"这种施灸先后顺序:先上后下,先阳后阴,先左后右,已成为艾灸的常规方法。

在唐代以前,艾灸因有温经散寒,扶阳固脱的作用,临床主要用于虚证、寒证。而孙思邈强调也可用于治疗热证,且获良效。《千金翼方》指出,对于痈疽疔肿,游毒热肿,"但初觉有异,即急灸之,立愈""狂风骂詈挝斫人,名为热阳风,灸口两吻边燕口处赤白际各一壮""灸一切疟,尺泽主之""巨阙穴,在心下一寸,灸七壮,主马黄、黄疸、急疫等病""消渴口干,灸胸堂五十壮"。开创了艾灸治疗热病的先河。

临床上,孙思邈强调针刺、艾灸、汤药三者并重。他认为"若针而不灸,灸而不针,皆非良医也,针灸不药,药而不针,尤非良医也""汤药攻其内,针灸攻其外,则病无所逃矣,方知针灸之功,过半于汤药矣"。因此,孙思邈对许多病症的治疗都是采取针灸药兼施的。有些病以针为佳,有些病以灸良,有些病宜用药治,有些病则针灸药三者同时施用。"其有须针者,即针刺以补泻之,不宜针者,直尔灸之""凡一切中风,服药益居者,但是风穴,皆灸之三壮,神良。欲除根本必火灸,专恃汤药则不可差"。

对于灸疗的禁忌,孙思邈贡献良多。他指出:"头维、脑户、风府、丝竹空、下关、耳中、瘈脉、人迎、瘖门、承泣、经渠、脊中、气冲、鸠尾、地五会、阴市、阳关、乳中、泉腋、伏兔、承光、天府、白环俞、石门(女人忌灸)二十四处,禁不可灸"。

对于用艾灸进行保健,孙思邈是第一人。他首次提出预防疾病的保健灸法,重视疾病的预防和早期治疗。孙思邈说:"上工医未病之病""神工则深究萌芽""凡人吴蜀地游官,体上常须三两处灸之,勿令疮暂差,则瘴疠温疟毒气不能著人也。故吴蜀多行灸法。"而孙思邈本人,也长期自灸其足三里。

在唐代,还有很多在针灸方面做了杰出贡献的名医,都有自己卓越的成就。譬如,杨上善在《黄帝明堂经》的基础上,撰写了《黄帝内经明堂类成》一书,按十二经脉和奇经八脉的次序论列穴位。王焘编写了《外台秘要》,集成了诸家的灸法。另外,有关灸法的专著还有崔知悌的《骨蒸病灸方》,专门介绍灸治痨病的方法。

唐代时期,艾灸已发展成为一门独立学科,并有了专业的艾灸师。分管医药教育的唐代太医署,开创性地成立了针灸学校,并培养了一大批针灸专业人才。这为艾灸的进一步发展提供了打下了基础。

5. 宋金元时期 在北宋时期,由于印刷术的发明和广泛应用,大大便利了医学文献的积累和传播,也促进了针灸学的发展。在此期间,艾灸治疗备受重视,国家医疗机构——太医局专门设置针灸专科。北宋著名针灸学家王惟一,重新考证并修订了 354 个腧穴的位置和所属经络,增补了腧穴的主治病证,于公元 1026 年撰成《铜人腧穴针灸图经》,随后制成了针灸铜人模型，外有经络腧穴，内置脏腑，作为教学和针灸师考试之用。针灸铜人是我国最早进行针灸研究的人体模型，这些对经穴的统一，针灸学的发展起到了很大的促进作用。

南宋时期，针灸家王执中著《针灸资生经》，重视临床实践，对后世影响很大。而用艾灸治疗各科不同病种的医家，其代表人物是窦材。他生于一个"业医四世"之家，跨越北宋和南宋，行医四十多年后，在七十多岁时于南宋绍兴十六年（1146年）撰成《扁鹊心书》，主要是介绍、推广艾灸。其范围涉及内科、外科、妇科、儿科共120种病证的辨证治疗，其中用艾灸治疗的病种80多种。窦材提出治疗疾病"灼艾第一，丹药第二，附子第三"的观点；倡导"大病宜灸，灸壮宜多，早灸为宜，选穴精少，灸药并用"。强调脾肾为根，重视脾经的命关穴和任脉的关元穴，温补脾肾。对于口眼㖞斜证，"当灸地仓穴二十壮，艾炷如小麦粒大。左㖞灸左，右㖞灸右，后服八风散、三五七散，一月全安"。而对于厥证，"昏冒强直，当灸中脘五十壮即愈"。《扁鹊心书》极大地推动了艾灸治疗的发展。在《扁鹊心书》中，窦材创灸法五十条，取穴均为1~2处。因为直接在穴位上灸，有的疼痛很明显，使人生畏。窦材首创"睡圣散"，"先服睡圣散，然后灸之。一服止可灸五十壮，醒后再服，再灸"。这种使患者昏睡后再灸，减轻患者火灼之苦的方法，是用麻醉法施灸的最早记载。

宋金元时期的艾灸名医众多，艾灸专著也很多。虽然东晋大医葛洪主张急证治疗可灸，但没有形成这方面的专门论述。而南宋闻人耆年所著的《备急灸法》，则是我国首部灸治急性病证的专著。其中介绍了肠痈、溺水、自缢、蛇咬伤等22种急证灸治方，每方均记出处，并有简明图说。王怀隐、王祐等奉敕所著的《太平圣惠方》，除了对前代医家的针灸论述详细记载外，还对灸法的临床应用进行系统化与规范化管理，这在艾灸的发展过程中起到了承上启下的作用。在《太平圣惠方》中，记载了不同腧穴的灸法、灸量、施灸时机，可灸病症、禁灸病症、施灸时机与自然天气的关系，隔物灸的操作及药物的选择，以及灸疮调护等各方面的内容。

在宋代，除了医家自己撰写艾灸专著外，还有官方组织编写包括艾灸在内的医疗大型书籍。公元1117年，太医院编写出版了《圣济总录》，共二百卷，分66门，每门又分若干病证，阐述病因病理，详述治法方药，是北宋时期载方较多的医学全书。在"卷第四·治法"中专门详细地记录了"灸"法。并收录了此前大多数医书中的灸法相关文献。

宋代医家许叔微所著的《普济本事方》，在"卷第九·伤寒时疫"中对灸法进行了详细的描述。原刻本已佚，现存淳祐五年（1245年）孙炬卿复刻本。重刊时附有佚名氏《骑竹马灸法》及《竹阁经验备急药方》。前者记述盛行于宋代之骑竹马取穴灸治痈疽法，该法以此书记载为早且详；后者集治疗头风、头痛、便毒、汤火伤等36方，皆供备急之用。"凡仓卒救人者，唯艾灼收第一"。

《痈疽神秘灸法》《膏肓腧穴灸法》等书籍相继问世，标志着艾灸技术的纵深发展。

元代著名医家滑寿，研究经络循行路线及其与腧穴的联系，参考元代忽泰必烈的《金兰循经取穴图解》，编著了《十四经发挥》，首次把任、督二脉并称为"十四经"，进一步完善了经络腧穴理论。

元代危亦林所撰的《世医得效方》，成书于1337年。载述刺灸治疗的56个病证中，灸疗约占十分之八，且多涉及各科急性热病，时令病及惊、厥、损伤等症，提出"阴毒疾热困重，……则灼艾法为良"。

上述史料表明，宋金元时期我国的艾灸事业高度发展，从理论到实践，从政府到医家，以及在临床的应用等方面,均取得了很好的效果,产生着积极的影响。

6. 明清时期　针灸学术在明代(公元 1368—1644 年)发展到高峰,名家更多。其代表人物有明代初期的陈会、中期的凌云、后期的杨继洲。明代的突破性成就是发明了艾条的间接灸,将把艾炷放在皮肤上产生剧痛的艾炷灸(直接灸或隔物灸)改良为艾条灸。艾条间接施灸法的最记载见于明初朱权所著的《寿域神方》,其书卷三灸阴证云:"用纸实卷艾,以纸隔之点穴"。当时这种艾条中的艾绒中并没有添加药末。这种艾条间接灸法在 14 世纪出现后,经过不断改进,后来发展为在艾绒中加入药物,如干姜、苍术、麝香等,增加艾灸的效果。在明代李时珍的《本草纲目》、杨继洲的《针灸大成》中已有在艾绒中加入药末的记载,并称为"雷火神针"或"雷火针法"。清代医家如陈修园等加入的药品种类不同,改名为"太乙神针"。因对患者辨证后所加的药末不同,所治疗的病证也各有所异。艾条的发明,是一个巨大的进步,可大大减少艾炷灸产生的剧痛、皮肤瘢痕等损害,也消除了因疼痛带来的恐惧,并且可根据患者个体的情况进行辨证后加入有针对性的中药,使艾灸的治疗个体化。这样,可使更多的人接受艾灸治疗。这种方法一直传承到现在,并继续发扬光大。

在明代,针刺和艾灸专家对前代的针灸文献进行了广泛的收集和整理,出现了许多汇总历代针灸文献的著作。如朱橚的《普济方·针灸门》,徐凤的《针灸大全》,高武的《针灸聚英发挥》,杨继洲的《针灸大成》,张介宾的《类经图翼》等,都是汇总历代针灸文献的书籍。

名医推动效应当属明代的李时珍。他尽毕生精力完成了《本草纲目》的编写,为中医事业作出了巨大贡献。与此同时,他也倡导艾灸的临床应用。

清代吴谦等人编纂的《医宗金鉴》内载灸法歌诀 22 条,不仅重视普及内、妇、外科的危症、急症、难症的灸法治疗,而且对传染性疾病也提出灸疗的方法。

在加药艾条间接施灸方面,清代医家又做了新探索和疗效评价,其专著也不少。譬如,清代雷少逸著有《雷火针法》,韩贻丰著有《太乙神针心法》,周雍和著有《太乙神针附方》,陈惠畴著有《太乙神针方》等。现代常用的艾条灸法、药条灸法,都是在这个基础上发展起来的。18 世纪,虽然有轻视针灸的倾向,但清代吴谦出版了《医宗金鉴·刺灸心法要诀》,其以歌诀和插图为主,很实用。而李学川出版了《针灸逢源》专著,强调辨证取穴,针、灸、药并重。

另外,历代名医都有自灸的经历。东晋大医葛洪在《肘后备急方》记载他给自己用隔蒜灸:"余尝小腹下患大肿,灸即差,则可大效也"。唐代孙思邈常自灸足三里保健,并称可延年益寿。清代邱时敏医生记载有他自己患右臂酸痛,大指麻木,经十六日灸七次而愈。并说"复迁沉疴,无不奏效"。又如郭寅皋在为《太乙神针附方》作序时提道:雍正年间,粤东潮州总镇范毓用太乙神针治愈了沈士元的指麻,而郭寅皋自己的足部麻木亦灸愈,并以此灸其他四人均愈。说明给患者辨证后的加药艾条在历史上有较好的疗效。

知识链接

古今艾灸大事记

约 50 万年前　　北京猿人钻木取火,灸法和熨法萌芽

公元前 1330 年　甲骨文记载医药知识

公元前 800 年　　《诗经》《山海经》记载药物艾

公元前 500　　　《左传》记载扁鹊使用艾灸治病的故事

公元前 475 年　　张仲景著《伤寒杂病论》提出阴证宜灸

300 年　　　　　葛洪著《肘后备急方》提出艾灸治急症和隔物灸

256—282 年　　　皇甫谧著《针灸甲乙经》

652—682 年　　　孙思邈著《备急千金要方》《千金翼方》

1026 年　　　　　王惟一著《铜人腧穴针灸图经》,次年铸针灸铜人

1220 年　　　　　王执中著《针灸资生经》

1226 年　　　　　闻人耆年著《备急灸法》

1400 年　　　　　朱权著《寿域神方》记载艾条的制作和使用

1439 年　　　　　徐凤著《针灸大全》

1529 年　　　　　高武著《针灸聚英》

1530 年　　　　　汪机著《针灸问对》

1578 年　　　　　李时珍著《本草纲目》

1601 年　　　　　杨继洲著《针灸大成》,记载药艾和雷火神针

1874 年　　　　　廖润鸿著《针灸集成》

1931 年　　　　　承淡安著《中国针灸治疗学》

1933 年　　　　　吴炳耀著《针灸纂要》

第二节　艾灸技术的发展

艾灸发展的历史过程并非一帆风顺,也曾遭受严重挫折。从清初至 1840 年,出现了重药轻针灸的现象,针灸逐渐转入了低潮。公元 1822 年,清朝下令太医院停止针灸,废除针灸科,使针刺和艾灸受到重创,走入低谷。至清末,艾灸法陷入了停滞发展时期。但针灸简便安全,疗效卓著,因而得以在缺医少药的民间流传下来。

中华人民共和国成立后,政府高度重视针灸事业的发展,制定政策法规,采取有力措施,促进针灸学的普及和提高。在学术研究方面,国家成立针灸研究机构,整理出版古代针灸专著,开展针灸的临床研究和针灸作用机制的实验研究。1979 年,中国中医学会针灸分会成立,之后科技部设立有关针刺和艾灸的重大研究课题攻关项目,有力地促进了我国针灸事业的发展。中医尤其是艾灸,在新冠病毒感染的预防和治疗过程中发挥了重要作用,党和政府更是大力推进中医药事业的发展,这也是艾灸事业发展的最好时机。

20 世纪 80 年代初,世界卫生组织(WHO)倡导针灸预防和治疗疾病,重视针灸的推广和交流。因此,受 WHO 的委托,我国于 1975 年在北京、上海、南京三地建立了国际针灸培训中心,每年举办国际针灸培训班,为各国培养针灸人才。多年来,我国援外医疗队的针灸医师长期为非洲国家的民众治病,同时也传播了针灸知识,给当地培养了针灸人才。1983年,日本成立明治针灸大学。1987 年 11 月,世界针灸学会联合会在北京成立,并负责每

年在不同国家举办国际学术会议,制定国际针灸医师标准,组织考试并颁发国际针灸医师证书。

总之,由于针灸治疗疾病的诸多优点,加上长期的临床疗效,以及治疗的安全性和便捷性,针灸在国际舞台上逐渐产生巨大影响。

(邓华强 张 成 邓哲同 赵美玉 姚中进)

第二章

中医基础理论

【学习目标】

1. 通过学习本章内容，重点掌握整体观念和辨证论治的内涵，为后续章节的学习奠定基础。

2. 学会运用整体观念和辨证论治的内涵指导自身工作实践，并了解中医学理论体系的形成和发展概况。

3. 具有以中医理论为指导，结合预防、养生保健、康复等疗法，对患者、亚健康人群及健康人群进行健康恢复和疾病预防的能力。

> **情景导入**
>
> 国家强调"要遵守中医药发展规律，传承精华，守正创新，加快推进中医药现代化、产业化"。中医学历史悠久，源远流长，中医药与传统文化密不可分，是中华民族长期同疾病作斗争的经验总结，是中华优秀传统文化的重要组成部分。
>
> 智莫大于知来。通过本章节内容的学习，请思考下列几个问题。
>
> 1. 几千年来，中医学是如何一步步从萌芽到成长？
>
> 2. 中医学的基本特点是什么？
>
> 3. 我们应该如何去学习中医学并将之应用于实践？

中医学有着数千年的悠久历史，是中华民族长期同疾病做斗争的经验总结，是在古代唯物论和辩证法思想的影响和指导下，经过长期的、反复的医疗实践的验证总结，逐步完善而发展起来的，是中华优秀传统文化的重要组成部分。几千年来，中医学独特的理论体系和丰富的医疗实践经验，一直有效地指导着养生保健和医疗救治工作，在 SARS 和新型冠状病毒感染的防治工作中，更是发挥了重要的作用。为华夏子孙的繁衍昌盛，以及世界医学的发展和全人类的健康事业作出了巨大的贡献。在科学发展突飞猛进的今天，中医作为有效的治疗和预防保健手段，仍是医药卫生事业中不可或缺的组成部分，特别是在我国《"健康中国 2030"规划纲要》战略背景下，随着《中华人民共和国中医药法》的实施，出台了一系列重大政策、重大工程、重大规划，深化综合改革。在 2023 年 2 月 25 日召开的全国中医药局长会议上，再次提出了"奋力开创中医药高质量发展新局面"的口号，中医学将以更加强大的生命力，为保障人们健康发挥更大的作用，也将为全人类的健康和世界医学的发展做出巨大贡献。因此而言，继承和发扬中医学是我们中华儿女义不容辞的责任。

第一节 中医学理论的形成与发展

一、中医学理论的形成

中医学理论的形成与发展经历了一个漫长的历史时期。其理论体系受到古代唯物论和辩证法思想——阴阳五行学说的深刻影响，并已经形成了以整体观念为主导思想，以脏腑经络的生理和病理改变为基础，以辨证论治为诊疗特点，以自然科学为主体并与社会科学相互交叉融合的一门综合性的学科知识体系。具体而言，中医学理论的形成经历了以下几个时期。

（一）远古时期

自从有了人类，就有了卫生保健活动。早在商周以前的远古时期，我们的祖先为了生存和繁衍，在生产和生活实践中，在与自然界的斗争中，为了免受风寒和猛兽的侵袭，开始出现了早期的医疗和保健活动。例如，皮肤损伤可用舌头去舔或用溪水冲洗；骨折可用树枝固定；身体疼痛可用触摸、按压缓解；用树叶、兽皮遮体，构木巢居；《淮南子·修务训》记载："神农……尝百草之滋味，水泉之甘苦，令民知所辟就。当此之时，一日而遇七十毒。"这表明人们开始懂得如何减少误食和中毒。有了火以后，会将食物煮熟后食用，这是饮食卫生的最早起源。同时，用火取暖，发现受寒湿而引起的疼痛得以减轻，这就是原始的热疗法；原始人类在用火过程中，偶然烧灼了皮肤表层，开始感到表面的灼痛，随之发现局部烧灼会减轻某些疾病的症状，从而形成了原始的灸法；原始人类经过长期的实践，对一些动植物的营养、药效及毒性有了初步的认识，并加以利用，从而本能地产生了卫生保健、解除病痛的简单方法，这即是中医药外治疗法的起源。

（二）夏商周时期

夏商周时期，经济、社会和文化的不断发展直接促进了中医学知识的积累与技术水平的提高。人们的保健意识有了进一步提高，认识到疾病与四时节气的关系，如《周礼·天官》记载四时多发病"春时有痟首疾，夏时有痒疥疾，秋时有疟寒疾，冬时有嗽上气疾"，表明逐步探索疾病与季节、气候变化的关系；如《周礼·天官》记载"以五味、五谷、五药养其病"，并对药物的性味、作用及毒性有了初步理解，而且开始以"五气""五味"推论药物的作用，为后世的中药配伍禁忌以及用药禁忌提供了理论依据；如《周礼·天官》提出"喜、怒、哀、乐、爱、恶、欲之情，过则有伤"，了解到七情刺激能损伤人体的脏腑而发病。这一时期人们积累的保健知识为中医学理论的形成奠定了坚实的基础。

二、中医学理论的发展

1. 战国至秦汉时期 春秋战国时期，社会急剧变化，政治、经济、文化都有显著发展，也是学术界百家争鸣、百花齐放的时期。中医学吸收了当时盛行一世的"道""精气""阴阳""五行"等学说，并以此构成中医理论的主干，吸取了当时的天文、地理、生物、气象等多学科的知识以充实和丰富医学内容，从而形成了人与自然、人体内外环境统一的整体观念，形成"环境-形神医学模式"。两汉时期，中国医药学则取得了显著的进步和进一步发展。这一时期出现的中医学代表性著作有《黄帝内经》《难经》《伤寒杂病论》《神农本草经》。

知识链接

"神医"扁鹊

扁鹊：姬姓，秦氏，名缓，字越人，又号卢医，春秋战国时期名医。扁鹊创造了"望闻问切"的诊断方法，奠定了中医临床诊断和治疗方法的基础。

扁鹊少时学医于长桑君，尽传其医术禁方，擅长各科疾病的治疗。他医术高超，世人敬他为"神医"，借用了上古神话中的神医"扁鹊"的名号来称呼他。

扁鹊看病行医有"六不治"原则：一是倚仗权势，骄横跋扈的人不治；二是贪图钱财，不顾性命的人不治；三是暴饮暴食，饮食无常的人不治；四是病深不早求医的人不治；五是身体虚弱不能服药的不治；六是相信巫术，不相信医道的人不治。

春秋战国时期的医学已经具有比较鲜明的科学性、实用性，占据了医疗卫生事业的主导地位。临床医学的分科已现端倪，趋于专业化。在此形势下，出现了我国现存的医学文献中最早的一部典籍——《黄帝内经》（以下简称《内经》）。传说中《内经》的作者是黄帝，但按后世作者考证，其作者不止一人，为历代黄老医家传承增补发展而来，最终成书于西汉。该医著不仅总结了以往的医疗成就和治疗经验，确立了中医学的独特理论体系，奠定了中国医药学发展的基础，在内容上还系统地阐述了人体生理、病理，以及疾病的诊断、治疗和预防等问题，其内容包括藏象、经络、病机、诊法、辨证、治则及针灸和汤液治疗等。而且在阐述医学理论的同时，还对当时哲学领域的一系列重大问题，如阴阳、五行、气、天人关系、形神关系等进行了系统的探讨。它一方面以当时先进的哲学思想为指导，推动了医学科学的发展；另一方面在医学发展的基础上，丰富和提高了哲学理论。

《难经》相传由名医扁鹊撰著，原名《黄帝八十一难经》，是战国时期的中医学著作之一。该书主要论述正常脉、各类疾病出现的病脉在疾病诊断上的意义以及各类脉相的鉴别，因其丰富而深刻的医理内涵，成为学习中医者必读的四大经典之一。

东汉末年的著名医学家张仲景在《内经》《难经》等理论基础上，进一步总结了前人的医学成就，结合自己的临床经验，写成了《伤寒杂病论》，由《伤寒论》和《金匮要略》组成，以六经辨证、脏腑辨证的方法对外感疾病和内伤杂病进行论治，是我国医学史上很有影响力的一部临床医学巨著，标志着中医学辨证施治理论体系的确立。《伤寒论》在《素问·热论》的基础上，确立了六经辨证论治的纲领，提出了六经（太阳、阳明、少阳、太阴、少阴、厥阴）的形证和分经辨证治疗的原则。《金匮要略》以脏腑的病机理论进行证候分证，其中记载了疾病40余种，还有方剂262首。它发展了《黄帝内经》的病因学说，提出："千般疚难，不越三条，一者经络受邪，入脏腑，为内所因也；二者四肢九窍，血脉相传，壅塞不通，为外皮肤所中也；三者房室金刃虫兽所伤"，给后世三因学说以深刻的影响，为临床医学的发展奠定了基础。

在《内经》《伤寒杂病论》的基础上，历代医家又从不同角度发展了祖国医学理论。如《神农本草经》又名《神农本草》，简称《本草经》或《本经》，是我国现存最早的药物学专著，标志着中国药学的诞生,系统地总结了我国秦汉以前的药学知识和用药经验,为中药学和方剂学的发展奠定了基础。撰书人不详,"神农"为托名,该书共 3 卷,载药 365 种。创立了"四气""五味"等中药药性、用药七情、君臣佐使的组方配伍原则及辨证用药等药物学理论,依据药物的毒性大小,将中药分为上、中、下三品。本书所记载的药物疗效真实可靠,至今仍是临床常用药。所论药物适应病症 170 多种,并对用药剂量和时间均有具体规定,该书还总结了丸、散、汤、酒、膏等基本剂型。尽管该书作者不详,但该书是现存的最早的本草专著,对中药学的全面发展奠定了理论基石,产生了极为深远的影响。

知识链接

"医圣"张仲景

张仲景:名机,字仲景,南阳涅阳县人。东汉末年医学家,被后人尊称为"医圣"。张仲景广泛收集医方,写出了传世巨著《伤寒杂病论》。它确立的"辨证论治"原则,是中医临床的基本原则,是中医的灵魂所在。

在方剂学方面,《伤寒杂病论》也作出了巨大贡献,创造了很多的药物剂型,记载了大量有效的方剂。其所确立的六经辨证的治疗原则,受到历代医学家的推崇。这是中国第一部从理论到实践、确立辨证论治法则的医学专著,是中国医学史上影响最大的著作之一,是学者研习中医必备的经典著作,广泛受到医学生和临床医生的重视。

案例分享

某人伤寒,四五日,吐血不止,医以犀角地黄汤等治而反剧,陶切其脉,浮紧而数,若不汗出,邪何由解? 随用麻黄汤,一服汗出而愈。

或问曰:仲景言血衄家不可汗,亡血家不可发汗,而此用麻黄汤何也?

曰:久衄之家,亡血已多,故不可汗。今缘当汗不汗,热毒蕴结而成吐血,当分其津液乃愈。故仲景又曰:伤寒脉浮紧,不发汗,因致衄血者,麻黄汤主之。盖法其汗,则热越,而出血自止也。(《名医类案》)

针对上述医案内容请思考解决下列问题。

中西医治疗思路的异同?

(1)此病例伤寒后吐血,脉浮紧而数,本为外寒表证,法当发汗,使其热随汗出而解。

(2)犀角地黄汤主要功效为清热解毒,凉血开窍,为治疗里证的方剂。此患者热不在里,凉药伤阳,邪更入里,致病情加重。

(3)中医治病重在辨证论治,治病求本。此患者病变本质为伤寒后不汗出,热毒蕴结,所以治疗上宜辛温解表发汗,用麻黄汤后,一服汗出而愈。

(4)西医认为吐血多见于上消化道及邻近器官和组织的疾病,也可见于全身性疾病。考虑具体脏器或组织的病变,检查后明确病变部位,予以对症支持治疗,侧重于病变部位的处理和治疗。

华佗,字元化,名旉,今安徽亳州人,是我国东汉(后汉)末年著名的医学家。华佗精通内、外、妇、儿诸科及针灸等,首创酒服麻沸散作为外科手术的麻醉剂,创编了保健体操"五禽戏"且流传至今,丰富了我国保健体育的内容,对养生康复及中国体育史的发展均具有重大意义。

知识链接

"神医"华佗

华佗:名旉,字元化,汉末沛国谯(今安徽亳州)人,东汉末医学家,与董奉、张仲景并称为"建安三神医"。

少时曾在外游学,行医足迹遍及安徽、河南、山东、江苏等地,钻研医术而不求仕途。他医术全面,尤其擅长外科,精于手术。并精通内、妇、儿、针灸各科。晚年因遭曹操怀疑,下狱被拷问致死。

华佗与董奉、张仲景并称为"建安三神医"。华佗被后人称为"外科圣手""外科鼻祖",后人多用"神医华佗"称呼他,又以"华佗在世""元化重生"称誉有杰出医术的医师。

2. 晋隋唐时期　隋代巢元方等编著的《诸病源候论》,是中医学第一部病因病机证候学专书。该书详细论述了1 729种病候的病因病机、临床表现及诊断方法,记载了大量有关病情观察的方法。该书记载有通过脉象、肤温等对温热病患者进行病情观察,如"凡皮肤热甚,脉盛燥者,病温也"。

晋代王叔和所著《脉经》,是中国现存最早的脉学专著,全书共分10卷98篇。本书首先将脉象归纳为24种,并全面系统地描述了诊脉的理、法,以及每一种脉象的体状、搏动征象和临床意义等,丰富了中医诊断学的内容,使脉学系统化。

东晋葛洪所著的《肘后备急方》,原名《肘后救卒方》,简称《肘后方》,是我国第一部临床急救手册,是成书较早、影响深远的集急救、内、外、妇、五官、传染病、骨伤、精神等临床各科之大成的中医方书,全书共8卷73篇。它反映了我国晋以前的医方及医疗发展成就。

南北朝时期龚庆宣所著《刘涓子鬼遗方》是我国现存最早的一部外科专著。该书记载了腹部外伤肠管脱出者还纳术的注意事项,提出应保持环境清洁、安静,注意外敷药的干湿适中,及时更换。

唐代王焘的《外台秘要》,是唐代一部重要的综合性医著。书中论述了对肺痨、伤寒、疟疾、天花、霍乱等传染病的病情观察、饮食护理和起居调护等。

唐代蔺道人的《仙授理伤续断秘方》,是我国现存的第一部骨伤科专著。书中不仅有清理创口、冲洗、敷药、包扎、固定、换药等护理技术的记录,还记录了许多骨伤科疾病的治疗和护理方法,体现出了唐代骨伤科的成就。唐代最著名的医学家孙思邈所著《千金方》,包括《备急千金要方》和《千金翼方》两部分。该书系统总结了唐以前的中医学理、法、方、药及临床各科诊疗和护理成就,内容非常丰富,从疾病的预防、治疗、饮食起居、养生与情志调理、疾病护理等方面均有详细的阐述,代表了盛唐时期的中医学发展水平。特别是《备急千金要方》被誉为我国历史上第一部医学百科全书。

"药王"孙思邈

孙思邈：京兆华原（今陕西省铜川市耀州区）人，唐代医药学家、道士，被后人尊称为"药王"。

孙思邈十分重视民间的医疗经验，不断积累走访，及时记录下来，终于完成了他的著作《备急千金要方》。唐朝建立后，孙思邈接受朝廷的邀请，与政府合作开展医学活动。唐高宗显庆四年（659年），完成了世界上第一部国家药典《唐新本草》。唐高宗上元元年（674年），孙思邈年高有病，恳请返回故里。永淳元年（682年），与世长辞。

孙思邈还开创了中医伦理学之先河，他所著的《大医习业》和《大医精诚》两篇专论医德，系统阐述了医德规范要求和所要达到的境界，至今仍为中医学生入门必学。如"凡大医治病，必当安神定志，无欲无求，先发大慈恻隐之心，誓愿普救含灵之苦。如有疾厄来求救者，不得问其贵贱贫富，长幼妍媸，怨亲善友，华夷遇智，普同一等，皆如至亲之想……如此，可为苍生大医，反此则是含灵巨贼"。孙思邈高尚的医德一直流传后世，成为从医人员学习的典范。他还首创了世界医学史上最早的葱管导尿术，如"凡尿不在胞中，为胞屈僻，津液不通，以葱叶除尖头，内阴茎孔中深三寸，微用口吹之，胞胀，津液大通便愈"，比1860年法国人发明的皮管导尿术早了1 200多年。

3. 宋金元时期 宋金元时期是中医学史上一个重要的转折时期，学术争鸣，流派层出，出现了许多著名的专科医家和医学专著，对中医药学的发展产生了重要影响。

宋代陈无择所著的《三因极一病证方论》是一部病因学著作。该书提出的"三因学说"是系统总结宋代以前的病因理论，对后世病因学的发展产生深远影响。书中将病因分为内因、外因和不内外因三大类。内因为外感六淫，外因为内伤七情，不内外因为饮食、虫兽、跌打损伤、金疮、中毒等。

宋代钱乙所著的《小儿药证直诀》，论述了小儿的生理、病理特点，从饮食、喂养、生活起居、用药等方面详细阐述了儿科疾病疗护方法，如"小儿易为虚实，脾虚不受寒温，服寒则生冷，服温则生热"。

元代忽思慧撰著《饮膳正要》，是一部饮食营养学的代表医著。该书注重阐述食物性味与补益作用，强调饮食与营养卫生的关系。

这一时期还涌现出了金元四大家，指的是最具代表性的医家刘完素、张子和、李东垣、朱丹溪。刘完素为寒凉派，创立"火热论"，认为"六气皆从火化"，主张用寒凉药清热泻火，代表医著有《素问玄机原病式》；张子和为攻下派，创立"攻邪论"，主张病由邪生，治病重在用汗、吐、下三法祛邪，并将针灸、导引、推拿及熏洗等中医技术应用于临床，代表性医学著作有《儒门事亲》；李东垣为补土派，创立"脾胃论"，认为"内伤脾胃，百病由生"，主张有病与无病均须调理饮食，代表医著有《脾胃论》，书中记载了脾胃病饮食与用药宜忌，以及生活起居等方面的内容和方法，并强调情志对疾病恢复的重要性；朱丹溪为滋阴派，创立"相火论"，认为人体"阳常有余，阴常不足"，主张治病重在补益脾胃，独创了滋阴降火疗法，要求人们清心寡欲、以保真阴，代表医著有《格致余论》，认为"物性之热者，炭火制作者，气之香辣者，味之甘腻者，皆不可食"。

4. 明清时期　明清时期,由于哲学研究成果和中医药学新的发明和创新众多,促使中医学理论体系向纵深发展。具有代表性的著作有明代著名医家张景岳所著《景岳全书》。该书内容丰富,囊括理论、本草、成方、临床各科疾病,是一部全面而系统的临床参考书。景岳才学博洽,文采好,善雄辩,文章气势宏阔,议论纵横,多方引证,演绎推理,逻辑性强,故《景岳全书》得以广为流传。

知识链接

著名医家张景岳

张景岳:明末会稽(今浙江绍兴)人,名介宾,字惠卿,号景岳,因其室名通一斋,故别号通一子。同时因为他善用熟地,有人又称他为"张熟地"。

他是杰出的医学家,古代中医温补学派的代表人物,世人称他为"医术中杰士""仲景以后,千古一人",其学术思想对后世影响很大。

张景岳自幼聪颖,因祖上以军功起家,世袭绍兴卫指挥使,"食禄千户",家境富裕。从小喜爱读书,广泛接触诸子百家和经典著作。其父张寿峰是定西侯门客,素晓医理。景岳幼时即从父学医,有机会学习《内经》。

十三岁时,随父到北京,从师京畿名医金英学习。青年时广游于豪门,结交贵族。当时上层社会盛行理学和道家思想。张景岳闲余博览群书,思想多受其影响,通晓易理、天文、道学、音律、兵法之学,对医学领悟尤多。除《景岳全书》外,他还著有《类经》《类经图翼》《类经附翼》《新方八阵》《质疑录》等中医学经典著作,为祖国医学的发展作出巨大贡献。

明代著名的医药学家李时珍,在唐慎微《证类本草》的基础上,历时 27 年,三易其稿著成《本草纲目》。全书共 52 卷,共载药物 1 892 种,新增药物 374 种,附图 1 109 幅,附方 11 096 首,全面总结了 16 世纪以前我国药物学知识和用药经验。该书先后被译成多国多种文字流传于世,是中医药史上的一座里程碑,丰富了我国的中医药宝库。李时珍也成为世界著名的科学家,有"药圣"之誉。

知识链接

"药圣"李时珍

李时珍:字东璧,晚年自号濒湖山人,湖北蕲春人,明代著名医药学家。后为楚王府奉祠正、皇家太医院判,去世后明朝廷敕封为"文林郎"。

李时珍自 1565 年起,先后到武当山、庐山、茅山、牛首山及湖广、安徽、河南、河北等地收集药物标本和处方,并拜渔人、樵夫、农民、车夫、药工、捕蛇者为师,参考历代医药等方面书籍 925 种,考古证今、穷究物理,记录上千万字札记,弄清许多疑难问题,历经 27 个寒暑,三易其稿,于明万历十八年(1590 年)完成了 192 万字的巨著《本草纲目》。此外,对脉学及奇经八脉也有研究,著述有《奇经八脉考》《濒湖脉学》等多种。他被后世尊为"药圣"。

明末清初,医学家在和传染病的长期斗争中,逐渐形成了温病学派。吴又可著《温疫论》,阐述瘟疫病的病因和治病途径,提出传染病的病因为"戾气",从口鼻而入,是病因学的一大进步,为病因学的形成奠定了基础。叶天士在总结前人学术成就及临床实践的基础上,撰著《温热论》,系统阐述了温病发生、发展的规律,创建了温热病的卫、气、营、血四个阶段辨证论治纲领,总结了温病病情观察方法。吴鞠通进一步总结并发展了温病学说,著《温病条辨》,创立了"三焦辨证"。薛生白擅长治疗湿热病,著《湿热条辨》,被后世推为研习温热病的必读之作。王孟英著《温热经纬》,也为温病学的发展做出了贡献,他们的学说使温病学形成了完整的理论体系。因此,叶天士、吴鞠通、薛生白、王孟英被后世誉为"温病学四大家"。

5. 近代与现代 近代中国社会剧变,出现中西汇通和中医科学化的思潮。其代表性人物如唐宗海、朱沛文、恽铁樵、张锡纯等(史称中西汇通四大医家)。张锡纯所著《医学衷中参西录》,即是中西汇通的代表作之一。

1949年以后,国家政策强调"中医不能丢""中西医并重"。"发展现代医药和我国传统医药"正式载入宪法,为中医药的发展提供了法律保证。中西医学工作者在继承和发扬传统医学古典文献的优势方面,取得了巨大的成就。在应用现代科学方法研究中医药方面,如经络与脏腑实质研究,临床诊疗技术,中药与复方药理研究等方面成果丰硕。特别是中医学在面向现代和未来的基础学科、现代生命科学领域和高科技领域里,正在与现代医学、生物信息学、系统科学、物理学、化学、细胞分子学、基因组学与蛋白质组学等现代科学相衔接。这必将促使中医学进一步发扬光大。

第二节 中医学的基本特征

中医学的基本特征包括两个方面:一是整体观念,二是辨证论治。

一、整体观念

中国医药学是在长期的医疗实践基础上逐渐形成和发展的,在其理论体系形成的过程中,始终贯穿着唯物辩证的观点,其中较为典型的体现就是整体观念。

整体观念是中医学关于人体自身的完整性及人与自然、社会环境的统一性的认识。整体观念认为人体是一个由多层次结构构成的有机整体,脏腑、器官、经络、肌肉、皮毛、筋脉、四肢百骸、气血津液等,在结构上不可分割,功能上相互协调、相互为用,病理上相互影响。同时也认识到人体与自然环境有密切关系,人类在适应自然和改造自然的斗争中,维持着机体的正常生命活动。所以,中医的整体观念主要体现在人体自身有的整体性和人与自然、人与社会环境的统一性三个方面。

(一)人体是有机的整体

1. 整体观念的内涵 整体观念认为,人是一个有机的整体,是以五脏为中心,通过经络系统,把六腑、五体、五官、九窍、四肢百骸等全身组织器官联系成有机的整体,并通过精、气、血和津液的作用,来完成机体统一的机能活动。

2. 生理上的整体性 主要体现在组织结构和功能上完整统一的"五脏一体观",以及形体与精神相互依存的"形神一体观"。如心与小肠相表里,主血脉和神志,其体和脉,其华在面,开窍于舌。心主血脉功能正常,则神清气爽,面色红晕光泽。再如脾与胃相表里,主运化和肌肉、四肢,其华在唇,开窍于口。

中医学认为的"形神一体观"指的是形与神相互依附,形是神的藏舍之所,神是形的生命体现。神不能脱离形而存在,有形才有神,形健则神旺。反观之,神又对形体发挥了主宰的作用,控制和调节全身组织、器官的功能。因此而言,形体与精神是生命的两大要素,是统一的整体。人体精、气、血、津液的病变,可引起神的失常,而精神情志的失常,也能导致精、气、血、津液的病变。

3. 病理上的整体性　体现在分析人体的病理状态时注重整体,着眼于局部病变所引起的整体病理反应。既重视局部脏腑、组织、器官的病变,又不忽视此病变对其相关脏腑、组织、器官的影响,将局部病理变化与整体病理反应统一起来,这凸显了中医病机中的整体观念。

病理上局部的病变大都是整体生理功能失调在局部的反映,如眼睛的病变,可反映肝的功能失调,也可反映五脏精气失常。如肝失疏泄,会影响脾的运化功能。

4. 诊治上的整体性　体现在人体是一个有机的整体,各脏腑、组织、器官在病理上相互影响,因而诊察疾病可通过观察分析形体、官窍、色脉做出正确的诊断。如《灵枢·本脏》说:"视其外应,以知其内脏,则知所病矣。"验舌诊病是中医的特色,人体脏腑气血盛衰,疾病轻重顺逆,均可呈现于舌象。

5. 治疗上的整体性　中医学强调从整体层面入手,调整阴阳,扶正祛邪,使之恢复正常。如肝开窍于目,中医治疗眼睛的病变,通常会从肝脏进行功能调治。若眼睛红肿热痛,则以清肝明目为治;若眼睛干涩,视物模糊,则以养肝明目为治。再如心开窍于舌,心与小肠相表里,所以可用清心泻小肠火的方法治疗口舌糜烂。如"从阴引阳,从阳引阴,以右治左,以左治右"(《素问·阴阳应象大论》),"病在上者下取之,病在下者高取之"(《灵枢·终始》)等,都是在整体观指导下确定的治疗原则。

(二)人与自然界的统一性

自然界是人类赖以生存的外在环境,其变化影响人体,人体长期生活在自然界也会适应自然界的变化且产生相应的调节功能。《灵枢·岁露》云:"人与天地相参也,与日月相应也。"指的正是人与自然界的相互适应。自然界的变化过于剧烈,超越人体所能适应的范围,即会产生病理性反应。

1. 季节气候对人体的影响　一年四时气候的变化,规律为春温、夏热、长夏湿、秋燥、冬寒。人体生理上的适应性变化就会有春生、夏长、长夏化、秋收、冬藏。如《灵枢·五癃津液别》有:"天暑衣厚则腠理开,故汗出……天寒则腠理闭,气湿不行,水下留于膀胱,则为溺与气。"这说明了春夏阳气发泄,气血容易趋向于体表,人体则表现为皮肤松弛,疏泄多汗等;秋冬阳气收藏,气血容易趋向于里,机体外在表现为皮肤致密,少汗多尿等。同样的情况,四时的脉象也有相对应的变化。如《素问·脉要精微论》有:"春日浮,如鱼之游在波;夏日在肤,泛泛乎万物有余;秋日下肤,蛰虫将去;冬日在骨,蛰虫周密。"可见,春夏脉多浮大,秋冬脉多沉小。这种脉象的浮沉变化,也是机体受四时更迭的影响后,在气血方面所引起的适应性调节的结果。又比如人体气血的运行也与气候变化中的风雨阴晴有关,如《素问·八正神明论》有:"天温日明,则人血淖液而卫气浮,故血易泻,气易行;天寒日阴,则人血凝泣而卫气沉。"另外,《素问·金匮言论》也指出"春善病鼽衄,仲夏善病胸胁,长夏善病洞泄寒中,秋善病风疟,冬善病痹厥"。这也是为什么某些慢性宿疾,往往在气候剧变或季节交换的时候发作或增剧,如痹证、哮喘等。

2. 昼夜晨昏对人体的影响　一日之内随着昼夜晨昏的变化,人体的阴阳气血也会进行相应的调节。如《素问·生气通天论篇》云:"故阳气者,一日而主外,平旦人气生,日中而阳气隆,日西而阳气已虚,气门乃闭。"说明人体阳气白天多趋于表,夜晚多趋于里,反映人体在昼夜阴阳的自然变化过程中,生理活动的适应性变化。昼夜的变化也影响到疾病的过程,一般病证大多白天病情较轻,傍晚加重,夜间最重,故《灵枢·顺气一日分为四时》云:"夫百病者,多以旦慧昼安,夕加夜甚。朝则人气始生,病气衰,故旦慧;日中人气长,长则胜邪,故安;夕则人气始衰,邪气始生,故加;夜半人气入脏,邪气独居于身,故甚也。"因为早晨、中午、黄昏、夜半,人体的阳气存在着生、长、收、藏的规律,因而病情亦随之有慧、安、加、甚的变化。

3. 地理区域对人体的影响　因地区气候的差异,地理环境和生活习惯的不同,在一定程度上,也影响着人体的生理活动。如江南地势低,气候温暖而湿润,故人体腠理多疏松,体格偏瘦削,性格多文静细腻;北方地势高,气候寒冷干燥,故人体腠理多致密,体格偏壮实,性格多粗犷豪放。人们一旦离开自己长期生活的环境中,易地而处,气候环境突然发生较大的改变,初期大多会感到不适应,就像常言说的:一方水土养一方人。

我国的地理特点,是西北方地势高,温度和湿度均较低,东南方地势低,温度和湿度都偏高。由于地有高下,气有温凉之别,因此,治疗上就应因地制宜,"小者小异""大者大异",地域特点不同,治法各有所宜。正如《素问·异法方宜论》提及的"医之治病也,一病而治各不同,皆愈何也? ……地势使然也。"

此外,某些地方性疾病,和地理环境有着密切关系。如《素问·异法方宜论》:"南方者,天地所长养,阳之所盛处也,其地下,水土弱,雾露之所聚也,其民嗜酸而食胕,故其民皆致理而赤色,其病挛痹。"

中医学就此提出,人与天地相应,不是消极的、被动的,而是积极的、主动的。人类不仅能主动地适应自然,更能主动地改造自然,和自然作斗争,从而提高健康水平,减少疾病。如《素问·移精变气论》:"动作以避寒,阴居以避暑。"《备急千金要方》云:"凡人居住之室,必须固密,勿令有细隙,有风雨得入。"另《寿亲养老新书》提到:"栖息之室,必常洁雅,夏则虚敞,冬则温密。"此外,《养生类纂》载有"积水沉之可生病,沟渠通浚,屋宇清洁无秽气,不生瘟疫病"等。

（三）人与社会环境的统一性

人作为社会的主要组成部分,有确切的自然属性和人文社会属性。在不同社会环境中,人们形成了各自的心理活动方式和对社会环境的适应能力,故社会环境对人的身心产生的影响可以引起生理方面的种种改变。中医学在形成初期就重视精神、意识、思维活动与形体的联系。形与神俱,不可分离,如《素问·天元纪大论篇》所云:"人有五脏化五气,以生喜怒悲忧恐。"政治、经济、文化、宗教、婚姻、人际关系等社会因素,均直接或间接地影响人的生理、心理和病理变化。人在适应社会环境的过程中维持着生命的稳定、协调、平衡、有序,体现人与社会环境的统一性。若社会安定,天下太平,人们丰衣足食,生活有规律,则生理和谐、心理和谐、社会和谐,免疫功能强,患病少寿命长。如《论衡》所说:"太平之世多长寿人。"反之，社会动乱，战火纷飞，灾难横行，缺衣少食，人的抗病能力下降，各种疾病皆易发生。瘟疫亦易于流行，导致人的死亡，使平均寿命缩短。

个人所处的社会地位，也会直接和间接带来物质与精神生活的变化，良好的社会环境和融洽的人际关系，可使人精神振奋，勇于进取。有利于身心健康；而不良的社会环境，可使人精神压抑或紧张恐惧，从而危害身心健康。如《素问·疏五过论篇》云："尝贵后贱，虽不中邪，病从内生，名曰脱营；尝富后贫，名曰失精。"说明社会地位和经济状况的剧烈变化，常可导致人精神情志的不稳定，从而影响人体脏腑的功能、导致身心疾病的发生。此外，家庭矛盾、婚姻不遂、事业挫折、亲人亡故、人际关系不和谐等，均可以破坏人体生理和心理的协调与稳定，不仅可致病，还能加重病情，甚至导致死亡。所以中医在诊察疾病的过程中，强调要了解患者所处的社会环境及心理状态。如《素问·疏五过论篇》云："凡欲诊病者，必问饮食居处，暴乐暴苦，始乐后苦，皆伤精气，精气竭绝，形体毁沮。"

二、辨证论治

辨证论治是中医认识疾病和治疗疾病的基本原则，是中医学对疾病的一种特殊的研究和处理方法，也是中医学的基本特点之一。

（一）概念

1. 辨证 指的是将四诊（望、闻、问、切）所收集的资料、症状和体征，通过分析、综合，辨清疾病的原因、性质、部位，以及邪正之间的关系，概括、判断为某种性质的证。

2. 论治 指的是根据辨证的结果，确定相应的治疗方法。辨证是认识疾病、确定证候、决定治疗的前提和依据，是治疗疾病的手段和方法。通过辨证论治的效果可以检验辨证论治的正确与否。辨证论治的过程，就是认识疾病和解决疾病的过程。辨证和论治，是诊治疾病过程中理论和实践的有机结合，是理法方药在临床上的具体运用，是指导中医临床工作的基本原则。例如感冒，见发热、恶寒、头身疼痛等症状，病属在表，但由于致病因素和机体反应的不同，又常表现为风寒感冒和风热感冒两种不同的证。只有把感冒所表现的"证"是属于风寒还是属于风热辨别清楚，才能确定用辛温解表或辛凉解表方法，给予适当的治疗。由此可见，辨证论治既区别于见痰治痰，见血治血，见热退热，头痛医头，脚痛医脚的局部对症疗法，又区别于那种不分主次，不分阶段，一方一药对一病的治病方法。

3. 症、证、病 辨证论治涉及症、证、病的内容，只有深刻理解其症、证、病的含义，才能深刻理解辨证论治的实质及临床意义。

（1）症：即症状和体征的总称。症状是疾病的临床表现，即患者主观感觉到的不适或病态改变，如头痛、咳嗽、发热、呕吐等；体征是医生在检查患者时发现的异常征象，如体温升高、面黄、目赤、舌苔黄厚、脉象弦数等。症仅仅是疾病的个别现象，同一个症状，可以由不致病因素引起，其病理机制也不尽相同。因此，孤立的症状和体征不能完全反映病理变化的本质。

（2）证：即证候，是疾病发展过程中某一阶段所出现各种症状与体征的概括。证候是中医学的特有的概念，是中医学认识疾病和治疗疾病的核心。证候是病机的外在反映，病机是证候的内在本质。证候一般由相对固定的、有内在联系的、能反映疾病过程中一定阶段本质的症状和体征构成，包括病变的原因、部位、性质及邪正盛衰变化，故证候能揭示病变的机制和发展趋势,反映疾病发展过程中某一阶段病理变化的本质,可作为确立治法、用药原则的依据。如肝阳上亢、心脉痹阻、肾不纳气、脾气下陷、大肠湿热等都属于证候概念。

（3）病:即疾病,是指一定病因作用机体,人体正气与之抗争而导致机体阴阳失调、脏腑经络的生理功能或形态结构发生改变,环境适应能力下降的异常生理过程。疾病都有特定的病因及演变规律,有比较固定的症状和体征,有诊断要点和与之相似的疾病的鉴别要点。疾病的概念反映了某种疾病全过程的总体属性、特征和规律,如感冒、痢疾、麻疹、中风、哮喘等皆属于疾病概念。

（4）症、证、病三者的关系:三者之间既有联系,又有区别,三者均统一在人体病理变化的基础之上。症是构成疾病和证候的基本要素,疾病和证候都是由症状和体征所组成的;具有内在联系的症状和体征构成了证候,各阶段的证候贯串叠合起来,便是疾病的全过程。病是全程的,证是阶段的,病是反映疾病全部过程的病理变化本质,而证是反映疾病发展过程中某一阶段的病理变化本质。

（二）辨证论治的方法

辨证论治内容丰富,方法多样,主要包括了辨证施术、辨证施药、辨证施膳、辨证施养等内容。

1. 辨证施术　将四诊所收集的有关疾病的各种现象和体征加以分析、综合,概括、诊断为某种性质的证候。如耳穴埋籽缓解失眠一般取心、神门、交感、皮质下等耳穴,心肾不交证失眠,可加肝、肾穴;心脾两虚证失眠,可加脾和小肠穴;心胆气虚失眠,可加肝、胆、三焦穴。再如脾胃虚寒证胃痛,可用艾灸等方法,胃热证忌用;气滞胃痛,穴位按摩中脘、足三里、合谷等穴,配合情志调理。

2. 辨证施药　根据不同的证候,采取不同的给药方法。如解表药,宜武火快煎;补益药,宜久煎;风寒感冒,药要热服,可饮生姜红糖茶;风热感冒,药可温服。另中药熏洗、中药敷贴、中药足浴、中药外敷等外治法,依然遵循辨证施药的原则。

3. 辨证施膳　根据不同的证候,采取适当的饮食指导。如寒证胃痛要注意防寒保暖,饮食药物均宜偏热服,并给予羊肉、狗肉等助阳散寒之品,忌食生冷瓜果;气滞胃痛,可用橘皮、郁金花等泡茶喝,穴位按摩中脘、足三里、合谷等穴,配合情志调理等方法进行辨证施治;食滞胃痛,饮食宜清淡,可食山楂等消食之品。再如,咳嗽要辨别肺热或阴虚等不同证候,梨子生吃适用于咳嗽、发热、口渴,证属肺热津伤的患者,可达到清热生津之功,而冰糖蒸梨则适用于干咳、少痰,证属肺阴虚的患者,以达养阴润肺之功。

4. 辨证施教　根据不同的症状和体征,在辨证的基础上,针对不同的证候,拟定合适的健康养生措施,包括饮食、起居、情志、用药、养生康复等内容。

5. 辨证施养　遵循治未病原则,根据不同的体质,采取科学的养生保健方法。如运动养生、起居养生、情志养生等。

6. 同病异治　所谓"同病异治",是指同一种疾病,由于发病的时间、地区以及患者机体的反应性不同,或处于不同的发展阶段,所以表现的证不同,因而治法也不一样。以感冒为例,暑季感冒,由于感受暑湿邪气,故在治疗时常须用一些芳香化浊药物,以祛暑湿。再如麻疹因病变发展的阶段不同,治疗方法也各有不同,初起麻疹未透,宜发表透疹;中期肺热明显,常须清肺;而后期则为余热未尽,肺胃阴伤,要以养阴清热为主。

7. 异病同治　指的是不同的疾病,在其发展过程中,如果出现基本相同的证,可采用基本相同的方法治疗。比如久痢脱肛、子宫下垂等,虽然是不同的病,但均表现为中气下陷证,都可以用升提中气的方法治疗。

由此可见,中医治病主要的不是着眼于"病"的异同,而是着眼于病机的区别。相同的病机,可用基本相同的治法;不同的病机,就必须用不同的治法,这种针对疾病发展过程中不同质的矛盾用不同的方法去解决的法则,就是辨证论治的精神实质。

（徐筱峰　杨文涛　赵美玉　姚中进）

情景导入解析

1. 几千年来中医学是如何一步步从萌芽到成长?

参考上文。

2. 中医学的基本特点是什么?

两个基本特点:一是整体观念,二是辨证论治。这两个特点便是守正创新中的"守正",那么创新则是基于中医学在"治未病"中发挥主导作用、在重大疾病治疗中发挥协同作用、在疾病康复中发挥核心作用,具有辨证施治、多靶点干预治疗的特点。

3. 我们应该如何去学习中医学并将之应用于实践?

一是依据中医学自身的规律,需要具备扎实的理论知识,注重中医辨证思维,重视临床经验总结。故此,需要建立具有中医特色的实践体系,熟读经典著作和临床医案,加强中医临床诊疗思维的培养,强化理论与实践相结合的能力,突出专业实践技能,增强中医学习者的综合素质。

二是通过实施和推广相关政策,能够使中医爱好者通过规培、师承、确有专长等形式进入临床,更加适合社会发展需要,符合教育规律。鉴于此,才能将中医所学付诸实践,培养出具有中医思维,基础理论扎实,能够向临床、科研等不同纵深方向发展的实用型人才。

第三章

阴 阳 五 行

【学习目标】

1. 通过本章内容的学习,重点掌握阴阳、五行学说的基本概念,熟悉阴阳、五行学说的基本内容,并了解事物和现象阴阳属性的划分和五行的归类。

2. 学会运用阴阳学说、五行学说理论指导人们的养生保健和亚健康状态调理及疾病状态的诊疗和用药指导。

3. 具有尊重客观现象及事物发展规律的中医学思维意识,拥有热爱和传承中医文化的精神和行为。

情景导入

黄某,女性,41 岁,2018 年 10 月 20 日初诊,主诉头痛、头晕、失眠 8 年。病史:5 年前因与同事争吵,情志不随而发病。病起时头痛剧烈,面红面赤,烦躁易怒,夜卧不安,口苦,便干,尿黄。到医院测血压 170/120mmHg,诊断为"高血压",用西药治疗症状缓解,但未坚持用药。近 2 年来,头晕头痛时作,痛势绵绵,头重脚轻,耳鸣健忘,五心烦热,口干咽燥,心悸,失眠多梦。检查:舌红,苔薄黄干,脉弦细数,血压为 160/115mmHg。针对上述案例,请解决下列问题。

1. 请运用事物的阴阳属性理论,判断本例患者属阴证还是阳证。

2. 请运用事物的五行属性理论,判断本例患者症状和体征的五行属性。

3. 请列举患者的症状或体征加以说明。

第一节　阴阳学说概述

一、概念

阴阳学说,是研究阴阳的内涵及其运动、变化规律,并用以阐释宇宙间万事万物的发生、发展和变化的一种古代哲学理论,是古人探求宇宙本原和解释宇宙变化的一种世界观和方法论,是中国古代的唯物论和辩证法。

阴阳学说认为:世界是物质性的整体,宇宙间的一切事物都包含着阴阳相互对立的两个方面,世界本身是阴阳二气对立统一的结果。如《素问·阴阳应象大论》说:"清阳为天,浊阴为地；地气上为云，天气下为雨"。如白昼和黑夜，天气晴朗和阴雨、炎热和寒冷、运动状态的躁动和静止等。由于阴和阳的对立统一矛盾运动，是宇宙间一切事物内部所固有的，故宇宙间一切事物的发生、发展和变化，均是阴和阳的对立统一矛盾运动的结果。所以《素问·阴阳应象大论》曰："阴阳者，天地之道也，万物之纲纪，变化之父母，生杀之本始，神明之府也。"

随着先秦、秦汉时期，中医学理论体系的初步形成，医学家们将阴阳的概念引入中医学理论体系，并用阴阳来说明人体的组织结构，解释人体的生理功能、病理变化，同时指导疾病的诊断和治疗，使之成为中医学理论体系的重要组成部分和中医学重要的思维方法。

（一）阴阳的概念

阴阳是自然界相互关联的事物或现象对立双方属性的概括。它既可以代表两个相互对立着的事物或现象，又可以代表同一事物内部相互对立着的两个方面。故《类经·阴阳类》云："阴阳者，一分为二也。"

（二）阴阳的特性

1. 阴阳的普遍性　阴阳是一个抽象的概念，其属性普遍存在于自然界的各种事物或现象之中，代表事物既相对独立，又相互联系的两个方面，如天与地、火与水、热与寒等，也是物质世界万物运动变化的总规律。自然界的一切事物和现象，均普遍存在阴阳两种势力，这两种势力的对立统一，推动着世间一切事物和现象的发生、发展和变化。

一般而言，凡是剧烈运动着的、外向的、上升的、温热的、明亮的，均属于阳；相对静止着的、内守的、下降的、寒冷的、晦暗的，均属于阴。如以天地而言，则"天为阳，地为阴"，由于天气轻清故属阳，地气重浊故属阴；以水火而言，则"水为阴，火为阳"，由于水性寒而润下故属阴，火性热而炎上故属阳；以动静而言，则"静者为阴，动者为阳"，由于阴主静故相对静止的事物属阴，阳主动故剧烈运动着的事物属阳；以物质的运动变化而言，则"阳化气，阴成形"，即是指当某一物质出现蒸腾气化的运动状态时属于阳的功能，出现凝聚成形的运动状态时属于阴的功能。阴和阳的相对属性引入医学领域，即是将对于人体具有推动、温煦、兴奋等作用的物质和功能，统属于阳；对于人体具有凝聚、滋润、抑制等作用的物质和功能，统属于阴。

> **知识链接**
>
> 《红楼梦》第三十一回中讲了一个故事。有一天，史湘云和丫鬟翠缕一道出去散步。史湘云性格豪放开朗，同时也学识丰富；翠缕是一个天真可爱的小姑娘。那是一个夏天，他们来到水池边，看见荷叶随清风荡漾，闻到阵阵清香，忍不住就在那儿停了下来。
>
> 翠缕说："怎么荷花还没有开？"
>
> 湘云说："时候还没有到呢，天地间万物都由阴阳二气化生，阳气到了，荷花就开了。"
>
> 翠缕不解地问："什么阴啊阳啊，没影没形的，我怎么一点都不懂？"
>
> 湘云对她说："阴阳哪里有什么影啊形啊，它不过是气，天地间的一切都是阴阳二气产生的，比如天是阳，地是阴；日是阳，月是阴。"

翠缕好奇起来，问道："难道花啊，草啊，虫子啊什么的，也有阴阳吗？"

湘云接着说："当然有了，什么都有阴阳，如那树叶的正面叫阳，背面就叫阴。"

翠缕越发有兴趣，说："这下我懂了，男的就是阳，女的就是阴；动物也一样，公的就是阳，母的就是阴……"

这个故事虽然是闲聊玩笑，但从一个侧面说明了阴阳的普遍性。

2. 阴阳的关联性 阴阳的概念明确指出，阴阳是对相互关联的事物或现象属性的概括。只有相互关联的事物或现象，或同一事物内部的两个方面，才能用阴阳来说明。如《素问·阴阳应象大论》说："天地者，万物之上下也；阴阳者，血气之男女也；左右者，阴阳之道路也；水火者，阴阳之征兆也；阴阳者；万物之能始也。"如果两者不是相互关联的，不是统一体的对立双方，也就不能用阴阳来区分其相对属性及其相互关系，因而也就没有实际的意义。

3. 阴阳的相对性 事物或现象的阴阳属性，并不是绝对的，而是相对的。阴阳的相对性，可以体现在两个方面，即相互转化性和无限可分性。

（1）相互转化性：阴和阳在一定条件下可以发生转化，阴可以转化为阳，阳可以转化为阴。如在疾病发展过程中，属阳的热证在一定条件下可以转化为属阴的寒证；属阴的寒证在一定条件下可以转化为属阳的热证，正所谓热极生寒，寒极生热。再如人体在气化过程中，精属阴，气属阳，精代谢为能量（气），为阴转阳；消耗能量而获得营养物质（精），为阳转阴。

（2）无限可分性：任何相互关联又相互对立的客观事物和现象，都可以用阴阳属性来划分，而任何一种事物或现象的内部又可以分为相对独立的两个方面，即阴阳之中还有阴阳，阴阳有无限的可分性。如昼为阳，夜为阴，白昼的上午为阳中之阳，下午为阳中之阴；黑夜的前半夜为阴中之阴，后半夜为阴中之阳。故《素问·阴阳离合论》曰："阴阳者，数之可十，推之可百，数之可千，推之可万，万之大，不可胜数，然其要一也。"

二、阴阳学说的基本内容

阴阳学说的基本内容可以从阴阳对立制约、阴阳互根作用、阴阳消长平衡、阴阳相互转化等几个方面加以说明。

（一）阴阳的对立制约

阴阳的对立制约，是指属性相反、相互对立的阴阳双方在一个统一体中的相互对抗、相互排斥、相互制约的关系。阴阳学说认为自然界一切事物或现象都存在着相互对立的阴阳两个方面，如上与下，左与右，天与地，动与静，出与入，升与降，乃至昼与夜，明与暗，寒与热，水与火等。

阴阳两个方面的相互对立，主要表现于它们之间的相互制约、相互消长。阴与阳相互制约和相互消长的结果，取得了统一，即取得了动态平衡，称之为"阴平阳秘"。如春、夏、秋、冬四季有温、热、凉、寒的气候变化，春夏之所以温热，是因为春夏阳气上升抑制了秋冬的寒凉之气；秋冬之所以寒冷，是因为秋冬阴气上升抑制了春夏的温热之气的缘故。这是自然界阴阳相互制约、相互消长的结果。所以说："是故冬至四十五日，阳气微上，阴气微下；夏至四十五日'阴气微上，阳气微下。"(《素问·脉要精微论》)"四十五日"是指从冬至到立春，从夏至到立秋，均为四十五日而言。冬至一阳生，所以从冬至到立春，阳气逐渐上升，阴气逐渐下降，至夏季则阳气盛极，阴气伏藏。夏至一阴生，所以从夏至到立秋，阴气逐渐上升，阳气逐渐下降，至冬季则阴气盛极，阳气伏藏。如此循环，年复一年。

阴阳的相互制约过程，也就是相互消长的过程，没有消长，也就没有制约。《类经附翼·医易》云："动极者镇之以静，阴亢者胜之以阳"，说明了动与静，阴与阳的相互制约、相互消长的关系。人的机体之所以能进行正常的生命活动，就是阴与阳相互制约、相互消长取得动态平衡的结果。只有阴与阳之间相互制约、相互消长，事物才能发展变化，自然界才能生生不息。故《素问·阴阳应象大论》云："积阳为天，积阴为地。阴静阳躁，阳生阴长，阳杀阴藏。阳化气，阴成形。"阳主刚躁，阴主柔静。动与静的相互制约、相互消长，产生了事物的正常运动。阳主萌动，阴主成长；阳主生发，阴主收藏；阳能化气，阴能成形，阴阳的相互制约和相互消长，使事物不断地处于协调平衡状态，即阴阳调和。只有如此，生物才有生长化收藏和生长壮老已。人体处于正常生理状态下，阴阳两个对立着的方面，也不是安静而各不相关地共处于一个统一体中，而是处在互相制约、互相消长的动态之中。如果这种动态平衡遭到破坏，即是疾病的形成。《素问·阴阳应象大论》所说："阴胜则阳病，阳胜则阴病"，也说明了阴阳的制约、消长失调，就会导致疾病的发生。

（二）阴阳的互根互用

阴阳的互根，指的是阴阳之间的相互依存、互为根本的关系。互用，指的是阴阳的相互资生、促进和助长。阴依存于阳，阳依存于阴，任何一方均不可脱离另一方而单独存在，每一方均以相对的另一方的存在作为自己存在的前提和条件。如上为阳，下为阴；没有上，也就无所谓下；没有下，也就无所谓上。左为阳，右为阴；没有左，就无所谓右；没有右，也就无所谓左。热为阳，寒为阴；没有热，就无所谓寒；没有寒，也就无所谓热等。阴阳之间的互根互用，体现于相对物质之间的相互依存关系，如组成人体和维持人体生命活动的最基本物质，气和血的关系而言，气属于阳，血属于阴；气为血之帅，血为气之舍，二者是互根互用的；体现于机体的相对功能之间的相互依存关系，如人体的最本质的生理功能是兴奋和抑制，兴奋属阳，抑制属阴，没有兴奋，也就无所谓抑制；没有抑制，也就无所谓兴奋，二者之间也是互根互用的；体现于物质与功能之间的相互依存关系，物质属阴，功能属阳，功能是物质运动的结果，世界上没有不运动的物质，因而也就不存在没有功能的物质和没有物质运动的功能，二者之间同样存在着互根互用的关系。《素问·阴阳应象大论》说："阴在内，阳之守也；阳在外，阴之使也。"即是从阴阳的互根互用理论，高度概括了机体的物质与物质之间、功能与功能之间、功能与物质之间的相互依存关系。这种互根互用关系一旦失常，机体生生不息之机也就遭到了破坏，"孤阴不生，孤阳不长"，甚则"阴阳离决，精气乃绝"而死亡。

（三）阴阳的消长平衡

所谓"消长平衡"，即是指阴和阳之间的平衡，不是静止的和绝对的平衡，而是在一定限度、一定时间内的此长彼消（如阴长阳消、阳长阴消）、此消彼长（如阴消阳长、阳消阴长）、此长彼亦长（如阴长阳长、阳长阴长）、此消彼亦消（如阴消阳消、阳消阴消）四种不同的形式之中维持着相对的平衡。

阴阳的消长平衡,符合事物的运动是绝对的,静止是相对的,消长是绝对的,平衡是相对的规律。事物就是在绝对的运动和相对的静止、绝对的消长和相对的平衡之中生化不息,而得到发生和发展的。

就人体的生理功能而言,白昼阳盛,故机体的生理功能以兴奋为主;黑夜阴盛,故机体的生理功能以抑制为主。子夜一阳生,日中阳气隆,机体的生理功能由抑制逐渐转向兴奋,即是"阴消阳长"的过程;日中至黄昏,阳气渐衰,阴气渐盛,机体的生理功能也从兴奋逐渐转向抑制,即是"阳消阴长"的过程。如果只有"阴消阳长"而无"阳消阴长",或只有"阳消阴长"而无"阴消阳长",即是破坏了阴阳的相对平衡,形成阴或阳的偏盛或偏衰,导致阴阳的消长失调。对人体来说,即是病理状态。所以《素问·阴阳应象大论》曰:"阴胜则阳病,阳胜则阴病;阳胜则热,阴胜则寒。"

(四)阴阳的相互转化

阴阳转化是指阴阳对立的双方,在一定的条件下,可以各自向其相反的方向转化,即阴可以转化为阳,阳也可以转化为阴。阴阳相互转化,一般均表现在事物变化的"物极"阶段,即"物极必反"。如果说"阴阳消长"是一个量变过程的话,则阴阳转化便是在量变基础上的质变。

阴阳的转化,必须具备一定的条件。《灵枢·论疾诊尺》有云:"四时之变,寒暑之胜,重阴必阳,重阳必阴。阴主寒,阳主热,寒甚则热,热甚则寒。寒生热,热生寒,此阴阳之变也。"这里的"重"和"极"就是促进转化的条件,阴有了"重"这个条件,就会转化为阳;阳有了"重"这个条件,就会转化为阴。正如《素问·天元纪大论》所言:"物生谓之化,物极谓之变。"寒在"极"的条件下,便可向热的方向转化;热在"极"的条件下,便可向寒的方向转化。如春温发展到夏热之极点,就是向寒凉转化的起点;秋凉发展到冬寒之极点,就是逐渐向温热转化的起点。就生理而言,抑制和兴奋的互相转化也是如此。在疾病的发展过程中,由阳转阴,由阴转阳的变化,是可以观察到的。如邪热壅肺的患者,表现为高热、面赤、咳喘、烦渴、脉数有力等,属于阳热实证。若邪热极盛,大量耗伤机体元气,正不敌邪,在持续高热的情况下,而突然出现体温下降、面色苍白、四肢厥冷、精神萎靡不振、脉微欲绝等阳气暴脱的危象,则提示患者疾病已经由阳热实证转变为虚寒表现的阴证。此时,若抢救及时,处理得当,四肢转温,色脉转和,阳气得以恢复,病情又可出现好的转机。再如,寒饮中阻之患者,本为阴证,但由于某种原因,寒饮可以化热,也就是阴证可以转化为阳证。从辩证唯物论的观点看,阴阳的互相转化是有条件的,上述两个病例中,前者的热毒极重,阳气随津液外泄而亡脱,后者的寒饮郁而化热,是促成阴阳互相转化的条件。

知识链接

阴阳太极图的寓意

传统太极图是以相互环抱的两个阴阳鱼组成的圆形图案,称为阴阳鱼太极图。阴阳鱼太极图的最外圈为圆形,一是表示万物的变化周流不息、无始无终;二是表示无处不在;三是表示圆满畅顺。黑白二色,代表阴阳双方,天地两部。白中黑点,表示阳中有阴,黑方白点,表示阴中有阳。一般来说,表示事物或现象内部不得显露的部分(即黑色中的白点和白色中的黑点),所占比例较小,它不能代表事物的阴阳属性,但却有非常重要的调控作用。

（五）阴阳的交感互藏

阴阳的交感互藏是指阴阳二气的升降运动而引起的交感相错、相互作用，是宇宙万物发展变化的根源。

1. 阴阳交感　是指阴阳二气在运动中相互感应交合，相互影响而发生作用。阴阳交感是阴阳二气在运动过程中的一种最佳状态，是生命产生的基本条件。正如《周易·系辞下》所说："天地氤氲，万物化醇；男女媾精，万物化生。"也就是说，在自然界中，天气下降，地气上升，阴阳二气交感，形成云、雾、雷电、雨、露等自然现象，化生万物；在人类，男女媾精，新的生命体诞生，人类得以繁育生息。如果没有阴阳的交感运动，就没有生命，也就没有自然界的万事万物。

2. 阴阳互藏　是指相互对立的阴阳双方中的任何一方都蕴含着另一方。阴阳互藏的主要内涵包括三个方面：一是阴阳互藏是阴阳双方交感合和的动力根本源。《素问·六微旨大论》曰："天气下降，气流于地；地气上升，气腾于天，故高下相召，升降相因，而变作矣。"二是构筑阴阳双方相互依存、相互为用关系的基础。阳以阴为源而生，阴以阳为根而化。若阳中无阴，阴中无阳，就变成"孤阴""独阳""孤阴不生""独阳不长"，阴阳双方会失去相互资生与促进的联系。三是阴阳消长与转化的内在根据。阴中寓阳，阴才有向阳转化的可能性；阳中藏阴，阳才有向阴转化的可能性。

综上所述，阴和阳是事物的相对属性，因而存在着无限可分性；阴阳的对立制约，互根互用，消长平衡和相互转化等，说明阴和阳之间的相互关系，不是孤立的、静止不变的，它们之间是互相联系、互相影响、相反相成的。

三、阴阳学说在中医学中的应用

阴阳学说，贯穿在中医学理论体系的各个方面，主要用于说明人体的组织结构、生理功能、疾病的发生发展规律，并指导着临床诊断和治疗。

（一）说明人体的组织结构

由于人体是一个有机整体，人体内部充满阴阳对立统一的现象。故《素问·宝命全形论》说："人生有形，不离阴阳。"人体一切组织结构，既有机联系，又可划分为对立的阴阳两部分。《素问·金匮真言论》中提出："夫言人之阴阳，则外为阳，内为阴。言人身之阴阳，则背为阳，腹为阴。言人身之脏腑中阴阳，则脏者为阴，腑者为阳。肝、心、脾、肺、肾五脏皆为阴，胆、胃、大肠、小肠、膀胱、三焦六腑皆为阳。"

人体脏腑组织的阴阳属性，按照部位划分，上部为阳，下部为阴；体表属阳，体内属阴；背腹四肢内外侧划分，则背属阳，腹属阴。四肢外侧为阳，四肢内侧为阴；以脏腑划分，五脏属里，藏精气而不泻，故为阴；六腑属表，传化物而不藏，故为阳。五脏之中，又各有阴阳所属，即心、肺居于上部（胸腔），属阳；肝、脾、肾位于下部（腹腔），属阴。如具体到每一脏腑，则又有阴阳之分。即心有心阴、心阳；肾有肾阴、肾阳等等。正如《灵枢·寿夭刚柔》所言："是故内有阴阳，外亦有阴阳。在内者，五脏为阴，六腑为阳；在外者，筋骨为阴，皮肤为阳。"总之，人体组织结构的上下、内外、表里、前后各部分之间，以及内脏之间，无不包含着阴阳的对立统一。

（二）说明人体的生理功能

人体的正常生命活动，是阴阳两个方面保持着对立统一的协调关系，使其处于动态平衡状态的结果。凡组织结构和气、血、津、液等物质均属于阴，这些物质所发挥的功能则属于阳。人体的生理活动以物质为基础，没有物质的运动就无以产生生理功能。而生理活动的结果，又不断促进着物质的新陈代谢。人体功能与物质的关系，也就是阴阳相互依存，相互消长的关系。如果阴阳不能相互为用而分离，人的生命也就终止了，所以《素问·生气通天论》记载："阴平阳秘，精神乃治；阴阳离决，精气乃绝。"

（三）说明人体的病理变化

疾病的发生，主要是正气和邪气相争，阴阳失去了相对的平衡，导致出现偏胜偏衰的结果。邪气有阴邪、阳邪之分，正气包括阴精和阳气两个部分。病邪侵入人体，可出现阴阳偏胜的病理变化，阳邪致病，可以使阳偏胜而阴伤，从而出现热证；阴邪致病，则使阴偏胜而阳伤，从而出现寒证。正如《素问·阴阳应象大论》云："阴胜则阳病，阳胜则阴病。阳胜则热，阴胜则寒。"

人体的正气不足，则会出现阴阳偏衰的病理变化，阳气虚不能制阴，则出现虚寒证；阴精亏虚不能制阳，则出现虚热证，正如《素问·调经论》曰："阳虚则外寒，阴虚则内热。"根据阴阳互根的原理，机体的阴或阳任何一方虚损到一定程度，必然导致另一方的不足。阳虚至一定程度时，因阳虚不能化生阴液，而同时出现阴虚的现象，称"阳损及阴"。同样，阴虚至一定程度时，因阴虚不能化生阳气，而同时出现阳虚的现象，称"阴损及阳"。"阳损及阴"或"阴损及阳"，最终导致"阴阳两虚"。见图3-1。

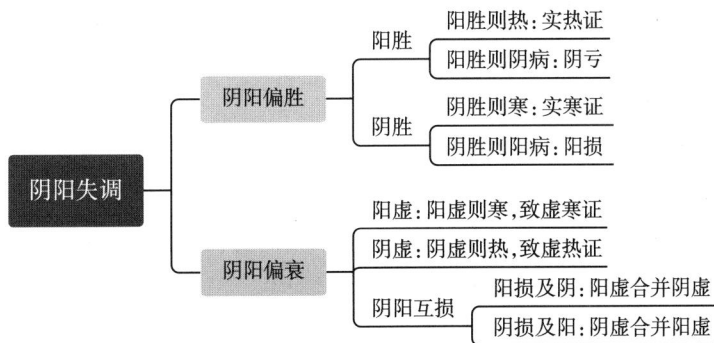

图3-1 阴阳失调示意图

（四）用于指导疾病的诊断

由于疾病发生发展变化的内在原因在于阴阳失调，所以任何疾病，尽管临床表现错综复杂，千变万化，但均可用阴或阳加以概括说明。故《素问·阴阳应象大论》曰："善诊者，察色按脉，先别阴阳。"

辨证方面，虽有阴、阳、表、里、寒、热、虚、实八纲，但八纲中又以阴阳作为总纲，表、实、热属阳；里、虚、寒属阴。在临床辨证中，首先要分清阴阳，才能抓住疾病的本质，做到执简驭繁。阴阳，大则可以概括整个病证是属阴证，还是属阳证，小则可分析四诊中一个具体脉证。

如色泽的阴阳,色泽鲜明为病属于阳,色泽晦暗为病属于阴;声息的阴阳,语声高亢洪亮,多言而躁动者,多属实、属热,为阳;语声低微无力,少言而沉静者,多属虚、属寒,为阴;呼吸微弱,多属于阴证,呼吸有力,声高气粗,多属于阳证;脉象分阴阳,脉浮大洪滑为阳,沉小细涩为阴。故《素问·脉要精微论》说:"微妙在脉,不可不察,察之有纪,从阴阳始。"

(五)用于疾病的治疗和调护

由于疾病发生发展的根本原因是阴阳失调,因此,调整阴阳,补其不足,泻其有余,恢复阴阳的相对平衡,是治疗疾病、养生调理的指导思想和基本原则。故《素问·至真要大论》曰:"谨察阴阳所在而调之,以平为期。"

1. 阴阳偏胜的治疗和调护　阴阳偏胜,即阴或阳的一方偏盛,为有余之证。由于阳胜则阴病,阳胜则热,阳热盛易于损伤阴液。阴胜则阳病,阴胜则寒,阴寒盛易于损伤阳气。阳胜则热属实热证,宜用寒凉药以制其阳,治热以寒,即"热者寒之",如粉刺、酒渣鼻等。阴胜则寒属寒实证,如冻疮等,宜用温热药以温阳散寒而制其阴,治寒以热,即"寒者热之"。因二者均为实证,所以称这种治疗原则为"损其有余",即"实者泻之"。

2. 阴阳偏衰的治疗和调护　阴阳偏衰,即阴或阳的一方不足,或为阴虚,或为阳虚。阴虚不能制阳而致阳亢者,属虚热证,一般不能用寒凉药直折其热,须用"壮水之主,以制阳光"(《素问·至真要大论》王冰注)的方法,即用滋阴壮水之法,以抑制阳亢火盛。《内经》称这种治疗原则为"阳病治阴"(《素问·阴阳应象大论》)。若阳虚不能制阴而造成阴盛者,属虚寒证,不宜用辛温发散药以散阴寒,须用"益火之源,以消阴翳"(《素问·至真要大论》王冰注)的方法,即用扶阳益火之法,以消退阴盛。《内经》称这种治疗原则为"阴病治阳"(《素问·阴阳应象大论》)。

对阴阳偏衰的治疗,张景岳根据阴阳互根的原理,提出了阴中求阳,阳中求阴的治法,他在《景岳全书·新方八阵·补略》中说:"善补阳者,必于阴中求阳,则阳得阴助而生化无穷;善补阴者,必于阳中求阴,则阴得阳升而泉源不竭。"

3. 用于归纳药物的性能　阴阳用于疾病的治疗,不仅用以确立治疗原则,而且也用来概括药物的性味功能,作为指导临床用药的依据。药物的性能,一般地说,主要靠气(性)、味和升降浮沉而决定,而药物的气、味和升降浮沉,又皆可用阴阳来归纳说明。

四气指的是药物的寒、热、温、凉四种药性。其中,寒凉属阴(凉次于寒),能减轻或消除热证;温热属阳(温次于热),能减轻或消除寒证。

五味指的是药物的辛、甘、酸、苦、咸。除上述五味外,有些药物具有淡味或涩味,所以实际上不止五味,但习惯成自然。其中辛、甘、淡属阳,酸、苦、咸属阴。《素问·至真要大论》曰:"辛甘发散为阳,酸苦涌泄为阴,咸味涌泄为阴,淡味渗泄为阳。"

升降浮沉是指药物在体内发挥作用的趋向。具有升阳发表,祛风、散寒、涌吐、开窍等作用的药物,多上行向外,其性升浮,升浮者为阳;而具有泻下、清热、利尿、重镇安神、潜阳息风、消导积滞、降逆、收敛等功效的药物,多下行向内,其性皆沉降,沉降者为阴。

但临床用药需根据病证的阴阳偏胜偏衰情况,再结合药物性能的阴阳属性,选择相应的药物,才能纠正由疾病引起的阴阳失调状态,达到治愈疾病之目的。

(六)指导人们的养生保健活动

养生保健虽然已经成为全民族的健康需求,也是传统医学"治未病"思想的具体体现,但养生保健的根本是遵循阴阳平衡的生命规律，这是中医所崇尚的"天人合一"的思想观念。阴阳学说理论用于指导人们的养生保健活动，其意义主要体现在以下两个方面。

1. 顺应自然界的阴阳变化　世界上的一切事物均在不断地运动变化、新生和消亡。事物之所以能够运动发展变化，根源在于事物本身存在着相对独立统一的阴阳双方。《素问·阴阳应象大论》说："阴阳者，天地之道也，万物之纲纪，变化之父母，生杀之本始，神明之府也。"清楚地表明，无论是自然界，还是人类自身，均必须以阴阳为本，必须顺应自然界阴阳消长的规律。因为自然界阴阳消长的运动，影响着人体阴阳之气的盛衰。故善摄生者，应"提挈天地，把握阴阳"，能如此，才可"寿敝天地，无有终时"。

2. 调整人体内的阴阳维持平衡　人进行养生保健活动，除了顺应自然界的阴阳变化外，还必须在日常生活中时时注意维护体内的阴阳平衡。人的生命活动，是以体内脏腑阴阳气血为依据的，阴阳脏腑气血平衡，人体才会健康无疾。《圣济总录》曾指出："阴胜阳病，阳胜阴病，阴阳和调，人乃安康。"

案例分析

朱某，男，36岁，身高187cm，体重100kg。因形体肥胖，自行选择运动项目。由于上班时间是三班倒，作息不规律，朱某就利用下夜班时间和上白班的晚上到健身房健身或者打篮球，晚上9点准时出发，11点回家后进行冷水洗浴。经过2个月时间的锻炼后，体重减掉3kg。对此结果，朱某没有丝毫的开心。因为他的精神状态越来越差，脸色晦暗，皮肤出现了"粉刺"，全身困乏，性欲减退，大便稀薄等，无法集中精力工作，心情烦闷。朱某到中医医院就诊，医生的诊断：脾肾阳虚。

针对上述情况，请回答。

1. 朱某已经很重视锻炼，怎么会出现阳虚呢？

2. 如何帮助朱某制订养生保健计划呢？

3. 如何对其进行艾灸调理呢？

四、阴阳学说理论对艾灸施治的指导意义

阴阳学说理论是中医学中用来阐明人体一切生理现象和病理变化的基本理论，是指导临床诊断和治疗的重要依据。

（一）阴阳学说理论与艾灸取穴顺序

将阴阳学说理论应用于艾灸穴位的先后顺序，在一定程度上，对艾灸的疗效也起着很重要的作用。"药王"孙思邈在其著作《千金方》中清楚地记载着：艾灸应当遵循先阳后阴，先左后右，先上后下的原则。中医将背部、上身归之于阳，腹部、下身归之于阴。在阴阳学说中，头为阳、足为阴；左为阳、右为阴。故按照中医理论施行灸疗顺序，一般为：先灸上部，后灸下部；先灸背部，后灸腹部；先灸头身，后灸四肢；先灸左侧，后灸右侧。

在日常保健艾灸时，按照以上方法艾灸，会起到很好的效果。当然，中医讲究辨证施治，很多病症调理的方法不是唯一的，一般而言是以先缓解症状为先，如先灸阿是穴和其他重点穴位等。

（二）阴阳学说理论与艾灸的最佳节气

常言道："夏灸三伏，冬灸三九。"夏季尤其是"三伏天"，为一年中阳气最旺之时，也是人体阳气最旺之时，机体新陈代谢非常旺盛。天阳下济，地热上腾，天地之气上下交汇，此时人体最应该顺应天序，以养阳为首选。此时，艾灸不仅可以抵抗夏季的暑、湿，还可以为秋冬储备阳气，帮助机体在冬天有足够的阳气对抗阴寒之气，提高抗病能力，减少或避免疾病发生。那么，"三九"则是一年中最寒冷的时间，此时阳气敛藏，气血不畅，皮肤干燥，毛孔闭塞，此时进行艾灸，除能够温阳益气，提高机体抵抗力之外，还可增强和巩固夏季的艾灸疗效。

人感天地之气而生，必然受天地之气影响。节气变化时天地气机变化剧烈。春夏属阳，春温而夏热，温热为同类，从春变为夏即从升变为浮，升已自然浮；秋冬皆属阴，秋凉而冬寒，凉寒为同类，从秋变为冬即从敛变为藏，敛已自然藏。

但从夏变为秋却不同，夏属阳，秋属阴，从阳变为阴需要一个枢机。这个枢机为阳枢，名为少阳，少阳为相火，火气发力，则能扭转阳气上浮的态势，由浮变为敛；从冬变为春亦如此，冬属阴而春属阳，从阴变为阳也需要一个枢机。这个枢机为阴枢，名为少阴，少阴为君火，火气发力，则能扭转阳气闭藏的态势，从藏变为升。所以，人体有两个枢机，一则少阳，一则少阴，两个枢机皆属火。

人以火为枢机，因为人的生命即是一团阳气。人的生命源于太阳，太阳为火；人亦如此，以火立极。生命的阴阳变化，需要火力来作为枢机。

自然界有阴阳的升降变化，阳升阴降，升极而降，降极而升，故二至（夏至与冬至）是大的节点；升降平衡，阴阳均等，二分（春分与秋分）亦是重要的节点；再有四立（立春、立夏、立秋、立冬），亦为大的节点。

六气变化亦有六个节点，包括大寒、春分、小满、大暑、秋分、小雪。以上这些都是比较大的节点，也是最需要枢机发挥作用的最佳时间。故逢节气之时，人气亦变化剧烈，气机必滞塞难行，体虚之人即容易生病，甚至病情加重或旧病复发。欲保持良好的健康状态，必要时需要用火枢转。艾灸用的是纯阳之火，故二十四节气前后的7天左右是实施艾灸防病、调病及养生的最佳时期。

（三）阴阳学说理论与艾灸时间的关联性

1. 阴阳学说理论与每日艾灸时间 据《内经·灵枢》记载：古人将一天分为春夏秋冬四个时期，早晨为春、日中为夏、日落为秋、半夜为冬。具体而言：3∶00—9∶00 是一日的春季，叫日春（阴中之阳）；9∶00—15∶00 是一日的夏季，叫日夏（阳中之阳）；15∶00—21∶00 是一日的秋季，叫日秋（阳中之阴）；21∶00—3∶00 是一日的冬季，叫日冬（阴中之阴）。

上午大自然和人体的阳气均开始升发，借助这个时间艾灸，可以事半功倍，特别是阳虚、气虚者，如怕冷、手足不温、免疫力低、大便不成形等。当然，根据不同体质和病症，艾灸的时间也不一样，如调理脾胃功能，可以在9∶00—11∶00施灸，养肾在17∶00—19∶00施灸，失眠症可根据情况在临睡前施灸。值得注意的是，11∶00—13∶00是午时，是心经工作的时间，心在五行中属火，古人有"子午觉，卯酉功"之说，所以，午时也不适合艾灸。如果午时艾灸，则易引起上火。

简言之，艾灸养生保健时间一般以10∶00—11∶00、14∶00—16∶00为宜。上午大自然和人体的阳气都开始升发，在这个时间艾灸，可以事半功倍。

2. 阴阳学说理论与十二时辰艾灸施治　现代社会一昼夜是 24 个小时,古代则将一昼夜分为 12 个时辰,分别为子、丑、寅、卯、辰、巳、午、未、申、酉、戌、亥。子时是夜间 11:00—凌晨 1:00、丑时是凌晨 1:00—3:00、寅时是 3:00—5:00、卯时是 5:00—7:00、辰时是 7:00—9:00、巳时是 9:00—11:00、午时是 11:00—13:00……亥时是 21:00—23:00,正好一昼夜。详细内容见图 3-2。

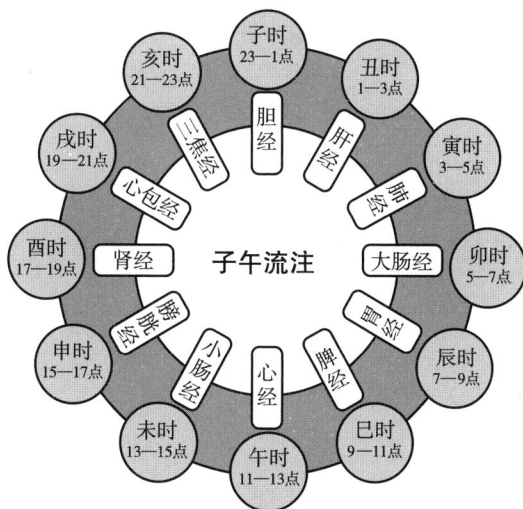

图 3-2　12 时辰与十二经络对应图

如图所示:子、寅、辰、午、申、戌属于阳;丑,卯,巳,未,酉,亥属于阴;十二时辰所对应的十二经脉的阴阳属性分别为胆经、肺经、胃经、心经、膀胱经、心包经属于阳,而肝经、大肠经、脾经、小肠经、肾经、三焦经则属于阴;卯时至午时(6:00—12:00)属阳中之阳,12:00 时阳气最盛。一般而言,此时间段进行艾灸可以起到很好提升机体阳气,增强抗病能力,达到疾病治疗和健康调理的效果。

午时之后开始生阴,至酉时(12:00—18:00)属阳中之阴,酉时至子时(18:00—24:00)属阴中之阴,于 24:00 开始生阳气;子时至卯时(24:00—6:00)属阴中之阳,午时中 12:00 为至阳,达到极点,开始生阴,子时 24:00 为至阴,达到了极点;每个时辰为两个小时,前一个小时为阳,后一个小时则为阴。

从图中还可以看出,十二时辰和十二经脉关系密切,即十二时辰分别为十二经络所主,就是说每一个时辰均有一条经络工作,对机体起主要作用。那么,结合时辰和经络的关系进行艾灸施治,虽然能够取得良好的效果,但仍然需要进行辨证分析。如肺功能欠佳者,无法于夜间进行艾灸的情况下,就要运用表里两条经络,或同名的两条经络的关系进行辨证。

如肺经和大肠经互为表里,但大肠经早上 5:00—7:00 工作,也不宜艾灸。肺经是手太阴经,脾经是足太阴经,肺经和脾经就像兄弟关系,脾经是早上 9:00—11:00 工作,此时艾灸治疗肺部病症则效果就较好。

再如,肺在五行中属金,依据五行相生相克原理,土生金,金生水,依据“虚则补其母,实则泻其子”的原则,若肺实热,可在 17:00—19:00 肾经工作时艾灸,因为肺属金,肾属水。值得注意的是,19:00 以后,除急症外一般不再施灸。亥时之后(21:00)则禁止施灸。

3. 阴阳学说理论与每月艾灸时间　月初8天是阳气渐升的8天,从朔月至眉月,再到上弦月。

朔月,月相尚未出,但阳机已动,非为晦月之月终可比。彼为阳之终,此为阳之始。此时可以坤卦配之,但为坤末,阳动之初。

眉月,阳气始升,月相将明,故以阳气始生之震卦配之。值此时,当助阳以促阳之升。

上弦月,也就是阴历的初八,月相半暗半明,阴阳相当,然其时月相虽明而犹亏,故以阴阳相搏之阴卦离卦配之。离卦从阴阳里讲,既是阴阳各半,也是阳之旺极之象,这是后天八卦的理解。

鉴于此,从坤到离,是少阳始升之时,这个时间段正是农历的初一至初八,施用灸法最为适宜。

第二节　五行学说概述

一、五行的概念

(一)五行学说的概念

1. 五行　"五"是指木、火、土、金、水五种物质;"行"即运动变化。我国古代劳动人民在长期的生活和生产实践中,认识到木、火、土、金、水是不可缺少的最基本物质,故五行最初称作"五材"。如《左传》说:"天生五材,民并用之,废一不可";《尚书·洪范》中说得更清楚:"水火者,百姓之所饮食也;金木者,百姓之所兴作也;土者,万物之所资生,是为人用。"

随着社会的发展,"五材"进一步引申运用,古人认为世界上的一切事物均是木、火、土、金、水五种物质相结合并通过运动变化而产生的。如《国语·郑语》说:"故先王以土与金、木、水、火杂,以成百物"。最后又认识到五行之间的联系,主要是在不断地相生相克的运动变化中维持着协调与平衡,并从理论上进行总结,以此来说明和解释整个物质世界的存在和变化,继而形成了中国古代又一独特的哲学理论——五行学说。

2. 五行学说　指的是木、火、土、金、水五类物质的运动变化,以及它们之间的相互关系,以相生、相克作为解释事物之间相互关联及运动变化的说理工具。

中医学理论体系在其形成过程中,受到五行学说极其深刻的影响,它同阴阳学说一样,也已成为中医学独特理论体系的组成部分,在历史上对中医学术的发展起了深远的影响。

(二)五行学说的基本内容

1. 五行的特性　五行的特性是古人在长期的生活和生产实践中,在对木、火、土、金、水五种物质的朴素认识基础上,进行抽象概括而逐渐形成的理论概念,用以分析各种事物的五行属性和研究事物之间相互联系的基本法则。因此,五行的特性,虽然来自木、火、土、金、水,但实际上已超越了木、火、土、金、水具体物质的本身,而具有更广泛的含义。

(1)木的特性:古人称"木曰曲直"。"曲直",实际上是指树木的生长形态,均是枝干曲直,向上向外周舒展。因而引申为具有生长、升发、条达舒畅等作用或性质的事物,均归属于木。

（2）火的特性：古人称"火曰炎上"。"炎上"是指火具有温热、上升的特性。因而引申为具有温热、升腾作用的事物，均归属于火。

（3）土的特性：古人称"土爱稼穑"。"稼穑"，是指土有播种和收获农作物的作用。因而引申为具有生化、承载、受纳作用的事物，均归属于土。故有"土载四行""万物土中生，万物土中灭"和"土为万物之母"之说。

（4）金的特性：古人称"金曰从革"。"从革"，是指"变革"的意思。引申为具有清洁、肃降、收敛等作用的事物，或通过变革而产生的事物，均归属于金。

（5）水的特性：古人称"水曰润下"。是指水具有滋润和向下的特性。引申为具有寒凉、滋润、向下运行的事物，均归属于水。

2. 事物的五行属性 根据五行的抽象特征，对客观世界的事物进行五行分类，继而得知事物不同的五行属性。具体的运用方法有两种：

（1）直接归类法：即将一切事物的形象分别与五行的抽象特性相比较，与五行中哪一行的特性相类似的，就归类在哪一行。如事物与木的特性相类似，则归属于木；与火的特性相类似，则归属于火等。例如：以方位配属五行，则由于日出东方，与木的升发特性相类似，故归属于木；南方炎热，与火炎的特性相类，故归属于火；日落于西，与金的肃降特性相类，故归属于金；北方寒冷，与水的特性相类，故归属于水……若以五脏配属五行，则由于肝主升而归属于木，心阳主温煦而归属于火，脾主运化而归属于土，肺主降而归属于金，肾主水而归属于水。

事物的五行属性，除了可用上述方法进行取象类比之外，还有间接的推演络绎的方法。

（2）间接推演法：指的是根据已知的某些事物的五行属性，进一步推演至相关事物，以此得知这些事物的五行属性。如肝属木，则与肝相关的事物如目、胆、筋等亦属木。如肝属于木以后，则肝主筋和肝开窍于目的"筋"和"目"亦属于木；心属于火，则"脉"和"舌"亦属于火；脾属于土，则"肉"和"口"亦属于土；肺属于金，则"皮毛"和"鼻"亦属于金；肾属于水，则"骨"和"耳""二阴"亦属于水。

此外，五行学说还认为属于同一五行属性的事物，都存在着相关的联系。如《素问·阴阳应象大论》所说的："东方生风，风生木，木生酸，酸生肝，肝生筋……"即是说方位的东和自然界的风、木以及酸味的物质都与肝相关。因而，也有人认为五行学说是说明人与自然环境统一的基础。

如此便把自然界的一切事物，把人体的各个组织器官归入木火土金水五行系统中。见表3-1。

表3-1 事物属性的五行归纳表

自然界							五行	人体						
五音	五味	五色	五化	五气	五方	五季		五脏	五腑	五官	形体	情志	五声	变动
角	酸	青	生	风	东	春	木	肝	胆	目	筋	怒	呼	握
徵	苦	赤	长	暑	南	夏	火	心	小肠	舌	脉	喜	笑	忧
宫	甘	黄	化	湿	中	长夏	土	脾	胃	口	肉	思	歌	哕
商	辛	白	收	燥	西	秋	金	肺	大肠	鼻	皮毛	悲	哭	咳
羽	咸	黑	藏	寒	北	冬	水	肾	膀胱	耳	骨	恐	呻	栗

3. 五行的生克乘侮　五行学说并不是静止地、孤立地将事物归属于五行,而是以五行之间的相生、相克联系来探索和阐释事物之间的相互联系、相互协调平衡的整体性和统一性。同时,还以五行之间的相乘和相侮规律,说明事物之间的相互关系、相互协调和平衡,以及事物与事物之间的相互协调关系被破坏后产生的相互影响。

（1）五行的相生:相生是指某一事物对另一事物具有促进、助长和资生之意。相生的次序是木生火,火生土,土生金,金生水,水生木,依次资生,循环无端。在相生的关系中,任何一行均有"生我""我生"两方面的关系,生我者为母,我生者为子,故又称为母子关系。以火为例:生我者为木,故木为火之母,我生者为土,故土为火之子。在某些疾病的发生发展过程中,常出现"母病累及子""子病犯及母"现象,艾灸施治中应注意或重视。

（2）五行的相克:相克是指某一事物对另一事物的生长和功能具有抑制和制约作用。相克的次序是:木克土,土克水,水克火,火克金,金克木。在相克的关系中,五行中任何一行均有"克我""我克"两方面的关系。克我者为所不胜,我克者为所胜。再次以火为例:克我者为水,水为火之所不胜;我克者为金,金为火之所胜。

上述的以次相生,以次相克,循环无端,生化不息,维持着事物之间的动态平衡。故《类经图翼》曰:"造化之机,不可无生,亦不可无制。无生则发育无由,无制则亢而为害。"以五行的"相生""相克"阐释自然,即能说明自然气候的正常变迁和自然界的生态平衡;以此来阐释人体,即是机体的生理平衡。

（3）五行的相乘:乘,即乘虚而入或以强凌弱之意。五行中的相乘,是指五行中某"一行"对被克的"一行"克制太过,从而引起一系列的异常相克反应。相乘的次序是木乘土、土乘水、水乘火、火乘金、金乘木。引起相乘的原因有两个方面:一是五行中的某"一行"本身过于强盛,因而造成对被克制的"一行"克制太过,促使被克的"一行"虚弱,从而引起五行之间的生克制化异常。例如木过于强盛,则克土太过,造成土的不足,即称为"木乘土"。二是五行中的某"一行"本身的虚弱,因而对它"克我"一行的相克就显得相对的增强,而其本身就更衰弱。例如:木本不过于强盛,其克制土的力量也仍在正常范围。但由于土本身的不足,因而形成了木克土的力量相对增强,使土更加不足,即称为"土虚木乘"。

（4）五行的相侮:侮,在这里是指"反侮"。五行中的相侮,是指由于五行中的某"一行"过于强盛,对原来"克我"的"一行"进行反侮,所以反侮亦称反克。五行相侮的次序与相克顺序相反,依次为:木侮金、金侮水、火侮水、水侮土、土侮木。例如:木本受金克,但在木特别强盛时,不仅不受金的克制,反而对金进行反侮(即反克),称作"木侮金",这是发生反侮的一个方面。另一方面,也可由金本身的十分虚弱,不仅不能对木进行克制,反而受到木的反侮,称作"金虚木侮"。

五行中的相乘和相侮,均属于不正常的相克现象,二者之间是既有区别又有联系的。相乘与相侮的主要区别是:前者是按五行的相克次序发生过强的克制,而形成五行间的生克制化异常;后者是与五行相克次序发生相反方向的克制现象,而形成五行间的生克制化异常。两者之间联系是:在发生相乘时,也可同时发生相侮;发生相侮时,也可同时发生相乘。如:木过强时,既可以乘土,又可以侮金;金虚时,既可受到木的反侮,又可受到火乘,因而相乘与相侮之间存在着密切的联系。《素问·五运行大论》曰:"气有余,则制己所胜而侮所不胜;其不及,则己所不胜,侮而乘之,己所胜,轻而侮之。"就是对五行之间相乘和相侮及其相互关系的很好说明。

（5）母子相及：五行母子相及，属于五行之间相生关系的变化。

1）母病及子：指五行中的母行异常，累及子行，导致母子两行皆异常。其形成多是母行虚弱，引发子行亦不足，终至母子两行皆虚。

2）子病犯母：指五行中某一行异常，影响及母行，终至子母两行皆异常。其形成原因：一是子行亢盛，引发母行亢盛，结果是子母两行皆亢盛，一般称为"子病犯母"。二是子行虚弱，上累母行，引起母行不足，终致子母两行俱虚。三是子行亢盛，损伤母行，导致子盛母衰，一般称为"子盗母气"。

二、五行学说在中医学中的应用

五行学说在中医学中的应用，主要是以五行的特性来分析研究机体的脏腑、经络等组织器官的五行属性；以五行之间的生克制化来分析研究机体的脏腑、经络之间和各个生理功能之间的相互关系；以五行之间乘侮来阐释病理情况下的相互影响。

（一）说明五脏的生理功能及其相互关系

1. 说明五脏的生理功能　五行学说，将人体的内脏分别归属于五行，以五行的特性说明五脏的生理功能。如肝属木，心属火，脾属土，肾属水，并以五行的相生相克，说明脏腑组织之间的生理功能的相互联系和相互影响。

如肝喜条达而恶抑郁，有疏泄的功能，故以肝属木；火性温热，其性炎上，心阳有温煦之功，故以心属火；土性敦厚，有生化万物的特性，脾有运化水谷，输送精微，营养五脏六腑、四肢百骸之功，为气血生化之源，故以脾属土；金性清肃、收敛，肺具清肃之性，肺气以肃降为顺，故以肺属金；水性润下，有寒润、下行、闭藏的特性，肾有藏精、主水等功能，故以肾属水。再如"金水相生""水火既济"。

2. 说明五脏功能之间的相互关联　五脏功能之间既相互资生又相互制约。

（1）五脏功能之间的相互资生：如肝生心就是木生火，如肝藏血以济心；心生脾就是火生土，如心阳以温脾；脾生肺就是土生金，如"脾气散精，上归于肺"；肺生肾就是金生水，如肺金清肃下行以助肾水；肾生肝就是水生木，如肾藏精以滋养肝的阴血等。

（2）五脏功能之间的相互制约：《素问·五脏生成论》提到"心，其主肾也；肺，其主心也；脾，其主肝也；肾，其主脾也。"这里所说的"主"，实际上即是指制约，也即是相克。由于"克中有生""制则生化"，所以称它为"主"。如《素问集注》曰："心主火，而制于肾水，是肾乃心脏生化之主"。以此类推，肺属金，而制于心火，故心为肺之主；脾属土，而制于肝木，故肝为脾之主；肾属水，而制于脾土，故脾为肾之主。这就是用五行相克的理论来阐释五脏相互制约的关系。

3. 构建天人一体的五脏系统　五行学说，通过推演络绎、取象比类将人体的脏腑、形体、官窍、五志、五液、五脉等分归于五行，构成以五脏为中心的五大系统。同时，自然界中的五方、五时、五气、五化、五味、五色也都有五行的归属。以五行为纽带，将人体的五大系统和自然界联系到一起，建立了以五脏为中心的"天人一体"的五行系统。如以肝为例，《素问·阴阳应象大论篇》中便提出："东方生风，风生木，木生酸，酸生肝，肝生筋……肝主目。"

（二）说明五脏病变的相互影响

五行学说不仅可用以说明在生理情况下脏腑间的互相联系，而且也可用以说明在病理情况下脏腑的互相影响，这种病理上的相互影响称之为"传变"。五脏疾病的传变，可以分为相生关系的传变、相克关系的传变和相侮关系的传变三大类。

1. 相生关系的传变　包括"母病及子"和"子病犯母"两个方面。

（1）母病及子：是指疾病的传变，从母脏传及子脏，如肾属水，肝属木，水能生木，故肾为母脏，肝为子脏，肾病及肝，即是母病及子。临床上常见的"肝肾精血不足"和"水不涵木"，均属于母病及子的范围。这是由于先有肾精不足，然后累及肝脏，而致肝血不足，从而形成肝肾精血不足；由于先有肾水不足，不能滋养肝木，从而形成肝肾阴虚，肝阳上亢，故称"水不涵木"。

（2）子病犯母：又可称"子盗母气"，是指疾病的传变，从子脏传及母脏。如肝属木，心属火，木能生火，故肝为母脏，心为子脏；心病及肝，即是子病犯母，或称"子盗母气"。临床上常见的心肝血虚和心肝火旺，均属于子病犯母的范围。这是由于先有心血不足，然后累及肝脏，而致肝血不足，从而形成心肝血虚；由于先有心火旺盛，然后累及肝脏，引动肝火而导致心肝火旺。

2. 相克关系的传变　如以木和土的相克关系而言，前者称为"木乘土"，后者称作"土虚木乘"。这两类相克太过的原因虽然不同，但其结果均可导致一方太过和另一方不及。如临床上常见的肝气横逆犯胃、犯脾，均属于"相乘"致病的范围。

3. 相侮关系的传变　如以金克木的关系而言，肺属金，肝属木，在正常生理情况下，肺金的肃降，有制约肝气和肝火上升的作用，故称金克木。如在肺金不足或肝的气火上逆情况下，即可出现"左升太过，右降不及"的肝气、肝火犯肺的反克病理变化。

（三）指导疾病诊断

人体以五脏为中心，形成了五脏系统。人体脏腑功能发生任何异常变化，均可以通过各个系统之间的联系，从患者的面色、声音、口味、脉象等方面表现出来。正如《孟子·告子下》云："有诸内者，必形诸外。"亦如《灵枢·本脏》所云："视其外应，以知其内脏，则知所病矣。"

1. 确定五脏病变部位　五行学说依据五行的归属及其生克乘侮来确定五脏病变的部位。正如《难经·六十一难》所说："望而知之者，望见其五色，以知其病。闻而知之者，闻其五音，以别其病。问而知之者，闻其所欲五味，以知其病所起所在也。切脉而知之者，诊其寸口，视其虚实，以知其病，病在何脏腑也。"如面见青色，喜食酸味，脉见弦象，可以诊断为肝病；面见赤色，口苦，脉洪多为心火亢盛；脾虚的患者，本应面见黄色却面青，多为木乘土；心脏患者本应面赤，却面见黑色，为水来克火等。

2. 推断病情的轻重顺逆　古人除运用五行学说确定病变部位外，还运用五行生克关系，以色脉来判断病情的顺逆。色脉相合，其病顺；若色脉不符，得克则死，得生则生。正如《难经·十三难》记载：经言见其色而不得其脉，反得相胜之脉者即死，得相生之脉者，病即自己。《医宗金鉴·四诊心法要诀》也有记载：色脉相合，青弦赤洪，黄缓白浮，黑沉乃平。已见其色，不得其脉，得克则死，得生则生。如肝病色青脉弦，为色脉相合，病顺；如果不得弦脉反见浮脉，则属得克己之脉（金克木），为逆，则预后不佳；若得沉脉则为相生之脉（水生木），为顺，则预后较好。但由于疾病的表现千变万化，故在实践中，不能单凭色脉以及色脉之间的"相生"或"相克"预测疾病预后，应坚持"四诊"合参的原则，判断病症的转归，以免延误病情。

（四）指导疾病治疗

1. 指导脏腑用药 不同的药物色有青、赤、黄、白、黑五色,味有酸、苦、甘、辛、咸五味。根据五行理论,青色、酸味入肝;赤色、苦味入心;黄色、甘味入脾;白色、辛味入肺;黑色、咸味入肾。如白芍、山茱萸味酸,入肝经以养肝;黄连味苦,可清心泻火;白术色黄味甘,可补益脾气;石膏色白味辛,入肺经可清肺热。

2. 控制疾病传变 在治疗时,除对患病脏器进行处理外,还应根据五行的生克乘侮规律,调整各脏腑之间的相互关系。如有太过者,泻之;不及者,补之,以控制其传变,有利于恢复正常的功能活动。如肝脏有病,可通过生克乘侮规律影响到心、脾、肺、肾,又可由心、脾、肺、肾的疾病影响至肝而患病。若肝气太过,木旺必克土。此时,除了治肝,还应先健脾胃以防其传变,脾胃不伤,则病不传,易于痊愈。故《金匮要略》云:"见肝之病,知肝传脾,当先实脾,四季脾旺不受邪,即勿补之。"

3. 确定治则治法 临床工作中,要利用掌握疾病发展传变过程中的生克乘侮关系,并根据这种规律及早控制传变和指导治疗,防患于未然,同时还要根据具体病情进行辨证,确定治疗原则和方法。如肾阴不足,不能滋养肝木,而致肝阴不足者,称为水不生木或水不涵木。治则为不直接治肝,而补肾之虚。因为肾为肝母,肾水生肝木,故宜补肾水以生肝木。治法为"滋水涵木法",滋养肾阴以养肝阴,适用于肾阴亏损而肝阴不足,以及肝阳偏亢之证。再如,肝气横逆,犯胃克脾,出现肝脾不调、肝胃不和之证,称为木旺克土。治则:疏肝平肝。治法:抑木扶土,又称疏肝健脾法,平肝和胃法,调理肝脾法。适用于木旺乘土,木不疏土之证。

4. 指导针灸取穴 运用五行学说理论指导针灸选穴,是根据腧穴的五行属性,运用五行生克理论进行选穴施治。在针灸治疗中,十二经脉四肢末端的穴位从四肢远心端向近心端,依次为井穴、荥穴、腧穴、经穴、合穴,分属于木、火、土、金、水。临床上可根据不同病情,运用五行生克规律进行选穴针刺治疗。

5. 指导情志疾病的治疗 情志生于五脏,五脏之间存在着生克乘侮的关系,故各种情志之间也存在这种关系。如《素问·阴阳应象大论》说:"怒伤肝,悲胜怒;喜伤心,恐胜喜;思伤脾,怒胜思;忧伤肺,喜胜忧;恐伤肾,思胜恐。"如患者怒伤肝,可导致肝气上逆,根据五行中的"金克木",则悲可胜怒,可用促使其悲伤的方法治疗;思伤脾,可致气滞郁结,根据"木克土",则怒胜思,可采用使其发怒的方法来治疗。

三、五行学说理论对艾灸施治的指导意义

中医认为,患病是因为协调平衡失常,导致气血不通、经络不通、脏腑不通、上下不通、内外不通、官窍不通,因而人们常说"一脉不通周身不安"。治病就是使其恢复协调平衡,使其气血周流"一路畅通"濡养机体,建立一个相对稳定的内循环系统,建立一个稳定的内环境,维持机体健康稳态。鉴于此,将事物的五行属性与十二经络相结合,设置下列医案,旨在指导临床灸疗。

（一）木局:肝脏和胆相表里

1. 经络 足厥阴肝经、足少阳胆经。
2. 症状 机能受损时的不良症状如下。

（1）机体免疫力下降,体质敏感,加速身体老化。

（2）基础代谢率降低导致肥胖,四肢酸软无力。

（3）面色发青,皮肤敏感易生斑点。

（4）出现贫血症状,视力下降或眼部疾病。

3. 作用　艾灸可增强肝脏的解毒功能,提高机能的免疫力,解除以上各种不良症状,预防各种肝部疾病的生成。

4. 按语　木:属春天,春天和风煦日,万物复苏,正是草木生发的时机。日出东方,与木相似。古人称"木曰曲直"。"曲直",实际是指树木的生长形态,为枝干曲直,向上向外周舒展。因而引申为具有生长、升发、条达舒畅等作用或性质的事物,均归属于木。

5. 调养　属木的器官是肝、胆、眼睛,属木的情志是怒,属木的味道是酸味,属木的食物是青色食品。如果木系某个器官感觉不舒服,可以多吃一些属木的绿色食物。此类食物对应人体的肝脏及胆,含有大量的叶绿素、维生素及纤维素,能协助器官加速排出体内的毒素。推荐食物有:白菜、包心菜和菠菜等各式叶菜。

（二）火局:心脏和小肠相表里

1. 经络　手少阴心经,手太阳小肠经。

2. 症状　机能受损时的不良症状如下。

（1）循环不畅,手脚冰冷,微循环不良。

（2）心慌气短、心悸、心动过速、心律不齐等。

（3）各种心脏病及心脑血管疾病,血压、血脂高低不稳。

（4）皮肤上易出现红血丝、静脉曲张。

（5）舌苔薄、鲜红、炽热、味蕾突起或疼痛。

3. 作用　艾灸可增强心脏功能,使其收缩、舒张更有力度,更有生命力,平衡血压血脂,改善微循环调节温度,减轻各种不适感。

4. 按语　火:属夏天,代表气体向上的运动方式。南方炎热,与火相似。古人称"火曰炎上"。"炎上",是指火具有温热、上升的特性。因而引申为具有温热、升腾作用的事物,均归属于火。属火的时令是夏季,夏季万物茂盛,气候炎热,如同播火。属火的器官是心、小肠、舌。属火的情志是喜。属火的味道是苦味,属火的食物是赤色食品。

5. 辅助调养　夏季是一年中最热的季节。心属火,火性很热而且向上蔓延。故容易上火,心绪不宁,心跳加快,给心脏增加负担,所以夏季最重要的保健是养心。除了多摄取养心食物之外,还应根据五行相克原理,补养肾气以肾克制心火。凡是赤色食物,均具有养心之功效。通常这种颜色给人的感觉就是温、热,它们对应的是同为红色的血液及负责血液循环的心脏,特别是气色不佳、四肢冰冷的虚寒体质人群,宜大量进食。

（三）土局:脾脏和胃组织相表里

1. 经络　足阳明胃经、足太阴脾经。

2. 症状　机能受损时的不良症状如下。

（1）口干舌燥,唇色浅淡,干裂起皮。

（2）排便不正常,如便秘、腹泻、大便不尽感、大便无力等。

（3）喜辛辣刺激或凉性食品,出现胃痛、胃酸胃胀、呕吐、食欲不振等症状。

（4）皮肤松弛无弹性，肌肉松懈下垂，提前老化等。

3. 作用　脾为后天之本，是人体生命活动的重要决定因素之一，脾胃灸养可改善各种胃肠方面的不适感，并辅助治疗胃肠病症，预防严重疾病生成。

4. 按语　土：代表气的平稳运动，因有四季而有四行，但夏天和秋天之间要有过渡段，因此便有了土。中原肥沃，与土相似。古人称"土爰稼穑"，是指土有种植和收获农作物的作用。因而引申为具有生化、承载、受纳作用的事物，均归属于土。故有"土载四行"和"土为万物之母"之说。属土的时令是长夏，指的是在夏天中干热过去，开始下雨的一段时间，此时暑热多湿，正是万物蔬果生长的时期，与土性相应；属土的器官是脾、胃、口，属土的情志是思，属土的味道是甘味，属土的食物是黄色食品。

5. 辅助调养　长夏多雨，是一年中湿气最重的季节。湿气过多会伤害脾胃，脾胃受伤影响食欲，所以盛夏季节人们总感觉食欲欠佳。此时饮食上就要"多甘多苦"，多摄取甜食以补充脾气。按五行来讲，属火的心滋养属土的脾，多吃苦味强心的果蔬也是健脾。土系器官出现问题，对应的是黄色食物。脾、胃在人体中扮演着养分供给者的角色，只有很好地调理脾胃功能，机体摄取营养才会充足，气血才会旺盛。推荐食物：橙、南瓜、玉米、黄豆、甘薯。

（四）金局：肺脏和大肠相表里

1. 经络　手太阴肺经、手阳明大肠经。

2. 症状　机能受损时的不良症状如下。

（1）呼吸不畅，咳嗽、哮喘、气管炎、咽喉炎、鼻炎等。

（2）细胞携氧量不足，面色苍白。

（3）毒素上行，加速细胞老化，身体免疫力下降。

（4）皮肤粗糙、毛孔粗大，易生粉刺、暗疮。

3. 作用　灸养大肠可促使营养回收、废物排出；机能紊乱时会便秘、腹泻；肺部灸养可改善或辅助治疗以上各种不良症状，预防重大疾病生成。

4. 按语　金：属秋天，代表气体向内收缩的运动方式。日落于西，与金相似。古人称"金曰从革"。"从革"是指"变革"之意。引申为具有清洁、肃降、收敛等作用的事物，均归属于金。属金的时令是秋季，秋天西风萧瑟，万物凋敝，符合金性。属金的器官是肺、大肠、鼻，属金的情志是悲，属金的味道是辛味，属金的食物是白色食品。

5. 辅助调养　秋天最应该保养的是肺，最容易出现的病痛是咳嗽，这是五行中的精神影响。秋天帽落西风，草木开始枯萎，很容易让人感时伤月，心情抑郁。悲属金，与肺同源，过度悲伤就会造成肺损伤。金系食物对应的主要是肺脏，多是白色食物。其性情偏平、凉，能健肺爽声，还能促进肠胃蠕动，强化新陈代谢，让肌肤充满弹性与光泽。

（五）水局：肾脏和膀胱相表里

1. 经络　足太阳膀胱经、足少阴肾经。

2. 症状　机能受损时的不良症状如下。

（1）骨质疏松，缺钙，关节炎、风湿等。

（2）牙神经敏感、牙龈出血、肿痛等。

（3）水肿或结石，生殖泌尿系统炎症、失调等。

（4）睡眠不好，精力不充沛，脱发、耳聋、耳鸣，记忆力减退。

（5）肤色暗沉，易生粉刺和斑点。

（6）腰膝酸软、腰痛，浑身乏力。

3. 作用　此疗法是三位一体的，兼顾肾、膀胱和生殖系统保健，同时预防各种重大疾病的生成。

4. 按语　水：属冬天，代表气体向下的运动方式。北方寒冷，与水相似。古人称"水曰润下"，是指水具有滋润和向下的特性。引申为具有寒凉、滋润、向下运行的事物，均归属于水；属水的时令是冬季，冬季万物蛰藏，冷气袭人，冰封大地，与水性相合。属水的器官是肾、膀胱、耳，属水的情志是恐，属水的味道是咸味，属水的食物是黑色食物。

5. 辅助调养　因为肾是人们最在意且重点保护的器官，进食外餐过多会伤肾。油腻且高盐的食物利于增强人们的食欲。但咸味属水，和肾一族，适量有益，过度摄入则损害健康。若喜好摄取高盐饮食且同时面色晦暗，可能肾脏出现了问题。此时最应该多吃黑色食物。这些食物对应的是肾脏及骨骼，经常摄取可促进肾、膀胱、骨骼的新陈代谢正常，使多余水分不至于积存在体内造成体表水肿，具有强壮骨骼的作用。推荐食物：黑豆、黑芝麻、蓝莓、香菇、黑枣、桂圆、乌梅。

（武敬文　赵美玉　杨文涛　姚中进）

> **情景导入解析**
>
> 1. 请运用事物的阴阳属性理论，判断本例患者属阴证还是阳证。
>
> 根据事物的阴阳属性理论，本例患者属阳证。因为凡是剧烈运动的、外向的、上升的、温热的、明亮的、轻清的、兴奋的，统属于阳的范畴。
>
> 2. 请运用事物的五行属性理论，判断本例患者症状和体征的五行属性。
>
> 根据事物的五行属性理论，本例患者的症状和体征属火。因为火具有炎热、上升、光明的特性。
>
> 3. 请列举患者的症状或体征加以说明。
>
> 本例患者有头晕头痛、头重脚轻、耳鸣健忘、五心烦热、口干咽燥、心悸、失眠多梦、舌红、苔薄黄干、脉弦细数等症状或体征。为肝肾阴虚、肝阳偏亢，皆属于热和水。

> **案例解析**
>
> 1. 朱某已经很重视锻炼，怎么还会出现阳虚呢？
>
> 21：00—23：00属于中医上的亥时，三焦经最旺。三焦是六腑中最大的腑，有主持诸气、疏通水道的作用。亥时三焦通百脉是需要静养休息乃至睡眠的时候，朱某在这段时间不但没有休息，反而剧烈运动损耗自身阳气，耗散精血。进行冷水洗浴再度损耗阳气，导致水湿内停久踞，阻碍脾阳运转不能充养肾阳，终造成脾肾阳气俱伤。
>
> 2. 如何帮助朱某制订养生保健计划呢？
>
> 首先，根据体重指数 BMI= 体重 / 身高的平方（ kg/m^2 ），知朱某体重指数 =28.6，轻度肥胖。其次，根据理想体重 = 身高（ cm ）-100，可知朱某的体重合适值应控制在 87kg。最后，根据肥胖者适宜的减肥速度是每月 0.5~1kg 的建议，特开具如下运动处方。

（1）运动方式：肥胖者的运动治疗主要以中等强度、较长时间的有氧运动为主，也可根据体质与个人爱好等辅以力量性运动、球类运动。

有氧运动：步行、慢跑、游泳、划船、爬山、骑自行车等。通过以上运动有助于维持能力平衡，长期保持肥胖者的体重不反弹，提高心肺功能。

力量性运动：主要进行躯干及四肢大肌群的运动，如俯卧撑、仰卧起坐、拉力器、哑铃等。为达到消耗脂肪的目的，建议力量性运动时的肌肉负荷量应以最大肌力的60%~80%反复运动20~30次为准。

球类运动：可选择羽毛球、乒乓球、篮球、排球，建议每次运动以30~60分钟为宜。

（2）运动强度：运动强度以最大心率的60%~80%为宜，从最大心率的60%的运动量开始，逐渐增加。运动中患者可自测心率，监控运动强度，运动前后心率变化≤20次/min为低强度，≤40次/min为中强度，≤60次/min为高强度。

（3）运动频率：每周至少3~4次力量性运动或球类运动。有氧运动每天一次或每天早晚各一次。增加能量消耗，提高减肥效果。

（4）运动饮食：总热量摄入控制在1 200~1 800kal。蛋白质供能应控制在总热量的40%~50%，脂肪占比25%~30%，糖类占比20%~25%。

3. 如何对其进行艾灸调理呢？

（1）回旋灸：至阳+、关元+、气海+、腰阳关+、带脉+。

（2）雀啄灸：肾俞+、脾俞+、足三里+、阳陵泉−、丰隆−。

（3）施以温和灸，每穴灸20~30分钟。每日一次，10次为一疗程。

第四章

藏象与精、气、血、津、液

【学习目标】

1. 通过本章内容的学习，重点掌握五脏、六腑的主要生理功能，熟悉其系统连属；脏腑之间的关系；气血津液的生成、输布、排泄的过程，以及异常情况下的表现和调理方法；气、血、津液的功能及其相互关系和补气、补血、生津等治疗原则；了解气虚、血虚、津液不足等病理变化。熟悉气血津液在诊断和治疗中的重要性，能够通过观察面色、舌象、脉象等判断气血津液的盛衰和运行状况，并采用相应的治疗方法；熟悉藏象学说中的其他概念，如经络、精、神、魂、魄等。了解腑脏功能失常出现相应的病理变化，如肝气郁结、肝火上炎、心火上炎、脾虚湿盛等；了解气虚、血虚、津液不足等病理变化；了解五脏与六腑的关系，包括心与小肠、肝与胆、脾与胃、肺与大肠、肾与膀胱的关系，以及三焦、胞宫的功能。

2. 学会运用五脏、六腑，气血津液相互之间的关系，结合病症辨证施灸。

3. 具有通过本章节内容的学习促使自身具备良好的记忆力、理解能力、逻辑思考能力、耐心和细心、敬业精神、良好的沟通能力和持续学习的意愿。

情景导入

李女士，45岁，某企业总经理，为了公司的良性发展，经常熬夜加班，不断出差，舟车劳顿，很少休息，饮食作息不规律。近段时间因工作和生活压力过大，出现失眠、心悸、乏力、头晕等症状。反复到多家医院就诊，经过检查均未发现明显的器质性病变。后又到中医医院就诊，医生诊断为：气血两虚。

根据上述内容，请思考以下几个问题。

1. 根据藏象理论，气血两虚的诊断依据是什么？

2. 根据诊断结果，制订气血津液治疗方案。

3. 对案例进行简要分析。

第一节 藏 象

一、五脏

所谓五脏是心、肺、脾、肝、肾的合称。五脏的生理功能，虽然各有专司，但心脏的生理功能是起着主宰的作用。五脏之间各种生理功能活动的相互依存、相互制约和相互协调平衡，主要是以阴阳五行学说的理论为基础来进行阐释的。

（一）心

心为神之居、血之主、脉之宗，在五行属火，起着主宰生命活动的作用，故《素问·灵兰秘典论》称之为"君主之官"。心的生理功能主要有两方面，一是主血脉，二是主神志。心开窍于舌，其华在面，在志为喜，在液为汗，心与小肠相为表里。

1. 心的主要生理功能

（1）心主血脉：包括主血和主脉两个方面。全身的血，均在脉中运行，依赖于心脏的搏动而输送到全身，发挥其濡养的作用。脉，即血脉，又可称经脉，为血之府。脉是血液运行的通道，脉道的通利与否，营气和血液的功能健全与否，直接影响着血液的正常运行，这个系统的生理功能，都属于心所主，都有赖于心脏的正常搏动。

（2）心主神志：即是心主神明，或称心藏神。广义的神，是指整个人体生命活动的外在表现，如整个人体的形象以及面色、眼神、言语、应答、肢体活动姿态等，也就是通常所说的"神气"。《素问·移精变气论》说的"得神者昌，失神者亡"，就是指这种广义的神。狭义的神，即是心所主之神志，是指人的精神、意识、思维活动。由于人的精神、意识和思维活动不仅仅是人体生理功能的重要组成部分，而且在一定条件下，又能影响整个人体各方面生理功能的协调平衡，所以《素问·灵兰秘典论》说："心者，君主之官也，神明出焉。"

人的精神、意识和思维活动，是大脑的生理功能，即大脑对外界事物的反映。在中医学脏象中则将人的精神、意识、思维活动不仅归属于五脏，而且主要归属于心的生理功能。人的精神意识和思维活动，虽可分属于五脏，但主要归属于心主神明的生理功能。因此，心主神明的生理功能正常，则精神振奋，神志清晰，思考敏捷，对外界信息的反应灵敏和正常。"心不明，则十二官危"，出现失眠、多梦、神志不宁，甚至谵狂等精神意识和思维活动异常；或可出现反应迟钝、健忘、精神委顿，甚则昏迷等临床表现。

心主神志的生理功能与心主血脉的生理功能密切相关。血液是神志活动的物质基础。先有心主血脉的生理功能，后有心主神志的功能。如《灵枢·本神》说："心藏脉，脉舍神。"《灵枢·营卫生会》又说："血者，神气也。"因此，心主血脉的功能异常，必然出现神志的改变。

2. 心的在志、在液、在体和在窍

（1）心在志为喜：是指心的生理功能和精神情志的"喜"有关。藏象学说认为，外界信息可引起人的情志变化，这是由五脏的生理功能所化生，故把喜、怒、忧、思、恐称作五志，分属于五脏，喜为心之志。喜，一般说来，对外界信息的反应属于良性的刺激，有益于心主血脉等生理功能。若喜乐过度，则可致心神受伤。一般说来，心主神志的功能过亢，则使人嬉笑不止；心主神志的功能不及，则使人易于伤悲。

（2）心在液为汗：汗液，是津液通过阳气的蒸腾气化后，从玄府（汗孔）排出之液体。汗液的排泄，有赖于卫气对腠理的开阖作用。腠理开，则汗液排泄；腠理闭，则无汗。由于汗为津液所化生，血与津液又同出一源，因此有"汗血同源"之说。而血又为心所主，故有"汗为心之液"之称。

（3）心在体合脉，其华在面：脉是指血脉。心合脉，即是指全身的血脉都属于心。华，是光彩之义。其华在面，即是心的生理功能是否正常，可以显露于面部的色泽变化。由于头面部的血脉极为丰富，故心气旺盛，血脉充盈，面部红润有泽；心气不足，则可见面色光白，晦滞；血虚则面色无华；血瘀则面色青紫等。所以《素问·五脏生成篇》也说："心之合脉也，其荣色也。"

（4）心在窍为舌：在窍，即是开窍（下同）。心开窍于舌，是指舌为心之外候，又称舌为"心之苗"。舌的功能是主司味觉和表达语言，所以《灵枢·忧恚无言》说："舌者，音声之机也"。舌的味觉功能，和正确地表达语言，有赖于心主血脉和心主神志的生理功能。如果心的生理功能异常，可导致味觉的改变和舌强语塞等病理现象。由于舌面无表皮覆盖，血管又极其丰富。因此，从舌质的色泽可以直接察知气血的运行和判断心主血脉的生理功能。心的功能正常，则舌体红活荣润，柔软灵活，味觉灵敏，语言流利。若心有病变，可以从舌上反映出来。如心的阳气不足，则舌质淡白胖嫩；心的阴血不足，则舌质红绛瘦瘪；心火上炎则舌红，甚至生疮；若心血瘀阻，则舌质暗紫或有瘀斑；心主神志的功能异常，则舌卷、舌强、语塞或失语等。

知识链接

"心"在中医学和现代医学中的区别

中医学的"心"和现代医学的"心脏"有一定的异同。相同之处是均为人体器官，不同之处主要体现在：

1. 中医学的"心"是一个综合概念，除了心脏外，还包括了大脑的某些功能以及神经和体液调节等。心主血脉、藏神，能够推动全身血液运行，并且主宰身体生命活动广义的神志。

2. 现代医学的"心脏"是一个器官，主要功能是泵血，为全身血液循环提供动力。虽然现代医学也认为心脏与精神活动有关系，但是其概念和中医有很大的不同。在概念和范畴上存在明显的差异。

总之，中医学的"心"和现代医学的"心脏"在概念和范畴上存在明显的差异。

总之，在藏象学说中，心的生理功能，不仅包括心、血、脉在内的完整的循环系统，而且还包括主宰精神、意识和思维活动。《素问·六节脏象论》说："心者，生之本，神之变也，其华在面，其充在血脉"，即是对心的主要生理功能的简明概括。

（二）肺

肺位于胸腔，左右各一。由于肺位最高，故称"华盖"。因肺叶娇嫩，不耐寒热，易被邪侵，故又称"娇脏"。为魄之处、气之主，在五行属金。肺的主要生理功能是主气、司呼吸，主宣发肃降，通调水道，朝百脉而主治节，以辅佐心脏调节气血的运行。肺上通喉咙，外合皮毛，开窍于鼻，在志为忧，在液为涕。手太阴肺经与手阳明大肠经相互络属于肺与大肠，故肺与大肠为表里。

1. 肺的主要生理功能

（1）主气、司呼吸：肺的主气功能包括：主一身之气和呼吸之气。肺主一身之气，是指一身之气都归属于肺，由肺所主。《素问·五脏生成篇》说："诸气者，皆属于肺。"肺主一身之气，首先体现于气的生成方面，特别是宗气的生成，主要依靠肺吸入的清气与脾胃运化的水谷精气相结合。因此，肺的呼吸功能健全与否，直接影响着宗气的生成，也影响着全身之气的生成。其次，肺主一身之气，还体现于对全身的气机具有调节作用。肺的呼吸运动，即是气的升降出入运动。肺有节律地一呼一吸，对全身之气的升降出入运动起着重要的调节作用。

肺主呼吸之气，指的是肺为体内外气体交换的场所，通过肺的呼吸，吸入自然界的清气，呼出体内的浊气，实现了体内外气体的交换。通过不断地呼浊吸清，吐故纳新，促进着气的生成，调节着气的升降出入运动，从而保证了人体新陈代谢的正常进行。肺的呼吸均匀和调，是气的生成和气机调畅的根本条件。反之，呼吸功能失常，必然影响宗气的生成和气的运动，肺主持一身之气和呼吸之气的作用也就减弱。如果肺丧失了呼吸的功能，清气不能吸入，浊气不能排出，人的生命活动也就终结。所以说，肺主一身之气的作用，主要取决于肺的呼吸功能。但是，气的不足和升降出入功能异常，以及血的运行和津液的输布排泄异常，均可影响肺的呼吸运动，而出现呼吸异常。

（2）主宣发和肃降：所谓"宣发"，即是宣发和布散，也就是肺气向上的升宣和向外周的布散。所谓"肃降"，即是清肃、洁净和下降，也就是肺气向下的通降和使呼吸道保持洁净的作用。

肺主宣发的生理作用，主要体现在三个方面：一是通过肺的气化，排出体内的浊气。二是将脾所转输的津液和水谷精微，布散到全身，外达于皮毛，即是《灵枢·决气》所说的"上焦开发，宣五谷味，熏肤、充身、泽毛，若雾露之溉，是谓气"。三是宣发卫气，调节腠理之开合，将代谢后的津液化为汗液，排出体外。因此，肺失于宣散，即可出现呼气不利，胸闷，咳喘，以及鼻塞、喷嚏和无汗等病理现象。

肺主肃降的生理作用，主要体现于三个方面：一是吸入自然界的清气。二是由于肺位最高，为华盖之脏，故将肺吸入的清气和由脾转输至肺的津液和水谷精微向下布散。三是肃清肺和呼吸道内的异物，以保持呼吸道的洁净。因此，肺失于肃降，即可出现呼吸短促或表浅，咳痰、咯血等病理现象。

肺的宣发和肃降，是相辅相成的矛盾运动。在生理情况下相互依存和相互制约；在病理情况下，则又常常相互影响。所以说，没有正常的宣发，就没有很好的肃降；没有很好的肃降，也必然影响正常的宣发。宣发与肃降正常，则气道通畅呼吸调匀，体内外气体得以正常交换。如果二者的功能失去协调，就会发生"肺气失宣"或"肺失肃降"的病变，而出现喘、咳、肺气上逆之证。

（3）通调水道：通，即疏通；调，即调节；水道，是水液运行和排泄的道路。肺的通调水道功能，是指肺的宣发和肃降对体内水液的输布、运行和排泄起着疏通和调节的作用。肺主宣发，不但将津液和水谷精微宣发至全身，而且主司腠理的开合，调节汗液的排泄；肺气肃降，不但将吸入之清气下纳于肾，而且也将体内的水液不断地向下输送，而成为尿液生成之源，经肾和膀胱的气化作用，生成尿液而排出体外。这就是肺在调节水液代谢中的作用，也就是肺的通调水道的生理功能。所以说"肺主行水"，和"肺为水之上源"。如果肺的通调水道功能减退，就可发生水液停聚而生痰、成饮，甚则水泛为肿等病变。

（4）朝百脉、主治节朝：即聚会的意思。肺朝百脉，即是指全身的血液，都通过经脉而聚会于肺，通过肺的呼吸，进行气体的交换，然后再输布到全身。《素问·经脉别论》说："食气入胃，浊气归心，淫精于脉，脉气流经，经气归于肺，肺朝百脉，输精于皮毛。"

全身的血和脉，均统属于心，心脏的搏动，是血液运行的基本动力。而血的运行，又依赖于气的推动,随着气的升降而运行至全身。肺主一身之气,由于肺主呼吸,调节着全身的气机,所以血液的运行,亦有赖于肺气的敷布和调节。《医学真传·气血》说:"人之一身,皆气血之所循行。气非血不和,血非气不运。""治节",即治理和调节。肺主治节,主要体现于四个方面:一是肺主呼吸,人体的呼吸运动是有节奏地一呼一吸;二是随着肺的呼吸运动,治理和调节着全身的气机,即是调节着气的升降出入的运动;三是由于调节着气的升降出入运动,因而辅助心脏,推动和调节血液的运行;四是肺的宣发和肃降,治理和调节津液的输布、运行和排泄。因此,肺主治节是对肺的主要生理功能的高度概括。

2. 肺的在志、在液、在体和在窍

(1)在志为忧:以五志分属五脏来说,则肺在志为忧。《素问·阴阳应象大论》说:"肝在志为怒,心在志为喜,脾在志为思,肺在志为忧,肾在志为恐。"忧和悲的情志变化,虽略有不同,但其对人体生理活动的影响是大体相同的,因而忧和悲同属肺志。忧愁和悲伤,均属于非良性刺激的情绪反应,它对于人体的主要影响,是使气不断地消耗,如《素问·举痛论》说:"悲则气消……悲则心系急,肺布叶举,而上焦不通,营卫不散,热气在中,故气消矣。"由于肺主气,所以悲忧易于伤肺。

(2)在液为涕:涕是由鼻黏膜分泌的黏液,并有润泽鼻窍的功能。鼻为肺窍,《素问·宣明五气篇》说:"五脏化液……肺为涕。"正常情况下,鼻涕润泽鼻窍而不外流。若肺寒,则鼻流清涕;肺热,则涕黄浊;肺燥,则鼻干。

(3)在体合皮、其华在毛:皮毛,包括皮肤、汗腺、毫毛等组织,是一身之表。依赖于卫气和律液的温养和润泽,成为抵御外邪侵袭的屏障。由于肺主气属卫,具有宣发卫气,输精于皮毛等生理功能,肺的生理功能正常,则皮肤致密,毫毛光泽,抵御外邪侵袭的能力亦较强。反之,肺气虚,宣发卫气和输精于皮毛的生理功能减弱,则卫表不固,抵御外邪侵袭的能力就低下,可出现多汗和易于感冒,或皮毛憔悴枯槁等现象。由于肺和皮毛相合,所以在外邪侵犯皮毛,腠理闭塞,卫气郁滞的同时,也常常影响及肺,而致肺气不宣;外邪侵肺,肺气不宣时,也同样能引起腠理闭塞,卫气郁滞等病理变化。在中医学中把汗孔称作"气门",即是汗孔不仅是排泄由津液所化之汗液,实际上也是随着肺的宣散和肃降进行着体内外的气体交换,皮毛亦有"宣肺气"的作用。

(4)在窍为鼻:肺开窍于鼻,鼻与喉相通而联于肺,鼻和喉是呼吸的门户,故有"鼻为肺之窍""喉为肺之门户"的说法。鼻的嗅觉与喉部的发音,均是肺气的作用。故肺气和、呼吸利,则嗅觉灵敏,声音能彰。《灵枢·脉度》说:"肺气通于鼻,肺和则鼻能知臭香矣。"正由于肺开窍于鼻而与喉直接相通,所以外邪袭肺,多从鼻喉而入;肺之病变,也多见鼻、喉之证候,如鼻塞、流涕、喷嚏、喉痒、音哑和失音等。

(三)脾

脾位于中焦,在膈之下。它的主要生理功能是主运化、升清和统摄血液。足太阴脾经与足阳明胃经,相互络属于脾胃,脾和胃相为表里。脾和胃同属于消化系统的主要脏器,机体的消化运动,主要依赖于脾和胃的生理功能。机体生命活动的持续和气血津液的生化,都有赖于脾胃运化的水谷精微,而称脾胃为气血生化之源,"后天之本"。故《素问。灵兰秘典论》说:"脾胃者,仓廪之官,五味出焉。"脾开窍于口,其华在唇,在五行属土,在志为思,在液为涎,主肌肉与四肢。

1. 脾的主要生理功能

（1）脾主运化：脾脏的主运化运，即转运输送；化，即消化吸收。脾主运化，是指脾具有把水谷（饮食物）化为精微，并将精微物质转输至全身的生理功能。脾的运化功能，可分为运化水谷和运化水液两个方面。

运化水谷，即是对饮食物的消化和吸收。饮食入胃后，对饮食物的消化和吸收，实际上是在胃和小肠内进行的。但是，必须依赖于脾的运化功能，才能将水谷化为精微。同样，赖于脾的转输和散精功能，才能把水谷精微"灌溉四旁"和布散至全身。饮食物中营养物质的吸收，全赖于脾的转输和散精功能。脾的运化水谷精微功能旺盛，则机体的消化吸收功能才能健全，才能为化生精、气、血、津液提供足够的养料，才能使脏腑、经络、四肢百骸，以及筋肉皮毛等组织得到充分的营养，而进行正常的生理活动。反之，若脾的运化水谷精微的功能减退，即称作脾失健运，则机体的消化吸收机能即因之而失常，而出现腹胀、便溏、食欲不振，以至倦怠、消瘦和气血生化不足等病变。所以，脾胃为后天之本，气血生化之源。

运化水液，也称作"运化水湿"，是指对水液的吸收、转输和布散作用，是脾主运化的一个组成部分。饮食物中的营养物质，多属于液态状物质，所谓运化水液的功能，即是被吸收的水谷精微中的多余水分，能及时地转输至肺和肾，通过肺、肾的气化功能，化为汗和尿排出体外。因此，脾的运化水液功能健旺，就能防止水液在体内发生不正常停滞，也就能防止湿、痰、饮等病理产物的生成。反之，脾的运化水液功能减退，必然导致水液在体内的停滞，而产生湿、痰、饮等病理产物，甚则导致水肿。所以，《素问·至真要大论》说："诸湿肿满，皆属于脾"，这也就是脾虚生湿，脾为生痰之源和脾虚水肿的发生机理。

运化水谷和水液，是脾主运化功能的两个方面，二者可分而不可离。脾的运化功能，不仅是脾的主要生理功能，而且对于整个人体的生命活动，至关重要，故称脾胃为"后天之本"，气血生化之源。这实际上是对饮食营养和消化吸收功能的重要生理意义，在理论上的高度概括。故李中梓在《医宗必读》中说："一有此身，必资谷气，谷入于胃，洒陈于六腑而气至，和调于五脏而血生，而人资之以为生者也，故曰后天之本在脾。"

（2）主升清：脾的运化功能，是以升清为主。"升清"的"升"，是指脾气的运动特点，以上升为主，故又说"脾气主升"。"清"，是指水谷精微等营养物质。"升清"，即是指水谷精微等营养物质的吸收和上输于心、肺、头目，通过心肺的作用化生气血，以营养全身。升和降是脏腑气机的一对矛盾运动。脾的升清，是和胃的降浊相对而言，也就是升清和降浊相对而言。脏腑之间的升降相因，协调平衡是维持人体内脏相对恒定于一定位置的重要因素。因此，脾的升清功能正常，水谷精微等营养物质才能吸收和正常输布。脾气升发，则元气充沛，人体始有生生之机；同时，也由于脾气的升发，才能使机体内脏不致下垂。若脾气不能升清，则水谷不能运化，气血生化无源，可出现神疲乏力、头目眩晕、腹胀、泄泻等症甚至内脏下垂等病症。

（3）脾主统血：统，是统摄、控制的意思，即是脾有统摄血液在经脉之中流行，防止逸出脉外的功能。《难经·四十二难》说："脾裹血，温五脏。"这里的裹，即是指脾具有包裹血液，勿使外逸的意思，实际上也就是指脾有统血的功能。脾统血的主要机理，实际上是气的固摄作用。脾之所以能统血，与脾为气血生化之源密切相关。脾的运化功能健旺，则气血充盈，而气的固摄作用也较健全，血液也不会逸出脉外而致出血；反之，脾的运化功能减退，则气血生化无源，气血虚亏，气的固摄功能减退，而导致出血。但是，由于脾主升清，脾气主升，所以在习惯上，多以便血、尿血、崩漏等称作脾不统血。

2. 脾的在志、在液、在体和在窍

（1）在志为思：脾在志为思，思，即思考、思虑，是人体精神意识思维活动的一种状态。正常的思考问题，对机体的生理活动并无不良的影响，但在思虑过度、所思不遂等情况下，就能影响机体的正常生理活动。其中最主要的是影响气的正常运动，导致气滞和气结，所以《素问·举痛论》说："思则心有所存，神有所归，正气留而不行，故气结矣。"由于气结于中，影响了脾的升清，所以思虑过度，常能导致不思饮食，脘腹胀闷，头目眩晕等症。

（2）在液为涎：涎为口津，唾液中较清稀的称作涎。它具有保护口腔黏膜，润泽口腔的作用，在进食时分泌较多，有助于食品的吞咽和消化。《素问·宣明五气篇》说："脾为涎"，故有涎出于脾而溢于胃之说。在正常情况下，涎液上行于口，但不溢于口外。若脾胃不和，则往往导致涎液分泌急剧增加，而发生口涎自出等现象，故脾在液为涎。

（3）在体合肌肉、主四肢：由于脾胃为气血生化之源，全身的肌肉，都需要依靠脾胃所运化的水谷精微来营养，才能使肌肉发达丰满，臻于健壮，正如《素问集注·五脏生成篇》所说："脾主运化水谷之精，以生养肌肉，故主肉。"

因此，人体肌肉的壮实与否，与脾胃的运化功能相关，脾胃的运化功能障碍，必致肌肉瘦削，软弱无力，甚至痿弱不用。

四肢与躯干相对而言，是人体之末，故又称"四末"。人体的四肢，同样需要脾胃运化的水谷精微等营养，以维持其正常的生理活动。四肢的营养输送，全赖于清阳的升腾宣发，脾主运化和升清，因此，脾气健运，则四肢的营养充足，而活动也轻劲有力；若脾失健运，清阳不升，布散无力，则四肢的营养不足，可见倦怠无力，甚或痿弱不用。

（4）在窍为口：其华在唇，脾开窍于口，系指饮食口味等与脾运化功能有密切关系。口味的正常与否，全赖于脾胃的运化功能，即脾的升清与胃的降浊是否正常。脾胃健运，则口味正常，而增进食欲。若脾失健运，则可出现口淡无味、口甜、口腻、口苦等口味异常的感觉，从而影响食欲。

口唇的色泽，与全身的气血是否充盈有关。因脾为气血生化之源，所以口唇的色泽是否红润，不但是全身气血状况的反映，而实际上也是脾胃运化水谷精微的功能状态的反映。故《素问·五脏生成篇》说："脾之合肉也，其荣唇也。"

（四）肝

肝位于腹部，横膈之下，右胁之内。肝为魂之处，血之藏，筋之宗。肝在五行属木，主动，主升。肝的主要生理功能是主疏泄和主藏血。肝开窍于目，主筋，其华在爪，在志为怒，在液为泪。肝与胆，不仅是足厥阴肝经与足少阳胆经相互络属于肝胆之间，而且肝与胆本身也直接相连，互为表里。

1. 肝的主要生理功能

（1）主疏泄：肝主疏泄，疏，即疏通；泄，即发泄、升发。肝的疏泄功能反映了肝为刚脏，主升、主动的生理特点，是调畅全身气机，推动血和津液运行的一个重要环节。肝的疏泄功能，主要表现在以下三个方面。

1）调畅气机：气机，即气的升降出入运动。机体的脏腑、经络、器官等的活动，全赖于气的升降出入运动。由于肝的生理特点是主升主动，这对于气机的疏通、畅达、升发，是一个重要的因素。因此，肝的疏泄功能是否正常，对于气的升降出入之间的平衡协调，起着调节作用。肝的疏泄功能正常，则气机调畅，气血和调，经络通利，脏腑、器官等的活动也就正常和调。如果肝的疏泄功能异常,则可出现两个方面的病理现象:一是肝的疏泄功能减退,即是肝失疏泄,则气的升发就显现不足,气机的疏通和畅达就会受到阻碍,从而形成气机不畅、气机郁结的病理变化,出现胸胁、两乳或少腹等某些局部的胀痛不适等病理现象;二是肝的升发太过,则气的升发就显现过亢,气的下降就不及,从而形成肝气上逆的病理变化,出现头目胀痛、面红目赤、易怒等病理表现。气升太过,则血随气逆,而导致吐血、咯血等血从上溢的病理变化。甚则可致卒然昏不知人,称为气厥。

血的运行和津液的输布代谢,亦有赖于气的升降出入运动。因此,气机的郁结,会导致血行的障碍,形成血瘀,或为症积、肿块,在妇女则可导致经行不畅、痛经、闭经等。气机的郁结,也会导致津液的输布代谢障碍,产生痰、水等病理产物,或为痰阻经络而成痰核,或为水停而成臌胀。

促进脾胃的运化功能,脾胃的运化功能正常与否的一个极重要环节,是脾的升清与胃的降浊之间是否协调平衡,而肝的疏泄功能,又和脾胃的升降密切相关。肝的疏泄功能正常,是脾胃正常升降的一个重要条件。如肝的疏泄功能异常,则不仅能影响脾的升清功能,在上则为眩晕,在下则为飧泄;而且还能影响及胃的降浊功能,在上则为呕逆嗳气,在中则为脘腹胀满疼痛,在下则为便秘。

2)调畅情志:情志活动,是属于心主神明的生理功能,但亦与肝的疏泄功能密切相关。这是因为,正常的情志活动,主要依赖于气血的正常运行,情志异常对机体生理活动的重要影响,也在于干扰正常的气血运行。《素问·举痛论》所说的"百病生于气也",就是针对情志所伤,影响气机的调畅而言。所以,肝的疏泄功能具有调畅情志的作用,实际上是调畅气机功能所派生的。肝的疏泄功能正常,则气机调畅,气血和调,心情就易于开朗;肝的疏泄功能减退,则肝气郁结,心情易于抑郁,稍受刺激,即抑郁难解;肝的升泄太过,阳气升腾而上,则心情易于急躁,稍有刺激,即易于发怒,这是肝的疏泄功能对情志的影响。此外,妇女的排卵和月经来潮,以及男子的排精,与肝的疏泄功能也有密切的关系。

(2)主藏血:肝藏血是指肝有贮藏血液和调节血量的生理功能。肝的藏血功能,主要体现于肝内必须贮存一定的血量,以制约肝的阳气升腾,勿使过亢,以维护肝的疏泄功能,使之冲和条达。其次,肝的藏血,亦有防止出血的重要作用。因此,肝不藏血则不仅可出现肝血不足,阳气升泄太过等病变,而且还可导致出血。但是,肝的藏血功能,还包含着调节人体各部分血量的分配,特别是对外周血量的调节起着主要的作用。在正常生理情况下,人体各部位的血量,是相对恒定的。但是随着机体活动量的增减、情绪的变化,以及外界气候的变化等因素,人体各部分的血量也随之而有所改变。当机体活动剧烈或情绪激动时,肝脏就把所贮存的血液向机体的外周输布,以供机体的需要。当人体在安静休息及情绪稳定时,由于全身活动量少,机体外周的血液需要量相对减少,部分血液便藏之于肝。

肝的调节血量功能,是以贮藏血液为前提的,只有充足的血量贮备,才能有效进行调节。但是将贮藏于肝内之血输布于外周的作用,实际上是肝的疏泄功能在血液运行方面的一种表现。所以《血证论》说:"以肝属木,木气冲和调达,不致遏郁,则血脉通畅。"贮存于肝内的血液才能向外周布散。因此,肝的调节血量功能,必须藏血与疏泄功能协调平衡,才能完成。如果升泄太过或藏血功能减退,则可导致各种出血;疏泄不及,肝气郁结,则又可导致血瘀。

此外,藏象学说中还有"肝藏魂"之说。魂乃神之变,是神所派生的,肝的藏血功能正常,则魂有所舍。若肝血不足,心血亏损,则魂不守舍,可见惊骇多梦、卧寐不安、梦游、梦呓以及出现幻觉等症。

2. 肝的在志、在液、在体和在窍

（1）在志为怒：肝在志为怒，怒是人们在情绪激动时的一种情志变化。怒对于机体的生理活动来说，一般是属于一种不良的刺激，可使气血上逆，阳气升泄，故《素问·举痛论》说："怒则气逆，甚则呕血、飧泄，故气上矣。"由于肝主疏泄，阳气升发，为肝之用，故说肝在志为怒。如因大怒，则势必造成肝的阳气升发太过，故又说"怒伤肝"。反之，肝的阴血不足，肝的阳气升泄太过，则稍有刺激，即易发怒。如《素问·脏气法时论》说："肝病者，两胁下痛引小腹，令人善怒。"《杂病源流犀烛》更进一步指出："治怒为难，唯平肝可以治怒，此医家治怒之法也。"

（2）在液为泪：肝开窍于目，泪从目出，故《素问·宣明五气篇》说："肝为泪"。泪有濡润眼睛，保护眼睛的功能。在正常情况下，泪液的分泌，是濡润而不外溢，但在异物侵入目中时，泪液即可大量分泌，起到清洁眼目和排除异物的作用。在病理情况下，则可见泪液的分泌异常。如肝的阴血不足时两目干涩，实质上即是泪液的分泌不足；如在风火赤眼，肝经湿热等情况下，可见目眵增多，迎风流泪等症。此外，在极度悲哀的情况下，泪液的分泌也可大量增多。如《灵枢·口问》说："悲哀愁忧则心动，心动则五脏六腑皆摇，摇则宗脉感，宗脉感则泪道开，泪道开故泣涕出焉。"

（3）在体合筋，其华在爪，筋即筋膜，附着于骨而聚于关节；是联结关节、肌肉的一种组织。故《素问·五脏生成篇》说："诸筋者，皆属于节。"筋和肌肉的收缩和弛张，即是肢体、关节运动的屈伸或转侧。《灵枢·九针论》说的"肝主筋"和《素问·痿论》说的"肝主身之筋膜"，主要是由于筋膜有赖于肝血的滋养。故《素问·经脉别论》说："食气入胃，散精于肝，淫气于筋。"肝的血液充盈，才能养筋；筋得其所养，才能运动有力而灵活。《素问·六节脏象论》称肝为"罢极之本"，也就是说，肢体运动的能量来源，全赖于肝的藏血充足和调节血量的作用。如果肝的气血衰少，筋膜失养，则表现为筋力不健，运动不利，故《素问·上古天真论》说："丈夫……七八，肝气衰，筋不能动。"此外，肝的阴血不足，筋失所养，还可出现手足震颤、肢体麻木、屈伸不利、甚则瘈疭等症。故《素问·至真要大论》说："诸风掉眩，皆属于肝。"

爪，即爪甲，包括指甲和趾甲，乃筋之延续，故称"爪为筋之余"。肝血的盛衰，可影响爪甲的荣枯。《素问·五脏生成篇》说："肝之合筋也，其荣爪也。"肝血充足；则爪甲坚韧明亮，红润光泽。若肝血不足，则爪甲软薄，枯而色夭，甚则变形脆裂。

（4）在窍为目：目又称"精明"，是视觉器官。《素问·脉要精微论》说："夫精明者，所以视万物、别白黑、审短长。"肝的经脉上联于目系，目的视力，有赖于肝气之疏泄和肝血之营养，故说："肝开窍于目"。如《素问·五脏生成篇》说："肝受血而能视。"《灵枢·脉度》亦说："肝气通于目，肝和则目能辨五色矣。"但还须指出，五脏六腑之精气皆上注于目，因此，目与五脏六腑都有内在联系，如《灵枢·大惑论》说："五脏六腑之精气，皆上注于目而为之精。精之窠为眼，骨之精为瞳子，筋之精为黑眼，血之精为络，其窠气之精为白眼，肌肉之精为约束，裹撷筋骨血气之精而与脉并为系，上属于脑，后出于项中。"后世医家在此基础上发展为"五轮"学说，为眼科的辨证论治打下一定的基础。

由于肝与目的关系非常密切，因而肝的功能是否正常；往往可以从目上反映出来。如肝之阴血不足，则两目干涩，视物不清或夜盲；肝经风热，则可见目赤痒痛；肝火上炎，则可见目赤生翳；肝阳上亢，则头目眩晕；肝风内动，则可见目斜上视等。

（五）肾

肾位于腰部,脊柱两旁,左右各一,故《素问·脉要精微论》说:"腰者,肾之府。"由于肾藏有"先天之精",为脏腑阴阳之本,生命之源,故称肾为"先天之本"。肾在五行属水。它的主要生理功能为藏精,主生长、发育、生殖和水液代谢;肾主骨生髓,外荣于发,开窍于耳和二阴,在志为恐与惊,在液为唾。由于足少阴肾经与足太阳膀胱经相互络属于肾与膀胱,肾与膀胱在水液代谢方面亦直接相关,故肾与膀胱相为表里。

1. 肾的主要生理功能

（1）藏精,主生长、发育与生殖:藏精,是肾的主要生理功能。即是说,肾对于精气具有闭藏的作用。肾对于精气的闭藏,主要是为精气在体内能充分发挥其应有的生理效应,创造良好的条件,不使精气无故流失,影响机体的生长、发育和生殖。故《素问·六节脏象论》说:"肾者主蛰,封藏之本,精之处也。"

精气是构成人体的基本物质,也是人体生长发育及各种功能活动的物质基础,故《素问·金匮真言论》说:"夫精者,生之本也。"肾所藏的精气包括"先天之精"和"后天之精"。"先天之精"是禀受于父母的生殖之精。它与生俱来,是构成胚胎发育的原始物质,即是《灵枢·本神》所说的"生之来,谓之精"。所以称"肾为先天之本"。"后天之精"是指出生后,源于摄入的食物,通过脾胃运化功能而生成的水谷之精气,以及脏腑生理活动中化生的精气通过代谢平衡后的剩余部分,藏之于肾,故《素问·上古天真论》说:"肾者主水,受五脏六腑之精而藏之。"

"先天之精"与"后天之精"的来源虽然有异,但均同归于肾,二者是相互依存,相互为用的。"先天之精"有赖于"后天之精"的不断培育和充养,才能充分发挥其生理效应;"后天之精"的化生,又依赖于"先天之精"的活力资助,二者相辅相成,在肾中密切结合而组成肾中精气。肾中精气的主要生理效应是促进机体的生长、发育和逐步具备生殖能力。《素问·上古天真论》说:"女子七岁,肾气盛,齿更,发长;二七而天癸至,任脉通,太冲脉盛,月事以时下,故有子;三七,肾气平均,故真牙生而长极;四七,筋骨坚,发长极,身体盛壮;五七,阳明脉衰,面始焦,发始堕;六七,三阳脉衰于上,面皆焦,发始白;七七,任脉虚,太冲脉衰少,天癸竭,地道不通,故形坏而无子也。丈夫八岁,肾气实,发长齿更;二八,肾气盛,天癸至,精气溢泻,阴阳和,故能有子;三八,肾气平均,筋骨劲强,故真牙生而长极;四八,筋骨隆盛,肌肉满壮;五八,肾气衰,发堕齿槁;六八,阳气衰竭于上,面焦,发鬓斑白;七八,肝气衰,筋不能动;八八,天癸竭,精少,肾脏衰,形体皆极,则齿发去"。

《素问·上古天真论》的这一段论述,明确地指出了机体生、长、壮、老、已的自然规律,与肾中精气的盛衰密切相关。人在出生以后,由于"先天之精"不断地得到"后天之精"的培育,肾中精气逐渐亦有所充盛,出现了幼年时期的齿更发长等生理现象,随着肾中精气的不断充盛,发展到一定阶段,产生了一种促进性腺发育成熟的物质,称作"天癸",于是男子就产生精子,女子就按期排卵,月经来潮,性腺的发育渐趋成熟,具备了生殖能力,人也进入了青春期。以后,随着肾中精气由充盛而逐渐趋向衰退,天癸的生成亦随之而减少,甚至逐渐耗竭,性腺亦逐渐衰退,生殖能力亦随之而下降,以至消失,人也就从中年而转入老年。其次,明确地指出了以齿、骨、发的生长状况,作为观察肾中精气盛衰的标志,亦即作为判断机体生长发育和衰老的标志,至今仍有极高的科学价值。此外,由于较全面地阐明了肾中精气的盛衰决定着机体的生、长、壮、老、已,因此,对于防治某些先天性疾病、生长发育不良、生殖机能低下和防止衰老等,均有较普遍的指导意义。

肾中精气,是机体生命活动之本,对机体各方面的生理活动均起着极其重要的作用。为了在理论和实践上全面阐明肾中精气的生理效应,概括为肾阴和肾阳两个方面:对机体各个脏腑组织器官起着滋养、濡润作用的称为肾阴;对机体各个脏腑组织器官起着推动、温煦作用的称为肾阳。肾阴和肾阳,又称元阴和元阳、真阴和真阳,是机体各脏阴阳的根本,二者之间,相互制约、相互依存、相互为用,维护着各脏阴阳的相对平衡。如果由于某些原因,这种相对平衡遭到破坏而又不能自行恢复时,即能形成肾阴虚或肾阳虚,出现内热、眩晕、耳鸣、腰膝酸软、遗精、舌质红而少津等肾阴虚证候,或是出现疲惫乏力、形寒肢冷、腰膝冷痛和萎弱、小便清长或不利或遗尿失禁、舌质淡,以及性机能减退和水肿等肾阳虚的证候。

由于肾阴和肾阳是各脏阴阳之本,故在肾的阴阳失调时,会因此而导致其他各脏的阴阳失调。如肝失去肾阴的滋养,即称作"水不涵木",可出现肝阳上亢,甚则肝风内动;心失肾阴的上承,则可引起心火上炎,或导致心肾阴虚;肺失去肾阴的滋养,则可出现咽燥、干咳、潮热、升火等肺肾阴虚之证;脾失去肾阳的温煦,则可出现五更泄泻、下利清谷等脾肾阳虚之证;心失去肾阳的温煦,则可出现心悸、脉迟、汗出、肢冷、气短等心肾阳虚之证。反之,其他各脏的阴阳失调,日久必累及于肾,损耗肾中精气,导致肾的阴阳失调,这即是"久病及肾"的理论依据。

由于肾阴和肾阳,均是以肾中精气为其物质基础的,肾的阴虚或阳虚,实质上均是肾中精气不足的表现形式。所以肾阴虚到一定程度的时候,可以累及肾阳,发展为阴阳两虚,称作"阴损及阳";肾阳虚到一定程度的时候,也可累及肾阴,发展为阴阳两虚,称作"阳损及阴"。

此外,还需加以说明的是,肾中精气亏损的表现形式是多种多样的,在一定条件下,肾中精气虽已亏损,但其阴阳失调的状况,却又不很明显,因而称作肾中精气亏损,或可分别称为肾精不足和肾气虚。

(2)主水:肾主水液,主要是指肾中精气的气化功能,对于体内津液的输布和排泄,维持体内津液代谢的平衡,起着极为重要的调节作用,所以《素问·逆调论》称"肾者水脏,主津液。"

在正常生理情况下,津液的代谢,是通过胃的摄入、脾的运化和转输、肺的宣散和肃降、肾的蒸腾气化,以三焦为通道,输送到全身;经过代谢后的津液,则化为汗液、尿液和气排出体外。肾中精气的蒸腾气化,实际上是主宰着整个津液代谢,肺、脾等内脏对津液的气化,均依赖于肾中精气的蒸腾气化;特别是尿液的生成和排泄,更是与肾中精气的蒸腾气化直接相关,而尿液的生成和排泄,在维持体内津液代谢平衡中又起着极其关键的作用,故曰肾主水液。如果肾中精气的蒸腾气化失常,则即可引起关门不利,小便代谢障碍而发生尿少、水肿等病理现象,如《素问·水热穴论》所说:"肾者,胃之关也,关门不利,故聚水而从其类也。上下溢于皮肤,故为胕肿。胕肿者,聚水而生病也。"又可引起气不化水,而发生小便清长、尿量大量增多等病理现象。

(3)主纳气:纳,即固摄、受纳的意思。肾主纳气,是指肾有摄纳肺所吸入的清气,防止呼吸表浅的作用,才能保证体内外气体的正常交换。人体的呼吸功能,虽为肺所主,但必须依赖于肾的纳气作用,《类证治裁·喘症》说:"肺为气之主,肾为气之根,肺主出气,肾主纳气,阴阳相交,呼吸乃和。"肾的纳气功能,实际上就是肾的闭藏作用在呼吸运动中的具体体现。从理论上来说，肺吸入之清气，必须下达于肾。如《难经·四难》说："呼出心与肺，吸入肾与肝。"但实际上是说明了肺的呼吸要保持一定的深度，有赖于肾的纳气作用。故肾的纳气功能正常，则呼吸均匀和调。若肾的纳气功能减退，摄纳无权，呼吸就表浅，可出现动辄气喘，呼多吸少等病理现象，这即称为"肾不纳气"。

2. 肾的在志、在液、在体和在窍

（1）在志为恐：肾在志为恐，恐是人们对事物惧怕的一种精神状态。恐与惊相似，但惊为不自知，事出突然而受惊；恐为自知，俗称胆怯。惊或恐，对机体的生理活动来说，是一种不良的刺激。惊恐属肾，恐为肾之志，但总与心主神明相关。心藏神，神伤则心怯而恐。《素问·举痛论》说的"恐则气下，惊则气乱"，即是说明恐和惊的刺激，对机体的气机运行产生不良的影响。"恐则气下"，是指人在恐惧状态中，上焦的气机闭塞不畅，气迫于下焦，则下焦胀满，甚至遗尿。"惊则气乱"，是指机体的正常生理活动，遭到暂时性的扰乱，出现心神不定，手足无措的现象。如《素问·举痛论》说："惊则心无所倚，神无所归，虑无所定，故气乱矣。"

（2）在液为唾：《难经·三十四难》说肾液为唾。唾为口津，唾液中较稠厚的称作唾。唾为肾精所化，咽而不吐，有滋养肾中精气的作用。若多唾或久唾，则易耗损肾中精气。所以，古代导引家以舌抵上腭，待津唾满口后，咽之以养肾精。但唾与脾胃亦有关，所以《杂病源流犀烛·诸汗源流》说："唾为肾液，而肾为胃关，故肾家之唾为病，必见于胃也。"

（3）在体为骨、主骨生髓，其华在发：肾主骨、生髓的生理功能，实际上是肾中精气具有促进机体生长发育功能的一个重要组成部分。骨的生长发育，有赖于骨髓的充盈及其所提供的营养。《素问·阴阳应象大论》说"肾生骨髓"；《素问·六节脏象论》说肾"其充在骨"，都是说肾中精气充盈，才能充养骨髓，故《素问·四时刺逆从论》说"肾主身之骨髓"。小儿囟门迟闭，骨软无力，以及老年人的骨质脆弱，易于骨折等，都与肾中精气不足、骨髓空虚有关。

髓，有骨髓、脊髓和脑髓之分，这三者均属于肾中精气所化生。因此，肾中精气的盛衰，不仅是影响骨的生长和发育，而且也影响及脊髓和脑髓的充盈和发育。脊髓上通于脑，髓聚而成脑，故称脑为"髓海"。肾中精气充盈，则髓海得养，脑的发育就健全，就能充分发挥其"精明之府"的生理功能；反之，肾中精气不足，则髓海失养，而形成髓海不足的病理变化。如《灵枢·海论》说："髓海有余，则轻劲多力，自过其度；髓海不足，则脑转耳鸣，胫酸眩冒，目无所见，懈怠安卧。"《素问·灵兰秘典论》说的"肾者，作强之官，伎巧出焉"，实际上也是指肾中精气主骨生髓生理功能的具体表现。

"齿为骨之余"。齿与骨同出一源，牙齿也由肾中精气所充养，故《杂病源流犀烛·口齿唇舌病源流》说："齿者，肾之标，骨之本也。"牙齿的生长与脱落，与肾中精气的盛衰密切相关。肾中精气充沛，则牙齿坚固而不易脱落；肾中精气不足，则牙齿易于松动，甚至早期脱落。此外，由于手足阳明经均进入齿中，因此，牙齿的某些病变，也与手足阳明经，肠与胃的生理功能失调有关。

发的生长，全赖于精和血。肾藏精，故说"其华在发"。发的生长与脱落、润泽与枯槁，不仅依赖于肾中精气之充养，而且亦有赖于血液的濡养，故称"发为血之余"。青壮年时，由于精血充盈，则发长而光泽；老年人的精血多虚衰，毛发变白而脱落，一般说来，这是正常规律。但临床所见未老先衰，头发枯萎，早脱早白者，与肾中精气不足和血虚有关。

（4）在窍为耳及二阴：耳是听觉器官。听觉的灵敏与否，与肾中精气的盈亏有密切关系。肾中的精气充盈，髓海得养，则听觉灵敏，分辨力较高，故《灵枢·脉度》说："肾气通于耳，肾和则耳能闻五音矣。"反之，肾中精气虚衰时，则髓海失养，而可见听力减退，或见耳鸣，甚则耳聋。人到老年，肾中精气多见衰退，听力每多减退，故说肾开窍于耳。

二阴，即前阴（外生殖器）和后阴（肛门）。前阴是排尿和生殖的器官，后阴是排泄粪便的通道。尿液的排泄虽在膀胱，但须依赖肾的气化才能完成。因此，尿频、遗尿、尿失禁、尿少或尿闭，均与肾的气化功能失常有关。粪便的排泄，本是大肠的传化糟粕功能，但亦与肾的气化有关，如肾阴不足时，可致肠液枯涸而便秘；肾阳虚损时，则气化无权而致阳虚便秘或阳虚泄泻；肾的封藏失司时，则可见久泄滑脱。

二、六腑

六腑，即胆、胃、小肠、大肠、膀胱、三焦的总称。它们共同的生理功能是：将饮食物腐熟消化，传化糟粕。所以，《素问·五脏别论》说："六府者，传化物而不藏，故实而不能满也。所以然者，水谷入口，则胃实而肠虚，食下，则肠实而胃虚。"由于六腑专司传化饮食物，故说"实而不能满也"。饮食物自进入人体至排出体外，要通过七道关隘，以利于对饮食物的消化吸收。这七道关隘，《难经》称之为"七冲门"。如《难经·四十四难》说："七冲门何在？唇为飞门，齿为户门，会厌为吸门，胃为贲贲门，太仓下口为幽门，大肠小肠会为阑门，下极为魄门，故曰七冲门也。"飞门的"飞"字与"扉"相通，即门扇，由于口唇像门扇一样自由开合，故称唇为飞门；户，即门户，引申为把守之意，食物入口，必经齿之咀嚼，才能下咽，故称齿为户门；会厌是食管和气管的相会处，既是食物下达食管的必经之处，又是呼吸气体的门户，故称吸门；贲门是胃之上口；太仓又称大仓，是盛受食物的地方，就是胃；胃的下口，小肠的上口为幽门；小肠的下口和大肠的上口连接处，称为阑门，阑即遮拦，指饮食物中的精微物质于此得到阻拦，因而得名；下极，即消化道的末端，即指排泄粪便的肛门，又称魄门。七冲门中任何一门发生病变，都会影响到饮食物的受纳、消化、吸收和排泄。

（一）胆

胆，居六腑之首，又隶属于奇恒之腑。胆与肝相连，附于肝之短叶间；肝和胆又有经脉相互络属，互为表里。胆汁味苦，色黄绿，由肝之精气所化生，汇集于胆，泄于小肠，以助饮食物消化，是脾胃运化功能得以正常进行的重要条件。《东医宝鉴》说"肝之余气，泄于胆，聚而成精"，是指胆汁的化生来源而言。《素问·宝命全形论》说"土得木而达"，即是以五行学说的理论来概括肝胆和脾胃之间存在着克中有用、制则生化的关系。

胆汁的化生和排泄，由肝的疏泄功能控制和调节。若肝的疏泄功能正常，则胆汁排泄畅达，脾胃运化功能也健旺。反之，肝失疏泄，导致胆汁排泄不利，影响及脾胃的运化功能，而出现胁下胀满疼痛，食欲减退，腹胀，便溏等症；若胆汁上逆，则可见口苦、呕吐黄绿苦水；胆汁外溢，则可出现黄疸。

总之，胆的主要生理功能是贮存和排泄胆汁。胆汁直接有助于饮食物的消化，故为六腑之一；因胆本身并无传化饮食物的生理功能，且藏精汁，与胃、肠等腑有别，故又属奇恒之腑。

（二）胃

胃，又称胃脘，分上、中、下三部。胃的上部称上脘，包括贲门；胃的中部称中脘，即胃体的部位；胃的下部称下脘，包括幽门。胃的主要生理功能是受纳与腐熟水谷，胃以降为和。

1. 主受纳、腐熟水谷 受纳，是接受和容纳的意思。腐熟，是饮食物经过胃的初步消化，形成食糜的意思，饮食入口，经过食管，容纳于胃，故称胃为"太仓""水谷之海"。机体的生理活动和气血津液的化生，都需要依靠饮食物的营养，故又称胃为"水谷气血之海"。容纳于胃中的水谷，经过胃的腐熟后，下传于小肠，其精微经脾之运化而营养全身。所以，胃虽有受纳与腐熟水谷的功能，但必须和脾的运化功能配合，才能使水谷化为精微，以化生气血津液，供养全身。

2. 主通降，以降为和 胃为"水谷之海"，饮食物入胃，经胃的腐熟后，必须下行入小肠，进一步消化吸收，所以说胃主通降，以降为和。由于在藏象学说中，以脾升胃降来概括机体整个消化系统的生理功能，因此，胃的通降作用，还包括小肠将食物残渣下输于大肠，及大肠传化糟粕的功能在内。

胃的通降是降浊，降浊是受纳的前提条件。所以，胃失通降，不仅可以影响食欲，而且因浊气在上而发生口臭、脘腹胀闷或疼痛，以及大便秘结等症状，如《素问·阴阳应象大论》说："浊气在上，则生䐜胀。"若胃气不仅失于通降，进而形成胃气上逆，则可出现嗳气酸腐、恶心、呕吐、呃逆等症。

（三）小肠

小肠，位于腹中，其上口在幽门处与胃之下口相接，其下口在阑门处与大肠之上口相连。小肠与心有经脉互相络属，故与心相为表里。小肠的主要生理功能是受盛、化物和泌别清浊。

1. 主受盛和化物 受盛，即是接受以器盛物的意思。化物，具有变化、消化、化生的意思。小肠的受盛功能主要体现于两个方面：一是说明小肠是接受经胃初步消化之饮食物的盛器；二是指经胃初步消化的饮食物，在小肠内必须有相当时间的停留，以利于进一步消化和吸收。小肠的化物功能，是将经胃初步消化的饮食物，进一步进行消化，将水谷化为精微。所以《素问·灵兰秘典论》说："小肠者，受盛之宫，化物出焉。"

2. 泌别清浊 泌，即分泌；别，即分别。小肠的泌别清浊功能，主要体现于三个方面：①将经过小肠消化后的饮食物，分别为水谷精微和食物残渣两个部分；②将水谷精微吸收，把食物残渣向大肠输送；③小肠在吸收水谷精微的同时，也吸收了大量的水液，故又称"小肠主液"。张介宾在注解《素问·灵兰秘典论》中说："小肠居胃之下，受盛胃中水谷而分清浊，水液由此而渗入前，糟粕由此而归于后，脾气化而上升，小肠化而下降，故曰化物出焉。"这就进一步指出小肠的泌别清浊功能，还与尿液的量有关。如小肠的泌别清浊功能正常，则二便正常；如小肠的泌别清浊异常，则大便变稀薄，而小便短少。也就是说，小肠内的水液量多寡与尿量有关。临床上常用的"利小便即所以实大便"的治法，即是这个原理在临床治疗中的应用。

由此可见，小肠受盛、化物和泌别清浊的功能，在水谷化为精微的过程中是十分重要的，实际上这是脾胃升清降浊功能的具体表现。因此，小肠的功能失调，既可引起浊气在上的腹胀、腹痛、呕吐、便秘等症，又可引起清气在下的便溏、泄泻等症。

（四）大肠

大肠亦居腹中，其上口在阑门处紧接小肠，其下端紧接肛门。大肠与肺有经脉相互络属,而为表里。大肠的主要生理功能是传化糟粕。大肠接受经过小肠吸收营养后所剩的食物残渣,再吸收其中多余的水液,形成粪便,经肛门排出体外。故《素问·灵兰秘典论》说:"大肠者,传导之官,变化出焉。"传导,即接上传下之意。"变化出焉",即将糟粕化为粪便。大肠的传导变化作用,是胃的降浊功能的延伸,同时亦与肺的肃降有关。如唐宗海在《医经精义·脏腑之官》中论述大肠传导作用时说:"大肠之所以能传导者,以其为肺之腑。肺气下达,故能传导。"此外,大肠的传导作用,亦与肾的气化功能有关,故有"肾主二便"之说。

(五)膀胱

膀胱位于小腹中央,为贮尿的器官。膀胱和肾直接相通,二者又有经脉相互络属,故为表里,膀胱的主要生理功能是贮尿和排尿。

尿液为津液所化,在肾的气化作用下生成尿液,下输于膀胱。尿液在膀胱内潴留至一定程度时,即可及时自主地排出体外。所以《素问·灵兰秘典论》说:"膀胱者,州都之官,津液藏焉,气化则能出矣。"

膀胱的贮尿和排尿功能,全赖于肾的气化功能;所谓膀胱气化,实际上隶属于肾的蒸腾气化。膀胱的病变,主要表现为尿频、尿急、尿痛,或是小便不利,尿有余沥,甚至尿闭;或是遗尿,甚则小便失禁。如《素问·宣明五气篇》所说"膀胱不利为癃,不约为遗尿"。膀胱的这些病变,归根结底,也多与肾的气化功能有关。

(六)三焦

三焦是上焦、中焦、下焦的合称,为六腑之一。由于三焦的某些具体概念不够明确,《难经》在《二十五难》和《三十八难》中又提出"有名而无形"之说,因而引起了后世的争论,但对三焦的生理功能的认识是一致的,认为三焦的主要生理功能是主持诸气、通行水道。在形态方面,目前部分学者认为三焦是分布于胸腹腔的一个大腑,在人体脏腑中,唯它最大,故有"孤府"之称。正如张介宾《类经·藏象类》中所指出的,三焦是"脏腑之外,躯体之内,包罗诸脏,一腔之大府也"。但更重要的并不在于确定三焦是属于哪个实质性脏器,而是在于研究和掌握三焦在生理、病理学上的实际意义。三焦的主要生理功能,一是通行元气,二为水液运行之道路。

1. 主持诸气,总司全身的气机和气化　三焦是气的升降出入的通道,又是气化的场所,故有主持诸气,总司全身气机和气化的功能。元气,是人体最根本的气。元气根于肾,通过三焦而充沛于全身,故《难经·三十一难》说"三焦者,气之所终始也",《难经·三十八难》说三焦"有原气之别焉,主持诸气";《难经·六十六难》也说"三焦者,原气之别使也,主通行三气,经历五脏六腑"(这里所说的"三气",是指宗气、营气和卫气)。这些论述,充分说明了三焦是气的升降出入的通道,人体的气,是通过三焦而输布到五脏六腑,充沛于全身。《中藏经》将三焦通行原气的作用,作了较详尽的描述,它在《论三焦虚实寒热生死顺逆脉证之法》中认为三焦"总领五脏六腑、营卫经络、内外左右上下之气也;三焦通,则内外左右上下皆通也,其于周身灌体,和内调外,荣左养右,导上宣下,莫大于此者也"。

2. 为水液运行之道路　三焦有疏通水道,运行水液的作用,是水液升降出入的通路。全身的水液代谢,是由肺、脾胃和肠、肾和膀胱等许多脏腑的协同作用而完成的,但必须以三焦为通道，才能正常地升降出入。如果三焦的水道不够通利，则肺、脾、肾等输布调节水液的功能也难以实现其应有的生理效应。所以，又把水液代谢的协调平衡作用，称作"三焦气化"。

三焦的上述两个方面的功能，是相互关联的。这是由于水液的运行全赖于气的升降出入；人体的气是依附于血、津液而存在的。因此，气的升降出入的通道，必然是血或津液的通道；津液升降出入的通道，必然是气的通道。实际上是一个功能的两方面作用而已。

3. 上焦、中焦、下焦的部位划分及其各自的生理功能特点

（1）上焦：上焦的部位，一般都根据《灵枢·营卫生会》的论述："上焦出于胃上口，并咽以上，贯隔而布胸中"，将横膈以上的胸部，包括心、肺两脏和头面部，称作上焦；也有人将上肢归属于上焦。上焦的生理功能特点，也根据《灵枢·决气》的论述，以"开发""宣化"和"若雾露之溉"为其主要生理功能。也就是说，上焦主气的升发和宣散，但它不是有升无降，而是"升已而降"，故说"若雾露之溉"，《灵枢·营卫生会》也因此而概括为"上焦如雾"。《温病条辨》中提出"治上焦如羽，非轻不举"的治疗原则，也是以此为其主要的理论依据。

（2）中焦：中焦的部位，是指膈以下，脐以上的上腹部。但在《灵枢·营卫生会》中是指整个胃，即是从胃的上口（贲门）至胃的下口（幽门）。对于中焦的生理功能特点，实际上包括脾和胃的整个运化功能，故说中焦是"泌糟粕，蒸津液"，升降之枢，气血生化之源。中焦所属的脏腑，从解剖部位来说，包括脾、胃、肝、胆，在《内经》中虽未具体指明，但在《内经》的脉法和王叔和的《脉经》中，均以肝应左关，而属于中焦。至后世温病学说以"三焦"作为辨证纲领后，将外感热病后期出现的一系列肝的病证，列入"下焦"的范围后，现在临床辨证中，仍多从之。

（3）下焦：下焦的部位，一般也根据《灵枢·营卫生会》之说，将胃以下的部位和脏器，如小肠、大肠、肾和膀胱等，均属于下焦。下焦的生理功能特点，在《内经》中说它是排泄糟粕和尿液，如《灵枢·营卫生会》概括为"下焦如渎"，但后世对藏象学说有了发展，将肝肾精血、命门原气等都归属于下焦，因而扩大了下焦的生理功能特点，如《温病条辨》提出"治下焦如权，非重不沉"，实际上也包含这一内容。

三、奇恒之腑

奇恒之腑，包括脑、髓、骨、脉、胆、女子胞等六个脏器组织。它们在形态上多属中空而与腑相似，在功能上则不是饮食物消化排泄的通道，而且又贮藏精气，与脏的生理功能特点相类似，所以《素问·五脏别论》说："脑、髓、骨、脉、胆、女子胞，此六者，地气之所生也，皆藏于阴而象于地，故藏而不泻，名曰奇恒之府。"奇恒之腑中除胆为六腑之一外，其余的都没有表里配合，也没有五行的配属，这是不同于五脏六腑的又一特点。

（一）脑

脑居颅内，由髓汇集而成。《素问·五脏生成篇》说："诸髓者，皆属于脑。"《灵枢·海论》说："脑为髓之海。"这不但指出了脑是髓汇集而成，同时还说明了髓与脑的关系。脑的功能，如《素问·脉要精微论》说："头者，精明之府。"《灵枢·大惑论》中将眼的结构名称及与脑的关系也作了说明，曰："五脏六腑之精气，皆上注于目而为之精，精之窠为眼，骨之精为瞳子,筋之精为黑眼,血之精为络,其窠气之精为白眼,肌肉之精为约束,裹撷筋、骨、血、气之精而与脉并为系,上属于脑,后出于项中。"《大惑论》还把视觉的病理变化与脑联系起来,曰:"故邪中其项,因逢其身之虚,其入深,则随眼系以入于脑,入脑则脑转,脑转则引目系急,目系急则目眩以转矣。"再如《灵枢·海论》说:"髓海不足,则脑转耳鸣,胫酸眩冒,目无所见,懈怠安卧。"《灵枢·口问》也说:"上气不足,脑为之不满,耳为之苦鸣,头为之苦倾,目为之眩。"这是把视觉、听觉以及精神状态的病理变化与脑联系起来了。脑、耳、目都在头部,脑之"不满"则可导致耳鸣、目眩以及精神委顿。

中医学藏象学说,将脑的生理和病理统归于心而分属于五脏,认为心是"君主之官,神明出焉",为"五脏六腑之大主,精神之所舍也"。把人的精神意识和思维活动统归于心,故曰"心藏神"。同时,又把神分为五种不同表现的神,即魂、魄、意、志、神,这五种神分别归属于五脏,但都是在心的统领下而发挥作用的,如心藏神,主喜;肝藏魂,主怒;脾藏意,主思;肺藏魄,主悲;肾藏志,主恐等。其中,特别与心、肝、肾的关系更为密切。

(二)女子胞

女子胞,又称胞宫,即子宫,位于小腹部,在膀胱之后,呈倒梨形。女子胞是发生月经和孕育胎儿的器官。女子的月经来潮和胎儿的孕育,是一个复杂的生理活动过程。主要有如下三个方面的生理因素:

1. "天癸"的作用   生殖器官的发育,全赖于"天癸"。"天癸"是肾中精气充盈到一定程度时的产物,具有促进性腺发育而至成熟的生理效应。因此,在"天癸"的促发下,女子生殖器官才能发育成熟,月经来潮,为孕育胎儿准备条件。反之,进入老年,由于肾中精气的衰少,而"天癸"亦随之而衰少,甚至衰竭,则进入绝经期,"形坏而无子"。

2. 冲、任二脉的作用   冲、任二脉,同起于胞中。冲脉与肾经并行,与阳明脉相通,能调节十二经脉的气血,有"冲为血海"之称;在主胞胎,在小腹部与足三阴经相会,能调节全身的阴经,有"阴脉之海"之称。十二经脉气血充盈,才能溢入冲、任二脉,经过冲、任二脉的调节,主入胞宫,而发生月经。冲、任二脉的盛衰,受着天癸的调节。幼年时期,肾中精气未盛,天癸未至,故任脉未通,冲脉未盛,没有月经;人至老年,由于天癸逐渐衰竭,冲、任二脉的气血也逐渐衰少,而进入绝经期,出现月经紊乱,以至经绝。临床上,由于某些原因引起冲、任二脉失调时,即可出现月经周期紊乱,甚至不孕等症。

3. 心、肝、脾三脏的作用   心主血、肝藏血、脾为气血生化之源而统血,对于全身血液的化生和运行均有调节作用。月经的来潮和周期,以及孕育胎儿,均离不开气血的充盈和血液的正常调节。因此,月经的来潮与心、肝、脾三脏的生理功能状态有关。若肝的藏血、脾的统血功能减退,即可引起月经过多,周期缩短,行经期延长,甚至崩漏等症。若脾的生化气血功能减弱,则月经的化源不足,可导致月经量少,周期延长,甚至经闭。若因情志所伤,损伤心神或影响肝的疏泄功能,也都能导致月经失调等病理现象。

综上所述,月经来潮的生理,是一个复杂的过程,并不是单一的因素,而更多的是与全身的整体情况和精神状态有关。从脏腑、经络等生理功能来说,主要的是与心、肝、肾和冲、任二脉的关系最为密切。

四、藏象理论在艾灸过程中的应用

（一）利用藏象理论取得良好的艾灸效果

藏象理论是中医学的重要组成部分，它揭示了人体内部器官之间的相互关系和影响。在艾灸过程中，藏象理论的应用可以帮助我们更好地理解艾灸的作用机制，提高治疗效果。

在藏象理论中，人体的五脏六腑通过经络系统相互连接，形成一个整体。不同器官之间相互影响，彼此制约，保持着人体内环境的平衡。而艾灸通过刺激人体的经络和穴位，调节人体气血的运行，使人体自身的自愈能力得到发挥。

具体来说，艾灸可以刺激人体的穴位，使其气血运行更加畅通。通过调节人体的气血运行，继而调节人体的阴阳平衡。例如，对于腹泻、便秘等消化系统疾病，可以通过艾灸腹部的中脘、神阙，调节脾胃的功能，缓解症状。此外，还可以艾灸足三里，调理脾胃，通过调节人体的免疫功能来达到治疗疾病的目的。如此而言，腹痛、便秘病在腹部，为何还要艾灸下肢的足三里呢？

依据藏象理论，既然人体的五脏六腑通过经络系统相互连接，形成一个整体。不同器官之间相互影响，彼此制约，保持着人体内环境的平衡。中脘属于任脉，是胃的募穴，八脉穴中的腹穴，是手太阳小肠经、手少阳三焦经、足阳明胃经与人脉的会穴，与脾胃有关的疾病均可以用中脘进行治疗。当脾胃出现问题时，可以通过艾灸中脘来调整。神阙属于任脉的范畴，艾灸神阙既可以治疗脾胃相关疾病，如腹痛、腹胀、腹泻、痢疾、便秘等，也可以用于治疗泌尿系统疾病，如水肿胀满、小便不利。足三里是"足阳明胃经"的主要穴位之一，施灸可调节机体免疫力、增强抗病能力、调理脾胃、补中益气、通经活络、疏风化湿、扶正祛邪，还可辅助治疗胃痛、呕吐、腹胀、肠鸣、消化不良、下肢痿痹、泄泻、便秘、痢疾、疳积、癫狂、中风、脚气、水肿、下肢不遂、心悸、气短、虚劳羸瘦等诸多不适症状。

总之，通过理解藏象理论，我们可以更好地理解艾灸的作用机制，选择合适的穴位和刺激方法，"牵一发而动全身"，达到治疗疾病的目的。

（二）指导疾病诊治辨证施灸

脏腑之间通过经络密切联系在一起。内脏疾病可通过经络反映于相应的形体，临床上根据其临床表现，可推断疾病发生在何经、何脏、何腑，并可根据症状的性质和先后次序来判断疾病的轻重及发展趋势。如脾的功能失调，可见纳差、腹胀、便溏、四肢无力、苔腻等症状，根据"湿性黏腻"和脾胃恶湿的论点，可以推断其病因为感受湿邪，导致脾为湿困。鉴于此，可选择艾灸下列穴位。

1. 阴陵泉　阴陵泉是脾经的合穴，从脚趾出发的脾经经气在此深入体内，可以健脾除湿。若体内脾湿，坚持艾灸阴陵泉穴，脾湿就会好转。

2. 足三里　足三里是治疗脾胃疾病的第一要穴，能够健脾利湿。

3. 脾俞　脾俞是补益要穴，艾灸此穴位可健脾祛湿、化痰消肿。

（三）指导疾病治疗确定灸法

藏象学说是确立治法的理论基础，脏腑的生理特点和病理变化是确定治法的依据。一般而言，病机上"脏病多虚""腑病多实"，治疗上"五脏宜补""六腑宜泻"也可根据脏腑的表里关系进行治疗，"脏实者泻其腑，腑虚者补其脏"。艾灸属于外治法，主要通过经络的传导感应，补虚泻实，调整脏腑功能，从而治疗体内脏腑的病证。如肝气不舒进行疏肝；肺气不宣进行宣肺等；诸如上病下取、下病上取、中病旁取、以左治右、以右治左以及培土生金、滋水涵木、扶土抑木等，都是在藏象学说等相关理论指导下，制定的治疗法则。又如取位于下肢的足三里的治疗胃病，取太渊、尺泽治疗肺病等。艾灸的补泻，见于《内经》。《灵枢·背腧》说："以火补者，毋吹其火，须自灭也。以火泻者，疾吹其火，传其艾，须其火灭也。"

案例分析

患者李某，女，45岁。大便带血已半年有余，偶尔会有腹痛的表现，每日大便4~5次，经去医院做胃肠镜检查，诊断为结肠炎、直肠炎、胃息肉。服西药半个月后，症状并未得到改善，后又因出现性障碍，所以中断了治疗。但是最近这段时间，大便次数增多，并且便中带血情况加重，腹痛明显，心理状态也不是很好，很烦躁，最近食欲差，体重明显减轻，面色暗淡，舌淡胖，略有牙印。

针对上述情况，请回答以下问题。

1. 请根据患者情况分析中医证型？
2. 如何对其进行艾灸调理？

第二节　精、气、血、津液

一、精、气、血、津液概述

（一）精

1. 精的概念　精，又称精气，是充斥宇宙，无形而运动不息的极细微物质，是构成宇宙万物的本原。也专指气中精粹的部分，是构成人类的基本物质。

"精"有广义与狭义之分：广义之"精"，泛指一切与生俱来的生命物质，以及后天获得的对人体有用的精粹物质，包括气、血、津液、髓以及从饮食物中摄取的营养物质等一切精微物质；狭义之"精"，是指肾中所藏的具有生殖功能的精微物质，即肾精，又称为生殖之精。可见中医学的精，既包括父母遗传的生命物质，又包括后天获得的水谷之精。

2. 精的生成　精的生成禀受于父母，充实于水谷，分为先天之精与后天之精两类。其中：①先天之精禀受于父母的生殖之精，又来源于水谷精气。构成各组织器官的原始生命物质以及母体从饮食物中汲取的各种营养物质。②后天之精则来源于水谷，又称"水谷之精"。这种由水谷所化生的、输布于五脏六腑等组织器官、最后归藏于肾中的精就是肾中所藏的后天之精。正如《素问·上古天真论》说：肾"受五脏六腑之精而藏之，故五脏盛，乃能泻。"

3. 精的主要功能　人体的精具有多种功能，归纳起来主要有以下几方面：即生殖繁育、促进生长发育、生髓充脑养骨化血、滋养濡润、防御卫外等。

（二）气

1. 气的概念　在中医学中，气是构成人体的最基本物质，是维持人体生命活动的最基本的物质。"气"具有多种含义，譬如：把致病的六淫，称"邪气"；把机体的生理功能和抗病能力，称"正气"；把中药的寒、热、温、凉，称"四气"。但本节内容所论述的气，是专指构成人体和维持人体生命活动的最基本物质而言。既然人体之气是维持人体生命活动的物质基础，其运动变化也就是人体的生命活动。那么，气聚则生，气散则死。

2. 气的生成　构成人体和维持人体生命活动的气，一是来源于父母生殖之精，即构成人体胚胎发育原始物质的先天之精；二是来源于从后天吸入的饮食中的营养物质和存于自然界的清气。

3. 气的运动与脏腑关系　气的运动称为气机，气的升、降、出、入运动，是人体生命活动的四种基本形式。气的运动是有规律的，相对平衡协调才能发挥其维持人体生命活动的作用，这种生理状态称之为"气机调畅"，如气机失调，就会出现各种病理现象。由于气的运动形式多样，故"气机失调"的形式也很复杂，如：气的上升运动太过，称"气逆"；气的运动受阻，在局部发生瘀滞，称"气滞"；气的出入运动受阻郁结在内，称"气郁"。如平时听得比较多的"肝气郁结"，那是因为肝气是上升，疏散的，一旦肝气的运动受阻，郁滞不通，就会出现嗳气喜叹息，肝区疼痛等"肝气郁结"的表现。

4. 气的生理功能　气的生理功能主要包括推动作用、温煦作用、防御作用、固摄作用、气化作用、营养作用。

5. 气的分类　人体的气从整体而言，是由生殖之精气、水谷精气和自然界的清气组成，但由于组成、分布部位和功能的不同，故又可以分为元气、宗气、营气和卫气四种。元气推动人体的成长、发育，激发和调节各脏腑、经络等组织器官的生理攻功能；宗气走息道以行呼吸，贯心脉以行气血，人的视、听、言、动等密切相关；营气化生血液注入脉中成为血液的组成部分，营养全身，为各脏腑、经络等生理活动提供营养物质；卫气维持人体体温，保证机体生命活动的正常进行，调节汗液的排泄和气血的阴阳平衡，同时还具有防御作用，并与人体睡眠密切相关。

（三）血

1. 概念　血是运行于脉中、循环流注全身的富有营养和滋润作用的红色液体，是构成人体和维持人体生命活动的基本物质之一。血液在脉中循环于全身，内至脏腑，外达肢节，为生命活动提供营养，发挥濡养和滋润作用。

2. 血的生成　营气和津液是生成血的最基本物质。正如《灵枢·营卫会生》所说，（中焦）"此所受气者，泌糟粕，蒸津液，化其精微，上注于肺脉，乃化而为血，以奉生身，莫贵于此，故独得行于经隧，命曰营气"。

血液的生成过程与脏腑的功能活动密切相关。脾胃运化水谷精微所化生的营气和津液,由脾向上输于心肺,与肺吸入的清气相结合,贯注心脉,在心阳的温煦作用下变化成为红色的血液;肝在生血过程中具有促进血液生成所需的营气和津液的充分化生,储藏血液和调节血流量;一是通过肾精生骨髓而生血,二是肾精所化生的元气对全身各脏腑功能均有激发和推动作用,肾精充足,元气旺盛,则血液因之而充盈。

综上所述,血液生成是脏腑整体功能活动的综合体现。

3. 血的生理功能　血的生理功能主要包括濡养作用、运载作用、血是精神活动的基本物质基础。

4. 血的运行　血液的正常运行必须具备三个条件:其一,血液充盈,寒温适度;其二,脉管系统通畅完好;其三,心、肺、肝、脾等脏功能正常,特别是心脏的作用尤为重要。

(四)津液

1. 津液的概念　津液是机体一切正常水液的总称,包括各脏腑组织的内在体液及其正常的分泌物,如胃液、肠液和涕、泪等。在机体内除血液之外的其他所有正常液体都属于津液。津液广泛地存在于脏腑、形体、官窍等器官的组织之内和组织之间,不但是组成人体的基本物质,也是维持人体生命活动的重要物质。

2. 津液的代谢　津液的代谢是指津液的生成、输布和排泄过程。

(1)津液的生成与输布:津液来源于水谷,主要通过脾胃以及大、小肠等脏腑的消化吸收功能而生成。津液生成之后,凭借脾、肺、肾、肝和三焦的作用,完成在体内的输布。

(2)津液的排泄:肺气宣发,津液经阳气蒸腾气化而形成汗液,由汗孔排出体外;肺在呼气时也带走部分津液(水分);在肾的气化作用下,将人体多余的水分化为尿液,注流于膀胱,排出体外,尿液为津液代谢的最终产物;大肠接受来自小肠的食物残渣,吸收其中的水液,残余的水液和食物残渣由大肠以粪便的形式排出体外。

3. 津液的主要功能　津液主要有滋润营养、化生血液及运载的功能。

二、精、气、血、津液之间的关系

1. 精与气的关系　精与气的关系是精能化气,气能生精。精足则人之气得以充盛,从而布达全身,促进脏腑组织的生理活动。若气虚则精的化生不足,或精不固聚,均可导致精亏、失精的病症。

2. 精与血的关系　二者之间的关系是精能化血,血能生精。精是化生血液的主要物质,精足则血足"(《类经》)。"肾藏精,精者血之所成也"(《诸病源候论》)。

3. 精与津液的关系　精与津液的关系,主要是指水谷之精与津液而言。水谷之精与津液同源于水谷,生成于脾胃。水谷经脾胃的消化吸收而生成水谷精微,其中既有水谷之精,又有津液在内,两者是同生同化的。在病变情况下有精亏而伴有津液不足者,也有津液不足而致精虚者。

4. 气与血的关系　气与血的关系是气能生血、行血、摄血和血能化气、载气。"人之所有者,血与气耳"(《素问·调经论》)。气与血相辅相成,相互依存,相互资生,共同维系并促进生命活动。所以滑寿在《难经本义》中说:"气中有血,血中有气,气与血不可须臾相离,乃阴阳互根,自然之理也""气为血之帅,血为气之母"。

至于血能化气、血能载气,一是在机体对气的需求量增加时,血中蕴含的清气和水谷精气(主要是营气)便从血中释放,以供机体之所需;二是血营养着与气生成的相关内脏(即肺、脾胃、肾),使之化气的功能活跃,不断地化生机体所需之气,故曰血能化气,血盛则气旺;三是血液具有运载水谷精气、自然清气的功能,故称"血能载气"。如清代唐宗海《血证论》说:"载气者,血也。"

5. 气与津液的关系 一是气能生津,即津液的代谢,离不开气的升降出入运动和气的温煦、气化、推动及固摄作用;气在体内的存在,既依附于血,亦依附于津液,故津液亦是气的载体。二是气能行(化)津,即气的运动是津液输布排泄的动力。通过脾气的"散精"转输、肺气的宣发肃降、肾气的蒸腾气化,促使津液输布于全身而流行不止,并使经过代谢的多余津液转化为汗液和尿液排出体外,从而使津液的代谢维持生理平衡。若气的升降出入运动不利时,则会出现气滞与水湿、痰、饮并存的复杂病理变化。三是气能摄津,即气的固摄作用控制着津液的排泄。气对汗、尿的固摄,主要是肺、肾、膀胱之气的功能。如果气虚而固摄无力,可见多汗、遗尿等病症。四是津液载气,即津液是气在体内运行的载体,气必须依附于津液而流布全身。血能运载营气,津液能运载卫气。清代莫枚士《研经言·原荣卫》说:"荣行脉中,附丽于血;卫行脉外,附丽于津。"五是津液化气,即指津液能促进气的生成,为气的生成提供充分的营养。一方面津液能滋养与气生成的相关内脏(如肺、脾胃、肾),使其化气的功能活跃,不断地产生人体所需之气;另一方面脉外之津液能载气,当机体对气的需求量增加时,蕴含于津液之中的气(尤其是卫气)便从津液之中游离出来,补充机体所需之气。

6. 血与津液的关系 血与津液均是属阴的液态物质,都有营养和滋润作用,二者密切相关。

首先,血与津液的生理关系主要表现为"同源"和"互化"。"津血同源"指的是血和津液均由中焦脾胃消化吸收的水谷精微生成。"津血互化"(又称"津血互生")则是指血和津液在全身循行、输布的过程中,血中的津液渗出于脉外,成为经脉之外的津液,流布于全身各组织器官之中,起着滋润和营养的作用,此即血能化生津液;正如《灵枢·痈疽》所说:"津液和调,变化而赤为血,血和则孙脉先满溢,乃注于络脉,皆盈,乃注于经脉。"

其次,血与津液的生成、血液的灌注与回流、津液出入于脉管内外等生理过程,还体现了血与津液之间相互依存、相互转化、同源互根的关系。在病理情况下,血与津液的病变可相互影响,如在失血过多时,脉外之津液大量渗注于脉内,以补偿血容量的不足,因之而导致脉外津液的亏损,出现口渴、尿少、皮肤干燥等病理现象。反之在津液大量耗损时,不仅渗入脉内之津液减少,甚至脉内之津液亦可较多地渗出于脉外,这样就形成了血脉空虚、津枯血燥的病变。因此对于失血的患者,临床上不宜采用汗法;对于多汗夺津或津液大亏的患者,亦不可妄用破血、逐血之峻剂,《灵枢·营卫生会》有"夺血者无汗,夺汗者无血"之说。汉代张机《伤寒论》又有"衄家不可发汗"和"亡血家不可发汗"之诫。此即"津血同源"理论在临床上的实际应用。

三、精、气、血、津液理论在艾灸中的应用

(一)精、气、血、津液理论在艾灸中的应用

依据精与气、血、津液之间的关系,精能化气,气能生精;精能化血、血能生精;水谷之精与津液同源于水谷;气为血帅,气能生血,气能行血,气能摄血;血为气之母,血能载

气，血能养气。气能生津，气能行津，气能摄津，津能化气，津能载气，血可化津，津能生血。故《灵枢经》记载："火气已通，血脉乃行。"清代吴仪洛《本草从新》云："艾叶苦辛，纯阳之性，能回垂绝之阳，通十二经，走三阴，理气血，逐寒湿，暖子宫，以之灸火，能透诸经而治百病。"

（二）精、气、血、津液理论对艾灸的指导意义

精、气、血、津液是构成人体最基本的营养物质，也是维持生命活动的最基本物质。《本草纲目》记载："艾，外用灸百病，壮元阳，通经脉，行气补血。"《神灸经纶》中记载："夫灸取于火，以火性热而至速……灸者，温暖经络，宣通气血，使逆者得顺，滞者得行。"艾灸能够通过对特定穴位的温热作用，产生温通经脉、活血止痛、扶正祛邪的功效，提高人体的免疫力。

精为气化生的本源，精足则人体之气得以充盛，从而布达全身，促进脏腑组织的生理活动。同时在精的滋养作用下，脏腑功能强健，也就促进了气的生成。故精足则气旺，精亏则气衰，精虚及失精的患者常常同时伴有气虚的症状。其次，气能生精。气的运行不息能促进精的化生。脏腑之气充足，功能旺盛，不断地吸收运化水谷之精，则脏腑之精充盈。气不但能促进精的化生，而且又能固摄肾精，使精聚而充盈，不致无故耗散外泄。若气虚则精的化生不足，或精不固聚，均可导致精亏、失精的病症。因此，男性经常艾灸可助阳化气，调和气血、益气温阳，升阳举陷。男性经常艾灸关元可排除体内寒湿，起到补肾壮阳的作用。

气是三大营养物质中最活跃的营养物质，是首领。气具有推动作用、气化作用、温煦作用、防御作用、固摄作用、营养作用。可以推动血和津液在体内运行，而营养全身。还可以促进血和津液在体内新陈代谢。中医学认为气的根本在肾而统于肺脾。在表则护卫皮毛，充实腠理，使人有抗邪能力；在内则导行血脉，升降阴阳，周流一身。凡是七情和冷热等刺激，均能影响及气而发生病变，故不论外感，还是内伤都有气的病理现象，故有"百病皆生于气"的说法。主要是：气充则强，气少则虚，气顺则平，气逆则病。为此，治疗上有补气、升气、行气、降气等多种法则。气分不和可以影响血分，尤其是气机障碍能引起水湿痰浊等疾患。例如，当气滞时，会导致血瘀，对于女性来讲，如果血瘀于胞宫（子宫）就会导致痛经或月经不调等，如果血瘀于颜面（经络），就会形成面部片状呈黄褐色的斑块，影响容貌。当气虚时，也可以造成津液在体内代谢失调，湿浊内停。当经常有口苦、胸闷、两胁胀痛等现象时，要考虑体内是否"气滞"了，可以取玫瑰、陈皮、青皮（可以理气的膳食同源中药）各少许泡水如茶饮，可以多食木瓜、白萝卜、芹菜、佛手瓜、菠菜等可以理气、顺气的食物，同时可以艾灸合谷、足三里、阳陵泉、太冲等穴。气虚可艾灸足三里、关元等穴。

血是由脾胃运化所产生的水谷精微和行于脉中的营气所构成，含有丰富的营养与滋润物质，是构成人体、维持生命活动的基本物质之一。中医认为，血见热则行，见寒则凝，因而侵犯身体的寒气将会阻碍气血的运行，从而引发一系列疾病。灸法可以使局部乃至全身感到温暖舒适，灸的刺激可以使气机调畅，营卫和谐，起到行气活血的作用，气血的运行，遇寒则凝，得温则散，故一切气血凝滞、经络麻痹，均可用艾灸来温经通络、散寒除痹。《神灸经纶》中记载：取艾之辛香，能通十二经，入三阴，理气血，以治百病，效如反掌。

津液是人体一切正常水液的总称，广泛存在于脏腑、形体、官窍等器官组织之内和组织之间。《罗氏会约医镜》曰："人禀阴阳二气以生，有清有浊。阳之清者为元气，阳之浊者为火；阴之清者为津液，阴之浊者为痰。"《灵枢·五癃津液别》曰："五谷之津液，和合而为膏

者,内渗于骨空,补益脑髓。"津液本为"阴之清者",要转化为血、精、髓等,需借助"阳之清者"元气的气化功能,因脾胃是升清降浊的枢纽,补充阳气重在温补脾胃阳气,脾胃阳气振奋,才能升清降浊,将水谷精微和水液上输于心、肺等脏,再通过心、肺的作用化生气血,营养濡润全身。温补脾胃阳气可艾灸中脘、气海、关元、足三里。

(冯美茹 赵美玉 姚中进)

情景导入解析

1. 根据藏象理论,气血两虚的诊断依据是什么?

根据藏象理论,诊断气血两虚的理论依据为:心主血脉,患者长期思虑过度导致心血的虚损会影响到心脏的功能,继而出现心悸、失眠等症状。同时,气血不足会影响到脾胃的消化吸收功能,导致食欲不振、乏力等症状。此外,肝藏血,血虚也会影响到肝脏的功能,加上经常熬夜加班,导致肝血不足,出现头晕、目眩等症状。

2. 根据诊断结果,制订气血津液治疗方案。

(1)调整饮食和生活习惯,增加营养摄入,改善脾胃功能。

(2)采用中药治疗,使用补气养血的中药,如人参、黄芪、当归等,以滋养气血。

(3)调整作息时间,保证充足的睡眠和休息,增加身体的恢复和修复能力。

(4)配合适当的运动和按摩,促进气血流通和津液循环。

(5)重点艾灸下列穴位。①足三里:位于小腿外侧髌骨与髌韧带外侧凹陷下3寸处,艾灸中脘穴可以促进气血生化,从而达到补气血的目的。②三阴交:位于小腿内侧足踝骨尖上3寸处。艾灸三阴交可以将足三阴经气血重组后,再行分流,从而可以起到一定的补气血功效。③关元:位于肚脐下方3寸的位置。艾灸关元可以在一定程度上治疗肾虚、虚喘等气虚症状,进而补气血。④气海:在肚脐下方1.5寸左右,艾灸气海,对于虚脱、虚劳、乏力等气虚病症有一定的疗效。⑤脾俞:脾俞是十二脏腑背俞穴之一,属足太阳膀胱经,经常艾灸脾俞具有调理脾气,运化水谷,渗利除湿,和营统血之功效。⑥膻中:位于人体胸骨正中线,艾灸膻中具有宽胸理气、活血通络、清肺止喘、舒畅心胸等功能。⑦天枢:常灸天枢(足阳明胃经之穴),可使胃经和大肠经保持活络,促进胃经内气血循环,帮助气血由胃经输向大肠经。⑧血海:俗话说,补血找血海,补气找气海。⑨膏肓:艾灸膏肓可以补益气血、养心安神、温补阳气、治疗虚劳诸证。⑩中脘:位于腹部脐中上4寸,经常艾灸中脘可以促进气血生化,从而达到补气血的目的。

3. 对案例进行简要分析。

(1)治疗结果:经过一段时间的治疗,李女士的症状逐渐缓解,失眠、心悸、乏力、头晕等症状得到了明显的改善。实验室检查结果显示,气血津液各项指标逐渐恢复正常。

(2)效果分析:本案例中,医生通过中医藏象理论和气血津液的诊断方法,判断出李女士的气血不足和相关脏腑功能的异常,并采用综合治疗方法进行调理。通过调整饮食和生活习惯、中药治疗、调整作息时间、配合适当的运动和按摩等措施,达到了滋养气血、促进气血流通和津液循环的治疗效果。

(3)选择特效穴位进行艾灸,与整体调理相得益彰,取得良好的效果。

案例解析

1. 请根据患者情况分析中医证型?

肝脾不和。

2. 如何对其进行艾灸调理?

直接灸大椎、关元、足三里、肝俞、脾俞。每日一次,每穴9~11壮。

第五章

经络诊法与辨证

【学习目标】

1. 通过本章节内容的学习，重点掌握经络的概念、经络的组成、十二经络的走向、中医四诊、八纲辨证、脏腑辨证的基本理论；了解经络在疾病辨证中的应用；熟悉八纲证候的鉴别要点，了解八纲辨证在其他辨证方法中的应用等知识。

2. 学会运用中医四诊、八纲辨证、脏腑辨证等理论指导下对诊法所收集的各种临床资料进行分析、综合，从而对疾病的病位与病性等作出判断。

3. 具有中医思维能力，就是要以证候为核心的辨证体系，拥有热爱和传承中医文化的精神和行为。

情景导入

王先生，45岁，最近感到身体不适，经常感到疲劳、失眠、头痛和胃部不适。他的脉搏细弱，舌质淡红，舌苔薄白。此外，他的背部和腰部也有酸痛和僵硬感。根据王先生的症状和体征，请回答下列问题。

1. 王先生的疾病和人体哪些经络有关？
2. 采用中医哪些方法进行诊断？
3. 如何对患者进行辨证施灸？

第一节　经络的概念与组成

一、经络的概念

经络是人体内经脉和络脉的总称，是运行全身气血、联络五脏六腑、四肢百骸、五官九窍、沟通内外、贯穿上下，传递信息的道路。《医学入门·经穴起止》中记载："经者，径也，径直者为经；经之支旁出者为络。"经，原意是"纵丝"，有路径的含义，就是直行主线的意思，是经络系统中的主干，深而在里，贯通上下，沟通内外；络，有网络的含义，是经脉别出的分支，浅而在表，纵横交错，遍布全身。

经络是人体运行血气通道，维系体表之间、内脏之间以及体表与内脏之间的枢纽，人体内外沟通的渠道。人体由五脏六腑、四肢百骸、五官九窍、皮肉筋骨等组成，它们各有其独特的生理功能。只有通过经络的联系作用,这些功能才能达到相互配合、相互协调,从而使人体形成一个有机的整体。

《灵枢·海论》曰:"夫十二经脉者,内属于腑脏,外络于肢节。"

《灵枢·本脏》曰:"经脉者,以行血气而营阴阳,濡筋骨,利关节者也。"

《灵枢·经脉》曰:"经脉者,所以能决生死,处百病调虚实,不可不通。"

二、经络的组成

经络系统是由经脉和络脉组成。经脉包括十二经脉、奇经八脉,以及附属于十二经脉的十二经别、十二经筋、十二皮部;络脉包括十五络脉、浮络和孙络等。

(一)经脉系统

1. 十二经脉　十二经脉是经络系统的主体,它们与脏腑有直接的属络关系,是运行气血的主要干道。十二经脉包括手三阳经(大肠、三焦、小肠)、手三阴经(肺、心包、心)、足三阳经(胃、胆、膀胱)、足三阴经(脾、肝、肾),每条经脉都有其所属的脏腑和器官,并按照五行相克的原则循环排列。

十二正经是经络系统的核心,《灵枢·海论》中指出了十二经脉的特点:"夫十二经脉者,内属于腑脏,外络于肢节。"在内部,十二经脉隶属于脏腑;在外部,分布于躯干、头部和四肢,有一定起止,有一定的走向循行路线和交接规律,在体内与脏腑相联属,脏腑有表里相合的关系,各有专属的穴位。

2. 奇经八脉　奇经八脉是独立于十二经脉之外别道奇行的经脉系统,包括督脉、任脉、冲脉、带脉、阴跷脉、阳跷脉、阴维脉、阳维脉。奇经八脉可以加强十二经脉之间的联系,调节气血盛衰,对十二经气血有蓄积和渗灌的调节作用。

奇经之"奇"含义有两个方面:一是指"异",异于十二正经的不同,既不直属脏腑,除任、督二脉以外没有专属的穴位和表里关系。二是指单数,偶之对,因奇经没有表里在配合关系。

奇经八脉的分布部位与十二正经纵横交互,对其余经络起统率、联络和调节气血盛衰的作用。

3. 十二经脉附属部分　包括十二经别和十二经筋、十二皮部三部分。

(1)十二经别:十二经别是从十二经脉别行分出,深入体腔的支脉,以加强表里关系的支脉,又称"别行之正经"。多从四肢肘膝上下的正经分出,分布于胸腹腔和头部,有"入、出、合"的分布特点。

(2)十二经筋:十二经筋是十二经脉之气濡养筋肉骨节的体系,附属于十二经脉的筋膜系统,起到约束骨骼,活动关节的作用,维持人体正常的运动功能和正常的体位姿势。

(3)十二皮部:十二皮部是指与十二经脉及其络脉散布于体表的部位,也是经气布散之所在,具有抗御外邪、保卫机体和反映病候、协助诊断的作用。

(二)络脉系统

络脉,是从经脉中分出而遍布全身的分支,有别络、浮络、孙络之分。

1. 别络　别络是十二经脉和任、督二脉各自别出之络与脾之大络的总称。主加强表里两经的作用。

2. 浮络　浮络是循行于人体浅表部位的络脉,分布广泛,没有定位,起着沟通经脉,输达肌表的作用。

3. 孙络　孙络是最细小的络脉,属络脉的再分支,分布全身,难以计数,起着"溢奇邪、通荣卫"的作用。

第二节　十二经脉

一、十二经脉命名

十二经脉的命名,是以经脉所属的脏腑和循行分布部位,结合中医阴阳理论而命名的。因此十二经脉的名称是由脏腑、手足、阴阳三部分组成。

脏属阴,腑属阳:十二经脉与六脏六腑各有特定的配属关系,如联属于肺脏的为肺经,联属于胆腑的为胆经。

外为阳,内为阴:阴阳理论贯穿于整个中医理论,经络系统也以阴、阳来命名。分布于肢体内侧的经脉为阴经,分布于肢体外侧的经脉为阳经。

上为手,下为足:手经表示其外行路线分布于上肢,足经表示其外行路线分布于下肢。

十二经脉根据各经所联系的脏腑的阴阳属性以及在肢体循行部位的不同,具体分为手三阴经、手三阳经、足三阴经、足三阳经四组。十二经脉的名称是:手太阴肺经、手厥阴心包经、手少阴心经、手阳明大肠经、手少阳三焦经、手太阳小肠经、足太阴脾经、足厥阴肝经、足少阴肾经、足阳明胃经、足少阳胆经、足太阳膀胱经。

二、十二经脉的走向、交接及分布规律

(一)走向规律

关于十二经脉的走向,《灵枢·逆顺肥瘦》记载:"手之三阴,从脏走手;手之三阳,从手走头;足之三阳,从头走足;足之三阴,从足走腹。"即手三阴经起于胸中,循上肢内侧走向手指端;手三阳经起于手指端,循上肢外侧,走向头面部;足三阳经起于头面部,下行经躯干循下肢外侧,走向足趾端;足三阴经起于足趾端,经下肢内侧走向腹部、胸部。见图5-1。

(二)交接规律

1. 相表里的阴经和阳经在手指端和脚趾端交接　如手厥阴心包经在环指端与手少阳三焦经交接,手少阴心经在小指端与手太阳小肠经交接,手太阴肺经在示指端与手阳明大肠经交接,足少阳胆经在足大趾爪甲后丛毛处与足厥阴肝经交接,足太阳膀胱经在足小趾与足少阴肾经交接,足阳明胃经在足大趾与足太阴脾经交接。

2. 同名的手、足阳经在头面部交接　如手少阳三焦经和足少阳胆经交接于目外眦,手太阳小肠经和足太阳膀胱经交接于目内眦,手阳明大肠经和足阳明胃经交接于鼻旁。

3. 相互衔接的手、足阴经在胸部相接　如足厥阴肝经与手太阴肺经交接于肺中,足少阴肾经与手厥阴心包经交接于胸中,足太阴脾经与手少阴心经交接于心中。见图5-2。

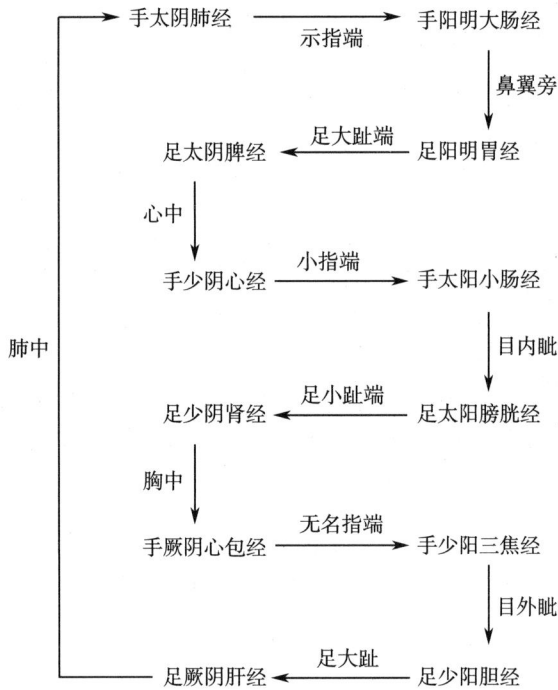

图 5-1　十二经脉走向规律

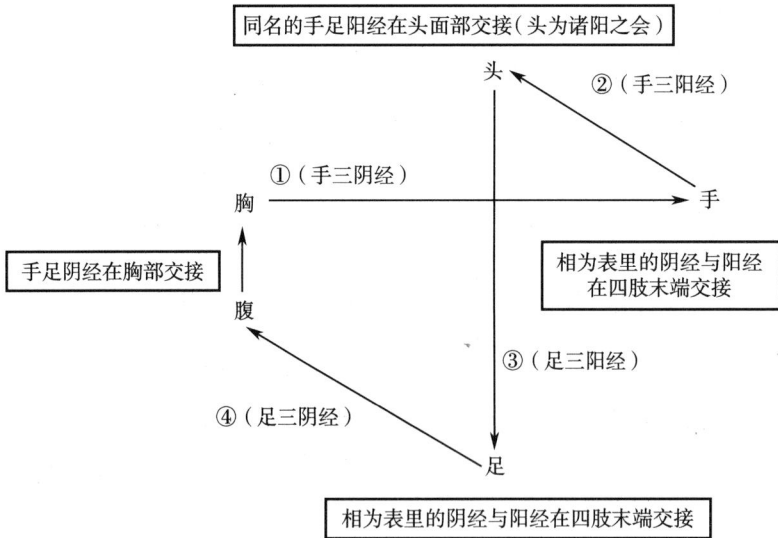

图 5-2　十二经脉交接规律

（三）分布规律

十二经脉左右对称分布于人体体表头面、躯干及四肢,纵贯全身。

1. 四肢部经脉分布　按直立姿势、双手自然下垂于两侧、掌心向内、拇指向前为标准体位，分布于上肢内侧为手三阴经，下肢内侧为足三阴经；分布于四肢外侧和头面、躯干、上肢外侧为手三阳经，下肢外侧为足三阳经，又将上下肢的内外侧分别分成前、中、后三条区线。手足阳经为阳明在前、少阳在中、太阳在后；手足阴经为太阴在前、厥阴在中、少阴在后。其中，足三阴经在足内踝上 8 寸以下为厥阴在前、太阴在中、少阴在后，至内踝上 8 寸以上，太阴交出于厥阴之前。

2. 头面部经脉分布　手之三阳经与手之三阴经交会于头面部，故称"头为诸阳之会"（《类经·藏象类》）。在头面部，阳明经行于面部、颊部；少阳经行于头两侧部；太阳经行于面颊、头顶和头后部。

3. 躯干部经脉分布　手三阳经行于肩胛部，手三阴经均从腋下走出，足三阳经为阳明经行于前，太阳经行于背后，少阳经行于侧面，足三阴经均行于腹面。行于腹面的经脉，自内向外的顺序为足少阴、足厥阴、足太阴经。

三、十二经脉的流注次序与循经路线

流注，是人身气血流动不息，向各处灌注的意思。十二经脉是气血运行的主要通道，它们首尾相贯、依次衔接，因而脉中之气的运行也是循经脉依次传注的。由于全身气血由中焦脾胃运化的水谷之精化生，故十二经脉气血的流注从起于中焦的手太阴肺经开始，依次流注各经，最后传至足厥阴肝经，复再流注到手太阴肺经，形成了"阴阳相贯，如环无端"的十二经脉气血流注系统。

1. 手太阴肺经　手太阴肺经，从中焦腹部起始，下绕大肠，返回循着胃的上口贲门，上贯横膈，入属于肺，再由喉管横走，至于腋下，沿上臂内侧，行于手少阴和手厥阴之前，下达肘中，顺着前臂内侧上（桡）骨的下缘，入寸口，循着鱼际，出拇指尖端。它的支脉，从手腕后，直出示指尖端内（桡）侧，与手阳明大肠经相接。

2. 手阳明大肠经　大肠手阳明经脉，起于示指尖端，沿着示指上（桡）侧，通过合谷穴（拇指、示指歧骨之间），上入腕上两筋（指拇长伸肌腱与拇短伸肌腱）中间的凹陷处，沿前臂上方（桡侧），至肘外侧，再沿上臂外侧前缘，上肩，出肩端的前缘，上出于肩胛上，与诸阳经相会于柱骨大椎穴上。向下入缺盆（锁骨上窝），联络肺脏，下贯横膈，会属于大肠。

其支脉，从缺盆上走颈部，贯通颊部，下入齿龈，回转绕至上唇，左右两脉交会于人中，左脉向右，右脉向左，上行挟于鼻孔两侧，与足阳明胃经相接。

3. 足阳明胃经　胃足阳明经脉，起于鼻，交鼻根凹陷处，即两旁的迎香穴，由此而上，左右相交于頞中，与旁足太阳经脉交会，向下沿着鼻的外侧，入上齿中，回出来夹口旁，环绕口唇，下交于承浆穴，退回沿下颌后方，出面动脉部大迎穴，沿下颌角颊车穴，上至耳前，通过颧弓上关穴、沿发际，到达额颅。

其支脉，从大迎穴之前，向下走至颈动脉部人迎穴，沿喉咙入缺盆，下贯横膈，入属于胃腑，与脾脏相联系。

其直行的脉，从缺盆下行于乳房内侧，再向下挟脐而入于毛际两旁的气街中。

又一支脉，起于胃的下口，下循腹里，到气街前与直行的经脉相合，再由此下行至髀关穴，过伏兔，下至膝盖，沿胫骨前外侧，下至足背，入中趾内侧。

另一支脉，从膝下三寸处分别而行，下至足中趾外侧。

又一支脉，从足背进入足大趾，直出大趾尖端，与足太阴脾经相接。

4. 足太阴脾经　脾足太阴经脉，起于足大趾的末端，沿着大趾内侧赤白分界处，经过大趾后的核骨（第 1 跖趾关节内侧），上行于内踝的前方，再上行于小腿肚的内侧，沿胫骨后方，与厥阴肝经交叉出于其前，上行膝股内侧的前缘，直达腹内，入属脾脏，连胃腑，上过横膈，挟行咽喉，连于舌根，散于舌下。

其支脉，又从胃腑分别而行，向上通过膈肌，注于心中，与手少阴心经相接。

5. 手少阴心经 心手少阴经脉，起于心中，从心出来属于心的脉络，向下过隔膜，联络小肠。

其支脉，从心系上行，挟于咽喉，联系到目系。

另一直行的经脉，又从心系，上行肺部，向下横出腋下，沿上臂内侧的后缘，行于手太阴、手厥阴经之后，下过肘内，沿前臂内侧后缘，到达掌后小指侧高骨的尖端，进入掌内后侧，沿着小指的内侧至指端，与手太阳经相接。

6. 手太阳小肠经 小肠手太阳经脉，起于手小指的末端，沿手外（尺）侧上入腕部，过于尺骨小头部直上，沿前尺骨下缘，出肘内侧尺骨鹰嘴与肱骨内上髁之间，再上行，沿上臂外侧后缘，出肩后骨缝，绕行肩胛，左右交于肩上、入于缺盆，联络心脏，再沿咽部下行穿过横膈，到达胃部，再向下入属小肠本腑。

其支脉，从缺盆沿颈上抵面颊部，至眼外角，回入耳中。

又一支脉，从颊部别走眼眶下，至鼻，再至眼内角，斜行而络于颧骨部，与足太阳经相接。

7. 足太阳膀胱经 膀胱足太阳经脉，起于内眼角，上行于额部，交会于头顶之上。

其支脉，从头顶至耳上角。

其直行经脉，从头顶入络于脑，复从脑后下行项后，沿肩胛内侧，挟脊柱的两旁，直达腰中，沿膂肉深入，联络肾脏，入属于膀胱本腑。

另一支脉，从腰中下挟脊旁，通过臀部，直入膝腘窝中。

又一支脉，从左右肩胛内侧分别下行，穿过脊肉，经过髋关节部，沿大腿外侧后缘，向下行，与前一支脉会合于膝腘窝中，由此再向下通过小腿肚，出外踝骨的后边，沿着第 5 跖骨粗隆部，至小趾尖端外侧，交于小趾之下，与足少阴经脉相接。

8. 足少阴肾经 肾足少阴的经脉，起于足小趾之下，斜过足心，出于舟骨粗隆之下，沿着内踝的后面，进入足跟中，由此上行小腿肚内侧，出腘内侧，上行大腿内侧后缘，贯脊而入属于肾脏，与膀胱相联络。

其直行的经脉，从肾上连肝贯膈，进入肺脏，沿着喉咙，归结于舌根。

其支脉，从肺出来，联络心脏，再注于胸中，与手厥阴心包经相接。

9. 手厥阴心包经 手厥阴心包经脉，从胸中开始，出属于心包络，向下穿过横膈，依次联络上中下三焦。

它的支脉，沿胸出胁部，当腋缝下三寸处上行至腋窝，再沿上臂内侧，行于手太阴肺经和手少阴心经之间，入肘中，沿前臂下行于掌后桡侧腕屈肌腱与掌长肌腱之间，入掌中，沿中指直达指尖。

又一支脉，从掌中别出，沿环指直达指尖，与手少阳三焦经相接。

10. 手少阳三焦经 三焦手少阳经脉，起于环指的尖端，上行小指与环指之间，沿着手背，出前臂外侧两骨（尺骨、桡骨）之间，向上穿过肘，沿上臂外侧上肩，而交出足少阳胆经之后，入缺盆，分布于膻中，散络于心包，下过横膈，依序属于上中下三焦。

其支脉，从膻中上出缺盆，上行颈项，夹耳后，直上出耳上方，由此曲而下行额部，到眼眶下。

另一支脉,从耳后入耳中,再出走耳前,经过上关穴的前方,与前支脉会于颊部,至眼外角,与足少阳胆经相接。

11. 足少阳胆经　胆足少阳经脉,从外眼角开始,上行至额角,向下绕到耳后,沿颈侧,走手少阳三焦经的前面,至肩上,又交叉到手少阳三焦经的后面,入缺盆。

其支脉,从耳后入耳中,出于耳前,至眼外角的后方。

其支脉,从眼外角下行至大迎穴,与手少阳三焦经相合,至眼眶下,向下经颊车部下颈,与前一支脉合于缺盆,再由此下行胸中,通过横膈,联络肝脏,入属胆腑,沿着胁里,出少腹两侧的气街,绕过阴毛际,横入髀厌中。

其直行的经脉,从缺盆下腋,沿着胸部过季胁,与前支脉会合于髋关节部,再下沿大腿外侧,下行至膝外缘,下走腓骨小头的前方,直下至外踝上方的腓骨凹陷处,出于踝前,沿着足背,出足小趾与第四趾之间。

另一支脉,由足背走向大趾之间,沿着大趾的骨缝,至大趾尖端,再回走穿过爪甲,出趾背丛毛,与足厥阴肝经相接。

12. 足厥阴肝经　肝足厥阴经脉,起于足大趾丛毛上的大敦穴,向上足背上侧,至内踝前一寸处,向上至踝骨上八寸处,交叉于足太阴脾经的后方,上膝弯内缘,沿大腿内侧,入阴毛中,环绕阴器,至小腹,夹行于胃部,上行属肝,下络于胆,再上通过横膈,散布于胁肋,从喉咙的后侧,入喉咙的上孔,联系眼球深处的脉络,再上出额部,与督脉会合于头顶中央之百会穴。

其支脉,从眼球深处脉络,向下行于颊部内侧,环绕口唇之内。其支脉,又从肝脏通过横膈,上注于肺脏,与手太阴肺经相接。

第三节　奇 经 八 脉

一、概述

奇经八脉,是督脉、任脉、冲脉、带脉、阴维脉、阳维脉、阴跷脉、阳跷脉的总称。《难经·二十七经》说:"凡此八脉者,皆不拘于经,故曰奇经八脉也。"因与十二正经不同而别道奇行,既不直属脏腑,又无表里配合关系,其循行别道奇行,故称奇经八脉。

二、奇经八脉的循行和功能

(一)督脉

1. 循行　督脉起于小腹内,下出会阴,向后至尾骶部的长强穴,沿脊柱上行,经颈部至风府穴,进入脑内,属脑,沿头部正中线,上至巅顶的百会穴,经前额下行鼻柱至鼻尖的素髎穴,过人中,至上齿正中的龈交穴。

2. 功能

(1)督,有总督的意思,督脉行于背正中,能总督一身之阳经,故又称"阳脉之海"。

(2)反映脑、肾及脊髓的功能:督脉属脑,络肾。肾生髓,脑为髓海。督脉与脑、肾、脊髓的关系十分密切。

（3）主生殖功能：督脉络肾，与肾气相通，肾主生殖，故督脉与生殖功能有关。

（二）任脉

1. 循行　任脉起于胞中，下出于会阴部，经阴阜，沿腹部正中线上行，经咽喉部（天突穴），到达下唇内，左右分行，环绕口唇，交会于督脉之龈交穴，再分别通过鼻翼两旁，上至眼眶下（承泣穴），交于足阳明经。

2. 功能

（1）任，即担任，任脉行于胸腹部的正中，能总任一身之阴经，故有"阴脉之海"的称号。

（2）调节月经，妊养胎儿：任脉起于胞中，具有调节月经，促进女子生殖功能的作用，故有"任主胞胎"之说。

（三）冲脉

1. 循行　起于胞宫，下出于会阴，并在此分为二支。上行支：其前行者（冲脉循行的主干部分）沿腹前壁挟脐（脐旁五分）上行，与足少阴经相并，散布于胸中，再向上行，经咽喉，环绕口唇；其后行者沿腹腔后壁，上行于脊柱内。下行支：出会阴下行，沿股内侧下行到大趾间。

2. 功能

（1）调节气血：涵蓄调节十二经气血，为"十二经之海"，称为"血海"。它对十二经气血起到统帅、调节、灌注和濡养的作用。如果冲脉气血不足，就会出现脉道不充，营养供应不足，髓海失养等问题。

（2）主生殖功能：女性"太冲脉盛，月事以时下，故有子""太冲脉衰少，天癸竭地道不通"。这里所说的"太冲脉"，即指冲脉而言。女性月经来潮及生殖能力与冲任脉气血盛衰有关。

（四）带脉

1. 循行　带脉起于季胁，斜向下行，交会于足少阳胆经的带脉穴，绕身一周，并于带脉穴处再向前下方沿髋骨上缘斜行到少腹。

2. 功能　带脉的功能主要有两个方面：

（1）约束诸经：带脉在人体腰部围一圈，是一条横向的经脉。它位于人体最中央，与纵行的经脉相互交织，限制和约束横向的经脉，包括肋骨、脊柱、肌肉等。如果带脉发生病变，可导致人体的约束功能出现问题，而引发一系列症状。

（2）主胞胎：胞宫即子宫，属于奇恒之腑之一。带脉还有主胞胎的作用，与妇女的月经、生育有关。

在现代临床医学中，带脉常用于治疗附件炎、子宫内膜炎、盆腔炎、带状疱疹等，这都与其约束和主胞胎的作用有关。带脉围腰一周，有如束带，能约束诸脉，所以有"诸脉皆属于带"的说法。

（五）阴维脉

1. 循行　阴维脉起于足内踝上五寸足少阴经的筑宾穴，沿下肢内侧后缘上行至腹部，与足太阴脾经同行到胁部，与足厥阴肝经相合，再上行交于任脉的天突穴，止于咽喉部的廉泉穴。

2. 功能 维脉的"维"字，有维系、维络的意思。阴维具有维系阴经的作用。阴维脉的主要功能是调节阴经的气血，使之保持正常流注。如果阴维脉出现异常，可能会导致阴经气血不畅，从而引起腹痛、腹胀、便秘、痛经等病症。

（六）阳维脉

1. 循行 阳维脉起于足太阳经的金门穴，过外踝，向上与足少阳经并行，沿下肢外侧后缘上行，经躯干部外侧，从腋后上肩，经颈部、耳后，前行到额部，分布于头侧及项后，与督脉会合。

2. 功能 维脉的"维"字，有维系、维络的意思。阳维具有维系阳经的作用。阳维脉的主要功能是"维系"人身阳经的功能，与阴维脉共同起着溢蓄气血的作用。当阳维脉出现病变时，可能伴有胸腹灼痛、头额疼痛、视物不清、目花、呕吐、心悸、怔忡等症状。在现代临床医学中，阳维脉也与精神神经系统疾病，如癫痫和精神分裂症等有关。

（七）阴跷脉

1. 循行 阴跷脉起于足跟内侧足少阴经的照海穴，通过内踝上行，沿大腿的内侧进入前阴部，沿躯干腹面上行，至胸部入于缺盆，上行于喉结旁足阳明经的人迎穴之前，到达鼻旁，连属眼内角，与足太阳、阳跷脉会合而上行。

2. 功能 阴跷脉的功能主要是调节肌肉运动和交通一身阴阳之气。阴跷脉行于下肢内侧、腹胸部，以及头目，其功能包括调节下肢肌肉运动、濡养眼目、司眼睑开合等。如果阴跷脉出现异常，可能会导致下肢运动不灵、拘挛、痿废、失眠、多梦、健忘、眩晕、头痛等症状。

（八）阳跷脉

1. 循行 阳跷脉起于足跟外侧足太阳经的申脉穴，沿外踝后上行，经下肢外侧后缘上行至腹部。沿胸部后外侧，经肩部、颈外侧，上挟口角，到达眼内角。与足太阳经和阴跷脉会合，再沿足太阳经上行与足少阳经会合于项后的风池穴。

2. 功能 阳跷脉的功能主要是调节肢体运动和司眼睑开合。阳跷脉行于下肢外侧、腹胸侧后部、肩头部，其主一身左右之阳。具有调节肢体肌肉运动、司眼睑开合等功能。如果阳跷脉出现异常，可能会导致肢体运动不灵、痉挛、萎缩、麻痹、睡眠障碍、多梦、头痛、目眩等症状。

第四节 诊　　法

中医四诊是中医诊察疾病的主要方法，又称为"诊法"。中医认为人体是一个有机的整体，人体的内脏与体表通过经络及其气血运行而密切联系，因而内脏发生的病变可以通过体表来表现出来，所以通过中医望、闻、问、切等方法，诊察疾病显现在外表的病理现象，来推测出内脏的变化，了解疾病的原因、性质及内部联系，从而为辨证论治提供依据。

《丹溪心法》说："欲知其内者，当以观乎外；诊于外者，斯以知其内。盖有诸内者形诸外。"

一、望诊

望诊在中医传统四诊之中是最直观、朴素的方法，《难经·六十一难》描述望诊："望而知之谓之神"，说明了通过望诊对疾病诊断的重要性。

望诊是运用视觉观察患者的神色形态、面部或身体的局部表现、舌诊及排出物色质的变化来诊察病情的方法。包括望色、望形体、望耳、望鼻、望舌等内容。

（一）望色

《灵枢·邪气脏腑病形》中说："十二经脉，三百六十五络，其血气皆上于面而走空窍。"

心主血脉，其华在面，手三阳经与足三阳经在头面部交汇，特别是多气多血的足阳明胃经分布于面，所以面部的血脉丰盛，因此脏腑的虚实、气血的盛衰，都可以通过面部色泽的变化反映在外表。

1. 面部色与泽

（1）皮肤颜色：面部颜色属血、属阴，反映血液盛衰和运行的情况。在病理状态下，根据不同面色可反映疾病不同性质和不同脏腑的疾病。《灵枢·五色》中说："青黑为痛，黄赤为热，白为寒。"根据五行学说中五色对应五脏的理论对应关系，为"青为肝，赤为心，黄为脾，白为肺，黑为肾"。当脏腑出现问题时，则面部皮肤颜色显露相应的五色异常，因此，面色的变化在一定程度上可反映不同脏腑的疾病。

（2）皮肤光泽：面部光泽属气、属阳。是脏腑精气外荣的表现。可以反映出内在脏腑精气的盛衰。若面色荣润光泽者，表示脏腑精气未衰，病情较轻；若面色枯槁晦暗者，表示脏腑精气已衰，病情较重。

2. 常色与病色　在望色之前，首先得明晰正常面色的特点，如此才能"知常达变"，面色可分为常色和病色两种。

（1）常色：人体健康时的正常面色，中国人的面色特点是红黄隐隐，明润含蓄。常色又分为主色和客色，主色是由于先天个体差异，偏于某色为主、生来就有、基本长期不变的面色，人体健康时的正常面色，有白一些的，有黑一些的，有红一些的，也有青一些的，这些不同的肤色往往也是这个人的特点，不会轻易改变，是为主色。客色，则是指随着自然环境和人的各种状态不一样，面色和肤色发生的变化，出现了新的颜色，叫客色。按五行理论，春天面色可能稍青，夏天面色可能稍红，长夏面色可能稍黄，秋天面色可能稍有点白，冬天面色可能稍有点黑。又天气严寒则气血经脉收缩，寒凝气滞，气血运得减少，面色可能稍白或稍青，又如部分人饮酒过后面色较往常红。这些客色，均是人体适应环境而发生的正常变化，不是病态，所以也属于常色。

（2）病色：因病而发生异常改变的面色，特点是晦暗、暴露。病色又分为善色和恶色两种。善色是面色光明润泽者，虽病而脏腑精气未衰，胃气尚能上荣于面，属新病、轻病、阳证、易治疗。恶色是面色枯槁晦暗者，说明脏腑精气已衰，胃气不能上荣于面，属久病、重病、阴证、难治疗。

病色可分为青、赤、黄、白、黑五种，源自中医五行学说，是人食天地间的五气、五味所化，乃内脏生气的外荣现象，分别提示不同脏腑和不同性质的疾病，为五色主病。

1）青色：主寒证、气滞、血瘀、痛证、小儿惊风。面色发青，多由寒凝气滞，痛则不通，或瘀血内阻，或筋脉拘急使面部脉络血行瘀阻所致。面色青黑或淡青为阴寒内盛，可见于寒邪直中、脘腹剧痛者；面色青灰，口唇青紫，肢凉脉微，为心阳不振，血脉瘀阻；面色青黄（苍黄），见于肝郁脾虚，胁下有癥积；小儿发热，眉间、鼻柱、唇周色青，为热极生风，多为惊风或惊风先兆。

2）赤色：赤色主热证，亦可见于戴阳证。面色赤色，多因有热而面部脉络扩张，气血充盈所致，但亦可见于虚阳上越的患者。满面通红，为外感发热或脏腑阳盛的实热证；午后颧红，多为阴虚内热的虚热证；面色苍白时有泛红如妆，游移不定者，为虚阳上越（格阳），属戴阳证。

3）黄色：主脾虚、湿证。面色发黄，多由脾虚机体失养或湿邪内蕴、脾失运化所致。面色淡红，枯槁无华称"萎黄"，主脾虚生化不足而失养；面色虚浮称"黄胖"，主脾虚湿困；眼黄、尿黄并见者，则属黄疸，其中黄色鲜如橘色者，证属阳黄，湿热内蕴；其中晦暗如烟熏者，证属阴黄，内含寒湿。

4）白色：主虚证（血虚、气虚、阳虚）、寒证、脱血、夺气。面色发白，多由气虚血少，或阳虚，气血不能上充于面部所致。面色淡白无华，唇、舌色淡者，主血虚证或失血证；面白者，多属阳虚证，白而虚浮者多为阳虚水泛；面色苍白为阴寒内盛之腹痛、阳气暴脱、大失血者。

5）黑色：主肾虚、寒证、水饮、血瘀。面色发黑，多因肾阳虚衰、水寒内盛，脉络拘急，血行不畅所致。面黑而暗淡者为肾阳虚，由阳虚阴盛经脉失于温养，气血凝滞所致；面黑而焦干，为肾精亏耗；面色黧黑，肌肤甲错为瘀血日久所致；眼眶周围发黑为肾阳不足，水饮内停或寒湿下注之带下病。

总之，通过望色，可以判断气血盛衰，如人面色青紫，则可能内有寒邪、血瘀等问题；可以了解病邪性质，如观察面色、眼睛呈黄色，则有湿热之虞；可以确定疾病部位，如可通过五色（青赤黄白黑）来判断五脏（肝心脾肺肾）的问题；可以预测疾病的轻重、预后，在《韩非子·喻老篇》中扁鹊见蔡桓公，扁鹊通过望诊便能判断蔡桓公疾病的深浅。

（二）望形体

望形体是指观察患者形体的强弱、胖瘦、体质形态和异常表现等来诊察病情的方法。中医望诊中的望形体主要包括形体的强弱、胖瘦和体质类型。具体来说：

1. 形体的强弱　主要通过观察患者的皮肤、肌肉、骨骼等来判断。如果皮肤有光泽、肌肉结实、骨骼粗壮，那么就是强壮的；反之，如果皮肤干燥、肌肉消瘦、骨骼细小，那么就是虚弱的。

2. 形体的胖瘦　主要通过观察患者的体重和身材来判断。如果体重超过正常标准20%，且能食，那么就是肥胖的；反之，如果体重明显下降，比标准体重减少10%以上，那么就是瘦的。

3. 体质类型　中医根据个人的体质、情绪、饮食、生活习惯等因素将人的体质分为阳虚、阴虚、气虚、血虚、痰湿、湿热、血瘀等类型。这些类型都有各自的特征和表现，望诊时可以通过观察患者的气色、精神状态、形态等来判断其体质类型。

（三）望耳

肾开窍于耳，手足少阳经脉布于耳，手足太阳经和足阳明胃经也分布于耳或耳周，故耳为"宗脉之所聚。"耳与全身均有联系,在耳郭上有全身脏器和肢体的反应点,特别是与肾、胆关系密切。

1. 望色泽　正常人耳色泽红润有光泽,是气血充盈的表现。若耳郭淡白,多为气血不足。若耳郭红肿,多为肝胆湿热或热毒上蕴。若耳郭干枯焦黑,多为精血亏损,肾气亏虚,为病重。

2. 望形态　正常人耳郭厚大,是肾气充足的表现。若耳郭瘦小而薄,多为先天不足,肾气亏损。若耳郭皮肤甲错,多为血瘀日久的患者。

(四)望鼻

肺气通于鼻,鼻是呼吸的通道,且足阳明胃经分布在鼻旁,故望鼻即可察知肺、脾胃等脏腑的病变。

1. 望色泽　正常人肤色是红黄隐隐,明润含蓄,鼻子也应该是这样,这是胃之气充足,肺气宣通的表面。鼻色发青,多为虚寒或腹痛,多因寒凝血滞所致。鼻色发黄,多为内里有湿热。鼻色发白,多为气血亏虚或急性大出血、脱血夺气的患者。鼻色发红,多见于脾肺蕴热或鼻部皮肤过敏。

2. 望形态　鼻头或鼻翼部生红色粉刺,又叫"酒渣鼻",多为肺胃湿热,热入血分所致。鼻头红肿生疮,多为肺胃积热或血热。喘而鼻翼翕动,为肺气失宣,呼吸困难的表面,多为热邪蕴肺或哮喘患者。若久病重病出现鼻孔翕张,喘而额汗如油,为亡阳的表面,多属危重。

3. 望鼻分泌物　鼻流清涕,多为外感风寒。鼻流浊涕,多为外感风热。鼻腔出血,多为鼻衄,外感引起者,多因风热犯肺、燥邪伤肺所致;出血量多,色深红质稠者,多因肝火犯肺或胃火炽盛,火热上炎,灼伤阳络,迫血外溢所致;血色淡红质稀,多因脾不统血,血不循经而外溢所致。

(五)望舌

望舌,又称舌诊,是望诊的重要组成部分,也是中医诊病的重要依据之一。望舌,是通过观察舌象(包括舌质、舌苔等)以了解人体生理功能和病理变化的一种诊察方法。

中医学认为,舌是反映内脏功能的一面镜子,舌通过经络与内脏及其他组织密切联系。

1. 舌为心之苗　"心开窍于舌",通过望舌色可以了解人体气血运行情况,从而反映"心主血脉""心主神明"的功能。心脉气血充盛,则舌体荣润;心脉气血亏损,则舌体枯萎。神明清灵,则舌体运动灵活,语言清晰,味觉正常;反之,则舌体运动失灵,言语謇涩,味觉退化。

2. 舌为脾胃之外候　舌体依赖气血充养,是全身营养和代谢功能的反映,舌的形态和色泽与脾主运化,化生气血功能直接有关。胃气蒸化谷气上承于舌面形成舌苔,胃气充盛舌苔薄白滋润;胃气衰则舌苔剥少;胃气与邪气交搏,则舌苔厚浊。

3. 舌通过经络与脏腑相连　手少阴心经之别系舌本;足少阴肾经挟舌本;足厥阴肝经络舌本;足太阴脾经连舌本散舌下;手少阳三焦经之筋入系舌本。

望舌时要注意光线是否充足,以自然光线为佳。患者应自然伸舌,不可太过用力。保健师应循舌尖、舌中、舌根两旁顺序察看,先看舌苔,再看舌质并要注意辨别染苔。

古人在长期临床实践中总结发现舌的特定部位与相应脏腑密切相关。舌尖为心肺，舌边为肝胆，舌中为脾胃，舌根为肾（图5-3）。若某一脏腑有病变，在舌的相应部位可反映出来。

正常舌象为淡红舌，薄白苔，即舌质淡红明润，胖瘦适中，柔软灵活；舌苔薄白均匀，干湿适中，不黏不腻，揩之不去。

4. 望舌质的主要内容及意义　望舌质主要是察其颜色、形态的异常。对于诊察脏腑精气盛衰存亡，判断疾病预后转归有重要意义。

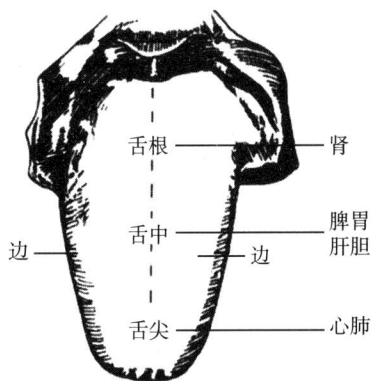

图5-3　舌与内脏关联图

（1）望舌色：主要观察舌质颜色的异常变化。

1）淡白舌：比正常舌色红少白多，多主虚证、寒证。多为阳气虚弱或气血不足，舌失所养而致。舌淡白而胖嫩，多为阳虚寒湿；淡白而瘦薄，多为气血两虚。

2）红舌：舌色深于正常舌，称为红舌，主热证。热盛则气血涌甚，舌之血脉充盈所致。舌红而舌心干燥可为热灼胃津，舌边红赤为肝胆有热，舌尖红起刺多为心火上炎，舌质嫩红、少苔或无苔多为阴虚内热。

3）绛舌：舌色深红甚于红舌，主邪内热深重。实热者多为外感热病；舌绛而起刺为热入营血；绛而干燥裂纹为热灼阴津；舌绛少苔或无苔多为阴虚火旺；舌绛无苔，舌面光亮无津称为镜面舌，为内热阴液亏耗；舌绛不鲜，干枯而萎者，为肾阴枯竭。

4）青紫舌：色淡紫无红者为青舌，舌深绛而暗是紫舌，两者常常并见。青舌主阴寒，瘀血；紫舌主气血壅滞、瘀血。舌色紫绛，干燥苔黄，多为瘀热闭阻、热毒炽盛；色紫晦暗而湿润，多为阴寒内盛、血脉瘀滞所致；舌上有紫色斑点，称为瘀斑或者瘀点，多为血瘀之象。

（2）望舌形：主要观察舌质的荣枯老嫩及形体的异常变化。

1）老嫩：辨虚实的关键。舌质粗糙，坚敛苍老，主实证或热证，多见于热病极期；舌质细腻，浮胖娇嫩，或舌边有齿痕，主虚证和寒证，多见于疾病后期。

2）胖瘦：舌体肥大为胖大舌，舌体瘦小薄瘪为瘦瘪舌。舌淡白胖嫩，苔白水滑，多为脾肾阳虚，津液不化、水饮痰湿阻滞所致；舌红绛胖大，苔黄厚腻，多为脾胃湿热；舌红肿胀而苔黄，多为心脾有热；舌瘦瘪淡红而嫩，为心脾两虚，气血不足；舌瘦薄绛干，多为阴虚热盛、津液耗伤所致。

3）裂纹：舌面有明显裂沟，深浅不一，常见于舌面的前半部及舌尖两侧，多因阴液耗伤不能荣润舌面所致。舌质红绛，少苔燥裂为热盛伤阴、阴精亏损；舌淡红而嫩，有裂纹者多为肾阴不足或血虚阴亏；舌色淡白而有裂纹，多是血虚不润的反映；舌生裂纹细碎常见于年老阴虚。

4）齿痕：舌边有齿痕印称为齿痕舌，常与胖大舌并见，多属气虚或脾虚。舌质淡红胖嫩，边有齿痕，多为脾虚水湿内停；舌质淡白，苔白湿润而有齿痕，常为寒湿困脾。

5）芒刺：舌乳头增生、肥大、高起如刺，摸之棘手，称为芒刺。若芒刺干燥，多为热邪亢盛。根据芒刺所生部位，可分辨邪热所在脏腑，如舌尖点刺心火盛。舌中刺胃肠热。舌边刺肝胆火盛。

（3）望舌态

1）萎软舌：舌体痿软无力，难以随意伸出，多见于气血虚弱、热邪伤津、阴液亏涸，筋脉失养等。

2）强硬舌：舌体强直板硬，卷伸不利，运动不灵。多见于热入心包、高热伤津、风痰阻络、肝阳上亢等。强硬而绛少津，多为高热伤津、邪热炽盛；强硬苔厚腻，多为风痰阻络、中风先兆。

3）歪斜舌：舌体不正，伸舌时偏向左或右，多是中风先兆。

4）颤动舌：舌体不自主地震颤抖动。多见于气血虚衰、阴液亏虚或热极生风、肝阳化风等。

5）吐弄舌：舌伸长，吐露出口外者为吐舌；舌时时微出口外，立即收回口内，或舌舔口唇上下或口角左右，称为弄舌。两者都属心脾二经热，吐舌可见于疫毒攻心，或正气已绝；弄舌多为动风先兆或小儿智能发育不良。

6）短缩舌：舌体卷短、紧缩，不能伸长甚至舌难抵齿，多是危重反应。舌短缩红绛，多是热盛伤津；舌短缩胖大，多为痰湿内阻。

5. 望舌苔的主要内容及意义　舌苔是附于舌面上的一层白色的苔垢，是胃气上蒸而生。正常人舌苔薄白苔，干湿适中，不滑不燥，是胃气正常的表现。古人比喻正常的舌苔生长，犹如土地上长青苔，要有地气上蒸和充足的水分养料。病苔是胃气挟邪气上蒸于舌面而成。观察舌苔的异常变化，有助于对疾病的诊断。

（1）望舌苔的主要内容

1）厚薄：透过舌苔能隐约见到舌质者为薄，不见舌质者为厚。舌苔的厚薄可反映病邪的深浅和轻重。苔薄者多邪气在表，病轻邪浅；苔厚者多邪入脏腑，病较深重。薄渐厚，为病势渐增；由厚变薄，为正气渐复。

2）润燥：反映津液状况。苔润表示津液未伤；太过湿润，水滴欲出者为滑苔，主脾虚湿盛或阳虚水泛；苔燥者多为津液耗伤，或阴液亏虚。舌质淡白，口干不渴，或渴不欲饮，多为阳虚不运，津不上承。

3）腐腻：苔质疏松，颗粒较大，边中皆厚，刮之易去，为"腐苔"。苔质致密，颗粒较小，边薄中厚，刮之难去为"腻苔"。腐苔主胃气衰败、湿邪上泛之证；腻苔主湿浊、痰饮、食积。

4）剥落：舌苔全部或部分剥落，剥落处舌面光滑无苔者，称为"剥苔"。舌苔剥落殆尽，舌面光滑如镜者，称为"镜面舌"。舌苔剥落处不光滑，仍有新生苔质颗粒或乳头可见者，称"类剥苔"。一般主胃气匮乏，或气血两虚，也是全身虚弱的一种表现。

5）苔色：观察苔色的变化来推断疾病的性质。苔色主要有白、黄、灰、黑四种，苔色与病邪性质有关。

6）白苔：主表证、湿症、寒证。苔薄白为病邪在表，病情较浅。苔白而厚，主湿浊内盛或寒湿痰饮；苔白滑黏腻多主痰湿。

7）黄苔：主里证、热证。黄色越深，热邪越重，淡黄为热轻，深黄为热重。薄黄苔多为风热在表；苔黄滑、舌淡胖嫩，多为阳虚水湿不化；苔黄厚滑，多因湿热积滞；苔黄黏腻，为脾胃湿热或痰湿食滞；老黄焦裂或有芒刺，为里热盛极，耗伤气阴。

8）灰苔：主里证，可见于里热证，也可见于寒湿证。灰色即浅黑色，常会发展为黑苔，故灰黑苔常同时并见。若苔灰而润，则多为寒湿内阻，或痰饮内停；若苔灰干燥，则多属热炽津伤，或阴虚火旺。

9）黑苔：主里证，主热极又主寒盛。黑苔多由灰苔或焦黄苔发展而来，常见于疾病的严重阶段。

（2）望舌苔的主要意义：中医望诊中的望舌苔是指通过观察舌苔的形状、颜色、润燥等特征来判断身体状况的一种方法。舌苔是胃气蒸化食谷之气，上升至舌面而形成，能够反映脾胃的运化功能以及体内津液的盈亏情况。因此，通过望舌苔可以获取身体内的多种信息，包括：

1）脾胃功能：舌苔的厚薄、颜色、润燥等能够反映脾胃功能的状况。若舌苔较厚，则可能表示脾胃运化功能较弱，有消化不良、积食等问题；若舌苔过薄，则可能表示脾胃虚寒，消化功能较弱。

2）津液盈亏：舌苔的润燥能够反映体内津液的盈亏和输布情况。若舌苔湿润有津，则表示体内津液充足，脏腑功能正常；若舌苔干燥，则可能表示体内津液亏损，或水液代谢出现异常。

3）病情演变：舌苔的变化能够反映病情的演变。如在疾病过程中，见舌苔渐厚，则表示病情加重；见舌苔消退，则表示病情好转。

4）辨别证型：不同的舌苔特征能够辨别不同的证型。如，黄腻苔为湿热证型，白腻苔为寒湿证型，花剥苔为胃气虚证等。

知识链接

观舌辨健康

1. 舌头边上有齿痕——脾虚湿气重
2. 舌头颜色淡白——气血不足、阳虚
3. 舌苔上有裂痕——脾胃气不足
4. 舌根部舌苔缺失——肾气不足
5. 舌头颜色变得很红——热证、发炎或脱水
6. 舌头颜色很暗——瘀血或脏腑衰败
7. 舌苔变得很厚——肠胃功能不良或过量饮食
8. 舌苔变得很黄——湿热或炎症
9. 舌苔变得很黑——寒湿或重病
10. 舌头肿胀——心脾两虚或阴虚火旺
11. 舌头瘦小——脾肾阳虚或先天不足
12. 舌头歪斜——中风或脑供血不足

（六）望排出物

所谓的望排出物主要包括痰涎、呕吐物、二便等，了解排出物的色、质、量及其有关变化情况，从而分析出脏腑病邪和病变的性质。

1. 痰涎 对痰涎来说，一般痰色白而清稀，多为寒证；痰色黄而白而黏稠者，多为热证。痰少而黏，难于排出者，多为燥痰；痰少而黏量多，易于咳出者，多为湿痰；痰中带血，或咯吐鲜血，称"咯血"，多为热伤肺络；咯吐脓血痰，气腥臭者，多为肺痈。

2. 呕吐物 呕吐是胃气上逆所致，外感内伤皆可引起。观察呕吐物的色、质、量及其有关变化情况，有助于了解胃气上逆的原因和病性的寒热虚实。

呕吐物清稀无臭味，以寒证为主；呕吐物秽浊酸臭味，以热证为主；见有不消化食物夹杂，并有酸臭味，多属食积；见有清水痰涎，伴口干不欲饮，舌苔腻，多属痰饮；呕吐黄绿苦水，为肝胆郁热或湿热；如呕吐鲜血或紫暗有块，夹杂食物残渣，为胃有积热或肝火犯胃引起，或胃有瘀血。

3. 大便 大便的形成与脾、胃、肠的功能关系密切，此外还与肝的疏泄有关，观察大便的色、质、量及其有关变化情况，有助于诊察脾胃肠的病变和肝肾的病变，以及病性的寒热

虚实。

大便清稀水样，多为寒湿泄泻；大便稀溏如糜，色深黄而黏，多为肠中湿热；大便燥结，干如羊粪，排出困难，为热盛津伤，干结为津亏；便如黏冻兼夹红白脓液为痢疾；兼夹不消化食物为食积或脾虚。

4. 小便　小便的形成与肾和膀胱的功能关系密切，此外还与肺的肃降、脾的运化、三焦的通调和津液的盈亏有关，观察小便的色、质、量及其有关变化情况，有助于诊察肾、膀胱、脾、肺、三焦的病变，以及病性的寒热虚实。

小便清澈而量多者，多为虚寒证；量少而短赤者，多为热证；小便混浊不清，或为湿热下注，或为脾肾气虚；尿血者，多是热伤血络。

二、闻诊

闻诊是通过听声音和嗅气味来诊断疾病的方法。由于人体内发出的各种声音和气味均是在脏腑生理和病理活动中产生的，因此声音和气味的变化能反映脏腑的生理和病理变化，在临床上可推断正气盛衰和判断疾病种类。闻诊包括听声音和嗅气味两方面。

听声音是指诊察患者的声音、语言、呼吸、咳嗽、呕吐、呃逆、嗳气、叹息、喷嚏、肠鸣等各种声响，主要是根据声音的大小、高低、清浊，区别寒热虚实。

嗅气味可分病体和病室两方面。病体的气味主要是由于邪毒使人体脏腑、气血、津液产生败气，以致从体窍和排出物发出。据此，可辨脏腑气血的寒热虚实及邪气所在。

（一）听声音

1. 语声变化　正常的声音自然、音调和谐、语言表达清楚。

（1）语声强弱：语声高亢洪亮有力，声音连续，多言而躁动的，属阳证、实证、热证；语声低微细弱，懒言而沉静，声音断续者，属阴证、虚证、寒证；语声重浊，常见于外感风寒，湿浊阻滞，鼻疾为肺气不宣，气道不畅所致。如呻吟、惊呼等，多与痛、胀有关。新病呻吟则声音高亢有力，属实证；久病呻吟则声音低微无力，属虚证。

（2）语言错乱：语言错乱多属于心的病变。若神志不清，语无伦次，声高有力，为谵语，常见热扰神明，为实证；若神志不清，言语重复，时断时续，语声低微模糊，为郑声，属脏气衰竭，心神散乱，为虚证；若自言自语，喃喃不休，见人语止，首尾不续，为独语，多是心气不足或气郁痰阻，为癫病、郁证。

2. 呼吸异常　呼吸与肺肾等脏器有关，通过呼吸变化可推测脏腑的虚实。

（1）气微与气粗：呼吸微弱声低，气少不足以息，言语无力，属虚证，多为肺脾肾气虚，久病体弱；呼吸有力，声高气粗，多是热泄内盛，属实热证。

（2）哮与喘：哮指的是呼吸急促，喉中痰鸣如水鸡声的病症。根据中医理论，哮病的发生多与膈内有壅塞之气、肺中有胶固之痰、复感风寒所致。其中，冷哮多在冬春季节发作，因阳虚痰饮内停或寒饮阻肺所致；热哮多在夏秋季节发作，因阴虚火旺或热痰阻肺所致。喘是指呼吸困难，短促急迫，甚则张口抬肩，鼻翼翕动，难以平卧。若呼吸深长，息粗声高，唯以呼出为快的，属实喘，多因风寒袭肺、痰热壅肺、痰饮停肺；若呼多吸少，声低息短，气难以连续的，属虚喘，多为肺肾亏虚气失摄纳、心阳气虚。

（3）咳嗽声音：咳嗽是肺失宣肃，肺气上逆的反映。咳声轻清低微，多属虚证，常见于久病肺气虚弱，失于宣降；咳声不扬，痰稠色黄，不易咯出，多属热证，热邪犯肺，肺津被灼；

干咳无痰或少量稠痰,多属燥邪犯肺、阴虚肺燥;咳有痰声,痰多易咯,为痰湿阻肺;咳声重浊,兼见痰白清稀,多为外感风寒;夜间咳甚多为肾水亏虚;天亮咳甚,常见于脾虚、寒湿在大肠。

（4）呃逆、嗳气:呃逆、嗳气都是胃气上逆所致。

呃逆俗称"打呃"。呃声频作,高亢而短,其声有力,属实证,多为气滞、食滞;呃声低沉,声弱无力,属虚证,多为脾胃阳虚、脾肾阳虚、胃阴虚;若久病重病呃逆不止,声低气怯无力,为胃衰败之危候。

嗳气俗称"打嗝",多见于饱食或饮汽水偶发嗳气,无其他不适,此不属病态,不治自愈;若嗳气酸腐,兼脘腹胀满,属实证,宿食内停或消化不良;若无酸腐气味,刚为肝胃不和或胃虚气逆所致。

（二）嗅气味

1. 口气异常　正常人说话时不会发出臭气,口臭为消化不良、龋齿、口腔不洁。酸臭气为内有食积,腐臭气多为溃腐疮疡。身发腐臭气,可考虑有疮疡。

2. 排泄物与分泌物异常　各种排泄物、分泌物,如大小便、妇女带下等,有恶臭,色黄而黏多属实热、湿热;无味或腥味,色白而质清稀多属虚寒、寒湿。屁出酸臭,是宿食停滞。

三、问诊

问诊在诊法中占有重要地位,因为有关不适的很多情况,如顾客的自觉症状,既往健康或患病情况等,只有通过问诊才能了解。问诊所搜集的顾客资料最丰富,并可为悬灸提供线索,使之具有较强的针对性。

张景岳曾作十问歌:"一问寒热二问汗,三问头身四问便,五问饮食六问胸,七聋八渴俱当辨,九问旧病十问因,再兼服药参机变;妇女尤必问经期,迟速闭崩皆可见;再添片语告儿科,天花麻疹全占验"。问诊的主要内容和临床意义见表 5-1~ 表 5-10。

表 5-1　问寒热的主要内容和临床意义

类型		临床表现	临床意义
恶寒发热		患者恶寒的同时,伴有体温升高	表证的特征性症状,外邪袭表,影响卫阳"温分肉"的功能
		1. 恶寒重发热轻	风寒表证
		2. 发热轻而恶风	伤风表证
		3. 发热重恶寒轻	风热表证
但寒不热		患者只感寒冷而不发热	里寒证的寒热特征
		1. 新病恶寒	里实寒证
		2. 久病畏寒	里虚寒证
但热不寒	壮热	患者身发高热,持续不退（体温超过39℃）	属里实热证,多见于伤寒阳明经证,温病气分阶段

续表

类型		临床表现	临床意义
但热不寒	潮热	患者定时发热或定时热甚,有一定规律,如潮汐之有定时	
		日晡潮热:热势较高,日晡热甚	阳明腑实证
		阴虚潮热:午后或夜间潮热/低热	阴虚火旺
		湿温潮热:午后发热明显,身热不扬	湿温病,湿郁热蒸
		瘀血潮热:午后或夜间有低热,兼见肌肤甲错,舌有瘀点瘀斑者	瘀血积久,郁而化热
	微热	发热不高,体温一般在37~38℃,或仅自觉发热	
		1. 气虚发热:长期微热,烦劳则甚,兼少气自汗倦怠乏力等症	
		2. 血虚发热:时有低热,兼面白、头晕、舌淡脉细等	
		3. 阴虚发热:长期低热,兼颧红、五心烦热等	
		4. 气郁发热:每因情志不舒而时有微热,兼胸闷、急躁易怒等	
		5. 小儿夏季热:小儿在夏季气候炎热时长期发热,兼有烦躁、口渴、无汗、多尿等,至秋凉时不治自愈,多由于小儿气阴不足	
寒热往来		自觉恶寒与发热交替发作	半表半里证寒热的特征
		1. 寒热往来无定时	多见于少阳病
		2. 寒热往来有定时	常见于疟疾

表 5-2　问汗的主要内容和临床意义

类型	临床表现	临床意义
自汗	醒时汗出,活动后尤甚	气虚证和阳虚证
盗汗	睡则汗出,醒则汗止	阴虚证
绝汗	在病情危重的情况下,出现大汗不止	
	1. 亡阳:患者冷汗淋漓如水,兼见面色苍白,四肢厥冷,脉微欲绝者	阳气暴脱于外,不能固摄津液,津无所依而随阳气外泄
	2. 亡阴:汗热而黏腻如油,兼见躁扰烦渴,脉细数疾者	内热逼涸竭之阴津外泄
战汗	患者先恶寒战栗,表情痛苦,几经挣扎,而后汗出	见于温病或伤寒病邪正相争剧烈之时,是疾病发展的转折点
头汗	仅头部或头颈部出汗较多,又称为"但头汗出"	多因上焦热盛,或中焦湿热蕴结,或病危虚阳上越或进食辛辣、热汤,饮酒
半身汗	仅半侧身体汗出,无汗出为病变部位	多见于中风、痿证、截瘫等
手足心汗	手足心汗出较多	阴经郁热熏蒸,或阳明燥热内结,或脾虚运化失常
阴汗	外生殖器及其周围汗出	下焦湿热郁蒸

表 5-3　问疼痛的主要内容和临床意义

类型	临床表现	临床意义
胀痛	疼痛带有胀满的症状	气滞作响,时发时止,肺、肝、胃肠气滞之证;但头目胀痛,肝火上炎或肝阳上亢
刺痛	疼痛如针刺之状	瘀血致痛
冷痛	疼痛伴有冷感而喜暖的症状	寒证疼痛,常见腰脊、脘腹及四肢关节等
灼痛	疼痛件有灼热感而喜凉的症状	热证疼痛,常见咽喉、口舌、胁肋等处
重痛	疼痛伴有沉重感的症状	湿邪困阻气机所致,肝阳上亢,气血上继
酸痛	疼痛伴有酸软不适感的症状	风湿侵袭,气血运行不畅,或肾虚,气血不足,组织失养所致
绞痛	疼痛剧烈如刀绞一般难以忍受的症状	有形实邪阻闭气机,或寒邪凝滞气机
空痛	疼痛带有空虚感的症状	虚证疼痛,常见于头部、腹部
隐痛	痛势较缓,尚可忍耐,但绵绵不休	虚证疼痛,多因精血亏虚,或阳气不足
走章霜	疼痛部位游走不定,或走窜攻冲作痛	气滞,或行痹
固定痛	疼痛部位固定不移	血瘀,寒湿、湿热阻滞,或热壅血瘀
掣痛	抽掣牵引作痛,由一处连及他处	筋脉失养,或筋脉阻滞不通

类型	临床表现		临床意义
头痛	头的某一部位或整个头部疼痛的症状		
	头痛部位	1. 前额连眉棱骨痛	阳明经
		2. 侧头部痛,痛在两侧太阳穴附近	少阳经
		3. 后头部连项痛	太阳经
		4. 巅顶痛	厥阴经
		5. 全头重痛	太阴经
		6. 脑中痛,或牵及于齿	少阴经
	头痛性质	1. 头痛连项,遇风加重	风寒头痛
		2. 头痛怕热,面红目赤	风热头痛
		3. 头痛如裹,肢体困重	风湿头痛
		4. 头痛绵绵,过劳则盛	气虚头痛
		5. 头痛眩晕,面色苍白	血瘀头痛
		6. 头脑空痛,腰膝酸软	肾虚头痛
胸痛	胸的某一部位疼痛的症状,多与心肺病变有关		
	1. 左胸心前区憋闷疼痛,时痛时止		痰、瘀等邪气阻滞心脉
	2. 胸痛剧烈,面色青灰,手足青冷		心脉急骤闭塞不通,可见于真心痛等
	3. 胸痛,壮热面赤,喘促鼻翕		热邪壅肺,脉络不利,可见于肺热病
	4. 胸痛,颧赤盗汗,午后潮热,咳痰带血		肺阴亏虚,虚火灼络,可见于肺痨等
	5. 胸痛,壮热、咳吐脓血腥臭痰		痰热阻肺,热壅血瘀,可见于肺痈

类型	临床表现	临床意义
胁痛	胁的一侧或两侧疼痛的症状,多与肝胆病变有关	
	1. 胁肋胀痛,太息易怒	肝郁气滞
	2. 胁肋胀痛,纳呆厌食,身目发黄	肝胆湿热
	3. 胁肋灼痛,面红目赤	肝胆火盛
	4. 胁部刺痛,或胁下触及肿块,固定而拒按	肝血瘀阻
	5. 胁痛,患侧肋间饱满咳唾引痛者	悬饮痛,饮邪停于胸胁
胃脘痛	上腹部、剑突下,胃之所在部位疼痛	胃失和降,气机不畅
	1. 进食后疼痛加剧	实证
	2. 进食后疼痛缓解	虚证
	3. 胃脘突然剧痛暴作,压痛及反跳痛	胃腔穿孔
	4. 胃脘疼痛失去规律,无休止而明显消瘦	胃癌
腹痛	剑突下至耻骨毛际以上的腹部疼痛(胃脘所在部位除外)	
	1. 腹部持续性疼痛,阵发性加剧,伴腹胀、呕吐、便秘	肠痹或肠结,因肠道麻痹、梗阻,气机闭塞不痛所致
	2. 全腹痛,有压痛及反跳痛	腹部脏器穿孔戏热毒弥漫
	3. 脐外侧及下腹部突然剧烈绞痛,向大腿内侧及阴部放射,尿血	结石
	4. 脏器破裂或癌瘤所在部位	腹部脏器破裂,或癌瘤
	5. 妇女小腹及少腹部疼痛	痛经,异位妊娠破裂等
腰痛	腰部两侧,或腰脊正中疼痛的症状	
	1. 腰部经常酸软而痛	肾虚
	2. 腰部冷痛沉重,阴天加重	寒湿
	3. 腰部刺痛,或痛连下肢	瘀血阻络
	4. 腰部突然剧痛,下腹部放射,尿血	结石阻滞
	5. 腰痛连腹,绕如带状	带脉损伤

表 5-4　问耳目的主要内容和临床意义

类型	临床表现	临床意义
耳鸣耳聋	耳鸣：患者自觉耳内有鸣响的症状。耳聋：听力减退，甚至听觉完全丧失的症状	
	1. 突发耳鸣，声大如雷，按之鸣声不减，或新病暴聋	实证：肝胆火盛、痰火集结、风热上袭或药毒损伤耳窍等
	2. 渐起耳鸣，声阻如蝉，按之可减，或耳渐失聪而听力减退	虚证：肾精亏虚，脾气亏虚，肝阴血不足等
目眩	患者自觉视物旋转动荡，如坐舟车，或眼前如有蚊蝇飞动	实证：多因肝阳上亢，肝阳化风或痰湿上蒙清窍所致；虚证：多因气虚、血虚、阴精不足，目失所养所致
目昏	视物昏暗不明，模糊不清的症状	多由肝肾亏虚。精血不足，目失充养：常见于久病或年老、体弱之人
雀盲（夜盲）	白昼视力正常，每至黄昏视物不清，如雀之盲的症状	

表 5-5　问睡眠的主要内容和临床意义

类型	临床表现	临床意义
失眠	患者经常不易入睡，或睡而易醒不能再睡，或睡而不酣时易惊醒，甚至彻夜不眠	
	1. 不易入睡，甚彻夜不眠，心烦不寐	心肾不交
	2. 睡后易醒，不易再睡，心悸，便溏	心脾两虚
	3. 睡眠时时惊醒，不易安卧	胆郁痰扰
	4. 夜卧不安，腹胀嗳气酸腐	食滞内停
嗜睡	患者神疲困倦，睡意很浓，经常不由自主地入睡	
	1. 困倦嗜睡，伴头目昏沉，胸闷脘痞，肢体困重	续湿困脾，清阳不升
	2. 饭后嗜睡，兼神疲倦怠，食少纳呆	脾失健运，清阳不升
	3. 大病之后，精神疲乏而嗜睡	正气未复的表现
	4. 精神极度疲惫，神志朦胧。困倦欲睡，肢冷脉微	心肾阳衰，神失温养

表 5-6   问头身胸腹的主要内容和临床意义

类型	临床表现	临床意义
头晕	患者自觉头脑有眩晕，轻者闭目自止，重者感觉自身或眼前景物旋转，不能站立	
	1. 头晕而胀，烦躁易怒，舌红苔黄，脉弦数	肝火上炎
	2. 头晕胀痛，头重脚轻，舌红少津，脉弦细者	肝阳上亢
	3. 头晕面白，神疲乏力，舌红少淡，脉细弱	气血亏虚
	4. 头晕且重，如物裹缠，痰多苔腻	痰湿内阻
	5. 头晕耳鸣，腰酸遗精	肾精亏虚
	6. 若外伤后，头晕刺痛者	瘀血阻络
胸闷	患者自觉胸部痞塞满闷的症状	
	1. 胸闷，心悸气短	心气不足，或心阳不足
	2. 胸闷，咳喘痰多	痰饮停肺
	3. 胸闷，壮热，鼻翼翕动	热邪或痰热壅肺
	4. 胸闷气喘，畏寒肢冷	寒邪客肺
	5. 胸闷气喘，少气不足以息	肺气虚或肾气虚
心悸	患者自觉心跳不安	
	惊悸：因惊恐而心悸，或心悸易惊，恐惧不安者怔忡：无明显外界诱因，心跳剧烈，上至心胸，下至脐腹，悸动不安	
	1. 突然惊吓，气短神疲，惊悸不安，舌淡苔薄，脉细数	心胆气虚
	2. 心神不安，惊惕不宁，胆怯烦躁，失眠眩晕，呕恶	胆郁痰扰
	3. 心悸，胸闷，气短，精神疲倦，或有自汗，活动后诸症加重，舌淡脉虚	心气虚
	4. 心悸怔忡，心胸憋闷或痛，气短自汗，畏冷肢凉，舌淡胖或紫暗，脉弱	心阳虚
	5. 心悸，兼见面色无华，舌淡脉细	心血不足
	6. 心悸，兼见心烦少寐，头晕目眩，五心烦热，盗汗，舌红少苔，脉细数	心阴虚
	7. 心悸怔忡，心胸憋闷疼痛，痛引肩背手臂，时作时止	心脉痹阻
	8. 心悸气短，咳喘痰鸣，形寒肢冷，下肢浮肿，舌淡胖，苔白滑，脉沉迟无力	肾虚水泛
	9. 心悸，头晕目眩，纳差乏力，失眠多梦，舌淡，脉细弱	心脾两虚
脘痞	患者自觉胃脘胀闷不舒的症状，是脾胃病变的表现	
	1. 脘痞，嗳腐吞酸	食积胃脘
	2. 脘痞，食少，便溏	脾胃气虚
	3. 脘痞，饥不欲食，干呕	胃阴亏虚
	4. 脘痞，纳呆呕恶、苔腻	湿邪困脾
	5. 脘痞，胃中有振水声	饮邪停胃

续表

类型	临床表现	临床意义
腹胀	患者自觉腹部胀满不舒,如物支撑	
	1. 腹部时胀时减而喜按	虚证:脾胃虚弱,健运失司
	2. 持续胀满不减而拒按者	实证:食积胃肠,或实热内结,气机阻塞
	3. 腹大胀满如鼓,皮色苍黄,腹壁青筋暴露	鼓胀,酒食不节、情志内伤等
麻木	患者肌肤感觉减退甚至消失	气血亏虚、风寒入络、肝风内动,或风痰阻络、痰湿、瘀血阻络,肌肤、筋脉失养
	1. 肌肤麻木,神疲乏力,舌淡白	气血亏虚
	2. 肢体麻木,眩晕欲仆	肝风内动
	3. 半身麻木,兼有口眼㖞斜	痰瘀阻络
疲乏	自觉身体倦怠,运动无力	气血亏虚,或阳气虚衰,或脾虚湿困

表 5-7　问饮食口味的主要内容和临床意义

类型	临床表现	临床意义
口渴多饮	口干,欲饮水,饮水则舒	
	1. 口渴咽干,鼻干唇燥,发于秋季	燥邪伤津
	2. 口干微渴,兼发热	外感温热病初期,津伤较轻
	3. 大渴喜冷饮,兼壮热面赤,汗出、脉洪数	里热炽盛,津液大伤,多见于里实热证
	4. 口渴多饮,伴小便量多,多食易饥,体渐消瘦	消渴病
	5. 口渴咽干,夜间尤甚,兼颧红盗汗,舌红少津	阴虚证
渴不多饮	1. 渴不多饮,兼身热不扬,头身困重,苔黄腻	湿热证
	2. 口渴饮水不多,兼身热夜甚,心烦不寐,舌红绛	温病营分证
	3. 渴喜热饮,饮水不多,或饮入即吐	痰饮内停
	4. 口干但欲漱水而不欲咽,兼面色黧黑,或肌肤甲错	瘀血内停
食欲减退	患者进食的欲望减退,甚至不思进食	
	1. 食欲减退,兼面色萎黄,食后腹胀	脾胃虚弱
	2. 纳呆食少,兼见脘闷腹胀,头身困重,便溏苔腻	湿邪困脾
	3. 纳呆食少,脘腹胀闷,嗳腐食臭	食滞胃脘

类型	临床表现	临床意义
厌食	患者厌恶食物或恶闻食味的症状	食滞,湿热蕴脾,肝胆湿热,妊娠反应
	1. 厌食,兼脘腹胀满,嗳气酸腐,舌苔厚腻	食滞胃脘
	2. 厌食油腻之物,兼见脘腹结闷,呕恶便溏,肢体困重	湿热蕴脾
	3. 厌食油腻厚味,伴胁肋胀痛灼热,口苦泛呕,身目发黄	肝胆湿热
消谷善饥	患者食欲过于旺盛,进食量大,食后不久即感饥饿的症状	
	1. 消谷善饥,兼多饮多尿,形体消瘦	消渴病
	2. 消谷善饥,兼大便溏泄	胃强脾弱
饥不欲食	患者虽有饥饿感,但不想进食或进食不多	胃阴不足,虚火内扰
除中	危重患者,本毫无食欲,突然索食,食量大增	假神的表现之一,胃气败绝
口淡	患者味觉减退,口中乏味,甚至无味	脾胃虚弱
口甜	患者自觉口中有甜味	脾胃湿热或脾虚
口黏腻	患者自觉口中黏腻不爽	痰热内盛、湿热蕴脾或寒湿困脾
口酸	患者自觉口中有酸味,或泛酸	肝胃郁热,饮食停滞
口涩	患者自觉口有涩味,如食生柿子	燥热伤津,或脏腑热盛
口苦	患者自觉口中有苦味	心火上炎或肝胆火热
口咸	患者自觉口中有咸味	肾病及寒水上泛

表5-8　问二便的主要内容和临床意义

类型	临床表现			临床意义
大便异常	便次	1. 便秘:大便燥结,排出困难,便次减少,甚则多日不便		胃肠积热,或阳虚寒凝,气血阴津亏损,或腹内癥块阻结
		2. 泄泻:大便次数增多,粪质稀薄不成形,甚至呈水样		外感风寒湿热疫毒之邪,或饮食所伤,食物中毒,痨虫或寄生虫寄生于肠道、脾肾阳虚、肝气郁滞等,导致脾失健运
	便质	1. 完谷不化		脾虚、肾虚或食滞胃肠
		2. 溏结不调:大便时干时稀		肝郁脾虚:大便先干后稀,脾虚
		3. 脓血便		痢疾或肠癌,湿热疫毒等阻滞肠道,肠络受损
		4. 便血	便黑如柏油,或便血紫暗	远血:多为胃脘等部位出血
			便血鲜红,血附于大便表面	近血:多见于内痔、肛裂等

续表

类型		临床表现	临床意义
大便异常	排便感	1. 肛门灼热	大肠湿热下注,或大肠郁热下追直肠
		2. 里急后重	湿热内阻,肠道气滞,常见于湿热痢疾
		3. 排便不爽	湿热蕴结,肝气犯脾,食滞胃肠
		4. 大便失禁	脾肾虚衰、肛门失约,常见久病年老体衰者
		5. 肛门重坠	脾虚中气下陷,久泻或久痢不愈者
小便异常	尿次	小便频数:排尿次数增多,时欲小便	
		1. 小便短赤,频数急迫	淋证,湿热蕴结下焦,膀胱气化不利
		2. 小便澄清,频数量多,夜间明显	肾阳虚或肾气不固,膀胱失约
		癃闭:小便不畅,点滴而出为癃;小便不通,点滴不出为闭	因湿热落结,或瘀血、结石,或湿热、败精阻滞、阴部手术者,多属实证;因老年气虚,肾阳不足,膀胱气化不利者多属虚证
	尿量	尿量增多:尿次、尿量皆明显超过正常	
		1. 小便清长且量多	虚寒证
		2. 多饮多尿而形体消瘦者	消渴病,因肾阴亏虚,开多合少
		尿量减少:尿次、尿量皆明显少于正常	
		1. 小便短赤量少	实热证,或汗、吐、下后伤津
		2. 尿少浮肿	肺、脾、肾功能失常,气化不利,水湿内停
	排尿感	1. 尿道涩痛	湿热内蕴、热灼津伤、结石或瘀血阻塞
		2. 余沥不尽	老年人肾阳亏虚,肾气不固
		3. 小便失禁	肾气不固,膀胱失约
		4. 遗尿	肾气不足,膀胱虚衰

表 5-9 问妇女的主要内容和临床意义

类型	临床表现	临床意义
经期异常	1. 月经先期	多因脾气亏虚、肾气不足、冲任不固;或因阳盛血热、肝郁血热、阴虚火旺
	2. 月经后期	虚证:营血亏损、阳气虚衰,血海空虚实证:气滞、寒凝血瘀、痰湿阻滞,冲脉受阻
	3. 月经先后无定期	肝气郁滞,脾肾虚损,导致冲任失调

续表

类型	临床表现	临床意义
经量异常	1. 月经过多	热伤冲任；气虚，冲任不固，瘀阻胞络
	2. 月经过少	精血亏少，血海失充；寒凝血瘀、痰湿阻滞、冲任气血不畅
闭经	女子年逾 18 周岁月经尚未来潮，或已行经后又中断，停经 3 个月以上	肝肾不足，气血亏虚，阴虚血燥，血海空虚；或痨虫侵及胞宫，或气滞血瘀，阳虚寒凝、痰湿阻滞胞宫，冲任不通
痛经	正值经期或行经前后，出现周期性小腹疼痛，或痛引腰骶，甚至剧痛难忍	
	1. 小腹胀痛或刺痛	气滞或血瘀
	2. 小腹冷痛，得温痛减	寒凝或阳虚
	3. 经期或经后小腹隐痛	气血两虚或肾精不足，胞脉失养
崩漏	非行经期间，阴道内大量出血，或持续下血，淋漓不止	热伤冲任，迫血妄行；脾肾气虚，冲任不固；瘀阻冲任，血不归经
白带	带下色白量多，质稀如涕，淋漓不绝	脾肾阳虚，寒湿下注
黄带	带下色黄，质黏，气味臭秽的症状	湿热下注或湿毒蕴结

表 5-10　问男子的主要内容和临床意义

类型	临床表现	临床意义
阳痿	患者阴茎不能勃起，或坚而不能持久；临床表现为性功能低下	肝肾亏损、精血不足、情志失调、阴阳失衡、病邪侵袭和久病体虚等
遗精	指患者不性交而精液遗泄的症状	房事不节，先天不足，用心过度，思欲不遂，饮食不节，湿热侵袭等

四、切诊

切诊包括脉诊和按诊两部分内容，是医生运用指端的触觉，在患者的一定部位行触、摸、按、压，以了解病情的一种诊断方法。

（一）脉诊

脉诊，是医者以指腹按一定部位的脉搏诊察脉象。通过诊脉，体察患者不同的脉象，以了解病情，诊断疾病。

1. 脉诊的原理　中医学认为心主血脉，脉为血之府，是气血运行的通道，心与脉相连，心脏一缩一张有节律地搏动，推动血液在脉管中运行。因此，脉搏的跳动与心脏搏动的频率、节律基本一致。血液循行脉管之中，流布全身，环周不息，除心脏的主导作用外，还必须有各脏器的协调配合。肺朝百脉，即是循行全身的血脉，均汇聚于肺，且肺主气，司呼吸，通过肺气的敷布，血液才能布散全身；脾胃的功能是运化水谷精微，为气血生化之源，气血的盛衰和水谷精微的多寡有关，表现为脉之"胃气"的多少。《素问·平人气象论》说："人以水谷为本，故人绝水谷则死，脉无胃气亦死。"所以，脉有胃气为平脉，胃气少则病脉，无胃气则死脉。肝藏血，主疏泄，调节循环血量，肝的生理功能失调，可以影响气血的正常运行，从而引起脉象的变化；肾藏精，精化气，是人体阳气的根本，各脏腑组织功能活动的原动力，且精可以化生血，是生成血液的物质基础之一，肾气充盛则脉搏重按不绝，尺脉有力，是谓"有根"。故脉象的形成，与脏腑气血密切相关。

2. 脉诊的部位　《素问》中曾记载有包括头、手、足的"遍诊法"，汉代张景在《伤寒杂病论》中提出包括人迎（颈外动脉）、寸口（桡动脉）、跌阳（足背动脉）的三部诊法，世均少采用。现代普遍选用的切脉部位是"寸口"，即切按患者桡动脉腕后表浅部位。

寸口又称脉口、气口，其位置在腕后桡动脉搏动处，诊脉独取寸口的理论依据是：寸口为手太阴肺经之动脉，为气血会聚之处，而五脏六腑十二经脉气血的运行皆起于肺而止于肺，故脏腑气血之病变可反映于寸口。另外，手太阴肺经起于中焦，与脾经同属太阴，与脾胃之气相通，而脾胃为后天之本，气血生化之源，故脏腑气血之盛衰都可反映于寸口，所以独取寸口可以诊察全身的病变。

寸口分寸、关、尺三部，以高骨（桡骨茎突）为标志。下指时，先以中指按在掌后高骨内侧动脉处，此为"定关"。然后，示指、环指依次并排落下，关前（腕侧）为寸，关后（肘侧）为尺。示指、中指、环指分别对应寸、关、尺三部。切脉时，三指略呈弓形倾斜，指端平齐，与患者体表呈45°为宜，以指尖和指腹交接棱起处紧贴脉搏搏动处。布指的疏密要与患者和身长相适应，身材高大布指宜疏，身材矮小布指宜密。小儿寸口脉部位较短，不容三指以候寸、关、尺，可用"一指定关法"。

两手各分寸、关、尺三部，共六部脉。手指较轻地按压寸口脉搏为"浮取"；手指用力较重，甚至按到筋骨诊脉为"沉取"。寸、关、尺三部，每部都有浮、中、沉三候，是寸口诊法的三部九候。

切脉指法分为总按和单按。三指用大小相等的指力同时诊脉为"总按"，可从总体上辨别脉象的形态、脉位、脉力等；用一个手指诊察一部脉象为"单按"，是为了分别了解寸、关、尺各部脉象的情况。见图5-4。

现常用的划分方法是：右寸候肺，右关候脾胃，右尺候肾（命门）：左寸候心，左关候肝，左尺候肾。总的来说，体现了"上（寸脉）以候上（躯体上部），下（尺脉）以候下（躯体下部）"的原则，这在临床上有一定的参考意义，但也不能把三部候脏腑的方法机械地看待，临床诊断时需结合具体的病证综合各方面情况加以分析，才能得出比较正确的诊断。

正常脉象，又称"平脉"，亦称"常脉"。平脉的至数是一呼一吸，即一息脉四至，脉象和缓有力、从容有节、不快不慢。并随生理活动和气候环境的不同而有相应的正常变化。脉学中认为，平脉主要有三个特点，一是"有神"，即脉象和缓有力；二是"有胃"（胃气），即脉来去从容而节律一致；三是"有根"，在尺部沉取，仍有一种从容不迫应指有力的气象。

图 5-4　切脉部位图

3. 常见病脉的脉象和主病　疾病反应于脉象的变化,叫作病脉。一般来说,除了正常生理变化范围以及个体生理特点之外的脉象,均属病脉。历代中医根据个人的体会与经验曾提出 24 种、27 种、28 种、30 种等脉象,但后世多沿用 28 脉。在此,仅就临床常用的几种脉象阐述如下:

(1)浮脉:"举之有余,按之不足",脉位表浅,就像木头浮在水面上一样,一摸就能摸到的脉象,即指头可轻轻触及脉搏的跳动。如果用力按下,跳动反会减弱,不如轻按时明显,但并不空虚。浮脉主表证,浮而有力是表实证,浮而无力是表虚证。

(2)沉脉:"按之有余,举之不足",脉位深沉,轻取不应,重按始得,指力由重渐轻,到中部便觉脉搏不甚清楚,举至肌肤则全然不见。病邪在里证,有力是里实证,无力是里虚证。

(3)迟脉:脉来迟慢,一息不足四至(相当于每分钟脉搏在 60 次以下)。临床上见于寒证。有力是冷积证,无力是阳虚证,但出现迟脉并不代表患病。

(4)数脉:一息脉来五至以上(相当于每分钟在 90 次以上),去来急促,临床上见于热证。有力是实热证,无力是虚热证。

(5)虚脉:三部脉举按皆无力,即隐隐蠕动于指下,令人有一种软而空豁的感觉,是无力脉的总称。常见于气血两虚,尤多见于气虚。

(6)实脉:脉来去俱盛,三部举按皆较大而坚实有力,是有力脉的总称,主实证。邪气实而正气不虚,邪正相搏,气血壅盛之证。

(7)洪脉:"洪脉极大,状如洪水;来盛去表,滔滔满指",即脉体宽大。主邪热亢盛。

(8)细脉:脉来细小如线。主气血两虚、诸虚劳损。

(9)滑脉:"往来流利,如盘走珠",指下有种圆滑感。常见于痰饮证、食滞证和实热证等。妇女妊娠亦常见滑脉,这是血气充盛而调和的表现。

(10)涩脉:往来艰涩不畅,即指下有如轻刀刮竹。常见于气滞、血瘀、精伤、血少等证候。

(11)弦脉:端直为弦,古人比喻像琴弦一样,端直以长,按之不移。说明从气势、形态来看是直而长,很像琴弦。弦脉在时应春,在脏为肝,所以春日健康人常见弦而柔和者为常脉。临床上常见于肝胆病、痰饮病。

(12)紧脉:"紧脉有力,左右弹手",有如绞转绳索一样。其主病为寒、为痛,为宿食。

(二)诊脉的注意事项

1. 时间　诊脉的时间最好是清晨。因为清晨患者不受饮食、活动等各种因素的影响,体内外环境都比较安静,气血经脉处于少受干扰的状态,故容易鉴别病脉。但也不是说其他时间不能诊脉。

2. 体位　诊脉时患者的正确体位是正坐或仰卧,前臂自然向前平展,与心脏置于同一水平,叫作"平心"。手腕伸直,手掌向上,手指自然放松,并在腕关节背垫上脉枕,使寸口部充分暴露伸展,使气血运行无阻,以反映机体的真正脉象。

3. 平息　医者诊脉时要保持呼吸自然均匀,思想集中,专注指下,仔细甄别脉象,所以诊脉时要求有一个安静的内外环境。诊脉之前,先让患者休息片刻,使气血平静,医生也要平心静气,然后开始诊脉。诊室也要保持安静。在特殊的情况下,应随时随地诊察患者,不必拘泥于这些条件。

4. 注意事项　注意人体内外因素的影响:正常脉象随人体内外因素的影响而有相应的

生理性变化。

（1）年龄：年龄越小，脉搏越急数，婴儿每分钟脉搏 120~140 次；五六岁的幼儿，每分钟脉搏 90~110 次；年龄渐长则脉象渐和缓。青年体壮脉搏有力；老人气血虚弱，精力渐衰，脉搏较弱。

（2）性别：男子阳刚之气，少血多气，脉当洪而有力。女子阴柔，多血少气，脉当柔弱顺滑。

（3）形体：身躯高大的人，脉的显现部位较长；矮小的人，脉的显现部位较短，瘦人肌肉薄，脉常浮；肥胖的人，皮下脂肪厚，脉常沉。

（4）四时气候：由于受气候的影响，平脉有春弦，夏洪，秋浮，冬沉的变化。此因人与天地相应，人体受自然界四时气候变化的影响，生理功能也相应地变化，故正常人四时平脉也有所不同。

（5）情志：一时性的精神刺激，脉象也发生变化，如喜则伤心而脉缓，怒则伤肝而脉急，惊则气乱而脉动等。此说明情志变化能引起脉象的变化，但当情志恢复平静之后，脉象也就恢复正常。

（6）劳逸：剧烈运动或远行，脉多急疾；人入睡之后，脉多迟缓；脑力劳动之人，脉多弱于体力劳动者。

（7）饮食：饭后、酒后，脉多数而有力；饥饿时，稍缓而无力。

第五节　辨　证

辨证的方法有很多种，本节主要介绍的是八纲辨证、脏腑辨证、气血津液辨证、六经辨证、卫气营血辨证及三焦辨证。八纲辨证是根据四诊取得的材料，进行综合分析，以探索疾病的性质、病变的部位、病势的轻重缓急等，是中医辨证的基本方法，是各种辨证的总纲。脏腑辨证主要应用于杂病，又是其他各辨证的基础。气血辨证，是与脏腑辨证密切相关、互为补充的一种辨证方法。

一、八纲辨证

八纲，即阴、阳、表、里、寒、热、虚、实八类辨证的纲领。通过对望闻问切等诊法所取得病情的材料，进行综合分析，进而用阴、阳、表、里、寒、热、虚、实这八类证候从而辨别病位的浅深，病性质的寒热，邪正盛衰和病证阴阳类别的辨证思维过程，就是八纲辨证。

（一）表里辨证

表里是辨别病位内外深浅和病势进退的一对纲领。一般来说，病在身体的皮毛、肌肉、经络，部位在浅在外者属表证；病在脏腑、血脉、骨髓，部位在深在里者属里证。辨病位的表里，对外感病的意义尤为重要。

1. 表证 六淫、疫疠、虫毒等邪气经皮毛、口鼻侵入机体，正气抗邪，卫气失宣而引起的外感病的初起阶段，病邪尚未深入人体深部，主要在人体的体表。所以，表证以起病急、病程短、病位浅为特点。

其临床表现：恶寒（或恶风）、发热（或自觉无发热），舌苔薄白，脉浮为主。常见头身疼痛,关节酸痛,或见鼻塞、流清涕、喷嚏、咽喉痒痛,微咳或喘等症。

2. 里证　指病变部位在内,脏腑、气血、骨髓等受病所反映的证候。常见成因有三种:一是外邪袭表,内传入里,形成里证;二是外邪直接入里,侵犯脏腑等部位形成;三是内伤七情、饮食、劳倦等因素,直接损伤脏腑,或气血津精等受病而成,病一开始,就是里证。

其临床表现:由于里证的病因复杂,病位广泛,故其症状表现繁多。一般病情较重、病程较长。基本特点是无新起恶寒发热并见,或但寒不热,或但热不寒,以脏腑症状为主要表现。里证是与表证相对而言的,凡非表证的一切证候皆属里证,以无新起恶寒发热并见为里证的辨证要点。

(二)寒热辨证

寒热是辨别疾病性质的一对纲领。

1. 寒证　指感受寒邪,或阴盛阳虚、机体功能活动衰减所表现的证候。

其临床表现:恶寒、畏冷、冷痛喜暖,肢冷蜷卧,口淡不渴,痰、涎、涕、唾等分泌物清稀无臭味,小便清长,大便稀溏,舌淡苔白而滑润,脉迟或紧等。

2. 热证　指感受热邪,或阴虚阳亢,机体的机能活动亢进所表现的证候。

其临床表现:发热,恶热喜冷,口渴饮冷,痰、涎、涕黄稠有味,小便短黄,大便干结,面红目赤,心烦躁扰,甚则吐血衄血,四肢抽搐,舌红苔黄、干燥少津,脉数等。

(三)虚实辨证

虚实是辨别邪正盛衰的一对纲领,主要反映疾病过程中人体正气的强弱和邪气的盛衰。

1. 虚证　指人体先天不足或后天失于调养,如饮食失调,后天之本不固,七情劳倦,内伤脏腑气血,房事过度,耗散肾脏元真,或久病以及失治、误治损伤正气等所表现的证候。

其临床表现:常见的有面色苍白或萎黄,精神萎靡,身疲乏力,心悸气短,形寒肢冷或五心烦热,自汗盗汗,大便滑脱,小便失禁,舌上少苔无苔,脉虚无力等。总之,以症状表现为不足、虚弱为辨证要点。

2. 实证　是对人体感受外邪,或体内病理产物蓄积,或由于内脏功能失调,代谢障碍,以致痰饮、水湿、瘀血等病理产物停留在体内所致的各种临床表现的病理概括。实证虽属邪气过盛所致,但正气犹能抵抗,邪正斗争较为激烈。

其临床表现:主要有发热,腹胀痛拒按,胸闷烦躁甚至神昏谵语,呼吸喘粗,痰涎壅盛,大便秘结,小便不利,脉实有力,舌苔厚腻等。以症状表现有余、亢盛为辨证要点。

(四)阴阳辨证

阴阳是辨别疾病性质的两纲,是八纲的总纲,即将表里、寒热、虚实再加以总的概括。《类经.阴阳类》说:"人之疾病,……必有所本,或本于阴,或本于阳,病变虽多,其本则一",指出了证候虽然复杂多变,但总不外阴阳两大类,而诊病之要也必须首先辨明其属阴属阳。因此,阴阳是八纲的总纲,一般表、实、热证属于阳证,里、虚、寒证属于阴证。

1. 阴证　由脏腑器官功能低下,机体反应衰减,多见于年老体弱或内伤久病,或外邪内传五脏导致体内阳气虚衰、阴偏盛的证候,呈现一派虚寒的表现。

其临床常表现:为无热恶寒,四肢逆冷,息短气乏,身体沉重,精神萎靡,但欲卧寐,呕吐,小便色白,爪甲色青,面白舌淡,脉沉无力或迟等症状。阴证以见寒象为辨证要点。

2. 阳证　多由于邪气盛而正气未衰,正邪斗争处于亢奋阶段,多见于体壮者,新病,初病呈现一派实热的表现。

其临床表现:一般而言,阳证必见热象,以身发热,恶热不恶寒,口鼻气热,烦躁口渴,面唇色红,爪甲色红,小便红赤,大便或秘或干,舌质红绛,脉滑数有力等症状。阳证以见热象为辨证要点。

二、脏腑辨证

脏腑辨证,是根据脏腑的生理功能,病理表现,对疾病证候进行归纳,借以推究病机,判断病变的部位、性质、正邪盛衰情况的一种辨证方法,是中医辨证方法中的一个重要组成部分。

由于临床上单纯的腑病较为少见,多与一定的脏病有关,故将腑病编入相关病中进行讨论。脏腑的病变复杂,证候多种多样,本节仅介绍临床常见证候。

(一)肝病主要证候的临床表现和辨证要点

肝位于右胁,胆附于肝,肝胆经脉相互络属,肝与胆相表里,肝主疏泄,主藏血,在体为筋,其华在爪,开窍于目,其气升发,性喜条达而恶抑郁。胆位于右胁,胆附于肝,肝胆经脉相互络属,肝与胆相表里,肝主疏泄,主藏血,在体为筋,其华在爪,开窍于目,其气升发,性喜条达而恶抑郁。胆贮藏排泄胆汁,以助消化,并与情志活动有关,因而有"胆主决断"之说。

肝病主要证候有肝气郁结证、肝火上炎证、肝阳上亢证、肝风内动证、肝阴虚证、肝血虚证、肝胆湿热及寒滞肝脉证。

1. 肝气郁结证　肝气郁结证,是指肝失疏泄,气机郁滞而表现的证候。多因情志抑郁,或突然的精神刺激,以及其他病邪的侵扰而发病。

临床表现常见胸胁或少腹胀闷窜痛,胸闷喜太息,神情沉默,不欲饮食,或见口苦善呕,头目眩晕,脉弦,舌苔白滑。在妇女则有月经不调、痛经经前乳房作胀等症。一般以情志抑郁,肝经所过部位发生胀闷疼痛,妇女月经不调作为辨证要点。

2. 肝火上炎证　肝火上炎证,是指肝脏之火上逆所表现的证候。多因情志不遂,肝郁化火,或热邪内犯等引起。

临床表现常见头晕胀痛,耳聋耳鸣,面红目赤,口苦,便秘尿黄,急躁易怒,不眠或噩梦纷纭,胁肋灼痛,吐血衄血,舌红苔黄,脉弦数。一般以肝脉循行所过的头、目、耳胁部位见到实火炽盛症状作为辨证要点。

3. 肝阳上亢证　肝阳上亢证,是指肝肾阴虚,不能制阳,致使肝阳偏亢所表现的证候。多因情志过极或肝肾阴虚,致使阴不制阳,水不涵木而发病。

临床表现常见眩晕耳鸣,头目胀痛,时轻时重,耳鸣耳聋,口燥咽干,双目干涩,心悸健忘,失眠多梦,腰膝酸软,头重脚轻,舌红少津,脉多弦而有力。一般以肝阳亢于上而肾阴亏于下的症状表现作为辨证要点。

4. 肝风内动证　肝风内动证,是指患者出现眩晕,震颤,抽搐等动摇不定症状为主要表现的证候。临床上常见肝阳化风、热极生风、血虚生风三种。

(1)肝阳化风证:临床表现常见眩晕欲仆,头摇而痛,项强肢颤,语言不利,手足麻木,步履不正,或猝然昏倒,口眼㖞斜,半身不遂,舌强不语,喉中痰鸣,舌红苔白或腻,脉弦有力。

(2)热极生风证:临床表现常见高热神昏,燥热如狂,手足抽搐,颈项强直,双眼上翻,甚则角弓反张,牙关紧闭。舌红或绛,脉弦数。

(3)血虚生风证:临床表现常见头目眩晕,视物模糊,面色萎黄,肢体麻木或震颤,手足拘急,肌肉瞤动,脉弦细,舌淡少苔。

5. 肝阴虚证 肝阴虚证,是指肝脏阴液亏虚所表现的证候。多由情志不遂,气郁化火,或慢性疾病、温热病等耗伤肝阴引起。

临床表现常见眩晕耳鸣,胁痛目涩,面部烘热,胁肋灼痛,五心烦热,潮热盗汗,口咽干燥,或见手足蠕动。舌红少津,脉弦细数。

6. 肝血虚证 肝血虚证,是指肝脏血液亏虚所表现的证候。多因脾肾亏虚,生化之源不足,或慢性病耗伤肝血,或失血过多所致。

临床表现常见眩晕耳鸣,面白无华,爪甲不荣,夜寐多梦,视力减退或雀目。或见肢体麻木,关节拘急不利,手足震颤,肌肉跳动,妇女常见月经量少、色淡,甚则经闭。舌淡苔白脉弦细。

7. 肝胆湿热证 肝胆湿热证,是指湿热蕴结肝胆所表现的证候。多由感受湿热之邪,或偏嗜肥甘厚腻,酿湿生热,或脾胃失健,湿邪内生,郁而化热所致。

临床表现常见胁满闷疼痛,或有痞块,口苦,腹胀,纳少呕恶,大便不调,小便短赤,或小便黄而浑浊,或带下色黄腥臭,外阴瘙痒,或睾丸肿痛,红肿灼热,或身目发黄,舌红苔黄腻,脉弦数。

8. 寒滞肝脉证 寒凝肝脉证,是指寒邪凝滞肝脉所表现的证候。多因感受寒邪而发病。

临床表现常见少腹牵引睾丸坠胀冷痛,或阴囊收缩引痛,受寒则甚,得热则缓,舌苔白滑,脉沉弦或迟。

(二)心病主要证候的临床表现和辨证要点

心居胸中,心包络围护于外,为心主的宫城。其经脉下络小肠,两者相为表里,心主血脉,又主神明,开窍于舌。小肠分清泌浊,具有化物的功能。

心病主要证候有心气虚证、心阳虚证、心血虚证、心阴虚证、心火亢盛证、心脉瘀阻证。

1. 心气虚证与心阳虚证 心气虚证,是指心脏功能减退所表现的证候。凡禀赋不足,年老体衰。久病或劳心过度均可引起此证。心阳虚证,是指心脏阳气虚衰所表现的证候。凡心气虚甚,寒邪伤阳,汗下太过等均可引起此证。

心阳虚与心气虚的共有症状是:心悸,气短自汗,活动或劳累后加重。

心气虚证的临床表现,除上述共有症状外,兼见面色㿠白、体倦乏力、舌质淡、舌体胖嫩、苔白脉虚。

心阳虚证的临床表现,除上述共有症状外,兼见形寒肢冷、心胸憋闷、面色苍白、舌淡胖苔白滑、脉微细。

2. 心血虚证与心阴虚证 心血虚证,是指心血不足,不能濡养心脏所表现的证候。心阴虚证,是指心阴不足,不能濡养心脏所表现的证候。心血虚与心阴虚的共同症状是:心悸怔忡,失眠多梦,易惊,健忘。

心血虚证的临床表现，除上述症状外，兼见眩晕、面色不华，或萎黄，口唇色淡、舌色淡白、脉细弱。

心阴虚证的临床表现，除上述症状外，兼见潮热、盗汗、五心烦热、口干、两颧发红、舌红少津、脉细数。

3. 心火亢盛证　心火亢盛证，是指心火炽盛所表现的证候。凡五志，六淫化火，或因劳倦，或进食辛辣厚味，均能引起此证。

心火亢盛证的临床表现常见心中烦怒，急躁失眠，口舌糜烂疼痛，面赤口渴，舌尖红绛，或生舌疮脉数有力。甚则狂躁谵语，或见吐血衄血，或见肌肤疮疡，红肿热痛。

4. 心脉瘀阻证　心脉瘀阻证，是指心脏脉络在各种致病因素作用下导致痹阻不通所反映的证候。常因年高体弱或久病气虚以致瘀阻、痰凝、寒滞、气郁而致。

心脉瘀阻证的临床表现常见心悸怔忡，心前区刺痛或闷痛，痛引肩背手臂，尤以左臂痛厥为多见，一般痛势较剧，时发时止。若痛如针刺，并见舌紫暗，有紫斑、紫点，脉细涩或结代，为瘀阻心脉。若为闷痛，并见体胖痰多，身重困倦，舌苔白腻，脉沉滑，为痰阻心脉。若剧痛暴作，并见畏寒肢冷，得温痛缓，舌淡苔白，脉沉迟或沉紧，为寒凝之象。若疼痛而胀，且发作时与情志有关，舌淡红，苔薄白，脉弦，为气滞之证。

（三）脾病主要证候的临床表现和辨证要点

脾胃共处中焦，经脉互为络属，具有表里的关系。脾主运化水谷，胃主受纳腐熟，脾升胃降，共同完成饮食物的消化吸收与输布，为气血生化之源，后天之本，脾又具有统血、主四肢肌肉的功能。

脾病主要证候有脾气虚证、脾阳虚证、寒湿困脾证及脾胃湿热证。

1. 脾气虚证　脾气虚证的临床表现及辨证要点：由于素体虚弱，劳倦与饮食不节等，内伤脾气，以致脾气虚弱。临床上常见脾虚证候可分三类。

（1）脾失健运：临床表现常见面色萎黄、纳少腹胀，饭后尤甚，或肢体浮肿，小便不利，或大便溏泻，时息时发，并伴有身倦无力、少气懒言、舌淡苔白、脉缓弱。以运化功能减退和气虚证共见为辨证要点。

（2）脾虚下陷证：临床表现常见脘腹重坠作胀，食后尤甚，或便意频数，肛门坠重；或久痢不止，甚或脱肛；或子宫下垂，并见食纳减少，食后作胀。肢体倦怠，声低懒言，面色萎黄，舌淡苔白，脉弱。一般以脾气虚和内脏下垂为辨证要点。

（3）脾不统血证：临床表现常见食少便溏，神疲乏力，少气懒言，面色无华，便血，尿血，肌衄以及妇女月经过多，或崩漏，舌质淡，脉细弱。一般以在脾气虚的基础上共见出血为辨证要点。

2. 脾阳虚证　脾阳虚证，是指脾阳虚衰，阴寒内盛所表现的证候。多由脾气虚发展而来，或过食生冷，或肾阳虚，火不生土所致。

脾阳虚证的临床表现常见腹中冷痛，腹痛喜温喜按，四肢不温，大便溏薄清稀，或肢体困重，或周身浮肿，小便不利，或白带量多质稀，舌淡胖，苔白滑，脉沉迟无力。

3. 寒湿困脾证　寒湿困脾证，是指寒湿内盛，中阳受困而表现的证候。多由饮食不节，过食生冷，淋雨涉水，居处潮湿，以及内湿素盛等因素引起。

寒湿困脾证的临床表现常见脘腹胀满，头身困重，泛恶欲吐，口淡不渴，便溏稀薄，妇女带下，或肢体浮肿，小便短少。舌淡胖苔白腻，脉迟缓而濡。

4. 脾胃湿热证 脾胃湿热证,是指湿热内蕴中焦所表现的证候。常因受湿热外邪,或过食肥甘酒酪酿湿生热所致。

脾胃湿热证的临床表现常见脘腹胀满,不思饮食,厌恶油腻,恶心呕吐,口苦,尿少而黄,体倦身重,或面目肌肤发黄,色泽鲜明如橘子,皮肤发痒,或身热起伏,汗出热不解。舌红苔黄腻,脉濡数。

(四)肺病主要证候的临床表现和辨证要点

肺居胸中,经脉下络大肠,与大肠相为表里。肺主气,司呼吸,主宣发肃降,通调水道,外合皮毛,开窍于鼻。大肠主传导,排泄糟粕。

肺病主要证候有肺气虚证、肺阴虚证、风寒犯肺证、风热犯肺证、燥热犯肺证及痰浊阻肺证。

1. 肺气虚证 肺气虚证,是指肺气不足和卫表不固所表现的证候。多由久病咳喘,或气的生化不足所致。

肺气虚证的临床表现常见咳喘无力,气短懒言,声音低微,动则益甚,痰多清稀,面色㿠白,或自汗畏风,易于感冒,舌淡苔白,脉虚弱。

2. 肺阴虚证 肺阴虚证,是指肺阴不足,虚热内生所表现的证候。多由久咳伤阴,痨虫袭肺,或热病后期阴津损伤所致。

肺阴虚证的临床表现常见咳嗽较重,干咳无痰,或痰少而黏,并有咽喉干痒,口燥咽干,形体消瘦,午后潮热,五心烦热,盗汗,颧红,甚则痰中带血,声音嘶哑,舌红少津,脉细数。

3. 风寒犯肺证 风寒犯肺证,是指风寒外袭,肺卫失宣所表现的证候。

风寒犯肺证的临床表现常见咳嗽或气喘,痰稀薄色白,鼻塞流清涕,或头痛身酸楚,轻度发热,无汗,苔白,脉浮紧。

4. 风热犯肺证 风热犯肺证,是指风热侵犯肺系,肺卫受病所表现的证候。

风热犯肺证的临床表现常见咳嗽痰稠色黄,鼻塞流黄浊涕,不易咳出,甚则咳吐脓血臭痰,身热,微恶风寒,咽喉疼痛,舌尖红苔薄黄,脉浮数。

5. 燥热犯肺证 燥邪犯肺证,是指秋令燥邪犯肺耗伤津液,侵犯肺卫所表现的证候。

燥邪犯肺证的临床表现常见干咳无痰,或痰少而黏,不易咳出。唇、舌、咽、鼻干燥欠润,或身热恶寒,或胸痛咯血。舌尖红,苔薄白少津,脉浮细而数。

6. 痰浊阻肺证 痰浊阻肺证,是指痰湿阻滞肺系所表现的证候。多由脾气亏虚,或久咳伤肺,或感受寒湿等病邪引起。

痰浊阻肺证的临床表现常见咳嗽痰多,质黏色白易咯,胸闷,或见气喘、胸满、呕恶等症,舌淡苔白腻,脉多滑。

(五)肾病主要证候的临床表现和辨证要点

肾左右各一,位于腰部,其经脉与膀胱相互络属,故两者互为表里。肾藏精,主生殖,为先天之本,主骨生髓充脑,在体为骨,开窍于耳,其华在发。主水并有纳气功能。膀胱具有贮尿排尿的作用。肾病主要证候有肾阳虚证、肾阴虚证、肾精不足证、肾气不固证及肾不纳气证。

1. 肾阳虚证 肾阳虚证,是指肾脏阳气虚衰表现的证候。多由素体阳虚,或年高肾亏,或久病伤肾,以及房劳过度等因素引起。

肾阳虚证的临床表现常见形寒肢冷,精神不振,腰膝软,面色㿠白或黧黑,舌淡胖苔白。或男子阳痿,女子宫寒不孕;或大便久泄不止,五更泄泻;或浮肿,腰以下为甚,按之没指,甚则腹部胀满,全身肿胀,脉沉迟或两尺无力。

2. 肾阴虚证 肾阴虚证,是指肾脏阴液不足表现的证候。多由久病伤肾,或禀赋不足,房事过度,或过服温燥劫阴之品所致。

肾阴虚证的临床表现常见头晕目眩,耳鸣耳聋,牙齿松动,失眠多梦,潮热盗汗,五心烦热,咽干颧红,男子遗精早泄,女子经少经闭,或见崩漏,形体消瘦,舌红少津,脉细数。

3. 肾精不足证 肾精不足证,是指肾精亏损表现的证候。多因禀赋不足,先天发育不良,或后天调养失宜,或房劳过度,或久病伤肾所致。

肾精不足证的临床表现常见男子精少不育,女子经闭不孕,性机能减退。小儿发育迟缓,身材矮小,智力和动作迟钝,囟门迟闭,骨骼痿软。成人早衰,发脱齿摇,耳鸣耳聋,健忘恍惚,动作迟缓,足痿无力,精神呆钝等。

4. 肾气不固证 肾气不固证,是指肾气亏虚,固摄无权所表现的证候。多因年高肾气亏虚,或年幼肾气未充,或房事过度,或久病伤肾所致。

肾气不固证的临床表现常见神疲耳鸣,腰膝酸软,小便频数而清,甚至失禁,或夜尿频多。男子滑精早泄,女子白带清稀,舌淡苔白,脉细弱。

5. 肾不纳气证 肾不纳气证,是指肾气虚衰,气不归元所表现的证候。多由久病咳喘,肺虚及肾,或劳伤肾气所致。

肾不纳气证的临床表现常见久病咳喘,呼多吸少,气不得续,动辄喘息益甚,自汗神疲。声音低怯,腰膝酸软,舌淡苔白,脉沉弱。

(六)六腑兼病辨证

腑病变的主要证候有胃寒证、胃热(火)证、食滞胃脘证、胃阴虚证、大肠湿热证、大肠津亏证、膀胱湿热证。

1. 胃寒证 胃寒证的临床表现,常见胃疼痛,轻则绵绵不已,重则拘急剧痛,阵阵发作,遇寒则重,得热则缓,甚至脘腹部有水声漉漉,呕吐清水,舌苔白滑,脉沉弦或紧。

2. 胃热(火)证 胃热证的临床表现,常见胃脘灼热而疼痛,拒按,烦渴多饮或渴欲冷饮,消谷善饥,牙龈肿痛,口臭,大便秘结,小便短黄,舌红苔黄,脉滑数。

3. 食滞胃脘证 食滞胃脘证的临床表现,常见脘腹胀满,呕吐酸腐,嗳气反酸,肠鸣矢气,大便不爽,或泻下之物酸腐臭秽,大便泄泻或秘结,舌苔厚腻,脉滑。

4. 胃阴虚证 胃阴虚证的临床表现,常见口干舌燥,不思饮食,或知饥不食,并有心烦、低热、大便干结,小便短黄,或见干呕呃逆,舌红少津,脉细数。

5. 大肠湿热证 大肠湿热证的临床表现,常见腹痛下利,里急后重,或腹泻不爽,粪质腥臭,黏调如黄糜,肛门灼热,小便短赤,舌苔黄腻,脉多弦滑而数。

6. 大肠津亏证 大肠津亏证的临床表现,常见大便秘结干燥,难于排出,往往数日一次,口干或臭,或有头晕等症,舌质少津,舌苔黄燥,脉涩或细。

7. 膀胱湿热证 膀胱湿热证的临床表现,常见尿急而频,排尿有灼热或涩痛感,小便黄赤或浑浊,或尿血,甚或有砂石。可伴有发热,腰酸胀痛等症,舌苔黄腻,脉滑而数。

三、经络辨证

经络辨证与脏腑辨证互为补充,二者不可截然分开。脏腑病证侧重于阐述脏腑功能失调所出现的各种症状,而经络病证则主要是论述经脉循行部位出现的异常反应,对其所属脏腑病证论述较为简略,是脏腑辨证的补充。

1. 手太阴肺经病证　手太阴肺经病证是指手太阴肺经经脉循行部位及肺脏功能失调所表现的临床证候。肺主气,司呼吸、连喉系,属太阴经,多气多血。

主要临床表现:发热,恶寒,或汗出中风,肩背痛寒,缺盆中痛,肺胀,咳喘,胸部胀满,心烦,小便数而少,少气不足以息,手足心热。

2. 手阳明大肠经病证　手阳明大肠经病是指手阳明大肠经经脉循行部位及大肠功能失调所表现的临床证候。大肠禀燥化之气,主津液所生的疾病,属手阳明经。

主要临床表现:齿痛,咽喉肿痛,鼻衄,流清涕,颈肿,口干,肩前及上肢伸侧前缘疼痛,大拇指及食指疼痛、麻木、屈伸不利,腹痛,肠鸣,大便泄泻或大便秘结。

3. 足阳明胃经病证　足阳明胃经病证是指足阳明胃经经脉循行部位及胃腑功能失调所表现的临床证候。脾与胃相连,以脏腑而言,均属土;以表里而言,脾阴而胃阳;以运化而言,脾主运而胃主化。

主要临床表现:发热身前为甚,咽喉肿痛,鼻衄,齿痛,口眼㖞斜,胸腹及下肢外侧疼痛,足背痛,足中趾麻木,活动不利,胃脘痛,呕吐,消谷善饥,腹胀满,水肿,惊惕,发狂。

4. 足太阴脾经病证　足太阴脾经病证是指足太阴脾经经脉循行部位及脾脏功能失调所表现的临床证候。脾为胃行其津液,为十二经脉的根本,属足太阴经,主血少气旺。

主要临床表现:舌本强痛,食则呕,胃脘痛,腹胀善噫,身重乏力,活动不利,股膝内肿胀厥冷,足大趾麻木,活动欠佳,食不下,烦心,大便溏薄,或泄泻,水肿,黄疸。

5. 手少阴心经病证　手少阴心经病证是指手少阴心经经脉循行部位及心脏功能失调所表现的临床证候。手少阴心经少血多气,十二经之气皆感而应心,十二经之精皆贡而养心,故为生之本,神之居,血之主,脉之宗。

主要临床表现:咽干,渴而欲饮,胁痛,手臂内侧疼痛,掌中热痛,心痛,心悸,失眠,神志失常。

6. 手太阳小肠经病证　是指手太阳小肠经经脉循行部位及小肠功能失调表现出的临床证候。小肠为受盛之官,化物所出,与心互为表里,居太阳经,少气多血。

主要临床表现:耳聋,目黄,颊肿,咽喉肿痛,颈项转侧不利,少腹胀痛,尿频,泄泻或便秘。

7. 足太阳膀胱经病证　足太阳膀胱经病证,是指足太阳膀胱经经脉循行部位及膀胱功能失调所表现的临床证候。膀胱为州都之官,藏津液,居太阳经,少气而多血。

主要临床表现:恶寒,发热,鼻塞,鼻衄,头痛,目痛,项背、腰、臀部及下肢后侧疼痛,足小趾麻木不用,少腹胀满,小便不利,遗尿。

8. 足少阴肾经病证　足少阴肾经病狂是指足少阴肾经经脉循行部位及肾功能失调所表现的临床证候。肾脏藏精主水,属阳气初转,阳气乍生的少阴。

主要临床表现:脊股内侧后缘疼痛,足心热痛,舌干,咽喉肿痛,心烦疼痛,咳唾有血,气喘,面色黧黑,惊恐不安,遗尿,造精,月经不调。

9. 手厥阴心包经病证 手厥阴心包经病证,是指手厥阴心包经经脉循行部位及心包络功能失常所表现的临床证候。心包络为心之宫城,位居相火,代君行事属于厥阴经,少气而多血。

主要临床表现:手心热,臂肘挛急,腋下肿胀,甚则胸胁支满,心痛,心中憺憺大动,面赤,烦心,喜笑不休。

10. 手少阳三焦经病证 手少阳三焦经病证,是指手少阳三焦经经脉循行部位及三焦功能失调所表现的临床证候。三焦为人体水谷精微生化和水液代谢的通路,总司人体的气化,属手少阳经,少血多气。

主要临床表现:耳聋,耳后疼痛,咽喉肿痛,目外眦痛,面颊肿痛,肩、臂、肘外侧疼痛,小指食指不用,腹胀,水肿,遗尿,小便不利。

11. 足少阳胆经病证 足少阳胆经病证,是指足少阳胆经经脉循行部位及胆腑功能失常所表现的临床证候。胆为中精之府,十一经皆取决于胆,属足少阳经,多气少血。

主要临床表现:头痛,额痛,目眩,目外眦痛,缺盆部肿痛,腋下肿痛,胸胁、股及下肢外侧痛,足小趾、次趾不用,口苦,黄疸,胁肋疼痛,善太息,疟疾,恼怒,惊悸,虚怯,失眠。

12. 足厥阴肝经病证 足厥阴肝经病证,是指足厥阴肝经经脉循行部位及肝脏功能失调所表现的临床证候。肝主藏血,主疏泄,属足厥阴经,少气而多血。

主要临床表现:腰痛不可以俯仰,胸胁胀满,少腹疼痛,疝气,巅顶痛,咽干,眩晕,口苦,情志抑郁或易怒。

四、气血津液辨证

气血津液是脏腑正常生理活动的产物,受脏腑支配,同时它们又是人体生命活动的物质基础,一旦气血津液发生病变,它不仅会影响脏腑的功能,亦会影响人体的生命活动。反之,脏腑发生病变,必然也会影响气血津液的变化。气血津液辨证可分为气病辨证、血病辨证和津液病辨证。

(一)气病辨证

气病的常见证候,可以概括为气虚证、气陷证、气滞证和气逆证。

1. 气虚证 气虚证是指全身或某一脏腑出现机能衰退的病理现象。

气虚证的临床表现,常见面色无华,少气懒言,语声低微,疲倦乏力,动辄气喘,自汗、舌淡苔少,脉细弱。

2. 气陷证 气陷证是指脾气不升,气虚无力升举为主的病理现象。

气陷证的临床表现,常见头目昏花,少气倦怠,腹部有坠胀感、脱肛或子宫脱垂等,舌淡苔少,脉虚弱。

3. 气滞证 气滞证是指某一部分或某一脏腑发生气机阻滞,运行不畅的病理现象。

气滞证的临床表现,常见胸腹胁肋闷满,疼痛、痛无定处。

4. 气逆证 气逆证是指气机上逆。一般多指肺胃肝之气上逆,如肝气上逆。

气逆证的临床表现,常见咳嗽、喘息、呃逆、呕吐、头痛、眩晕、昏厥、呕血等。

（二）血病辨证

血病的常见证候，可概括为血虚证、血瘀证和血热证。

1. 血虚证　血虚证是指血不足，不能濡养机体的病理现象。

血虚证的临床表现，常见面色无华或萎黄，唇色淡白，心悸失眠，手足麻木，精神不振，头晕眼花，妇女经量少、衍期甚或闭经，舌淡，脉细无力。

2. 血瘀证　血瘀证是指某一局部或某一脏腑，血行不畅或血离于经而瘀阻于体内的病理现象。

血虚证的临床表现，常见局部疼痛或见肿块，固定不移，痛如针刺，拒按，或有肿块，或见出血，血色紫暗，有血块，或伴有面色晦暗，甚则肌肤甲错，或出血，舌质暗紫或有瘀点，脉细涩。气和血的关系密切，气滞可以导致血瘀，血瘀也常兼气滞，故二者常同时存在。

3. 血热证　血热证是指血分有热或热邪侵犯血分的病理现象。

血热证的临床表现，常见心烦、失眠，或躁扰发狂，口干不欲饮，身热夜甚，或见出血，舌红，脉数。或见吐、衄、便、尿血及斑疹等，妇女月经提前、量多、色深红等。

（三）津液病辨证

津液的病变，概括为津液不足证（伤津、伤阴）与水液内停证（水肿、痰饮）两种情况。

1. 津液不足证　津液不足证是指组织器官失去津液濡养的病理现象。

津液不足证的临床表现，常见唇、舌、咽喉、皮肤干燥，小便短少，大便干结，脉细数，甚则皮肤干瘪，或口干不欲饮，或身热夜甚，舌红少津、苔薄黄，脉细数。

2. 水液内停证　水液内停证多由肺、脾、肾和三焦等脏腑功能失常，使津液代谢发生障碍，造成水湿潴留，而形成痰、饮、水肿等病证。

水液内停证的临床表现，常见咳嗽痰多，气短或胁下胀满，口淡无味，小便不利，大便溏薄，舌苔较腻。或症见下肢浮肿或一身面目悉肿，或腹大如鼓，脉沉弦，舌苔白滑。

除此之外，中医主要辨证方法还有六经辨证、卫气营血辨证、三焦辨证等，在临证时需要根据具体情况进行具体分析，灵活运用。

（李小娟　赵美玉　姚中进）

情景导入解析

1. 王先生的疾病和人体哪些经络有关？

根据王先生的症状和体征，考虑他的不适与脾经和肾经有关。

2. 采用中医哪些方法进行诊断？

采用中医望、闻、问、切和辨证方法（包括八纲辨证、脏腑辨证、气血津液辨证、六经辨证、卫气营血辨证和三焦辨证）进行诊断。

3. 如何对患者进行辨证施灸？

脾经和肾经是人体两条重要的经脉，与身体的消化、吸收、代谢和免疫功能密切相关。当脾经和肾经不畅时，人体的气血运行会受到影响，导致疲劳、失眠、头痛和胃部不适等症状。

　　患者除失眠外，伴有烦躁易怒，头晕头痛，胸和肋骨两侧胀满，辨证为肝阳上亢。选穴太溪和大墩灸之，以滋补肾阴，疏肝息风。其中，太溪位于内踝和跟腱后缘的中点凹陷处，可滋补肾阴；大敦位于大脚趾趾甲旁约 0.1 寸，靠近第二脚趾的大脚趾趾甲根部稍后 0.5 寸处。艾条温和灸，每次每穴灸 20 分钟左右。

　　脾胃不和型患者失眠，胃部难嘈杂不舒，可选择中脘和内庭灸之。其中，中脘位于肚脐和胸骨剑突连线的中点处，可疏调胃腑气机，和胃止痛。内庭位于第二和第三脚趾趾缝的纹端，可泄热清脾。艾条温和灸，每次每穴灸 20 分钟左右。

第六章

艾灸的功效与作用机制

【学习目标】

1. 通过本章内容的学习，重点把握艾灸的功效和作用机制以及灸量；熟悉灸法常用的取穴途径；了解制约艾灸发展的关键因素，以及艾灸未来的研究趋势和战略思考。

2. 具备精准选取艾灸穴位熟练进行艾灸操作的能力。

3. 继承和发扬先贤们在临床工作中认真观察、勇于实践、不断创新的精神。

情景导入

李某，女，48岁。因进食高脂肪餐并过度劳累，于某日清晨开始出现右上腹部绞痛拒按，伴有右侧肩背疼痛，发热和恶寒，脘腹胀满，泛恶欲吐，便秘3天。患者痛苦面容，辗转不安，查体显示：体温38.1℃，莫菲氏征阳性，至阳及阳陵泉处均有压痛，白细胞总数 12.2×10^9/L，中性粒细胞比例77%。依据上述情况请回答下列几个问题。

1. 该患者的疾病诊断是什么？并分析其诊断依据。

2. 如何循经取穴？

3. 根据患者证候宜采用哪种灸法？

第一节　艾灸的功效、作用机制及特点

艾灸作为一种传统的独特的外治疗法，在几千年的历史长河中经久不衰，且越来越显示出广阔的前景。我们深信灸疗所具有的多种功效，将会更好地为人民的医疗卫生保健服务，在呵护生命、防治疾病，促进康复保健的过程中发挥更大的作用，造福于人类。

一、艾灸的功效

1. 疏风解表，温散寒邪　人体的正常生命活动有赖于气血的作用，气行则血行，气止则血止，血气在经脉中流行，完全是由于"气"的推送。各种原因，如"寒则气收，热则气疾"等，都可影响血气的流行，变生百病。而气温则血滑，气寒则血涩，也就是说，气血的运行有遇温则散，遇寒则凝的特点。所以，朱丹溪说"血见热则行，见寒则凝"。因此，凡是一切气血凝涩，没有热象的疾病，都可用温气的方法来进行治疗。《灵枢·刺节真邪》篇中说："脉中之血，凝而留止，弗之火调，弗能取之。"《灵枢·禁服》亦云："陷下者，脉血结于中，血寒，

故宜灸之。"灸法正是应用其温热刺激，起到温经通痹的作用。通过热灸对经络穴位的温热性刺激，可以温经散寒，加强机体气血运行，达到临床治疗目的。所以，灸法可用于血寒运行不畅，留滞凝涩引起的痹证、腹泻等疾病，效果甚为显著。

人机体局部毛细血管扩张，组织充血，血流加速，代谢加快，使缺血、缺氧、缺乏营养的部位得到改善而发挥温散寒邪的作用，故可以依据该作用治疗外感风寒表证及中焦虚寒的呕吐、腹痛、泄泻等症状。

2. 温经通络，活血逐痹　中医学认为，人机体局部毛细血管扩张，组织充血，血流加速，代谢加快，使缺血、缺氧、缺乏营养的部位得到改善而发挥温散寒邪的作用，故可以依据该作用治疗外感风寒表证及中焦虚寒的呕吐、腹痛、泄泻等症状。

人体气血津液是人生存的基本物质，且周身运行。其运行的通道是人体的全身静脉，若经脉阻塞不通或通行不畅时而生四肢关节疼痛，或活动无力，或脏腑气机失调而出现疾病。经脉通行不畅，常因寒邪客于经脉或气机不畅或经脉受损而表现为四肢活动障碍，关节疼痛、头痛、腰痛、腹痛、痛经或中风瘫痪，口眼㖞斜等症状。取灸作用于穴位，起到温通经脉的作用。据现代医学观点，灸法加速局部组织代谢，使炎症致痛物加速运转，排出体外。同时，调节神经兴奋性，使过于兴奋的神经抑制而功能减退的神经得以兴奋，从而达到了止痛，治疗神经麻痹，肢体瘫痪等目的，故艾灸有温经止痛、活血逐痹的作用。

3. 回阳固脱，升阳举陷　阴阳为人之本。阳衰则阴盛，阴盛则为寒、为厥，甚则欲脱。人体常因久病体虚，或气血暴脱等而卫阳不固，腠理疏松，易伤风感冒；甚者中气下陷，脏器下垂或阳衰至极，阴阳离决，面色苍白四肢厥冷，大汗淋漓，血压下降等。用灸法发挥其温热性，可有温补扶助虚脱之阳气，提升虚脱的功能。从现代医学的角度来看，灸法可以调整人体应激性，提高耐受力，调整各种腺体功能，维护机体生理功能。故用灸法可以治疗脾肾阳虚所致久泻久痢、遗精、阳痿、虚脱及中气下陷所致的脏器下垂以及崩漏等症。

4. 消瘀散结，拔毒泄热　关于瘀与结，中医认为，瘀、结多因寒凝或气血营卫和畅，故瘀结自散。所以，临床常用于气血凝滞之疾，如乳痈初起、瘰疬、瘿瘤等。按西医学研究，灸法可使中性粒细胞增多，吞噬能力增强，炎症渗出减少，故灸法温热以散寒凝、消肿、痈疽消散，或令脓成者速溃或令气不足、收口慢者祛腐生肌而达到消瘀散结、活血止痛的效果。

至于艾灸的拔毒泄热作用，历代有不少医家提出热证禁灸的问题，如《圣济总录》指出："若夫阳病灸之，则为大逆"；近代不少针灸教材亦把热证定为禁灸之列，但古今医家对此有不同见解。在古代文献中亦有"热可用灸"的记载，灸法治疗痈疽，首见于《黄帝内经》，历代医籍均将灸法作为本病证的一个重要治法。唐代《备急千金要方》进一步指出灸法对脏腑实热有宣泄的作用，该书很多处还对热毒蕴结所致的痈疽及阴虚内热证的灸治作了论述，如载："小肠热满，灸阴都，随年壮"，又如"肠痈屈两肘，正灸肘尖锐骨各百壮，则下脓血，即差""消渴，口干不可忍者，灸小肠俞百壮，横三间寸灸之"。金元医家朱丹溪认为热证用灸乃"从治"之意；《医学入门》则阐明热证用灸的机理："热者灸之，引郁热之气外发，火就燥之义也。"

《医宗金鉴·痈疽灸法篇》指出："痈疽初起七日内，开结拔毒灸最宜，不痛灸至痛方止，疮痛灸至不痛时。"总之，灸法能以热引热，使热外出。灸能散寒，又能清热，表明对机体原来的功能状态起双向调节作用。特别是随着用灸增多和临床范围的扩大，这一作用日益为人们所认识。

5. 防病保健，延年益寿　我国古代医家中早就认识到预防疾病的重要性，并提出了"防病于未然""治未病"的学术思想,而艾灸除了有治疗作用外,还有预防疾病和保健的作用,是防病保健的方法之一,这在古代文献中有很多记载。早在《黄帝内经》就提到,在"犬所啮之处灸三壮,即以犬伤法灸之",以预防狂犬病。《备急千金要方》有"凡宦游吴蜀,体上常须三两处灸之,勿令疮暂瘥,则瘴疠温疟毒气不能着人",说明艾灸能预防传染病。《针灸大成》提到灸足三里可以预防中风。成书于宋代的《扁鹊心书》也曰:"人于无病时,常灸关元、气海、命门、中脘,虽未得长生,亦可保百余年寿矣。"特别是女士,艾灸此三个穴位后,神清气爽,容光焕发,全身特别是小腹部十分舒畅(此种感觉一般要连续灸半个月后才明显)。民间俗话亦说"若要身体安,三里常不干""三里灸不绝,一切灾病息"。因为灸疗可温阳补虚,所以灸足三里、中脘,可使胃气常盛,而胃为水谷之海,荣卫之所出,五脏六腑,皆受其气,胃气常盛,则气血充盈;命门为人体真火之所在,为人之根本;关元、气海为藏精蓄血之所,艾灸上穴可使人胃气盛,阳气足,精血充,从而加强了身体抵抗力,病邪难犯,达到防病保健之功。西医学研究提示:艾灸足三里、百会等穴能降低血液凝聚,降低血脂及胆固醇,故无病自灸,可增强抗病能力,使精力充沛,长寿延年。

二、艾灸的作用机制

灸法在我国已有两千多年的历史,其治疗效果已为无数临床实践所证实。而对其机制的认识,仍是一个未解的谜。现阶段认为灸疗作用机制与以下五个方面有关。

1. 局部刺激   艾灸疗法是一种在人体基本特定部位通过艾火刺激以达到防病治病目的的治疗方法,其机制首先与局部火的温热刺激有关。正是这种温热刺激,使局部皮肤充血,毛细血管扩张,增强局部的血液循环与淋巴循环,缓解和消除平滑肌痉挛,使局部的皮肤组织代谢能力加强,促进炎症、粘连、渗出物、血肿等病理产物消散吸收,还可引起大脑皮质抑制性物质的扩散,降低神经系统的兴奋性,发挥镇静、镇痛作用。同时,温热作用还能促进药物的吸收。

2. 经络调节   经络学说是传统医学的重要内容,也是灸疗的理论基础。人是一个整体,五脏六腑、四肢百骸是互相协调的,这种相互协调关系,主要是靠经络的调节作用实现的。现代医学研究证明,经络腧穴具有三大特点。

(1)经络腧穴对药物具有外敏性:即用同样艾灸方法选择一定的腧穴与一般的体表点,其作用是明显不同的。

(2)经络腧穴对药物作用的放大性:经络并不是一个简单的体表循行路线,而是多层次、多功能、多形态的调控系统。在穴位上施灸时,影响其多层次的生理功能,在这种循环感应过程中,它们之间产生相互激发、相互协同、作用叠加的结果,导致了生理上的放大效应。

(3)经络腧穴对药物的储存性:腧穴具有储存药物的作用,药物的理化作用较长时间停留在腧穴或释放到全身,产生整体调节作用,使疾病得以治愈。

3. 调节免疫   许多实验都证实灸疗具有增强免疫功能的作用。灸疗的许多治疗作用也是通过调节人体免疫功能实现的,这种作用具有双向调节的特性,即低者可以使之升高,高者可以使之降低,并且在病理状态下,这种调节作用更明显。

4. 药理作用   灸疗的用药情况,虽比不得内治法丰富,但从各种隔物灸及太乙、雷火针灸在临床应用的情况看,也可窥灸疗辨证论治之一斑。特别值得一提的是,灸疗主要原料艾的功能。清代吴仪洛在《本草从新》中说:"艾叶苦辛,生温熟热,纯阳之性,能回垂绝之亡阳,通十二经,走三阴,理气血,逐寒湿,暖子宫,止诸血,温中开郁,调经安胎……以之艾火,能透诸经而除百病。"可以毫不夸张地说,离开了艾,灸疗学就不存在了。

5. 综合作用　灸疗作用于人体主要表现的是一种综合作用,是各种因素相影响、相互补充、共同发挥的整体治疗作用。

(1)治疗方式的综合性:如冬病夏治,以白芥子等药物贴敷膻中、肺俞、膏肓治疗哮喘的化脓灸,以及以隔附子饼肾俞等穴的抗衰老等,其方式包括了局部刺激(局部化脓灸、隔物灸)、经络腧穴(特定选穴)、药物诸因素,它们相互之间是有机联系的,并不是单一孤立的,缺其一即失去了原来的治疗作用。

(2)治疗作用的综合性:灸疗热的刺激对局部气血的调整,艾火刺激配合药物必然增加了药物的功效,芳香药物在温热环境中特别易于吸收,艾灸施于穴位,则首先刺激了穴位本身激发了经气,调动了经脉的功能使之更好地发挥行气血、和阴阳的整体作用。

(3)人体反应性与治疗作用的综合性:治疗手段(灸疗)——外因只能通过内因(人体反应性)起作用。研究人员发现,相同的灸疗对有相同疾病的患者,其感传不一样,疗效也不尽相同。究其原因,就是人体的反应性各有差异。以上诸因素,在中医整体观念和辨证论治思想指导下,临证进行合理选择,灵活运用,方能发挥灸疗最大的效能。

三、艾灸的特点

艾灸疗法作为中医学的一部分,与其他医疗方法一样,具有防病治病的功效,同时作为中医的一大特色,也具有自己特点。

1. 适应范围广　艾灸疗法的适应范围广泛,临床各科都有适应证。凡内科、儿科、妇科、男科、皮肤科、外科、骨伤科、眼科和耳鼻喉科诸多常见多发病都可用本疗法治疗。同时,灸疗还能激发人体正气,增强抗病能力,起到防病保健的作用。

正如明代医家龚居中曰:"火有拔山之力,灸有回死之功,若病愈除其根,则一灸胜于药力多矣。灸法去病之功,难以胜举。凡虚实寒热,轻重远近,无所不宜。寒病得火而散,热病得火而解,虚病得火而壮,实病得火而消,痰病得火而化。若年深痼疾,非药力所能除,必借艾火以功拔之。"

2. 治病有奇效　临床上无数的实践证明,艾灸疗法在临床治疗上见效快,疗效高,同时还可以弥补针药之不足。凡是适合本疗法治疗的疾病和美容、保健,都有较好的疗效,有的艾灸1次即可见效。即使对久治不愈的慢性疾病,只要耐心坚持治疗,亦多获奇效。如手掌的鱼际穴,被称为人体的"速效救心丸",是手掌的心脏反射区。若心悸、心绞痛、胸口憋闷等,可用指尖掐揉鱼际,利用强力刺激,很快就可以缓解心脏不适。日常艾灸鱼际,就像为心脏做按摩,心包经通畅后,供血能力增强,具有良好的"护心"效果。

3. 方便又及时　本疗法不仅在医院使用,家庭也可作自疗和互疗之用。方便及时,正符合中医"贵在早治"的医疗观点。艾卷灸操作很简便,只要指定灸疗的部位和灸疗的时间,患者可以自灸,也更易于调节温度。有些慢性胃肠炎和神经衰弱患者,每日到医院针灸,往返麻烦,如学会自灸,且增加灸疗频次则效果更好。如:肚腹三里留,腰背委中求;头项寻列缺,面口合谷收;胸腹内关谋,胁肋用支沟;酸痛取阿是,筋伤阳陵搜;虚寒补中脘,妇科三阴交;退烧宜少商,降压用大椎;腹泻灸天枢,解表寻曲池等。只要取穴准确,随时可以艾灸治疗。

4. 简便又易学　艾灸疗法具有简便易学,入门容易,比较容易掌握与应用的特点。因此,诸多民间医生和普通群众都会使用,并取得了很好的疗效。有文化基础的人当然更好,即使不懂医,没有文化的,也能学会使用,很适合城乡家庭民众互疗和自疗之用。若具有中医学知识,掌握脏腑经络学说理论的,则学起来更快,效果更好。如:天气干燥鼻炎闹,中医调理有妙招;悬灸迎香与印堂,大椎曲池很重要;合谷肺俞要兼顾,关元三里不可少;灸法正确穴位准,鼻炎痊愈无烦恼。

5. 安全且价廉   艾灸疗法比针刺疗法更加安全,它少有滞针、弯针、断针和晕针等现象,即使艾炷瘢痕灸会产生灸疮,但也有助疗效的提高。本疗法除了安全外,还经济实惠,所用主要材料是艾叶,而且可自己采集,自己加工制成艾炷和艾条,点燃即可治病。艾叶遍布城乡,采集容易,故不花钱也能治好病。能大大减轻患者的经济负担。因此,无论是在缺医少药的地区,还是一般的城镇乡村,均比较适合采用艾灸疗法防病治病,延年益寿。

知识链接

艾 灸 口 诀

1. 感冒歌:感冒发热司空见,吃药打针家常饭,艾灸肺俞加风池,调理感冒弹指间。

2. 哮喘歌:哮喘本是外邪侵,好发三夏与冬春,预防为主抓关键,补气防感防过敏,哮喘痛苦在复发,治本重在补气血,刺激合谷和肺俞,补足气血不哮喘。冬春哮喘由风寒,注重温阳即了然,艾灸关元足三里,还有脾俞和太溪。夏季哮喘因暑湿,记得合谷足三里,肺俞印堂阴陵泉,坚持艾灸效果好。

3. 补肾歌:人体瑰宝属肾经,后天培补胜遗赠,太溪复溜涌泉穴,各怀绝技显奇能,头晕耳鸣腰酸疼,性欲减退牙松动,只需艾灸太溪穴,诸多症状调理快。膀胱阴道前列腺,流产后遗诸病变,都是肾虚惹的祸,艾灸复溜奇效现。脚底奇穴属涌泉,可止鼻血降血压,头目胀疼也可调,坚持艾灸是关键。

4. 排毒歌:人体排毒膀胱经,殷门委中要畅通,坚持艾灸促宣泄,毒素排出一身轻。

5. 舒肝排气歌:郁闷焦虑莫担心,太冲行间为功深,每晚艾灸真神奇,舒肝排气不伤身。

6. 降压歌:高血压病不可怕,三个穴位搞定它,太溪太冲加曲池,降压明目祛肝火。

7. 减肥歌:心脑肝胆糖尿病,肥胖开路是先锋,人身自有减肥药,别听广告瞎折腾,中脘天枢两穴位,穴位刺激功效显,睡后起前勤揉腹,腰身苗条赛明星。

8. 颈椎歌:何因导致颈椎痛,骨骼肌肉不平衡,刺激风府手三里,一朝疼痛无踪影。

9. 耳鸣歌:两耳嗡嗡听力降,肝火肾虚两堵墙,太冲行间和听会,三穴联扑肝火旺,若因肾虚耳鸣响,太溪耳门威力强,坚持艾灸六七天,肾气充盈消症状。

10. 皮肤清洁歌:灰头土脸皮偏黄,任尔清洗也不爽,实因胆经有淤塞,油脂代谢不正常,每晚坚持敲胆经,还要保持心舒畅,配合艾灸太冲穴,一朝肤净面目爽。

第二节　艾灸的取穴途径及配穴

一、艾灸的取穴方法

艾灸是一种传统的中医疗法,通过在人体的穴位上燃烧艾草,来调节人体的气血,缓解疼痛和炎症。在艾灸过程中,通过适当的取穴方法选择适当的穴位是非常重要的,可以帮助艾灸达到更好的效果。其常见的艾灸取穴方法包括如下几种。

1. 局部(近端)取穴法　艾灸时,可以在疼痛或炎症的部位上选择一些穴位进行艾灸。例如,对于头痛,可以在头部选取一些穴位进行艾灸,如太阳、风池、合谷等;对于腰痛,可以在腰部选取一些穴位进行艾灸,如肾俞、肝俞、大肠俞等;颈椎病取夹脊穴,腕关节头痛取阳池、养老穴等。

2. 远道(远端)取穴法　艾灸时,也可以选择一些远离病灶的穴位进行艾灸,以达到调理气血、调节身体的目的。例如,对于消化系统的问题,可以在腹部选取一些穴位进行艾灸,如中脘、关元等。胃痛取足三里、梁丘等;头痛取合谷、太冲等;泌尿系统的问题,可以在腰部选取一些穴位进行艾灸,如秩边、三焦俞等。

3. 联合取穴法　艾灸时,也可以联合其他穴位进行艾灸,以达到更好的效果。例如,对于肝胆系统的问题,可以在肝俞、胆俞进行艾灸,以调理肝脏、胆囊的功能。对于心脏系统的问题,可以在心俞、厥阴俞进行艾灸,以调理心脏的功能。

4. 手指同身寸取穴法　此方法是以被施灸者的手指为标准来测量定穴的方法,包括拇指同身寸、中指同身寸和横指同身寸。

5. 解剖标志取穴法　即根据人体的体表标志来确定穴位位置,如肚脐、眉心、脊柱、脚踝等。

6. 依痛(随症)取穴法　这是根据疼痛的位置或者病变的性质特点选取穴位。例如,发热取大椎、曲池;失眠取神门、印堂等。

二、艾灸的取穴途径及配穴操作

(一)经验主穴取穴及配穴操作

1. 取穴途径　穴位是中药,经络是药房,精准取穴是艾灸成功的第一步。

(1)阿是穴取穴:"以痛为腧",说的就是阿是穴,它没有固定位置,通常是指痛点所在位置。阿是穴的应用范围非常广泛,主要在调理痹证、腰背痛、四肢痛等痛证使用。

(2)就近取穴:在疾病发生的附近选取穴位,因为穴位靠近病灶,而中医有"腧穴所在,主治所在"一说,就近取穴能调整局部经脉气血,从而达到调理身体,祛除病灶的目的。如胃痛时选取天枢、梁门、中脘等;如调理膝关节疼痛会选取膝部周围穴位,如鹤顶、外膝眼、内膝眼等。

2. 配穴操作

(1)循经配穴:人体有十二经络,根据"十二经脉,内属于脏腑,外络于肢节"的理论。选取同一经脉上脉气相通的穴位进行配穴应用,通过艾灸穴位,激发经气,使经脉畅通,气至病所，而达到平衡阴阳，协调脏腑功能。如手太阴肺经经穴可调理肺、咽喉、便秘等疾病；足阳明胃经经穴可调理口、齿、咽喉病，胃肠病等。

1）上下配穴法：手太阴肺经经穴可调理肺、咽喉、便秘等疾病；足阳明胃经经穴可调理口、齿、咽喉病，胃肠病等。如胃脘痛可上取内关，下取足三里；阴挺可上取百会，下取三阴交；肾阴不足导致的咽喉肿痛，可上取曲池或鱼际，下取太溪或照海。

2）俞穴、募穴、原穴搭配法：俞穴、募穴、原穴这3种穴位，与人体五脏六腑有直接关联，确定了疾病与某一脏腑有关时，可以使用俞穴募穴原穴搭配的方法配穴。

（2）经验配穴：经验穴就是古人根据临床实际总结出来的一些有用的穴位。如转胎用至阴、崩漏用隐白、便秘用天枢、疳证用四缝、痔疮用二白、近视牙痛用合谷、咽痛用少商等。

补气：太渊、气海、百会、膻中。

补血：血海、膈俞、中脘、绝骨。

滋阴：三阴交、阴郄、太溪、照海。

壮阳：命门、关元、太溪、肾俞。

疏肝：丘墟、太冲、内关、期门、蠡沟。

健脾：太白、公孙、章门、脾俞。

解表：合谷、外关、大椎。

祛风：风门、风池、风市。

利水：太溪、四渎、阴陵泉、水分、水沟、水道。

祛痰：阴陵泉、丰隆、曲泉、蠡沟、阴谷。

镇静安神：神门穴、内关。

升举穴：百会、冲阳，气海。

醒脑开窍：人中、井穴、四神聪、百会、内关。

退热：大椎、合谷、劳宫、尺泽、曲池、清冷渊。

治汗穴：合谷、复溜、阴郄、尺泽、气海、劳宫。

（二）脏腑辨证取穴及配穴操作

1. 肺系病证

（1）风寒犯肺：中府、尺泽、风门、风池、肺俞、大椎。

（2）燥热犯肺：中府、尺泽、鱼际、合谷、少商、曲池、内庭。

（3）痰湿阻肺：脾俞、肺俞、三阴交、丰隆、阴陵泉、丰隆。

（4）肺气不足：中府、太渊、肺俞、脾俞、气海、三阴交、太溪。

（5）肺阴不足：中府、列缺、孔最、太溪、照海、肾俞、肺俞。

2. 大肠病证

（1）大肠实证：中脘、足三里、上巨虚、大横、天枢、内关、支沟。

（2）大肠虚证：中脘、足三里、气海、关元、百会、长强、大肠俞。

（3）大肠湿热：中脘、足三里、上巨虚、大横、合谷、曲池、天枢。

（4）大肠津亏：足三里、上巨虚、大肠俞、肾俞、太溪、支沟、内关。

3. 胃系病证

（1）胃寒偏盛：梁门、足三里、三阴交、公孙、中脘、脾俞、肾俞。

（2）胃热炽盛：合谷、足三里、内庭、曲池、支沟、大陵、中脘。

（3）食积伤胃：中脘、建里、梁门、足三里、内关、公孙、内庭。

（4）胃阴亏虚：合谷、中脘、足三里、内关、公孙。

4. 脾系病证

（1）脾气虚弱：太白、三阴交、足三里、气海、脾俞、胃俞、肾俞。

（2）气虚下陷：加用气海、关元、百会、重灸。

（3）气不摄血：加用血海、隐白、膈俞、重灸。

（4）脾阳不足：太白、三阴交、足三里、关元、脾俞、胃俞、肾俞。

（5）湿热困脾：太白、三阴交、足三里、太冲、章门、期门、阳陵泉。

5. 心系病证

（1）心气不足：神门、通里、内关、膻中、心俞、厥阴俞、足三里。

（2）心血亏虚：同心气不足，并加太溪、三阴交、脾俞、膈俞。

（3）心火亢盛：阴郄、大陵、少府、劳宫、太溪、照海。

（4）痰蒙心窍：神门、少冲、内关、大陵、间使、太冲、十二井。

（5）心脉瘀阻：神门、阴郄、内关、膻中、心俞、厥阴俞。

6. 肝系病证

（1）湿热中阻：脾俞、胆俞、阴陵泉、三阴交、太冲、内庭。

（2）气滞血瘀：脾俞、膈俞、膻中、足三里、三阴交、太冲。

（3）肝肾阴虚：中极、关元、气海、阴陵泉、三阴交、照海。

（4）脾肾阳虚：关元、气海、足三里、三阴交、脾俞、肾俞、命门。

（5）肝郁脾虚：脾俞、胆俞、足三里、三阴交、阳陵泉、中脘、太冲。

7. 肾系病证

（1）肾阳虚：命门、肾俞、腰阳关、三阴交、太溪。

（2）肾阴虚：命门、肾俞、太溪、照海、涌泉。

（3）肾精不足：命门、肾俞、委中、昆仑、太溪、三阴交。

（4）肾气不固：百会、命门、肾俞、志室、关元、太溪。

（5）肾不纳气：膻中、肺俞、肾俞、足三里、太渊、太溪。

第三节　艾灸效果的影响因素

一、灸量

艾灸的量直接影响疗效，不仅与施救方法有关，而且与灸感密切相关。影响艾灸灸量的因素不仅有艾炷的大小、艾炷的状数、施救的时间、施救的频次等次量要素，还包括灸疗者的灸感。本章节分别从艾灸量学要素、艾灸时灸疗者的灸感等不同方面来探讨灸量与疗效的关系。

《说文解字》云："灸，灼也，从火、音灸。"灸，即用火烧的意思。灸法是指用灸火的热力给人体以温热刺激，通过经络腧穴的作用，以达到防治疾病目的的一种方法。

古代灸法中，没有"灸量"一词，只有"灸之生熟"之说。灸量是讲究量化分析的现代人在研究灸法效应时,借用了现代药物学中的药量这一名词而提出的概念,但没有明确定义。有人认为灸量是施灸时向体内导入的热量,有人认为是灸法达到的温热程度,也有学者提出灸量应基于疗效。那么,总结上述学者的观点,所谓的灸量指的是施灸时单位时间内艾火通过经络腧穴的作用向体内导热,并达到一定温热程度时的刺激量。

1. 灸量与灸效的关系　灸法的量学要素,是指灸法刺激量及效应密切相关的量学因素,包括艾炷的大小和壮数、艾条施灸的距离、施灸的时间等。这些量学要素的不同,所产生的效应有一定的差别,不同的量学要素对于疗效的影响是不一样的。

（1）艾炷的大小:艾炷的大小古代一般按枣、莲子、玉米粒、苍耳子、麦粒计量。一般来讲,艾炷越大,刺激量越大,灸量就越大。朱英等根据观察隔药灸不同灸量对原发性痛经患者疗效的影响,认为艾炷大小的不同可产生不同的灸量,在一定范围内,灸量越大,疗效越好。

（2）艾炷的壮数:用于艾灸的艾炷数量的计数单位定为"壮",即灸时每燃完一个艾炷就称为"一壮"。一般而言,艾灸壮数越多,刺激量就越大,灸量就越大。不同的艾灸灸量产生不同的疗效,一般而言,灸效会随灸量的增加而增高,但在临床上有时并非灸量越大、疗效越好。

总之,艾灸的灸量与疗效密切相关,适宜的灸量是影响疗效的一个重要因素。古代医家根据患者的体质、年龄、病情、部位不同,通过灸法不同的量学要素施予不同的灸量。

2. 施灸的时间　不同的艾灸方法有不同的适宜施灸时间。但一般而言,同种灸法施灸时间越长,灸量越大,反之则小。

3. 施灸的频次　施灸的频次也是决定灸量的重要因素,它与灸量的积累有关,频次越多灸量就越大,反之则越小。

4. 灼热刺激强度　适当的灼热刺激可以刺激穴位的感受器,从而对穴位产生作用。但过强的灼热刺激可能会对皮肤和其他组织造成伤害。

二、灸感

艾灸的临床疗效已经被几千年的实践所证实,但由于忽视了艾灸时所产生的灸感,致其灸量未能达到最佳,疗效不能充分显现。古代医家对灸感很重视,《灸膏肓俞穴法》认为灸疗要达到"若不失其穴,灸至数状,觉肩胛骨中通热而不甚痛,意自快畅"等灸感的出现;《刘涓子鬼遗方·神妙灸法》中指出"凡灸,痛者须灸至不痛为候;不痛者,须灸至知痛时方妙"。陈日新教授以患者热敏灸感消失为度衡量最佳灸量,即饱和消敏灸量,从而达到艾灸的最佳疗效。

三、灸材

艾草是一种具有特殊性质的植物,其叶子上有很多绒毛,这些绒毛可以释放出一种特殊的味道和气味。在燃烧艾草的时候,这些气味和味道可以渗透到皮肤和肌肉中,起到舒缓肌肉和放松身体的作用。另外,艾草生长地和艾草的种类不同,对艾灸的效果也具有很大的影响。

1. 根据产地分类　艾草的产地主要包括河南汤阴、浙江宁波、湖北蕲春、山东等地。其中,河南汤阴的艾草（北艾）以产量大、质量优、纯度高而著称,被广泛用于药用和牲畜饲料。另外,还有高原艾和平原艾之分,平原艾和高原艾在品质、成分、药效等方面存在明显的差异。

（1）品质：根据一些专家的观点，高原艾草在品质上胜于平原艾草，包括其生长环境、形态特征以及染艾疼痛率等方面的优势。高原艾生长地海拔越高，则"寒极生热，热极生寒"，为"纯阳之火"，灸疗效果也就越好。

（2）成分：高原艾草侧柏酮和普鲁卡因含量高于平原艾草，这两种成分被认为具有穿透性、走窜性、祛湿性，可以渗透到肌肤内部，发挥其药效。

（3）药效：高原艾草具有的穿透性、走窜性、祛湿性优于平原艾，渗透力强，药效好，被广泛应用于妇科疾病、虚寒咳嗽、慢性支气管炎、哮喘、风寒湿痹、湿疹、泄泻久痢、胃脘寒痛等疾病的治疗。

2. 根据品种分类　艾草有北艾、海艾、蕲艾、祁艾、香艾、苦艾、田艾、大叶艾和小叶艾等众多品种。这些品种的艾草在形态特征、生长环境、用途和功效等方面都有所不同。

3. 根据用途分类　艾草可以药用、针灸用、食用和观赏用等。其中，药用主要使用艾叶和艾根，针灸则使用陈年艾，而食用和观赏则主要用艾香和艾叶。

至于艾草有关方面的详细内容请参照附录1进行学习，在此不做详细阐述。

四、其他

艾灸必须针对穴位进行刺激，故穴位的选择和配穴至关重要。但除此之外，施灸的时间必须掌握得当，太短起不到效果，太长则可能引起不适。均衡连续作用也是不可忽视的因素，艾灸需要连续、均衡地作用在同一个穴位上，这样才能使刺激量累积并达到治疗效果。个体差异也是不可忽视的因素，每个人的体质不同，对艾灸的反应也会有所不同。另外，艾灸时的室温以及灸后部位是否覆盖等，也会影响。上述几种因素需要在施灸的过程中引起注意，以便取得更好的艾灸效果。

（赵美玉）

> **情景导入分析**
>
> 1. 该患者的疾病诊断是什么？并分析其诊断依据。
>
> 根据患者的临床证候，该患者的疾病诊断为"胆胀病"（即现代医学疾病"胆囊炎"）。
>
> （1）现代医学诊断依据：①患者中年女性，有高脂肪餐和过度劳累的诱因，这是胆囊炎的常见诱因。②患者出现右上腹部绞痛，伴有右侧肩背疼痛、发热和恶寒，这是急性胆囊炎的典型症状。③患者体温38.1℃，莫菲氏征阳性，至阳穴及阳陵泉处均有压痛，这是胆囊炎的常见体征。④白细胞总数和中性粒细胞计数升高，反映了炎症反应，也是胆囊炎的常见血液学表现。
>
> （2）中医学诊断依据：急性胆囊炎的中医诊断为"胆胀病"。胆胀病是中医对胆囊炎的称呼，是胆道系统感染炎症引起的一种疾病，主要症状有右上腹阵发性或持续性疼痛，伴有恶心、呕吐、发热、口苦等。中医认为胆是六腑之一，以通降下行为顺，如因情感抑郁、饮食不节、引起肝胆气郁，疏泄失常，通降失调，即产生"不通则痛"的症状。此外，湿热熏蒸、浸淫肌表可发为黄疸。
>
> 2. 如何循经取穴？
>
> 中医对胆胀病进行艾灸治疗时，可以循足少阳胆经取穴。根据《针灸甲乙经》的记载，可以取以下穴位。

常用的主穴如下。

（1）日月：乳头直下，前正中线旁开4寸，第7肋间隙中。

（2）阳陵泉：位于小腿外侧，腓骨小头前下方凹陷处。

常用的配穴如下。

（1）胆俞：位于背部，在第十胸椎棘突下，旁开1.5寸处。

（2）肝俞：位于背部，在第九胸椎棘突下，旁开1.5寸处。

（3）期门：位于胸部，乳头直下，第六肋间隙，前正中线旁开4寸。

（4）支沟：位于前臂后区，腕背侧远端横纹上3寸，尺骨与桡骨间隙中。

需要注意的是，艾灸治疗需在专业医生指导下进行，以确保安全和有效性。

3. 根据患者证候宜采用哪种灸法？

思路提示：中医胆胀病宜采用温和灸或温针灸。具体操作方法如下。

（1）温和灸：将艾条点燃，于病变局部或穴位上方3~5cm处进行雀啄状温灸，至局部皮肤红晕、温热为度。每日1次，每次10~15分钟，7~10次为1个疗程。

（2）温针灸：将毫针刺入穴位得气后，将针身与所灸穴位皮肤成90°角，插入所裹之艾条，点燃艾条并使其充分燃烧，待艾灰烬时取出毫针。每日一次，每次3~5穴，每穴10~15分钟，7~10次为1个疗程。

第七章

艾 灸 方 法

【学习目标】

1. 通过学习熟练掌握隔姜灸和艾条灸的操作流程和技巧,熟悉各种灸感以及灸后反应,并能采取相应的措施;了解灸法的分类以及各种灸法的注意事项和禁忌,确保安全有效地进行灸疗。

2. 学会运用各种灸法准确进行灸疗操作,并注意与患者的密切合作。

3. 培养严谨细心的工作作风,提高灸疗效果和患者满意度。

情景导入

李某,女性,28岁。大便溏泄一周,伴随胃部隐痛,食欲不佳,神疲乏力,心慌心悸。患者形体消瘦,面白无华。自述胃痛发作前饮食不节,过食辛辣油腻。舌体胖大,尖红,舌苔黄腻,脉虚郁而软。对上述案例,请解决下列问题。

1. 根据患者病情开灸方,注明灸量与疗程。

2. 根据患者病情,制订灸后调养方案。

第一节 常用艾灸方法

灸疗自形成以后,不断发展,在人们的生活实践中得到了广泛的应用和推广。特别是中华人民共和国成立后,艾灸作为一种比较古老的中医疗法,在防治疾病和康复保健中,发挥着十分重要的作用。

根据艾灸实践和艾灸疗效以及人们的接受程度(满意度),本节重点介绍最常用的几种艾灸方法。

一、直接灸

虽然灸法的起源可以追溯到 50 万年前北京猿人钻木取火、原始社会人类学会用火之后,但确切的文字记载最早见于东周的经典著作,如《庄子·盗跖篇》《五十二病方》《诗经》《孟子》《黄帝内经》等。此时的艾灸是用火点燃艾炷直接放在皮肤穴位上灸灼,皮肤甚至肌肉灼伤,有剧痛,灸后皮肤上有瘢痕,这称为直接灸,可治疗有虚寒等症状的患者。直接灸主要包括瘢痕灸、无瘢痕灸。

1. 瘢痕灸（化脓灸）

（1）概述：瘢痕灸（化脓灸）首见于皇甫谧的《针灸甲乙经》，称之为"发灸疮"或"瘢痕灸"。该法是用黄豆或枣核大小的艾炷，直接置于穴位上施灸，局部组织经烫伤后化脓、结痂，痂脱落后留有永久性的瘢痕，故名瘢痕灸。此灸法最早见于《针灸甲乙经》，是古人最常用的灸法，瘢痕灸能够温通经络、暖中祛寒、扶正祛邪，达到防病治病的效果。该灸法虽然效果显著，但也伴随着一定痛苦。适用于严重寒湿性疾病，如寒冬的严重咳嗽、哮喘、关节肿痛，对肺痨、癫痫、溃疡病、慢性胃肠病、瘰疬和发育障碍等症有良好的效果。

晋隋时代的陈延之是重灸派的先驱之一，他的著作《小品方》云："灸得脓坏，风寒乃出；不坏，则病不出也。"宋代的王怀隐等编的《太平圣惠方》卷一百云："灸炷虽然数足，得疮发脓坏，所患即差；如不得疮发脓坏，其疾不愈。"清代李守先在《针灸易学》中还说："灸疮必发，去病如把抓。"他们认为只有灸疮发，才能治愈疾病，否则不能奏效。虽然这种说法未免言之过激，但艾灸疗效确实与艾灸的刺激量、刺激强度有关。这种主张艾灸发灸疮的观点，在后世也得到了宋代的王执中、窦材，元代的窦汉卿，明代的徐春浦、徐风、龚廷贤、李梴等医家的支持，并增加和改良了不发灸疮的方法，如有的另加热敷，有的外涂辛温通散生肌之品，有的内服滋药物等。对于减轻艾灸时的烧灼疼痛，也提出了不少方法，如窦材在《扁鹊心书》中给患者口服的"睡圣散"，就是一种全身麻醉药；《外台秘要》中的瘰疬法，即用麻花与艾绒混合点燃，亦有局麻之意。

（2）施灸方法：首先将艾绒制成艾炷，然后将艾炷放置于穴位上，直接熏灼皮肤，直至化脓，最后形成瘢痕。准备施灸时，根据需要施灸的穴位，给患者选择合适的体位，将患者穴位暴露出来。先用消毒酒精消毒，用红药水或者紫药水给穴位做上记号，涂上油脂以后，将艾炷粘在穴位上。用火柴点燃线香，再用线香轻轻点燃艾炷顶部。

艾炷点燃后，要密切观察，待燃烧至艾炷的1/2，患者感觉微微发烫时，迅速用镊子将艾炷捏起，在原处放置新的艾炷，重复点燃的过程。第二次需灸至明显发烫时更换艾炷，第三次点燃艾炷需燃烧到接近底部，感觉发烫疼痛时再更换艾炷。如此渐进施灸，最后患者感觉温热却不感觉疼痛，便可完成灸疗。

施灸以后，擦去艾灰，此时可观察到艾灸处皮肤被烧伤，甚至形成焦痂。可以在穴位上涂抹灸疮膏药，或者贴上医用纱布，防止伤口破损感染。伤口自然形成脓包后，每天更换膏药或者纱布，直至伤口自然痊愈，留下瘢痕。

（3）注意事项

1）瘢痕灸艾炷一般如麦粒大或者绿豆大。

2）人体的面部、关节部，或者有大血管的部位，不宜使用瘢痕灸。身体特别虚弱、有糖尿病、皮肤病的患者，不宜用瘢痕灸。

3）伤口化脓后，让其自然发展，不需要另外使用消炎药，只需要保持患处的干燥，做好局部清洁。日常生活中注意好好休息，饮食清淡，保持心情平静愉悦，帮助伤口更快恢复。如果护理不得当，导致伤口感染，发生炎症，则需要消炎治疗。

4）操作瘢痕灸时，对患者身体的刺激比较大。如果出现晕灸，应该立即停止施灸，让患者平躺静卧，休息至身体不适消失为止。过后注意饮食清淡，保持充足睡眠。

5）施灸后应注意避风保暖，2个小时内不碰生冷水，注意饮食清淡，不吃油腻、辛辣或者生冷食物，注意休息。

2. 无瘢痕灸（非化脓灸）

（1）概念：无瘢痕灸是一种直接灸的治疗形式，它属于非化脓灸法。无瘢痕灸需要取纯净的细艾绒，搓捏成圆锥体的艾炷，先在穴位上涂一层薄薄的万花油，方便粘贴艾炷。

（2）施灸方法：将做好的艾炷放置于穴位上用线香点燃，每燃烧完一枚称为一壮，每壮在艾炷燃烧至剩余二分之一或三分之一左右时更换艾炷。皮肤无灼伤化脓，不留瘢痕，将规定壮数灸完为止。

（3）适应证：无瘢痕灸主要应用于哮喘、眩晕、腹泻、皮肤疣等慢性虚寒性病症的治疗。通过无瘢痕灸的刺激，可以促进气血循环，调整人体的免疫功能，对缓解和治疗慢性疾病有一定效果。

（4）注意事项：无瘢痕灸操作需由专业医生进行，不可自行操作，以免造成不良后果。在施灸过程中应该注意防止点燃衣服或烫伤皮肤，若施灸后出现不适，要及时就医，在医生指导下进行相应处理。

二、间接灸（隔物灸）

由于直接灸有剧痛，许多灸疗者难以忍受，故产生了"隔物灸"。隔物灸的先驱是东晋大医葛洪。他在《肘后备急方》中首先记载了隔蒜灸、隔盐灸、隔椒灸、隔面灸、隔灸器等多种隔物灸的方法，而且针对不同的情况选用不同的隔物种类，还可以提高疗效。

历代使用过隔物灸的医家不少，他们的著述中均有记载。如元代朱丹溪在他的《脉因证治》《丹溪手镜》《丹溪心法》等著作中，反映出他对隔物灸的喜爱，有隔蒜灸、隔甘遂灸、隔盐灸、隔皂角灸、隔姜灸、隔附子饼灸等，其治疗的病种也很多。明代的薛立斋，用隔物灸治疗外科疾患很有心得和独到之处。他将隔蒜灸用于拔毒消肿，隔豉饼灸用于肿硬不溃或溃而不敛的病灶，隔附子饼灸用于疮陷而脓水清稀，隔香附木香饼灸用于治疗肝气陷结病症等。后世医家也不断地改进隔物灸的物品，从历代中医文献中可以查找到的有四十多种，除上面所述的以外，还有隔薤灸、隔韭灸、隔葱灸、隔苦瓜灸、隔莨菪根灸、隔虫灸、隔桃树皮灸、隔桃叶灸、隔土木瓜灸、隔苍术灸、隔槟榔灸、隔矾灸、隔蟾灸、隔核桃灸等。其包括植物、动物、器皿等，方法之多，举不胜举。隔物灸的选择具有辨证的思想，也具有较好的临床效果。本节内容只介绍最常用的几种间接灸法。

1. 隔姜灸 隔姜灸是将新鲜生姜切成约 0.3cm 厚的薄片，中心处用针穿刺数孔，上置艾炷，放在穴位上，然后用细香点燃。当患者感到灼痛时，可将姜片稍许上提，使之离开皮肤片刻，旋即放下，再行灸治，反复进行。或在姜片下衬一些纸片，放下再灸，直到局部皮肤潮红为止。生姜味辛，性微温。具有解表，散寒，温中，止呕的作用。故此法多用于治疗外感表证和虚寒性疾病，如感冒、咳嗽、风湿痹痛、呕吐、腹痛、泄泻等。

2. 隔蒜灸 隔蒜灸最早见于《肘后备急方》，"灸肿令消法，取独颗蒜，横截厚一分，安肿头上。炷如梧桐子大，灸蒜上百壮。不觉消，数数灸，唯多为善。勿大热，但觉痛即擎起蒜，蒜焦更换用新者，不用灸损皮肉。"

隔蒜灸将姜片换成蒜片。采用独头大蒜切成约 0.3cm 厚的薄片，中间用针穿刺数孔，放在穴位或患处，用艾炷灸之，每灸 4 壮，换去蒜片。每穴 1 次可灸 5~7 壮。因大蒜液对皮肤有刺激性，灸后易起泡，故应注意防护。大蒜味辛，性温。有解毒，健胃，杀虫之功。本法多用于治肺痨、腹中积块及未溃疮疖等。

3. 隔盐灸 隔盐灸又称神阙灸，本法只适于脐部。嘱患者仰卧屈膝，以纯白干燥的食盐，填平脐孔，再放上姜片或艾炷施灸。

如患者脐部凸出，可用湿面条围脐如井口，再填盐中，如上法施灸。该方法具有回阳救逆之功，凡大汗亡阳、肢冷脉之展症，对急性腹痛、吐泻、痢疾、四肢厥冷和虚脱等症，可用大艾炷连续施灸，不计壮数，直至汗止脉起体温回升，症状改善为度。

4. 隔附子（饼）灸　以附子片或附子饼（将附子切细研末，以黄酒调和做饼，厚约0.3cm，直径约2cm作间隔，上置艾炷灸之。由于附子辛温火热，有温肾补阳的作用，故用来治疗各种阳虚证，如阳痿、早泄以及外科疮疡窦道盲管，久不收口，或既不化脓又不消散的阴性虚性疮疡。可根据病情选取适当部位灸治，饼干更换，直至皮肤出现红晕为度。近人有以附子，或其他一些温热、芳香药物制成药饼作间隔灸。灸时在药饼下衬垫纱布，以防烫伤，药饼灸后可重复再用。

5. 隔豆豉饼灸　隔豆豉灸是在皮肤和艾炷之间隔以淡豆豉饼而施灸的一种灸法，属于隔物灸法之一。唐代《备急千金要方·卷二十二》内载将淡豆豉末用黄酒调和成饼，隔饼灸以治发背。后世医家根据豆豉有发汗解表作用，在实践中发现此法对痈肿初起，效果颇佳。但须灸至疮部皮肤湿润汗出，这样，邪毒可随汗外出，使病获愈。

施灸前，备齐大艾炷、淡豆豉饼（淡豆豉压为末，用黄酒调和，做成疮口大的饼，厚为0.4~0.6cm，用粗针穿刺数孔），镊子、线香、火柴、灰盒、甲紫等。然后，将淡豆豉饼放在疮面上，上置艾炷，用线香火点燃施灸。如果豉饼烧焦，可易湿饼再灸。每次施灸壮数，根据病证而定，痈疽初起者，灸至病灶区处皮肤湿润即可，勿使皮破，每日灸1次，以愈为度。如脓肿溃后久不收口，疮色黑暗者，可灸7~15壮。每日1次，5~7次为1疗程。养生先养脚，祛除寒湿百病消，用它泡脚祛寒湿，理气血。

隔豆豉灸法具有散泄毒邪、敛疮生肌作用。所以，本法临床上适用于外科痈疽发背、顽疮、恶疮肿硬不溃、溃后久不收口、疮面黑暗等证。

注意事项：豆豉饼的厚薄，应该根据施灸的部位和病证而定。若豆豉饼被艾炷烧焦，可以更换新的豆豉饼后再灸；灸后宜暂避风吹，或以干毛巾覆之轻揉，使其汗孔闭合，以利恢复。

6. 隔胡椒饼灸　以白胡椒末适量，加面粉和水制成，厚约0.3cm，直径2cm圆饼，使中央呈凹陷形，置适量药末（如丁香、麝香、肉桂等）于内填平，上置艾炷灸之。每次5~7壮，以觉温热舒适为度。胡椒味辛性热，有温中散寒之功。主要用于治疗胃寒呕吐、腹痛泄泻、风寒湿痹和面部麻木等症。

7. 隔巴豆灸　取巴豆10粒，捣碎研细，加入白面3g，制成膏状，捏作饼放于脐中（神阙穴），上置艾炷施灸。亦可与隔葱灸合用，疗效更佳。此外，还有用巴豆10粒，捣碎研细，加入黄连末适量，二药混合制成膏状，放于脐中，上置艾炷灸之。每次灸5~8壮，每日或隔日1次。本法具有通便、利尿、理气止痛、消积、散结的作用。可用于食积、腹痛、泄泻、便秘、小便不通、结胸、瘰疬等症。

8. 隔黄土灸　取净黄土和水制成泥饼，厚约0.6cm，宽约5cm，用针扎孔，放于患处，上置艾炷施灸。本法具有活血散瘀的作用，可用于痈疽肿毒、跌仆损伤等症。

9. 隔核桃壳灸　本法又称隔核桃壳眼镜灸。取核桃1个从中线劈开，去仁，取壳（壳有裂缝者不可用）备用。用细铁丝制成一副眼镜框，眼镜框的外方再用铁丝向内弯一个钩形，高和长均约2cm，以备施灸时插艾卷用。灸治前先将核桃壳放于菊花液中浸泡3~5分钟，取出套在眼镜框上，插上艾卷长约1.5cm，点燃后戴在患眼上施灸。本法具有祛风明目、活血通络、消炎镇痛等作用。可用于结膜炎、近视眼、中心性视网膜炎及视神经萎缩等症。

10. 隔面灸　取面粉适量和水制成面饼，厚约 0.5cm 用细针穿刺数孔，放于患处，上置艾炷灸之。面由小麦磨粉筛去麸皮而成。其性味《本草纲目》云："新麦性热，陈麦平和。小麦面甘，温，入心、脾，肾经。"其功能是养心、益肾、除热、止渴、消肿。本法适用于恶疮，痈肿，外伤血瘀等症。

三、艾条灸

艾条灸是艾灸法的一种，其用特制的艾条在穴位上熏灸，或灼烫的方法。如在艾绒中加入辛温芳香药物制成的药艾条施灸，称为药条灸。艾条灸有悬起灸和实按灸两种。

（一）悬灸

悬灸是将点燃的艾条悬于施灸部位之上的一种灸法。一般艾火距皮肤约 3cm，灸 10~20 分钟，以灸至皮肤温热红晕，而又不致烧伤皮肤为度。悬起灸的操作方法又分为温和灸、回旋灸和雀啄灸。

1. 温和灸　属于艾灸疗法中的悬灸，或者叫悬起灸，也就是手持艾条，将点燃的火头距离皮肤一段距离，对固定的穴位进行艾灸。通常火头和皮肤的距离是 3~5cm，艾灸的时间一般在 15~20 分钟，艾灸的局部会有微微发热的感觉，有的人会微微有汗出，被艾灸的人应该感到局部温热，而没有烧灼样或针刺样的疼痛。如果距离过近导致艾灸局部有针刺样或烧灼样疼痛时，应该把艾灸拿得远一些以防止烫伤。

温和灸的主要作用是温中补虚、温阳通络、活血化瘀。温和灸作为悬灸的一种，主要是针对局部的瘀血和风寒导致的疼痛来进行治疗，通常温和灸主要针对四肢的穴位。个人就可以拿着艾条对自身的穴位进行艾灸，但不建议用温和灸的方式来灸腹部和腰背部的穴位。

2. 回旋灸　回旋灸法是将点燃的艾条在距离皮肤 3cm 处，往复回旋或左右往返移动施灸。使皮肤有温热感而不至于灼痛，一般可灸 20~30 分钟，适用于风湿痹证、神经性麻痹及广泛性皮肤病等病症。视病灶范围延长灸治时间，以局部潮红为度。

3. 雀啄灸　雀啄灸是艾条灸法之一，属悬起灸。是将艾条燃着的一端接近施灸部位，待其出现灼痛感后迅速提起，如此一上一下如同雀啄。雀啄灸的主要功效是散寒解表、活血祛瘀、温经通络等。它可以辅助治疗多种疾病，如感冒、急性疼痛、高血压病、慢性泄泻、网球肘、灰指甲、疖肿、脱肛、前列腺炎、晕厥急救以及某些小儿急慢性病等。

4. 热敏灸　热敏灸又称热敏悬灸，全称"腧穴热敏化艾灸新疗法"，属于针灸的一种，是江西省中医院陈日新教授临床 18 年的科研成果、专利技术，不用针、不接触人体，无伤害、无副作用，属于临床针灸替代疗法。

热敏灸是采用艾条温和灸的方法，在人体热敏点上施灸治疗。通过激发人体经络能量，以艾火的热力和药物给人体以温热刺激，经络腧穴的传导，来调节脏腑的阴阳平衡，扶正祛邪，调动机体本身的防御能力，具有温经散寒、扶阳固脱、消瘀散结、防病保健的作用，用于寒湿痹痛、脏腑虚寒、阳气虚弱、经络瘀阻等症及亚健康调理。

（二）实按灸

施灸时，先在施灸腧穴或患处垫上布或纸数层，然后将药物艾卷的一端点燃，趁热按到施术部位上，使热力透达深部。由于用途不同，艾绒里掺入的药物处方各异，又有太乙神针、雷火神针、百发神针等。

1. 太乙针　又称太乙神针。操作时，用乙醇灯点燃特制药条的一端，以粗布数层包裹，趁热按熨于腧穴或患部，待冷后再烧，再熨，每次每穴灸5~7次。亦可先在施灸部位铺上6~7层棉纸或布，将艾火直按其上，稍留1~2秒，若火熄灭，再点再灸，如此5~7次。此法具有通经活络、散瘀活血、温中散寒、祛风除湿、辟秽解毒、宣痹镇痛的作用。适用于风寒湿痹、痿证和虚寒证。

2. 雷火针　又称雷火神针。首见于《本草纲目》卷六，是太乙针的前身。本法的操作方法与太乙针相同，具有温中化湿、理气镇痛、祛风通络、舒筋活血的作用。用于风寒湿痹、关节痉疼、痿证、腹痛、泄泻等。

附1：百发神针　是艾条实按灸法的一种，实为太乙神针的又一更方。首载于清代叶桂所著《种福堂公选良方》，其操作方法与太乙针相同。具有活血祛瘀、化痰散结、搜风宣痹、行气止痛的作用。适用于偏正头风，漏肩风，鹤膝风，半身不遂，痞块，腰痛，小肠疝气及痛疽等症。

附2：消痹神火针　《串雅外编》卷二记载有"消癖神火针"。其操作方法与"太乙神针"相同。具有通经活络，散瘀活血、消痞破积、化痰软坚，宣痹镇痛的作用。主治偏食消瘦、积聚痞块等症。

附3：阴证散毒针　《串雅外编》记载有"阴证散毒针"。操作方法同"太乙神针"。具有温经通络、散瘀活血、化痰散结、消阴解毒的作用。主治痈疽阴证。

附4：艾火针衬垫灸　简称衬垫灸。取干姜片15g煎汁300ml，与面粉调成稀糨糊，涂敷在5~6层的干净白棉布（禁用化纤布）上，制成硬衬，晒干后剪成10cm左右的方块备用。施灸时将衬垫放在穴位上，再将药物艾条点燃的一端按在衬垫上，约5秒钟，待局部感到灼热即提起艾条，如此反复施灸5次后更换穴位，以施灸处皮肤起红晕为度。具有舒筋活络，宣痹镇痛，益肾壮阳，止咳定喘等作用。临床上适于治疗关节痛、骨科痛症、遗尿、阳痿、哮喘，慢性胃肠病等症。

（三）温针灸

温针灸是针刺与艾灸相结合的一种方法。适用于既需要针刺留针，又需施灸的疾病。操作时，在针刺得气后，将针留在适当的深度，在针柄上穿置一段长约1.5cm的艾卷施灸，或在针尾搓捏少许艾绒点燃施灸，直待燃尽，除去灰烬，再将针取出。此法是一种简便而易行的针灸并用方法。其艾绒燃烧的热力，可通过针身传入体内，使其发挥针与灸的作用，达到治疗的目的。应用此法须注意防止艾火脱落烧伤皮肤或衣物，灸时嘱患者不要移动体位，可在施灸的下方垫一纸片，以防艾火掉落烫伤皮肤。本法具有温中逐冷，搜风蠲湿，宣痹通络，散瘀活血，强身保健的作用。适用于风寒湿痹等证，并可用于防病保健。

（四）温灸器灸

温灸器是一种专门用于施灸的器具，用温灸器施灸的方法，叫温灸器灸。常用的有温灸筒、温灸盒、温灸架3种类型。施灸前，先将艾绒或艾卷放入温灸器的小筒内燃着，然后用手持柄将温灸器置于拟灸的穴位，或患病部位上来回熨烫，直到局部发红为止。本法具有温中散寒、祛风除湿、舒筋活络、宣痹镇痛的作用。适用于风寒湿痹、腹痛、腹泻、腹胀、痿证等，以及妇人、小儿及惧怕灸治者，因此目前应用较广。

1. 艾灸盒

（1）概述：艾灸盒是一种特制灸具，常见的有木制灸盒和竹制灸盒，内里均用铁丝网阻隔艾灰掉落。按规格来说，可分为单孔艾灸盒、双孔艾灸盒、八孔艾灸盒等。孔数代表可以放置艾条的壮数，一般孔数越多，艾灸的范围越大。单孔艾灸盒常用于艾灸大椎、命门、神阙、足三里等单穴，而八孔艾灸盒一般可以放置于腰部、腹部，甚至膝盖处，一次艾灸多穴。艾灸盒操作简便，实用性强，但效用温和、针对性差，适用于家庭养生保健。

（2）施灸方法

1）单孔艾灸盒、双孔艾灸盒：选取直径为2cm左右的艾条（可根据艾灸盒孔径选择），点燃一端后，火头朝下插入艾灸盒。选取合适的体位，将艾灸盒放置到需要艾灸的部位，绑好系带，固定住艾灸盒。施灸过程中，艾条燃烧时逐渐变短，需定时将艾条向艾灸盒内插，避免艾灸盒内部艾条烧尽后，整根艾条脱离灸盒，掉落到皮肤上导致烫伤。每灸完一处，可松开绑带，更换艾灸部位。待整根艾条烧完，可更换艾条重新插入。

2）八孔艾灸盒：根据艾灸盒内部的高度，选择合适长度的艾炷，将艾炷点燃后，火头朝下依次放入艾灸盒内八个灸孔中，然后盖紧顶板，旋紧卡扣，避免艾灸过程中顶板松动，艾炷掉出造成烫伤。选好体位后，将艾灸盒放到需要施灸的部位，然后等待盒中艾炷烧完，便可完成施灸。

（3）注意事项：在将艾条或者艾炷放入艾灸盒前，请确保它处于充分燃烧的状态，避免艾条或者艾炷过早熄灭，影响施灸效果。艾灸完后及时取走艾灸盒，注意避风保暖，2个小时内不碰生冷水，注意饮食清淡，不吃油腻、辛辣或者生冷食物，注意休息；艾灸盒放至完全冷却后，将盒中艾灰清理干净，方便下次使用；施灸过程中，患者觉烫，可将艾灸盒略微提起，待温度降下来再灸。还可以封住艾灸盒的通风口，减少氧气进入，以减弱艾条的火力。

2. 艾灸架

（1）概述：艾灸架灸是采用特制的灸架进行施灸，是器具灸中比较常用的方法。艾灸架可将艾条固定在施灸穴位上，不需要艾灸师手持艾条施灸。还可以移动艾灸架，改变艾灸的穴位或者调整艾条的高度。艾灸架灸法类似艾条灸中的温和灸，但操作不够灵活，艾灸效果差于手工施灸，适合用于一般的养生保健。

（2）施灸方法：点燃艾条一端，火头朝下夹在艾灸支臂上，调整支臂的高度和位置，让艾条的火力集中在施灸部位上。施灸过程中根据患者体感调整艾条的高度和位置。灸完一处后注意封穴，移动艾灸架继续灸下一处。

（3）注意事项：施灸前，检查艾条是否夹紧，避免艾条掉落；施灸过程中及时调整艾条高度，避免烫伤；施灸后应注意避风保暖，2个小时内不碰生冷水，注意饮食清淡，不吃油腻、辛辣或者生冷食物，注意休息。

3. 艾灸罐

（1）概述：艾灸罐是器具灸中比较常用的一种。施灸时将点燃的艾条放入艾灸罐中，手持艾灸罐在施灸部位来回移动，使艾的热力均匀扩散开来。因其操作简便，效用温和，同样适用于养生保健。

（2）施灸方法：将艾条点燃，火头朝下插入艾灸罐中，然后拧紧螺丝。施灸时，手持艾灸罐，使艾灸罐的底部紧贴皮肤，在施灸部位来回移动，以灸处皮肤发红发烫为度。施灸过程中，根据患者的体感来调整艾条的高度。当患者感觉过烫时，可松开螺丝，把艾条往上提；当患者感觉没有温度时，可松开螺丝，将艾条往艾灸罐底部插。与回旋灸相似的是，艾灸罐灸一次可灸多个穴位，也可沿经络走向刮灸。

（3）注意事项：与艾灸架相关内容相同。

4. 电子艾灸仪（明火艾灸仪）

（1）概述：电子艾灸仪从外形上看类似艾灸盒，施灸方法也与艾灸盒相似。电子艾灸仪无须人工点火，而是采用电热自动点火，点燃艾条后还可通过面板控制艾灸的温度，做到恒温艾灸。配置了滤烟系统，能过滤 90% 以上的艾烟，实现明火无烟艾灸。无烟灸能降低艾灸时烟雾缭绕带来的不适，适合对艾烟特别敏感的人群使用。

（2）施灸方法：根据机器使用说明操作，将艾炷固定于艾灸仪内，然后根据提示按键点火。待艾条开始燃烧，设置好适宜的温度，再将艾灸仪固定在施灸部位开始施灸，灸到皮肤发红发烫为度。同一个艾灸仪可以固定在身体不同部位施灸，每灸完一处要注意用毛巾封穴，避免病邪入体。

（3）注意事项：电子艾灸仪需要定期清理和维护，根据使用情况更换滤烟系统；明火艾灸仪适用于养生保健，不可替代古法艾灸治疗疾病；施灸后注意事项同艾灸架施灸。

5. 多功能艾灸仪

（1）概述：随着科技的发展，近年来出现许多科技含量高、功能多的艾灸仪。这种艾灸仪完全脱离了古法艾灸的范畴，不使用明火，而是用电热熏蒸艾饼，释放艾的药力作用于人体。整个艾灸过程不燃烧、无艾烟、温度可控，虽达不到古法艾灸的疗效，却也是健康养生的好工具。

（2）施灸方法：根据机器使用说明操作，将艾绒制成的艾饼放入多功能艾灸仪中，打开开关，使用电能加热艾饼，同时加热人体穴位，促进局部血液循环，使艾绒的挥发物和有效成分快速渗透入人体，起到灸疗的效果。通过面板控制温度，多功能艾灸仪还可实施隔物灸、发泡化脓灸等灸法。

（3）注意事项：多功能艾灸仪操作复杂，艾灸时需熟练掌握其操作方法再行施灸；多功能艾灸仪需定期清理、维护，以达到最佳效果；施灸后注意事项同艾灸架施灸。

（五）其他常用灸法

其他疗法，是指不用艾而是用某种药物，涂或敷贴在施灸的穴或身体上，或用其他物质烧灼穴位，收到与艾灸同样效果的一种治疗方法。例如天灸。此外，还有"灯火灸""线香灸""壮医药点线灸"等。

1. 灯火灸　灯火灸是灸法的一种，也称为灯草灸、打灯火、焠法。它是用灯草蘸植物油后点燃，在穴位上直接点灼的疗法。这种疗法流传于我国民间，属于中医的"灸疗学"范畴。通过灯芯火的温热刺激，借助经络的传导作用，对疾病起到"外引内效"的治疗效果。千百年来，临床实践证明，灯火灸操作简便、副作用小、安全可靠、疗效较好，被广泛运用于各科疾病的治疗。灯火灸的操作方法可以分为三个步骤。

（1）点穴：根据疾病选定穴位并做标记。

（2）燃火：取 10~15cm 长的灯心草或纸绳 1~2 根，将一端蘸油（香油、麻油、苏子油均可）浸 3~4cm，点火前用软棉纸吸去灯草上的浮油（以防止油过多，点燃后滴下烫伤皮肤或烧坏衣物），施术者用右手拇、示两指捏住灯草上 1/3 处，即可点火（火焰不要过大）。

（3）爆焠：点燃后，将燃火一端慢慢向穴位移动，并稍停瞬间，待火焰略大，则用快速的动作立即垂直接触穴位标志点点灸焠烫（勿触之太重或离穴较远，要做到燃火之端似接触而又非接触皮肤），此时从穴位点引出一种气流，将灯草头部爆出，随即发出清脆"啪啪"的爆焠声，火亦随之熄灭。如无此声，当即重复一次。施灸后皮肤有一点发黄，偶然也会起小泡，为恰到好处，施灸局部应保持清洁，防止感染。灼灸次数，可根据病情需要灵活掌握，一般2~4次。

实施该灸法需要注意的是在操作时，需蘸取适量的油，动作迅速，以防燃油下滴引起烫伤。当灯火灼及穴位皮肤时，可以听见轻微的"啪"声，灯火随即熄灭，称为一燋。每穴一般只灸一燋，灸后局部皮肤会稍起红晕。

2. 线香灸 线香灸是以特制线香作为灸具，点燃后直接灼灸在人体体表一定部位或穴位的一种灸疗方法。

线香灸的操作步骤如下。

（1）点燃线香的一端，然后进行悬灸或烫灸。悬灸主要针对耳穴，也可用于体穴，操作方式类似于艾卷温和灸或雀啄灸，至穴区局部出现红晕即可。烫灸则多用于体穴及阿是穴，在距离皮肤约0.3~0.5cm处进行灸烫，至皮肤发红焦黄或起小水泡为止。

（2）在进行线香灸时，需要控制好温度，以患者皮肤感到温热适度为宜。

（3）灸疗的顺序为先阳后阴，由上至下。每个穴位的治疗时间根据具体情况而定，一般为每个穴位5~10分钟。每天治疗一次，每次共90分钟，十天为一疗程。病重者可酌情增加每天的香疗次数和时间。

（4）注意事项：根据患者的体质情况决定泻补的方法，使体内阴阳五行平衡，做到相互制约，相生发展生化。

四、壮医药点线灸

1. 概念 壮医药线点灸是流传于壮族的一种民间灸疗方法，采用经过多种壮药制备液浸泡过的直径在0.25~1nm的苎麻线，取出后将一端在灯火上点燃，使之形成圆珠状，炭火后迅速将此炭火直接灼灸在体表的穴位或部位，用以预防和治疗疾病的一种独特医疗保健方法。

2. 制作方法 药线点灸疗法的材料是药线，是用苎麻搓成并经过贵重药物溶液浸泡加工制成的。药线每条长30cm，每10条扎成1束。大小分为3种：一号药线直径为1mm，适用于灼灸皮肤较厚处的穴位与治疗癣类疾病，以及在冬季使用；直径为0.25mm，适用于灼灸皮肤较薄处的穴位及小儿灸治。

3. 操作步骤

（1）持线：以右拇指、示指夹持药线的一端，并露出线头1~2cm。

（2）点燃：将露出的线端在乙醇灯上点燃，然后吹灭明火，只留线头珠火即可。

（3）施灸：将线端珠火对准选定的穴位，顺应手腕和拇指屈曲动作，拇指指腹稳健而敏捷地将带有珠火的线头直接点按在预先选好的穴位上，一按火灭即起为一壮。一个穴位灸一壮。

（4）轻、中、重三种操作手法选择：点灸时间短于1秒且轻快迅速为轻法，点灸时间1~2秒且中等用力为中法，点灸时间超过2秒且较用力为重法。一般而言，轻病快速点灸，重病可点按片刻。

4. 点灸注意事项 宜在线头火星最旺时点灼穴位，注意不要平按，要使线头圆火着穴。

每日 1 次,10 次为一疗程。

综上所述,艾灸技术的发展过程,是我国几千年来不断实践、总结的结晶,是简单、价廉、安全、有效的治疗方法,后人必须传承创新和发扬光大。

第二节　艾灸操作流程

一、艾灸前准备

1. 环境准备　艾灸环境应具备以下条件:选择有遮蔽的房间,舒适整洁、干净卫生、避风寒、光线充足。房间内需准备好舒适的艾灸床,方便患者使用各种体位。准备好衣柜,方便患者更换衣物。房间要有良好的通风条件,或者排烟系统,以方便艾烟的排放。

2. 物品准备　艾灸前应准备好施灸器材。包括艾条、点艾器、刮灰盘、刮灰棒、艾条延长器、灭火罐,以上物品可放置在小推车里。准备好患者贴身物品,根据季节准备好相应的毛巾、艾灸服,并摆放到合适位置,方便施灸时取用。艾灸师需准备好带滑轮以及可调节高度的凳子,方便调整高度与挪动位置。

3. 患者准备　艾灸师艾灸前做好解释工作,在施灸过程中应静心凝神,集中注意力,保持情绪平和。未在施灸前调整好情绪和状态,会影响艾灸效果。患者在艾灸前应保持精神放松、情绪平和的状态,如果在施灸前情绪波动大,大喜、大怒、大惊或者恐惧,均会影响艾灸效果。

二、操作流程实施

(一)体位摆放

艾灸时应根据患者身体状况以及施灸穴位,选择合适的体位。艾灸时,不正确的体位会影响取穴,或者不舒适的体位会使患者肌肉紧张,气血流动不畅,影响艾灸效果。常用的艾灸体位如下。

1. 俯卧位　主要适用于艾灸人体背部,腿部的穴位。比如艾灸人体督脉、膀胱经穴位以及肩颈部穴位,应使用俯卧位。

2. 仰卧位　主要适用于艾灸人体头面部、胸腹部、四肢的穴位。比如人体任脉、手三阴经、手三阳经、足三阴经等经络上的穴位。

3. 侧卧位　主要适用于身体侧面的经络穴位。另外,身体不适,不能长时间俯卧的患者,也应将俯卧位改成侧卧位施灸。比如胸闷气短、胃脘胀闷或疼痛拒按的患者,可使用侧卧位。孕妇如需艾灸背部,也可使用侧卧位。

4. 仰掌式　主要适用于艾灸手臂内侧穴位。比如手三阴经的内关、神门。

5. 曲肘式　主要适用于艾灸手臂外侧穴位。如手三阳经的曲池、手三里。

6. 屈膝式　主要适用于艾灸下肢内侧穴位。比如足三阴经的血海、阴陵泉。艾灸操作时,可将脚枕放置于患者膝盖下,以方便摆出屈膝式。

7. 坐位　主要适用于自灸,或不便仰、躺的患者。

（二）艾灸时间

1. 适宜艾灸的时间　一年之中，四季宜灸。古人认为"春夏养阳，秋冬养阴"，在不同的季节艾灸，可以取得不同的效果。春季艾灸，帮助体内阳气生发，提高免疫力，预防各种传染病；夏季艾灸，特别是在三伏天艾灸，可以祛湿排寒，达到"冬病夏治"的效果；秋季艾灸可以滋阴润燥，温阳补气，为即将到来的冬天储备阳气。冬季艾灸，一方面可以滋阴养肾，另一方面可以温通经脉，温阳驱寒，预防各种寒证的发生，也能为来年春天阳气生发做好准备。

一日之中，顺应自然的规律施灸。古人遵循"日出而作，日落而息"的自然规律，艾灸也是如此。早晨5点以后，太阳逐渐升起，可以开始艾灸；晚上9点以后，阳气收敛，不宜艾灸。不过，在发生急症的情况下，任何时间均可艾灸。

2. 灸量与疗程

（1）灸量：指的是每穴艾灸时达到的温热、渗透程度，不同的灸量会产生不同的治疗效果。在《医宗金鉴·刺灸心法要诀》中提道："凡灸诸病，必火足气到，始能求愈，然头与四肢皮肉浅薄，若并灸之，恐肌骨气血难堪，必分日灸之，或隔日灸之，其柱宜小，壮数宜少。"在《医学入门》中提到："针灸穴治大同，但头面诸阳之会，胸膈二火之地，不宜多灸，背腹阴虚有火者，亦不宜多灸，惟四肢穴位最妙，凡上体及当骨处，针入浅而灸宜少，下肢及肉厚处，针可入深，灸多无害。"此外，《外台秘要》中提道："凡灸有生熟，候人盛衰及老小也。衰老者少灸，盛壮强实者多灸。"

以上均为古代医学家在实践中积累的宝贵经验，沿用至今。古人常用艾壮灸，灸量以壮数为计量单位，而现代人常用艾条灸，灸量以时间为计量单位。虽然计量方式不同，但计算灸量的法则是通用的。根据这些文献的论述，我们可以总结出这样的规则：肌肉丰厚处，比如背部和腹部的腧穴，灸量宜大，每穴可灸15~20分钟；头面、四肢等皮薄肉少处，灸量宜少，每穴可灸5~10分钟，下肢肌肉丰厚处，每穴可灸10~15分钟。另外，根据病情需重灸的穴位，艾灸时间30分钟左右；一般青壮年艾灸总时间在60~90分钟；久病体虚或妇孺老人，灸量宜小，总时间在30~60分钟；身体盛壮且急起新病，灸量可大，艾灸时间为90~120分钟。

（2）疗程：施灸疗程也是灸量的一部分，根据患者体质以及病情深浅程度决定。体质强健，病情轻浅的患者，施灸疗程较短，有时只需3~5天；急性病患者疗程短，但频率更高，必要时一天需灸2~3次；慢性病患者施灸疗程较长，可长达几个月甚至一年以上。一般来说，初灸时应连续艾灸7~10天，后根据患者的体质与病情，再决定是否每天施灸，或者2~3天灸一次。如果是保健灸，可在节气前后、三伏天、三九天坚持艾灸，其余时间视身体情况安排艾灸时间即可。

知识链接

王焘"重灸轻针"的历史成因

王焘，唐代陕西省郿县人，生约于公元670年，出身官宦世家。从小体弱多病，酷爱医书。其母亲南平公主身体羸弱，王焘十分孝顺，衣不解带地照顾母亲，并且阅读大量医书，寻找灵丹妙药。后为了治好母亲，也为了钻研医学，放弃高官厚禄，转而去弘文馆任职，积累大量医学资料，为编纂《外台秘要》打下基础。

王焘生于儒宦世家，具有传统的儒家思想，认为治病救人就是"仁者爱人"的体现。并且儒家重现实、重人文，因此，王焘认为面对文化和经济水平低下的劳苦百姓，应当多用简便有效且廉价的灸法进行治病和保健。所以王焘在《外台秘要》中记载："其针法，古来以深奥，令人卒不可解，经云：针能杀生人，若欲录之，恐伤性命，今并不录针经，唯起灸法。"

（三）艾灸顺序

施灸的穴位有先后顺序之分，一般遵循先阳后阴的原则。《千金方》中提道："凡灸当先阳后阴，言从头向左而渐下，次后从头向右而渐下，乃先上后下也。"中医将人体的背部、上身归之为阳，而头为诸阳之会；腹部、下身归之为阴，所以艾灸时先灸头背部，再灸胸腹部，并且要从上往下施灸。在阴阳学说中，左为阳，右为阴，所以艾灸时先灸左侧，后灸右侧；人体的四肢分别有三阳经、三阴经，在艾灸四肢时应该先灸阳经，再灸阴经。因此，按照先阳后阴的原则，以下穴位艾灸的顺序应为：百会、肩井、肾俞、委中、中府、神阙、曲池、内关、足三里、丰隆、阴陵泉、涌泉。

（四）艾灸姿势

施灸时，艾灸师应以正确的姿势持艾。点燃艾条后，手持艾条的中上部，将燃烧处对准穴位施灸，距离在3~5cm。若患者感觉温度太高或者太低，可以随时调整距离，以患者感觉舒适为度。遇到小儿或者知觉不灵敏的患者，应该用另一只手的示指和中指放在施灸穴位两侧，以此来把握施灸的温度。持艾时，手部肌肉应松弛有度，太紧张会导致肌肉痉挛，乏力，影响施灸效果，太松会有艾条掉落的风险。在操作回旋灸时，应该用手臂发力带动手部移动，不要转手腕划圈，容易造成手腕肌腱的劳损与炎症。

艾灸师站立持艾时，应挺直腰背，放松肩颈，微微低头注视施灸部位。若艾灸床比较矮，施灸的部位高度偏低，可以微微下蹲，调整自身肩膀高度，以保持手臂舒适放松，或者选择坐位持艾。不论是哪种姿势施灸，都应该挺直腰背，身体保持不动，以手臂发力。

（五）艾灸疗效观察

灸感是指艾灸过程中患者的自我感觉。施灸时，艾条燃烧产生的温热刺激可以穿透皮肤表面直达深层，也可以循着经络在身体里游走。于是患者便会感觉皮肤表面或者深层发热，或者热感游走到身体其他部位，并产生酸、麻、涨、痛、痒等各种感觉。根据患者不同的体质，疾病不同的阶段，灸感可以分为三类，分别是艾火循经、正邪交战、内邪外出。

1. 艾火循经　施灸时，艾条燃烧时产生的温热感，不仅会停留在皮肤表面，还会深入皮下组织、脏腑，甚至循着经络在身体里游走。这种温热感在身体里扩散、游走的表现可以分为透热、扩热、传热三种形态。出现这三种灸感，代表人体的经气被激活，会感觉温暖舒适、肌肉放松，特别是寒冷和疼痛的感觉会减轻。

透热：施灸时，温热感从皮肤表面向深层穿透，深入脏腑。

扩热：施灸时，温热感向四周扩散。

传热：施灸时，温热感循着经络向远端传导，甚至直达病灶。

2. 正邪交战　当艾的纯阳药力循经在身体里游走时,会激发经气和气血的运行。遇到病灶时,人体的正气与病邪不能共存,就会发生激烈的搏斗,人体的肌肉、经脉等组织短暂地产生酸麻、沉重,甚至胀痛的感觉,直到病灶被消除,这些感觉就会慢慢消失。这个过程就是正邪相搏,是艾的纯阳药力驱逐病邪的好转感反应。

酸:身体内气血推动无力,需要加大灸量,增加艾灸时间。

麻:气血难以在身体通行,需要长时间坚持艾灸来温通经脉,让气血更流畅。

胀:当身体有痰湿瘀阻时,气血不能顺畅通行,就会感觉胀。通过艾灸将痰湿排出,胀的感觉就会消失。

痛:经络不通或者是局部瘀阻严重时,气血运行不畅,会产生痛感。坚持艾灸疏通经络,痛感会逐渐消失。

3. 内邪外出　除了热感以外,在艾灸时还可能产生排风、排寒的灸感。出现风、寒往外排的感觉时,说明人体内正气战胜了病邪,将病邪驱逐出体外,是艾灸取得了良好结果的表现。

4. 排风　施灸时,皮肤表面发痒,说明体内有风邪。坚持艾灸,将风邪排净即可。如果患者难以忍受,可用毛巾覆盖瘙痒的部位,再用手轻轻按揉,缓解瘙痒之后再继续施灸。

5. 排寒　施灸时皮肤发凉,甚至有往外排寒风的感觉。坚持艾灸,将体内阳气补足,寒气排出,身体就会重新暖起来。对于出现排寒灸感的患者,要更加注意防寒保暖。

在艾灸过程中,无论出现哪种灸感,都是艾的药力发挥作用,将病邪逐渐祛除的表现。艾灸师应该在施灸前或者灸感出现时,将不同灸感所代表的含义告知患者,消除患者紧张或者排斥的情绪,顺其自然地接受灸感的出现,并坚持艾灸,直到病邪被完全祛除。

(六)艾烟处理

在艾灸过程中,不仅艾草燃烧时的温热刺激可以对人体产生药用价值,艾烟也是艾灸药用价值的一部分。将艾叶点燃,通过烟熏的方式辟邪除秽、预防流行性疾病,在古时候得到了广泛的应用。经过现代科学的研究,发现艾烟不仅具有净化空气、抗菌、抗病毒的效果,还能镇咳、平喘,提高人体免疫力。因此,在施灸时,不必排净艾烟,但需要准备好通风系统,将艾烟控制在能够接受的浓度。

(七)灸后护理

《医宗金鉴》中提到:"凡灸后谨避风寒,慎起居,养其气血,其喜怒忧思悲恐惊,不可过极,和其情志,及禁食一切生冷醇酒厚味等物,即食蔬淡,亦当适宜,不可过度,以调养脾胃也。"也就是说,艾灸后需精心护理,才能达到好的效果。所以艾灸后一定要注意防寒保暖、不酗酒、不暴饮暴食、不过食辛辣、不吃生冷寒凉、保持情绪平和稳定,保持充足的睡眠以帮助身体吸收艾的药性,加快疾病恢复的速度。

第三节　艾灸的适应证和禁忌证

一、艾灸的适应证

1. 温经散寒　对于寒凝血滞、经络痹阻引起的各种病症,如风寒湿痹、痛经、闭经、寒疝腹痛等有很好的治疗效果。

2. 疏风解表　对于外感风寒表证及中焦虚寒、呕吐、腹痛、泄泻等病症有很好的治疗效果。

3. 回阳固脱　对于脾肾阳虚、元气暴脱之症,如久泻、久痢、遗尿、遗精、阳痿、早泄、虚脱、休克等病症,有很好的治疗效果。

4. 补中益气　对于气虚下陷、脏器下垂之症,如胃下垂、肾下垂、子宫脱垂、脱肛以及崩漏日久不愈等病症,有很好的治疗效果。

5. 消瘀散结　对于外科疮疡初起(用于疮疡溃久不愈,有促进愈合、生长肌肉的作用)、瘰疬、乳痈初起,各种痛症、疖肿未化脓者(可消瘀散结、拔毒泄热)等病症有很好的治疗效果。

6. 降逆下气　对于气逆上冲的病症,如脚气冲心、肝阳上亢之证,可灸涌泉调理之。

7. 防病保健　无病时,常灸关元、气海、命门、中脘,虽未得长生,亦可保百余年寿矣。

8. 形象管理　淡斑、生发等。

二、艾灸的禁忌证

古代文献中记载了许多禁灸的部位与穴位,例如《针灸大成》中记载了48个禁灸穴位,《针灸甲乙经》记载的禁灸穴位有24个。这些穴位大多处于颜面部,或者皮薄、肌少、筋肉结聚处。此外,关节部位、心脏部位、大动脉、静脉血管处,都不适合使用瘢痕灸。这些禁灸穴位是历代医家经验所得,不可忽视,但随着艾灸技术的发展,后人又发现用艾条悬灸的方法,很多禁灸穴位对调理疾病有奇效。比如,艾灸石门调理女性妇科问题,艾灸委中调理腰背疼痛等都能取得很好的疗效。具体而言,艾灸的禁忌证有以下几个方面。

1. 凡暴露在外的部位,如颜面,不要直接灸,以防形成瘢痕,影响美观。

2. 皮薄、肌少、筋肉结聚处,妊娠期妇女的腰骶部、下腹部,男女的乳头、阴部、睾丸等不要施灸。另外,关节部位不要直接灸。此外,大血管处、心脏部位不要灸。眼球属颜面部,也不要灸。

3. 极度疲劳,过饥、过饱、酒醉、大汗淋漓、情绪不稳,或妇女经期忌灸。

4. 某些传染病、高热、昏迷、抽风期间,或身体极度衰竭,形瘦骨立等忌灸。

5. 无自制能力的人,如精神病患者等忌灸。

6. 在艾灸期间,一定不要食辛辣刺激性食物、不要过饥过饱、不要房事,要吃清淡的食物,还要保持心情愉悦,多到户外运动或散步,光艾灸不锻炼也是不行的。要每天至少保持30分钟的锻炼,才能达到更好的疗效。但是,对于过度虚弱的重症患者,要绝对禁止锻炼和体力劳动,应卧床休息。

7. 要注意保暖和防暑:夏日炎热,择凉爽之时(如在早晨灸),但要避风。天凉时用灸,要注意保温,比如在灸后背穴位时,可将上衣反穿(即衣服的前面朝后),灸后背上边的穴,扣上下边的纽扣,灸下边的穴则扣上边的纽扣。也可不脱衣服,隔着衣服灸或采用前述第2种方法施灸。在每次施灸结束时,特别是治外感症,不要立即将灸温拿开,使施灸面的温度骤减。应以分次垫隔布的方式使施灸后的温度逐渐下降,然后再将灸筒拿掉。这可避免风寒邪气乘穴道大开而侵入。

8. 要掌握施灸的程序:如果灸的穴位多且分散,应按先背部后胸腹,先头身后四肢的顺序进行。

9. 注意施灸的时间：有些病证必须注意施灸时间，如失眠症要在临睡前施灸。忌饭前空腹时和在饭后立即施灸。

10. 要循序渐进，初次使用灸法要注意掌握好刺激量，先少量、小剂量，如用小艾炷，或灸的时间短一些，壮数少一些。以后再加大剂量，不要一开始就大剂量进行。

11. 防止晕灸。晕灸虽不多见，但是一旦晕灸则会出现头晕、眼花、恶心、面色苍白、心慌、汗出等，甚至发生晕倒。出现晕灸后，要立即停灸，并躺下静卧，再加灸足三里，温和灸10分钟左右。

12. 注意施灸温度的调节：对于皮肤感觉迟钝者或小儿，用示指和中指置于施灸部位两侧，以感知施灸部位的温度，做到既不烫伤皮肤，又能收到好的效果。

13. 控制艾条质量和烟量。适当的艾烟是艾灸必需的，艾烟里的艾精油可以安神、杀菌消毒、渗透经络，走三阴，尤其对皮肤病、呼吸系统疾病是必需的。但是烟量过大会使人头晕、易于上火，尤其是次的艾条，假的艾条，不可不查。

14. 灸前灸后多喝热开水（切记不可喝冷水），艾灸属火，可加速新陈代谢和体液循环，补充适当的水分很重要，以温开水为宜。且艾灸后半小时内，不要用冷水洗手、洗脸、洗脚等。

三、艾灸注意事项

1. 艾灸前注意事项 艾灸时不能吹到风，艾灸前需关小门窗，房间内不可以有对流风，尤其是夏天，不可吹风扇、不可开空调。饭后不可以马上艾灸，一般饭后半小时后才可以灸。艾灸会加速人体的新陈代谢，所以艾灸前适量喝较热的开水，或者艾茶，为身体提供充足的津液。艾灸前应该告知患者灸后可能会出现的好转感反应，避免灸后出现不适，引起患者恐慌。对于初次艾灸的患者，要循序渐进施灸，以免引起过于激烈的排病气反应。引导患者喝茶、听音乐，先放松心情，一定要在情绪平和的情况下艾灸。艾灸前可先用艾水泡脚，起到温通经脉、加速新陈代谢、打开皮肤腠理的效果，艾灸时才能取得更好的疗效。

2. 艾灸中注意事项 艾灸时引导患者放松心情，保持情绪平静舒缓，在施灸过程中，患者进入睡眠，能取得更好的调理效果，艾灸师不要吵醒患者。艾灸师静心、专心施灸，注意力集中在施灸穴位上，走神不仅会影响艾灸效果，还有可能导致烫伤。开始艾灸和翻身时，可与患者适当沟通，引导患者关注灸感。艾灸中一定要注意保暖，根据不同的气候，选择厚度不同的毛巾铺盖，确保患者在施灸过程中不会受凉。在刮灰时也需格外注意，艾条离开施灸部位，需马上用毛巾盖住施灸穴位。在灸风池、大椎等穴位时，应用毛巾包好患者头发，避免烧到头发丝。若患者出现晕灸，必须立即停灸，去掉枕头平躺静卧，有低血糖症状的患者需补充葡萄糖，或者喝米汤。艾灸过程中，防止艾灰脱落烫伤皮肤或烧坏衣被，尤其幼儿患者更应该认真守护观察，以免发生烫伤。

3. 艾灸后注意事项 艾灸后需用隔绝氧气的方式彻底熄灭艾条，注意防火。提醒患者灸后要喝约600ml的温开水，促进新陈代谢。艾灸后全身毛孔打开，易受寒凉，必须注意衣着保暖。在寒冷的季节，不可马上外出，避免吹风受寒；在炎热的季节，不可以马上吹风扇、吹空调。艾灸后两个小时内不碰生冷水，艾灸前后三小时内不喝酒，体质较虚者一周内不宜同房。再次告知患者灸后可能会出现的好转感反应，以及应对方法。如灸起水泡，不要戳破，可以继续悬灸。如果水泡过大，可用消毒后的针具吸出泡液，注意清洁和护理，避免伤口破损感染。

四、灸后反应及应对

1. 灸后反应概念 灸后反应是指在艾灸后,被灸部位或全身出现的各种生理现象。比如,浑身发冷、出冷汗、腹痛、腹泻、便秘、失眠多梦,甚至会出现病情加重的反应。这些都是艾灸后身体排病气的反应,也叫瞑眩反应、好转感反应。提示艾灸激发了人体的正气,正气在体内与邪气相搏,会出现各种不适的反应,或者短期内疲惫感加重、病情加重,都属于正常现象。待到正气充足,能够将病邪全部排出体外,不适的反应也会随之消失。当患者出现排病气反应时,艾灸师应该安抚好患者情绪,并提供合适的解决办法,鼓励患者继续施灸。根据患者体质和病情不同,排病气反应也不同,艾灸师应了解以下这些常见的排病气反应及处理方法。

2. 常见的灸后反应及应对

(1)排风寒反应:艾灸后出现怕冷、打喷嚏、流鼻涕、感冒、咽喉疼痛、关节痛、肠鸣、放屁,甚至感觉身体往外冒凉风,都属于排风寒的反应。出现这些反应无须担心,注意防寒保暖,坚持艾灸。

(2)排痰湿反应:艾灸后出现咳嗽、痰变多、呕吐、痰涎或者是腹泻、大便粘马桶、身体头面四肢出现浮肿,甚至是全身浮肿,小便频数且浑浊刺鼻,身体冒冷汗、黏汗,都属于排痰湿的反应。出现这些反应后可加强对脾胃的护理,多灸足三里、丰隆、阴陵泉,帮助身体更快将痰湿排出。

(3)排郁气反应:艾灸后情绪易烦躁、易怒,容易与他人起冲突,或者是情绪低落,突然感觉想哭,甚至大哭出声,或者出现呃逆、肛门排气、肝胆区酸痛等反应,都是排郁气的反应。艾灸师注意疏导患者的情绪,适当增加太冲、期门等穴位的灸量,以达到疏肝理气的效果。

(4)排火热邪毒反应:艾灸后出现发热、大小便灼热,或者皮肤长疮、瘙痒、出现又痒又痛的红疹,这些都是排火热邪毒的反应。体温升高可艾灸大椎、合谷来清热降温。出现各种皮肤瘙痒的症状,避免抓挠使皮肤破损,可以用艾叶、金银花与茶叶煮水洗浴,达到清热止痒的效果,也可将艾灰与香油混合涂抹在痛痒处。

(5)排瘀血反应:艾灸后皮肤表面出现红斑、瘀斑、排出深褐色大便、咳出的痰中带血丝,或者女性经期瘀血增多,都属于排瘀血反应。可坚持艾灸,疏通经络、调理气血,将瘀血更快排出体外。

(6)与睡眠有关反应:艾灸后可能会出现乏力、容易疲惫、嗜睡的症状,表示身体阳气偏虚、气血不足或者湿寒重。应该在感到疲乏时,顺应身体的感觉主动休息,晚上不要熬夜。适当调整灸量,身体特别虚弱者,灸量宜小,待患者慢慢适应。如果出现失眠的症状,则代表身体瘀滞不通,或者阴阳不平衡。艾灸后,阳热之气无法通过经络疏散开,或者不能进入脏器收藏,到了夜晚阳不入阴,就会出现失眠的症状。艾灸师应提醒患者晚上不做使精神亢奋的事情,减轻工作压力,睡前做些有助于睡眠的事情,比如冥想、听音乐,艾灸时根据患者病情适当增加具有安神助眠效果的穴位,比如内关、神门、涌泉、安眠。

(7)病情加重或者旧疾复发:艾灸后出现短暂的病情加重,或者是原有的慢性病复发,表示身体本身正气虚弱,无力对抗病邪。艾灸提升阳气,补充正气以后,正气自动寻找病灶,将以往遗留的病邪找出来排出去,也是疾病好转的反应。艾灸时应疏导好患者的情绪,鼓励患者继续艾灸。

（8）上火：艾灸后出现口干舌燥、喉咙干痛、便秘、牙痛、口腔溃疡、目赤肿痛等上火的反应，代表身体气血瘀滞不通，经络运行不畅，阴阳不平衡。艾灸师需及时调整施灸的穴位。对于阴虚火旺导致上火的患者，多艾灸滋阴的部位，例如太溪、涌泉。对于上热下寒的患者，多艾灸下焦的穴位，例如命门、足三里。提醒患者在生活中不要熬夜、饮食避免辛辣油腻，灸前灸后多喝温开水补充津液。

（李小娟　赵美玉　姚中进）

情景导入解析

1. 根据患者病情开灸方，注明灸量与疗程。

根据患者四诊结果，所开灸方如下：脾俞 10min、大肠俞 15min、中脘 15min、天枢 20min、内关 5min、神门 5min、阴陵泉 10min、涌泉 5min。艾灸 1 次 / 天，10 次为 1 个疗程。

2. 根据患者病情，制订灸后调养方案。

艾灸后不可马上吹风，不可着凉，注意保暖。注意清淡饮食，艾灸期间不可吃生冷寒凉的食物，不可过食辛辣，不可暴饮暴食。平时注意休息，保持充足睡眠，适量运动，开阔心胸，保持乐观开朗的情绪。

临床应用篇

第八章

中医常见体质辨证施灸

【学习目标】

1. 通过本章内容的学习，重点掌握中医常见体质的辨证施灸方法，熟悉中医常见体质的分型，了解各体质类型的特征。

2. 学会运用中医体质学说指导临床灸疗。

3. 培养学生以患者为中心，辨证论治，以辨证的观点分析问题的能力。

情景导入一

杨某，女性，41岁，形体消瘦，性格内向，面色萎黄，平素语声低沉，气短懒言，容易疲乏，易出汗，舌淡红，舌边有齿痕，脉弱。若患病则咳喘无力、精神疲惫，或腰膝酸软等。

针对上述案例，请解决下列问题。

1. 请运用中医体质分类理论，判断本例患者属何种体质。

2. 请运用中医体质辨证理论，解释本例患者该如何辨证施灸。

第一节　平和质辨证施灸

中医体质是指人体生命过程中，在先天禀赋和后天获得的基础上所形成的形态结构、生理功能和心理状态方面综合的、相对稳定的固有特质。2009年4月9日，中华中医药学会制定《中医体质分类与判定》标准，将中医常见体质分为九类，即平和质（A型）、气虚质（B型）、阳虚质（C型）、阴虚质（D型）、痰湿质（E型）、湿热质（F型）、血瘀质（G型）、气郁质（H型）、特禀质（I型）。以上九种体质，除平和质为健康体质外，其余八种体质均为偏颇体质。

【体质特征】

1. **总体特征**　阴阳气血调和，体态适中、面色红润、精力充沛等为主要特征。
2. **形体特征**　体形均匀健壮。
3. **心理特征**　性格随和开朗。

4. **发病倾向**　平素患病较少。

5. **适应能力**　对外界环境适应能力强,包括自然环境和社会环境。

【常见表现】

面色、肤色润泽,头发稠密有光泽,目光有神,鼻色明润,嗅觉通利,唇色红润,不易疲劳,精力充沛,耐受寒热,睡眠良好,胃纳佳,二便正常,舌色淡红,苔薄白,脉和缓有力。

【辨证灸疗】

1. **养生固本**　平和质重在"固本",可以遵循《素问·上古天真论》中的生活方式:"法于阴阳,和于术数,饮食有节,起居有常,不妄作劳。"临床一般采用"治未病"的思想进行灸疗,可选用一些养生保健常用穴,如足三里、神阙、涌泉等,以增强抗病能力,预防相关疾病的发生。

2. **艾灸足三里**　足三里为养生保健之要穴,《外台秘要》曰:"三里养先后天之气,灸三里可使元气不衰,故称长寿之灸"。《医学入门》:"用艾熏脐防病,凡一年四季各熏一次,元气坚固,百病不生",神阙为温运阳气的要穴,灸之能增强机体免疫功能,提高抗病能力。《难经·六十六难》言:"脐上肾间气动者,人之生命也,十二经之根本也",涌泉穴属于足少阴肾经,为肾经之井穴,可益肾通便、宁神熄风,为常用保健穴位。

第二节　气虚质辨证施灸

【体质特征】

1. **总体特征**　元气不足,以疲乏、气短、自汗等气虚表现为主要特征。
2. **形体特征**　肌肉松软不实。
3. **心理特征**　性格内向,不喜冒险。
4. **发病倾向**　易患感冒、内脏下垂等病;病后康复缓慢。
5. **适应能力**　对外界环境适应能力:不耐受风、寒、暑、湿邪。

【常见表现】

1. **身体乏力**　这是气虚最典型的表现之一,往往在早上起床后感觉精神状态不佳,身体乏力。
2. **头晕**　气虚可能引起头晕,尤其是在突然站立或长时间站立后。
3. **心悸**　气虚可能导致心脏跳动加快或不规律,从而引起心悸。
4. **食欲不振**　气虚可能会导致胃肠功能减弱,从而影响食欲和消化。
5. **容易感冒**　气虚体质的人容易感冒,因为他们的身体抵抗力较弱。
6. **舌苔舌质**　舌质淡红,苔薄白、边有齿痕,脉细弱无力,这是气虚体质的舌脉表现。

【辨证灸疗】

《医学入门》："虚则灸之,使火气以助元阳也"。虚证可用艾灸的方法增强机体的正气,临床上采用艾灸治疗虚证主要通过穴位的选择和配伍而实现。

1. 温阳健脾,提升正气　选择艾灸足三里、脾俞、胃俞、肺俞、肾俞、气海、关元等,以补血养血,增强机体免疫力。其中,足三里为多气多血足阳明胃经之合穴,是气血"百川归海"之穴,灸之有调脾胃、养气血、扶正祛邪的作用;气主要经过脾、胃、肺和肾等脏腑生理功能的综合协调作用而生成,脾俞、胃俞、肺俞、肾俞分别为脾、胃、肺、肾之背俞穴,内应于脏腑,是脏腑之气输注于背腰部的腧穴,故艾灸可直接调节和治疗相应脏腑的疾病。气海为"生气之源,聚气之所",灸之具有升阳补气、补虚固本之效。

2. 艾灸神阙　艾灸神阙具有温阳补气、健脾和胃的作用,对于改善气虚症状效果较好。在艾灸时,可以选择手持艾条或使用艾灸盒进行操作。手持艾条时,可以将艾条点燃后悬空在穴位上方,进行温和灸或雀啄灸。使用艾灸盒时,可以将艾条点燃后放入艾灸盒中,然后将艾灸盒放置在穴位上进行熏灸。

第三节　湿热质辨证施灸

【体质特征】

1. 形体特征　湿热体质的人形体偏胖或苍瘦,常表现为平素面垢油光,容易生痤疮粉刺,易口苦口干,身重困倦,舌质偏红,苔黄腻。

2. 心理特征　由于湿热内蕴,肝胆多郁,湿热体质者多急躁易怒。有人研究发现,湿热体质者多有个性偏于内向、情绪不稳定的特点。

3. 患病特征　湿热体质的人容易患疮疖、黄疸等病证。此外,还容易患湿疹、口腔溃疡和胆囊炎等。

4. 形成原因　"湿"可以来自外界,如由于气候潮湿或涉水淋雨或居家潮湿,外来水湿入侵人体而形成;也可以来自身体内部,多数是由于体虚消化不良或暴饮暴食,吃过多油腻、甜食,脾不能正常"运化",使"水湿内停"而产生。

【常见表现】

湿热质体质的临床表现主要包括以下几个方面。

1. 脾胃湿热　可能会表现出舌苔黄腻,大便黏腻,多食易饥,口臭口黏,胃中嘈杂,胃部热痛等症状。

2. 肝胆湿热　当出现肝胆湿热时,可能会表现出两肋胁痛,舌质偏红,苔黄腻。大便黏滞不爽,小便黄赤,性情急躁易怒,阴囊潮湿,阴部腥臭等症状。易得脚气;痛风、盆腔积液;易患泌尿系统感染、前列腺炎等。

3. 皮肤五官　平素面垢油光,脸部和鼻尖总是油光发亮,易口苦口干,身重困倦,易生痤疮粉刺,舌质偏红,苔黄腻。体偏胖或偏瘦,心烦懈怠,眼睛红赤,大便短赤,易上火;下阴痒,外阴痒,男性易阴囊潮湿,女性易带下增多,脉象多见滑数,性格多急躁易怒。同时,还易患疮疖、黄疸等病证,湿热体质者还容易患湿疹、口腔溃疡和胆囊炎。

【辨证灸疗】

对于湿热质体质,可以通过艾灸调理。具体来说,可以针对以下几个穴位进行艾灸。

1. 中脘　位于胸骨下端和肚脐连线的中点,具有补益中气、和胃健脾、降逆利水等功效。在临床上常用于治疗胃痛、腹胀、呕吐、吞酸、泄泻等症状。艾灸中脘可以帮助改善湿热体质,缓解胃痛、呕吐等症状。

2. 天枢　位于腹部,横平脐中,前正中线旁开 2 寸,具有理气止痛、活血散瘀、清利湿热等功效。在临床上常用于治疗腹痛、腹胀、便秘、腹泻等症状。艾灸天枢可以帮助改善湿热体质,缓解腹痛、腹胀等症状。

3. 足三里　位于小腿外侧,犊鼻穴下 3 寸,胫骨前嵴旁开一横指的位置,具有补中益气、健脾和胃、理气降逆、通经活血等功效。在临床上常用于治疗胃痛、腹胀、呕吐、泄泻等症状。艾灸足三里可以帮助改善湿热体质,缓解胃痛、呕吐等症状。

4. 阴陵泉　位于小腿内侧,在胫骨内侧髁下方与胫骨内侧缘之间的凹陷处,具有利水渗湿、清热泻火、舒筋活络等功效。在临床上常用于治疗腹胀、腹泻、小便不利、遗尿、月经不调等症状。艾灸阴陵泉可以帮助改善湿热体质,缓解腹泻等症状。

5. 丰隆　位于小腿外侧,外踝尖上 8 寸,条口穴外一寸,具有健脾和胃、化痰祛湿、清热平喘等功效。在临床上常用于治疗咳嗽、气喘、头痛、呕吐、失眠等症状。艾灸丰隆可以帮助改善湿热体质,缓解咳嗽等症状。

总之,针对湿热质体质的艾灸调理,需针对不同的穴位进行施灸,以达到调理气血、平衡阴阳的作用。同时,也要注意饮食和生活习惯的调整,以保持身体健康。

第四节　痰湿质辨证施灸

【体质特征】

痰湿质体质特征主要包括以下几个方面。

1. 面部油腻　痰湿体质的人,体内湿气过多,容易使皮肤的新陈代谢减慢,从而会出现皮肤油腻、暗黄等症状,主要表现为面部油腻。

2. 痰多　痰湿体质患者的脾胃运化呆滞,体内痰湿容易上犯于肺,且得不到及时清理,所以会导致患者出现痰多的症状。

3. 体型偏肥胖　痰湿体质患者的体内气血津液运化不畅,容易导致身体内过多的代谢废物无法顺利排出体外,从而可能会引发体型偏肥胖的症状,多表现为腹部肥胖。

4. 舌苔厚重　痰湿体质的人通常舌苔厚重,当开始排出痰湿时,舌苔可能会变得干净。

5. 便溏或腹泻　排痰湿的过程中,身体可能会通过腹泻或便溏的方式排出体内的痰湿和废物。

6. 食欲不振　排痰湿过程中,身体可能会感到食欲不振或胃部不适。

7. 身体沉重　排痰湿过程中,身体可能会感到沉重或乏力。

【常见表现】

腹部松软肥胖；多汗且黏；面泛油光，毛孔粗大；面色淡黄或黯，眼泡微浮；喉间异物感，胸闷，痰多；容易困倦；背沉身重；大便正常或不实，小便不多或微混；舌体胖大，舌苔白腻，脉滑；易患子宫肌瘤以及心脑血管疾病，如高血压、高血脂、中风。

【辨证灸疗】

痰湿质体质的辨证施灸主要包括以下几个方面。

1. 健脾利湿　痰湿质体质的人，脏腑的水液代谢功能减低，因而水湿容易凝聚成痰。因此，应通过艾灸来健脾利湿，以改善痰湿质体质。常用的艾灸穴位包括脾俞、胃俞、足三里、中脘等。

2. 化痰去浊　痰湿质体质的人身体内废物可能停留在体内，形成痰湿。因此，需要化痰去浊，以排除体内的废物。常用的艾灸穴位包括丰隆、足三里等。

3. 舒经活络　痰湿质体质的人可能会出现经络不畅的情况，从而导致身体不适。因此，需要舒经活络，以改善身体的状况。常用的艾灸穴位包括曲池、天枢、支沟等。

4. 调和气血　痰湿质体质的人可能会出现气血不足的情况，从而导致身体虚弱。因此，需要调和气血，以增强身体的免疫力。常用的艾灸穴位包括气海、膻中等。

在辨证施灸的过程中，需要注意以下几点：需根据个人体质和症状选择合适的穴位和灸法；施灸时要注意安全，避免烫伤皮肤或造成其他伤害；施灸后要注意保暖，避免受寒感冒或其他不适；施灸期间要注意饮食调理和合理作息，避免过度劳累和情绪波动。

情景导入二

王某，女，34岁，身高163cm，体重90kg。平时不喜欢运动，腰腹部比较肥胖。平素食欲可，吃完后经常容易犯困，口干口渴，喝水较多，喝水后可缓解。痰多，容易咳出。面色发黄，脉象滑数，细查发现舌苔胖大微黄。舌底静脉怒张，二便可，睡眠可，情绪稳定。血脂血压较高。针对上述情况，请回答以下问题。

1. 该患者属于何种体质？
2. 如何对其进行艾灸调理呢？
3. 除艾灸外，还可采用哪些方法调理体质？

第五节　阳虚质辨证施灸

【体质特征】

1. 总体特征　阳气不足，以畏寒怕冷、手足不温等虚寒表现为主要特征。

2. 形体特征　肌肉松软不实。

3. 心理特征　性格多沉静、内向。

4. 发病倾向　易患痰饮、肿胀、泄泻等病；感邪易从寒化。

5. 对外界环境适应能力　耐夏不耐冬；易感风、寒、湿邪。

【常见表现】

阳虚体质的常见表现包括：

1. 畏寒肢冷　阳虚体质的人经常感到怕冷，即使在温暖的环境中也可能感到四肢冰凉。

2. 面色苍白　阳虚体质的人面色通常苍白，缺乏血色和光泽。

3. 精神疲乏　阳虚体质的人常常感到疲劳，精神状态不佳，难以集中精力。

4. 大便溏薄　阳虚体质的人大便容易不成形，或者腹泻、便溏。

5. 脉搏缓慢　阳虚体质的人脉搏通常比较缓慢，因为他们的身体缺乏能量和动力。

6. 睡眠不好　阳虚体质的人可能睡眠质量不高，容易失眠或多梦易醒。

7. 消化不良　阳虚体质的人可能会出现消化不良的症状，如食欲不振、胃口不好等。

8. 性功能障碍　勃起功能障碍、早泄、遗精、宫寒不孕等现象。如果阳虚日久，累及肾脏，则还会影响生殖功能。

【辨证灸疗】

1. 常用于补阳虚的腧穴　如神阙、关元、大椎、命门、百会等。神阙、关元为任脉的要穴，此二穴相配，灸之可从阴引阳，具有培元固本、回阳固脱、升阳举陷之功。大椎、命门、百会均为督脉穴，督脉为"阳脉之海"，具有调节全身阳经经气的作用。

2. 艾灸大椎　大椎是手足阳经及督脉的交会穴，灸之有壮阳之效；命门为元气之根本，生命之门户，灸之可补命门之火，以壮肾阳；百会位于人体最高，为全身阳气汇聚之"所"，且在穴内运行。具有熄风醒脑、醒神志、苏厥逆、平肝熄风，升阳固脱之作用。

3. 艾灸足三里和三阴交　阳虚体质的人还适合艾灸足三里、三阴交等穴位，这些穴位有温阳益气、补肾健脾的作用，对于改善阳虚症状效果较好。

第六节　阴虚质辨证施灸

【体质特征】

1. 总体特征　阴液亏少，以口燥咽干、手足心热等虚热表现为主要特征。

2. 形体特征　体形偏瘦。

3. 心理特征　性情急躁，外向好动，活泼。

4. 发病倾向　易患虚劳、失精、不寐等病，感邪易从热化。

5. 对外界环境适应能力　耐冬不耐夏；不耐受暑、热、燥邪。

【常见表现】

1. 潮热盗汗　阴虚体质者常表现为午后潮热,夜间盗汗,可能伴有低热或五心烦热等症状。

2. 口渴咽干　阴虚体质者容易感到口干咽干,尤其是夜间或干燥的环境下,症状更加明显。

3. 面部潮红　阴虚体质者常常表现为面色潮红,有时可能会有升火、手足心热、两颧潮红等症状。

4. 便秘　阴虚体质者容易因肠燥失润而引起便秘,大便可能呈羊粪状或球状,排便困难。

5. 心烦易怒　阴虚体质者常常伴有心烦易怒、失眠多梦等症状。

6. 肢体麻木　阴虚体质者可能会出现肢体麻木、手足蠕动等症状。

7. 舌红少苔　阴虚体质者的舌质红而少苔,或光剥苔。

【辨证灸疗】

阴虚无以制阳,久病则阴液耗损而致虚阳偏胜。艾叶乃纯阳之性,灸之以火,有温经散寒、活血通痹、消痛散结、回阳固脱及防病保健之效。因此,有医家提出"热证禁灸"的观点,认为灸法对阴虚阳亢的热证恐有伤阴液、助火势之嫌。但坚持"热证可灸"的医家也为数不少,《丹溪心法》中有艾灸以补阳,则"阳生阴长"的说法,《扁鹊心书》中亦有"扶阳保阴"之说,认为阴阳互根互用,虚热之证均由阴虚无以制阳及阳不足至气虚下陷,郁而发热等引起。《丹溪心法》指出:"大病虚脱,本是阴虚,用灸丹田,所以补阳,阳生则阴长也"。故阴虚质可以借助艾灸纯阳温热之效,扶助阳气,阳生则阴长,因而阴液得以补足。

在艾灸时,可以选择一些具有滋阴清热、润燥生津作用的穴位,如太溪、涌泉、三阴交等。这些穴位可以调节人体的阴阳平衡,改善阴虚的症状。此外,对于阴虚引起的便秘、口干咽燥等症状,也可以通过艾灸相应的穴位来缓解。例如,可以艾灸天枢、支沟等穴位来促进肠道蠕动,缓解便秘症状;艾灸廉泉、照海等穴位,可以缓解口干咽燥的症状。

在进行艾灸时,需要注意以下几点:阴虚体质者本身就有虚热的症状,因此艾灸时应避免过度温热,选择适当的穴位和灸法;在艾灸时要注意避免烫伤皮肤,可以选择一些防烫伤的辅料进行保护;艾灸后要注意保暖,避免受到寒凉刺激。如果出现不适症状或不良反应,应及时停止艾灸并咨询医生。

知识链接

《灵枢·官针》言:"针所不为,灸之所宜""凡病药之不及,针之不到,必须灸之",可见,灸法在针灸临床中的重要性。艾灸的临床适应证广泛,自《伤寒论》以后,出现"热证忌灸"之说,其因有三:《内经》有"热者寒之"之准绳;医圣张仲景之著《伤寒论》有热证忌灸之载;灸治热证之理欠明久也。

《医宗金鉴》曾记:"痈疽初起七日内,开结拔毒灸最宜,不痛灸至痛方止,疮痛灸至不痛时",此乃记载用灸法治疗实热证。论机理,《医学入门》云:"热者灸之,引郁热之气外发"。由于艾性辛温,有透散之功,自能拔毒,此乃郁火宜发之义。

　　周楣声在《灸绳·热证可灸赋》也提出："虚热用灸,亢气周流;实热用灸,郁结能瘳;表热可灸,发汗宜谋;里热可灸,引导称优;热能就燥,寒以温酬;火郁宜发,早有嘉猷。"说明灸法治疗热证、实证,只要辨证准确、施法得宜、度量得当就可以获得良效。

第七节　血瘀质辨证施灸

【体质特征】

　　血瘀体质的特征一般包括面色晦暗、皮肤干燥、舌质紫暗或有瘀点、脉涩或脉迟等。这种体质的人容易患心脑血管疾病,如冠心病、动脉硬化等。

　　血瘀体质的形成原因比较复杂,可能与环境因素、饮食习惯、运动不足等有关。对于血瘀体质的调理,可以从日常生活、饮食习惯、运动锻炼等方面进行。

【常见表现】

　　以瘦人居多;面色灰暗或色素沉着,皮肤易长瘀斑,经常干燥粗糙;身体不明原因疼痛;眼睛常有红丝;舌头上常有瘀斑;刷牙时牙龈易出血;易烦躁、健忘、性情急躁;经量少,经期有血块;乳房胀痛;子宫肌瘤;易患前列腺炎、心脑血管疾病、静脉曲张、乳腺癌。

【辨证灸疗】

　　血瘀体质的灸疗一般需要根据具体症状和体质情况来进行辨证施灸。

　　1. 对于血瘀体质,艾灸可以帮助促进血液循环,缓解血瘀症状。常用的穴位包括三阴交、血海、合谷、曲池、足三里等,这些穴位可以调节人体的气血运行,改善血瘀症状。

　　2. 针对不同类型的血瘀体质,还可以采用不同的配穴和灸法。例如,气滞血瘀的患者可以添加肝俞、期门、太冲等穴位进行艾灸;气虚血瘀的患者可以添加关元、气海、中脘、膻中等穴位进行艾灸;血寒血瘀的患者可以添加心俞、肝俞、脾俞、肾俞、关元、阴陵泉等穴位进行艾灸;血热血瘀的患者可以添加太冲、中都、膈俞等穴位进行艾灸。

第八节　气郁质辨证施灸

【体质特征】

　　1. 总体特征　长期情绪不畅、心情抑郁,表现为神情抑郁、忧虑脆弱等,以及舌淡红、苔薄白、脉弦等。

　　2. 形体特征　偏瘦。

　　3. 心理特征　经常感到闷闷不乐、情绪低沉,常有胸闷,经常无缘无故地叹气,易失眠等。此外,气郁质体质者可能还会有食欲减退、心悸失眠、情绪低落、易怒等症状,以及眼目干涩、唇色暗淡、无精打采等其他症状。

4. 性格特征 性格内向不稳定、敏感多虑,对精神刺激适应能力较差,不适应阴雨天气。

【常见表现】

1. 形体瘦者居多。

2. 忧郁面貌,多愁善感、忧郁脆弱、敏感多疑;经常闷闷不乐,爱叹气;胆小,易心慌失眠。

3. 喉部常有堵塞感或异物感,舌淡红,苔薄白;两肋胀痛、打嗝;不排气,腹胀,易怒;经量少,子宫肌瘤。

4. 易患忧郁症、肺结核、乳腺增生等。

【辨证灸疗】

气郁质体质的灸疗方案需要根据具体症状和体质情况来进行辨证施灸。

一般来说,气郁质体质者需要疏肝解郁,调理气机,促进气血循环。常用的穴位包括肝俞、期门、太冲、合谷、膻中、神阙等。其中,肝俞和期门可以疏肝理气,太冲可以镇静安神,合谷可以调理气血,膻中可以宽胸解郁,神阙可以调理脾胃、促进气血化生。

针对不同类型的病证,可以选取不同的配穴和灸法。例如,对于肝气郁结所致的失眠多梦、心烦意乱等症状,可以添加心俞、内关等穴位进行艾灸;对于脾胃气滞所致的脘腹胀满、食欲不振等症状,可以添加中脘、足三里等穴位进行艾灸。

第九节 特禀质辨证施灸

【体质特征】

先天失常,以生理缺陷、过敏反应等为主要特征。

【常见表现】

免疫力低下,对花粉或某事物过敏,易起荨麻疹,易感冒,易哮喘。即使不感冒,也常有打喷嚏、流鼻涕等特征;易患过敏性皮炎、海鲜过敏、荨麻疹、水土不服等。

【辨证灸疗】

1. 中医认为过敏与肺气虚有关,调理以益气固表为主。而某些遗传疾病多认为与先天肾气不足有关,调理以补脾益肾为主。"肾为先天之本""脾为后天之本",特禀质养生以健脾、补肾气为主,以增强卫外功能。

2. 穴位:百会、口禾髎、大椎、肺俞、膏肓、肾俞、中脘、神阙、足三里等穴,每次任选4~5穴施灸。

3. 对于过敏性鼻炎患者,可以选取迎香、印堂、肺俞等穴位进行艾灸;对于荨麻疹患者,可以选取血海、膈俞等穴位进行艾灸。

知识链接

中医体质和西医体质的区别

中医体质:体质,是人体从父母遗传而来、出生受后天的天气、地域、饮食等多种因素影响,形成的与外界环境相适应的功能和形态上相对稳定的一种固有特性。体质反映的是人体内阴阳运动形式的特殊性,这种特殊性根据脏腑盛衰所决定,并由人体的气血强弱为基础。

西医的体质包括体格、体能和适应能力几个方面。体质,是指人的生命活动和劳动工作能力的物质基础。简要地说,体质是指人体自身的质量,是人体在形态、生理、生化和行为上相对稳定的特征。体质可以反映人体的生命活动、运动能力的水平,因此是选择健身运动的依据。身体运动是人的自然属性,同时又是生命活动得以充分发展的必要条件,反映着人的社会属性。

情景导入一解析

1. 请运用中医体质分类理论,判断本例患者属何种体质。

根据中医体质分类理论,本例患者属气虚质。因为患者以元气不足,疲乏、气短、自汗等气虚表现为主要特征。

2. 请运用中医体质辨证理论,解释本例患者该如何辨证施灸。

根据中医体质辨证理论,本例患者在施灸过程中,可选用补气虚的腧穴配伍使用:如足三里、脾俞、胃俞、肺俞、肾俞、气海等。

情景导入二解析

1. 该患者属于何种体质?

该患者为痰湿体质。

2. 如何对其进行艾灸调理呢?

按照艾灸顺序艾灸涌泉、阴陵泉、丰隆、肾俞、脾俞、足三里、三阴交等穴位进行调理。

3. 除艾灸外,还可采用哪些方法调理体质?

（1）生活起居:居住环境宜温暖干燥而不宜阴冷潮湿,平时多进行户外活动。衣着应透气散湿,经常晒太阳或进行日光浴。在阴雨季节,天气湿冷的气候条件下,应减少户外活动,避免受寒淋雨,湿邪侵袭。不要过于安逸,贪恋床榻。

（2）饮食调养:饮食应以清淡为主,避免饮酒多吃健脾利湿、化痰祛湿的食物,如海带、冬瓜、白萝卜、扁豆、薏苡仁、山药、赤小豆、蚕豆、包菜、荸荠、紫菜、荷叶、山楂、白果、茯苓、葱、蒜、海藻、海带、文蛤、海蜇、胖头鱼、橄榄、枇杷、金橘、芥末、紫菜、竹笋等,少食甲鱼、枇杷、大枣、李子、柿子、海参、肥肉及甜、黏、油腻的食物。忌吃饴糖、石榴、大枣、柚子,应限制食盐的摄入。少饮饮料、酒类之品,且每餐不宜过饱,有意识地控制吃饭速度。

（3）精神调摄：总的原则是以静养神，愉快怡神。需要有意识地控制自己过激的情绪，培养一些需要在安静、优雅的环境中练习的爱好，如书法、瑜伽、太极拳、气功等。

（4）运动锻炼：因形体肥胖，身体沉重，易于困倦，故应根据自己的具体情况循序渐进，长期进行运动锻炼，如散步、慢跑、打乒乓球、打羽毛球、打网球、游泳、练武术，以及适合自己的各种舞蹈，活动量逐渐增强，让松弛的肌肉逐渐变得结实、致密。运动时通常需要达到出汗水平，所以衣着应透气散湿，且要经常晒太阳或进行日光浴。

第九章

内科常见病症辨证施灸

【学习目标】

1. 通过本章内容的学习,重点掌握内科常见病症的概念和辨证施灸以及治则;熟悉艾灸治疗内科常见病症的取穴原则、配穴方法及操作步骤;了解艾灸治疗内科常见病症的适应证、禁忌证和注意事项。

2. 具备对内科常见病症的辨证思维能力和综合分析能力、具备辨证施灸的专业技能和较高的操作水平。

3. 拥有良好的职业道德,尊重患者,关爱生命,具备高度的责任感和敬业精神;拥有良好的沟通技巧,能够与患者进行良好的沟通,了解患者的病情和需求,解释施灸的过程和效果,取得患者的信任和合作;具备自主学习和终身学习的意识,不断更新知识和技能,提高自身的专业水平。

情景导入

高某,女,72岁。中风2年,右半身不遂。右手不以握物,右臂不能上举,右下肢尚能勉强移步,头脑糊涂,语言不利,见亲人流泪,但呼不出姓名。北京某医院诊断为中风后遗症,脑血管精神病。1990年8月14日来某院求治。查血压:16/10kPa。舌淡苔白,脉弦细。作中风偏瘫痴呆治疗。针对患者上述情况请解决以下几个方面的问题。

1. 依据上述情况提出临床诊断。
2. 对患者的病机病理进行辨证。
3. 拟定灸治处方。
4. 病案分析。

第一节　中风后遗症

【概念】

中风是以猝然昏仆,不省人事,伴口角㖞斜、语言不利、半身不遂或麻木等症为主要临床表现的病症。发病急,变化快,症见多端,其善行数变的特点与风相似,故名中风。中风分为中经络和中脏腑。病在中经络者多无神志障碍,而以半身不遂为主,口角㖞斜,舌强,语言不利为主症,病情较轻,预后较好。病在中脏腑者,神志昏迷,病情重,预后差。中风发病率和致死率较高,常遗留后遗症。西医的出血性及缺血性脑血管病与本病相似,可参照本节进行辨证治疗。

本病多见于老年人,四季皆可发病,以冬春两季最为多见。

【病因病机】

中风的发病因素复杂,风、火、痰、瘀、虚是主要病因。

1. 积损正衰 年老体弱,或久病气血亏损,脑脉失养。气虚则运血无力,血流不畅,而致脑脉瘀滞不通;阴血亏虚则阴不制阳,内风动越,携痰浊、瘀血上扰清窍,突发本病。

2. 劳倦内伤 烦劳过度,伤耗阴精,阴虚而火旺,或阴不制阳易使阳气鸥张引动风阳,内风旋动,则气火俱浮,或兼挟痰浊、瘀血上壅清窍脉络。

3. 脾失健运 过食肥甘醇酒,致使脾胃受伤,脾失运化,痰浊内生,郁久化热,痰热互结,壅滞经脉,上蒙清窍;或素体肝旺,气机郁结,克伐脾土,痰浊内生;或肝郁化火,烁津成痰,痰郁互结,携风阳之邪,窜扰经脉,发为本病。此即《丹溪心法·中风》所谓"湿土生痰,痰生热,热生风也"。饮食不节,脾失健运,气血生化无源,气血精微衰少,脑脉失养,再加之情志过极、劳倦过度等诱因,使气血逆乱,脑之神明不用,而发为中风。

4. 情志过极 七情所伤,肝失条达,气机郁滞,血行不畅,瘀结脑脉;暴怒伤肝,则阳暴张,或心火暴盛,风火相煽,血随气逆,上冲犯脑。凡此种种,均易引起气血逆乱,上扰脑窍而发为中风。尤以暴怒引发本病者最为多见。

综观本病,由于患者脏腑功能失调,气血素虚或痰浊、瘀血内生,加之劳倦内伤、忧恼怒、饮酒饱食、用力过度、气候骤变等诱因,而致瘀血阻滞、痰热内蕴,或阳化风动、随气逆,导致脑脉痹阻或血溢脉外,引起昏仆不遂,发为中风。其病位在脑,与心、骨、肝、脾密切相关。其病机有虚(阴虚、气虚)、火(肝火、心火)、风(肝风)、痰(风痰、湿痰)、气(气逆)、血(血瘀)六端,此六端多在一定条件下相互影响,相互作用。病性多为本虚标实,上盛下虚。在本为肝肾阴虚,气血衰少;在标为风火相煽,痰湿壅盛,瘀血阻滞,气血逆乱。而其基本病机为气血逆乱,上犯于脑,脑之神明失用。

【辨证治则】

1. 中经络 主症:意识清楚,半身不遂,舌强,语言不利,口角㖞斜。

(1)风痰阻络:表现为肢体麻木或手足拘急,头晕目眩,舌苔腻,脉弦滑。治则:祛风化痰,通络。

(2)风阳上扰:表现为面红目赤,头痛眩晕,心烦易怒,口苦咽干,小便黄,大便干结,舌红或绛,脉弦有力。治则:平肝潜阳,活血通络。

(3)阴虚风动:表现为肢体麻木,手足拘挛或蠕动,心烦失眠,眩晕耳鸣,舌红少苔,脉细数。治则:滋阴潜阳,息风通络。

(4)气虚血瘀:表现为肢体软弱无力,偏身麻木,手足肿胀,面色淡白,气短乏力,心悸自汗,舌暗,苔白腻,脉细涩。治则:益气养血,化瘀通络。

(5)痰热腑实:表现为口黏痰多,腹胀,大便秘结,舌红,苔黄腻或灰黑,脉弦滑。治则:

通腑泄热,息风化痰。

2. 中脏腑　主症:突然昏仆,不省人事,或神志昏蒙,嗜睡,或神志恍惚,半身不遂,口角㖞斜,舌强失语等。

(1)闭证:表现为神昏,牙关紧闭,两手紧握,喉中痰鸣,大小便闭,气粗口臭等。治则:息风清火,化痰开窍,通腑泄热。

(2)脱证:表现为神昏,目合口开,手撒肢冷汗多,二便失禁,鼻息低微等。如见汗出如油,两颧红,脉微欲绝或浮大无根,为真阳外越之危候。治则:救逆回阳固脱。

【艾灸取穴】

(一)中经络

1. 主穴　取百会、大椎、风池、曲池、尺泽、内关、合谷、环跳、风市、足三里、委中、三阴交等穴。

2. 配穴　风痰阻络加丰隆、中脘;风阳上扰加太冲、太溪;阴虚风动配太溪、风池;气虚血瘀加气海、血海、膈俞;痰热腑实加丰隆、天枢、石门;口角㖞斜加颊车、地仓;尿失禁、尿潴留者加中极、关元。

(二)中脏腑

1. 主穴　取神阙、中脘、足三里、内关、三阴交。

2. 配穴　闭证加合谷、太冲;脱证加关元、气海。

【施灸操作】

1. 操作准备　患者取舒适体位,充分暴露治疗部位,清洁皮肤,用骨度分寸法配合解剖标志定位法及手指同身寸法定位,以患者感觉局部酸、麻、胀、痛为标志。向患者做好解释工作,避免紧张,取得配合。

2. 施灸方法　中脏腑患者昏迷不醒时,持续灸神阙,同时交替灸中脘、足三里穴,每30分钟换穴一次,连续灸至神志清醒。闭证宜雀啄灸,脱证宜温和灸。中经络患者风痰阻络、风阳上扰、痰热腑实用雀啄灸,阴虚风动、气虚血瘀用温和灸。痉挛偏瘫患者使用雀啄灸患侧上、下肢穴位,可有效缓解中风后痉挛偏瘫状态。

3. 灸疗时间　每次可选 3~5 个穴位,每个穴位各施灸 20~30min,每日 1 次。以上穴位可循环灸,30 天为 1 疗程。

4. 注意事项　中风昏迷患者因不能言语,易致烫伤,施灸时宜格外谨慎,严格而言不易施灸;有些患者语言不利,可向患者说明,如觉温度过高,可招手示意。

【按语】

艾灸对中风的预防、抢救及后遗症的治疗都有良好的效果。宜早灸,有中风先兆便灸。凡中风恢复期时间较长,须耐心坚持,方能获取最大疗效。

典型案例分享

病史：患者，男性，49岁。主诉：突发脑出血，中风、右侧肢体偏瘫、语言受损多年，便秘1月余。病史：突发脑出血，3月23日送医院，被发现时无知觉，有呕吐物，有家族史，4月18日来理疗。

诊断：根据四诊结果，可辨证为中风后遗症，心肺受损、脾胃虚弱、肝郁、脱证。

病位：中脏腑。

治则：救逆回阳固脱。

灸方：依据辨证施灸理论，设立灸方如下：风池、大椎、心肺俞、脾肾俞、中脘、神阙、关元、期门、足三里、三阴交、太溪、照海、涌泉。

辨证施灸：一周后，以疏肝理气、强心阳为主。风池、大椎醒脑安神，疏风清热；心肺俞强心，脾胃肝肾俞健脾养胃、疏肝理气；中脘、神阙、关元补充阳气、提升元气，期门疏肝健脾，理气活血；足三里健脾化湿；三阴交、太溪、照海滋阴补；涌泉引火下行。

疗效观察：第一周基本上都处于睡眠状态。

5月5日能够自己排大便，之前要用手伸进去掏，眼睛开始回神，意识能与人交流。

5月9日心气恢复，中焦气通过去了，患者很激动，说了很多感激的话。

5月17日能自己站立，能抬脚，胃口正常，说话清晰很多，心情很好，爱说话。正在继续调理中。

情景导入解析

1. 依据上述情况提出临床诊断

中风后遗症并脑血管性痴呆。

2. 对患者的病机病理进行辨证

依据该患者的主症、兼证、舌脉和体征，发病机理为风痰瘀阻，导致气血络瘀，肝肾亏虚。见表9-1。

表9-1　症状及治则

		风痰瘀阻	气血络瘀	肝肾亏虚
症状	主症	口眼㖞斜，舌强语謇或失语，半身不遂	身体偏枯不用	半身不遂，患者僵硬，拘挛变形，舌强不语
	兼症	肢体麻木	肢软无力，面色萎黄	偏瘫，肢体肌肉萎缩
	舌脉	苔滑腻，舌暗紫，脉悬细	舌质淡紫或有瘀斑，苔薄白，脉细涩或细弱	舌红脉细或舌淡红脉沉细
治则	治则	搜风化痰，行瘀斑通络	益气养血，化瘀通络	滋养肝肾
	取穴	涌泉、足三里		

3. 拟定灸治处方

因疗程较长，患者来诊不便，故拟灸治处方：涌泉、足三里。嘱家人以艾条熏灸器灸之，第一天灸右侧两穴，第二天灸左侧两穴。两侧穴位交替施灸，每天1次，每次灸30分钟，3个多月为1疗程。

3个月后，患者竟能呼出女儿的名字，并能用简单的对话。右手已能握物、梳头，走路也有明显进步。追访：两年之内情况良好。

4. 病案分析

中风偏瘫，以上肢为难治。并发脑血管性痴呆，治疗更为棘手。足三里为足阳明合穴，主行一身之气血；涌泉为足少阴井穴，滋肾水而涵肝木，醒脑而开窍。肾为先天之本，脾为后天之源，仅取两穴而脾肾并治，先天后天共养。上病下治，坚持百余天，竟获佳效。

（何华香 赵美玉）

第二节 眩 晕

情景导入

患者，女性，50岁。主诉：反复头胀痛2年余。病史：患者高血压病史6年，近2年反复头胀痛，时作时止，每遇情志刺激而加重，伴目眩，心烦易怒，面赤口苦，舌红苔黄，脉弦数。针对上述案例，请解决下列问题。

1. 请根据患者的病史，明确中医诊断。

2. 请根据四诊结果，明确辨证分型及治法。

3. 请依据辨证施灸理论，设立灸疗处方，并简要解释其方义。

【概念】

眩是指眼花或眼前发黑，晕是指头晕或感觉自身或外界景物旋转，二者常同时并见，故统称为"眩晕"。轻者闭目即止；重者如坐车船，旋转不定，不能站立，或伴有恶心、呕吐、汗出，甚则昏倒等症状。中医对眩晕的辨证认识分为以下几种类型：即肝阳上亢、肝火上炎、痰浊、气虚血瘀、肾经亏虚。

【病因病机】

眩晕的病因主要有情志、饮食、体虚年高、跌仆外伤等方面。其病性有虚实两端，虚者多由气血亏虚、髓海不足，以致清窍失养，随发眩晕；实者多由肝阳上亢、痰火上逆、瘀血阻窍而扰动清窍发生眩晕。病位在脑，与肝、脾、肾相关，基本病机是风、火、痰、瘀扰乱清窍，或气血虚弱、髓海不足、清窍失养。

【辨证治则】

1. 肝阳上亢 证候表现为眩晕,耳鸣,头目胀痛,口苦,失眠多梦,遇烦劳郁而加重,甚则仆倒,颜面潮红,急躁易怒,肢麻震颤,舌红苔黄,脉弦或数。治则:平肝潜阳,清火息风。

2. 气血亏虚 证候表现为眩晕动则加剧,劳累即发,面色淡白,神疲乏力,倦怠懒言,唇甲不华,发色不泽,心悸少寐,纳少腹胀,舌淡苔薄白,脉细弱。治则:补益气血,调养心脾。

3. 肾精不足 证候表现为眩晕日久不愈,精神萎靡,腰酸膝软,少寐多梦,健忘,双目干涩,视力减退;或遗精滑泄,耳鸣齿摇;或颧红咽干,五心烦热,舌红少苔,脉细数;或面色白,形寒肢冷,舌淡苔白,脉弱尺甚。治则:滋养肝肾,益精填髓。

4. 痰湿中阻 证候表现为眩晕,头重昏蒙,或伴视物旋转,胸闷恶心,呕吐痰涎,食少多寐,舌苔白腻,脉濡滑。治则:化痰祛湿,健脾和胃。

5. 瘀血阻窍 证候表现为眩晕时作,头痛如刺,兼健忘,失眠,心悸,精神不振,耳鸣耳聋,面唇紫暗,舌暗有瘀斑,脉涩或细涩。治则:祛瘀生新,活血通窍。

知识链接

眩晕、头晕、头昏三者有什么区别?

眩晕、头晕、头昏是人非常主观的症状,三者之间是有一定区别的。头昏指患者有头重脚轻感,感觉到头或是身体有浮动感,形成的原因生理因素比较多,通常在劳累、睡眠不足、精神紧张的情况下会出现头昏。头晕指患者感觉头部不清醒,大多数是大脑动脉硬化、脑供血不足、高血压、低血压、贫血等疾病导致的。眩晕指患者看物体时感觉到视物旋转,也就是有视觉空间感觉障碍,一般见于较严重的疾病,比如说小脑脑干部位的梗死、出血导致患者出现眩晕,伴有视物旋转,还有周围性眩晕,比如耳石症、前庭神经元炎等。

【艾灸取穴】

1. 主穴 百会、大椎(百劳)、风池、阿是穴。

2. 配穴 肝阳上亢加灸太冲、行间、太溪、三阴交、内关;气血亏虚加灸关元、气海、血海、脾俞、胃俞、足三里、三阴交;肾精不足加灸命门、太溪、肾俞、腰阳关、神阙;痰湿中阻加灸中脘、丰隆、足三里、阴陵泉;瘀血阻窍加灸血海、神阙、三阴交、合谷。

【施灸操作】

1. 操作准备 患者取舒适体位,充分暴露百会、大椎、风池、阿是穴,清洁皮肤,用手指同身寸法定位,以患者感觉局部酸、麻、胀、痛为标准。并向患者做好解释工作,避免紧张,取得配合。

2. 施灸方法 肝阳上亢、痰湿中阻、瘀血阻窍三种类型的眩晕,宜采用泄法雀啄灸,用于泄毒散瘀。气血亏虚和肾精不足两种类型的眩晕,宜采用温和灸,旨在温和以补,以调慢性虚损,温补元阳,调和脏腑。施灸时以艾灸部位出现温热感但没有灼痛为度,以局部皮肤呈现红晕为宜。其中:①温和灸:点燃艾条,艾条头端位于穴位上方 2~3cm 施灸,使皮肤出现温热感。②雀啄灸:运用腕部力量,艾条头端如鸟雀啄食般一上一下移动,不可触及皮肤,通过距离调整继而调节皮肤的热感。

3. 灸疗时间　每次每个穴位施灸 2~3 分钟,之后换另外一个穴位,方法同上,每日 1 次,30 天为 1 个疗程。

案例分享

　　周某,女,64 岁,患者近 2 年常感头晕、乏力、气短,充分休息后方可缓解。患者长期工作繁忙,每天电脑操作 6 小时,劳倦频作。近日工作甚劳,头晕、乏力加重,伴心悸、少眠,神疲,面色苍白,唇甲不华,语音低微,饮食尚可,二便正常,舌质淡,苔薄白,脉细弱,素无他病,相关检查指标均正常。中医诊断:眩晕,气血亏虚型。治疗:钟罩灸百会、四神聪。灸 30 分钟后患者当即感晕眩消失,疲乏、气短缓解。连灸 5 次,每天 1 次,患者睡眠改善,眩晕消失。

　　患者为中年职业妇女,已绝经 4 年,体瘦,脑力劳动者,长期过劳。气血亏虚脑失充养而眩晕,钟罩灸百会、四神聪后能促进头部血液循环,改善周围组织营养则眩晕缓解。这种简便易行的灸法治疗眩晕,不但疗效好、价格低,而且满足了患者不愿口服中药的愿望,减轻了胃肠负担,值得推广。

---

4. 注意事项　艾灸虽然属于比较安全的治疗方法,但艾灸后需注意以下事项:

(1)忌立即洗澡:艾灸之前全身皮肤、肌肉温度不同,进行艾灸之后皮肤毛孔张开,机体气血通畅,皮肤、肌肉与外界交流通畅。若此时洗澡,易感风寒之邪。即使洗澡也要在艾灸后 4 小时。

(2)灸后多饮水:艾灸是温热式治疗,相当于干蒸、湿蒸,灸后全身血液循环加快,体内水分蒸发较多,结束后易口干,故要及时饮用温水补充水分,同时加速代谢废物的排泄。

(3)灸后宜通风:艾灸时因为艾烟较浓,加上是在封闭室内进行,个别人艾灸后可能会感到胸闷或呼吸不畅,宜在保证不受风寒侵袭的情况下,适当开窗通风,呼吸新鲜空气,补充大脑与心脏的供氧。

(4)灸后饮食宜忌:艾灸可以扶阳气,故灸后饮食宜清淡,宜食比较清润的水果,忌食油炸、煎炒等食物,避免上火。

【按语】

　　百会入络脑,是手、足三阳经与督脉之交会穴,可以清利脑窍而定眩,是治疗眩晕、头痛、失眠、多梦等要穴,敏感而见效速。大椎为六阳之会,能增强机体免疫功能和抗病能力,还可改善头部血液循环。风池为足少阳、阳维之交会穴,可以疏调头部气机止眩。压痛点上施灸能使局部血脉畅通,改善局部血液循环,使局部组织水肿、痉挛得到改善。阿是穴是治疗疾病的最佳刺激点,也是疾病反应点,灸之可获良效。

情景导入解析

1. 请根据患者的病史，明确中医诊断。

眩晕。

2. 请根据四诊结果，明确辨证分型及治法。

肝阳上亢型；治则：平肝潜阳，清火熄风。

3. 请依据辨证施灸理论，设立灸疗处方，并简要解释其方义。

根据患者的症状，设立灸疗处方如下。①太冲：位于足背部，第一跖骨间隙的后方凹陷处，是肝经的原穴，可以平肝潜阳、清肝利胆，缓解肝阳上亢引起的不适症状；②肝俞：位于背部，第九胸椎棘突下旁开 1.5 寸处，是肝的背俞穴，可以疏肝理气、清肝明目，改善肝阳上亢引起的头晕、头痛等症状。③百会：位于头部，正中线与两耳尖连线的交点处，可以平肝潜阳、升阳举陷，缓解肝阳上亢引起的头痛、眩晕等症状；④中脘：位于腹部，脐中点下三寸的位置，可以调理脾胃、和中降逆，缓解肝阳上亢引起的胃痛、呕吐等症状。

在艾灸时，可以选择回旋灸或温和灸，每个穴位灸 10~15 分钟，每日 1~2 次。同时，还可以配合中药治疗和饮食调理，以起到更好的效果。

第三节　高血压病

情景导入

患者，女性，50 岁。一年来，由于工作繁忙，每天工作到凌晨，饮食不规律，总觉得有做不完的工作，精神高度紧张，睡眠差。近期反复头部胀痛，时作时止，每遇情志刺激而加重，伴目眩，心烦易怒，面赤口苦，舌红苔黄，脉弦数。针对上述案例请回答下列问题。

1. 请根据患者的病史，明确中医诊断。
2. 请根据四诊结果，明确辨证分型及治法。
3. 请依据辨证施灸理论，设立灸疗处方，并简要解释其方义。

【概念】

高血压病是一种常见的慢性疾病，全称为"原发性高血压病"，以静息状态下持续性动脉血压增高为主要表现。本病发病率较高，且有不断上升和日趋年轻化的趋势，目前认为与年龄、体态、职业、情绪、饮食有一定的关系。临床上以头晕、耳痛、耳鸣、健忘、失眠多梦、血压升高等为基本特征。本病归属于中医"头痛""眩晕""肝风"等范畴。

【病因病机】

在中医理论中，高血压的病因非常复杂。

1. 病因

（1）内因：先天禀赋不足，肾精亏虚，阳盛阴虚。

（2）外因：七情所伤、饮食失节、劳逸失调、房事不节、内伤虚损。

2. 病机 脏腑气血阴阳平衡失调，主要为肝肾阴阳失调，肝肾阴虚，肝阳上亢。主要涉及肝、肾、脾、心四脏，核心病理因素主要涉及风、火、痰、瘀。具体来说，一方面，高血压与肝肾阴虚，阴不制阳有密切相关。阴虚于下，导致肝阳亢于上，这是高血压病病理发展过程中的主要阶段，也是临床最为多见的一种情况。

3. 病性 该病多为本虚标实之证。下虚为本，上实为标。所谓的上实，包括痰浊、血瘀、水湿等病理产物，是该病进一步发展的重要病因，能引起脑、心、肾等器官的损害，头痛症状较为常见。

【辨证治则】

1. 肝阳上亢 证候表现为眩晕耳鸣，头胀头痛，头重足轻，面红目赤，急躁易怒，失眠或多梦，腰膝酸软，或五心烦热，面部烘热，舌红，脉弦有力或弦细数。治则：平肝潜阳，清火息风。

2. 肝火上炎 证候表现为头晕胀痛，耳鸣，面红，目赤肿痛，急躁易怒，心烦不眠或多梦，口苦口干，便秘，尿短黄，或胁肋灼痛，衄血吐血，妇女月经量多、提前，舌红苔黄，脉弦数。治则：清泻肝火降压。

3. 痰湿壅盛 证候表现为头痛昏蒙，或眩晕且头重如蒙，胸脘满闷，呕恶痰涎，身重困倦，肢体麻木，苔白腻，脉弦滑或濡滑。治则：燥湿祛痰，健脾和胃。

4. 瘀血内阻 证候表现为头晕目眩，经日不愈，头痛绵绵，痛有定处，兼见健忘失寐、呆痴少神、心悸烦躁，面或唇紫黯，舌有紫斑或瘀点，脉弦涩或细。治法：活血化瘀降压。

【艾灸取穴】

1. 主穴 曲池、风池、足三里、太冲、涌泉等。

2. 配穴 肝阳上亢加印堂、大椎、涌泉、悬钟、百会、行间、太溪、太冲和肝俞；肝火上炎加阳陵泉、三阴交；痰湿壅盛加神阙、中脘、丰隆、阴陵泉；瘀血内阻加膈俞、血海、三阴交、阳陵泉、神门。

【施灸操作】

1. 操作准备 施灸前根据患者病情，按照施灸主穴和配穴的位置，嘱患者取合适体位，充分暴露艾灸部位。保证患者体位舒适，做好解释工作，及时回答患者疑问，取得配合。

2. 施灸方法

（1）隔姜灸：高血压适合采用隔姜灸法治疗。取生姜一块，选择新鲜老姜，切成厚0.2~0.5cm的姜片。姜片大小可据穴区部位选用的艾炷大小而定，姜片中间用三棱针穿刺数孔。施灸时，将其放在穴区部位，然后将适中的艾炷放在姜片上，点燃艾炷进行施灸。待患者有局部灼痛感时，须略微提起姜片，或更换艾炷再施灸，采用温和灸。施救时将艾条的一端点燃，对准所选穴位，施灸者左手中、示指放于被灸穴位两侧，以感知患者皮肤受热程度，距皮肤2~3cm熏烤。以感受到温热而不灼痛为宜，之后换其他穴位依次灸之。

（2）艾条温和灸：每穴 20~30 分钟，隔日 1 次，10 日为 1 个疗程。

（3）艾炷隔芹菜根灸：每穴 5~7 壮，隔日 1 次，10 日为 1 个疗程。

（4）温针灸：每穴 20~30 分钟，隔日 1 次，10 日为 1 个疗程。

（5）复方桃仁敷灸：取桃仁、杏仁各 12g，栀子 3g，胡椒 7 粒，糯米 14 粒共捣烂，加一个鸡蛋清调成糊状，于每晚睡前敷灸于涌泉，每次敷贴一侧，两足交替，6 日为 1 个疗程。

（6）复方吴茱萸灸：猪胆汁制吴茱萸 100g，龙胆草 50g，明矾 50g，硫黄 20g，朱砂 15g 共研细末，用小蓟根汁调成糊状灸于神阙，2 天更换 1 次，10 次为 1 个疗程。

【注意事项】

1. 灸法对高血压病 1 期、2 期有较好的治疗效果，对高血压病 3 期可改善症状，但应配合降压药物治疗。

2. 长期服用降压药物者，灸法治疗时不要突然停药。治疗几个疗程后，待血压降至正常或者接近正常，自觉症状明显好转或基本消失后，再逐渐减少药量。

3. 饭后 1 小时内不宜艾灸，过饥、过饱、极度疲劳、情绪不稳禁灸，妇女经期及孕妇禁灸，身体发炎部位禁灸。

4. 高血压患者可以晨练，但要避免在早上血压高峰期进行剧烈运动，如跑步等。因此，高血压患者晨跑时应注意控制运动量，选择适当的运动方式，如慢跑、散步等。同时，如果运动中出现胸痛，胸闷，头晕，明显的气喘、心律不齐等情况，应及时终止运动并休息。

5. 少吃甜食，避免进食高热量、高脂肪、高胆固醇的食品，多吃五谷粗杂粮，每餐只吃七分饱。

案例分享

谢某，男，61 岁。2005 年 6 月 7 日初诊。高血压病病史 6 年，眩晕，头痛，面红目赤，平素情绪易激动，口苦而渴，纳眠差。平时服用降压药物，但血压不稳定，每年需入院治疗两次。近半年来，头晕、头痛症状加重，急躁易怒。来诊时测血压 165/100mmHg，大便偏干，小便黄，舌质红，苔微黄，脉弦数。中医诊断：眩晕（肝阳上亢型）。采用隔茵香散灸神阙穴疗法。经治疗 4 次后，患者诸症明显减轻，血压基本维持在 145/90mmHg，治疗 1 个疗程后，头晕、头痛症状消失，面红耳赤，口苦而渴症状减轻，纳眠改善，血压稳定在 140/90mmHg，又巩固 2 个疗程后结束治疗。随访 1 年未复发。

【按语】

高血压病为西医病名，属于中医学眩晕、头痛、风眩等范围，是临床常见的多因素疾病，也是众多心脑血管病的重要危险因素。其发展可以导致中小动脉血管结构重塑，极易引起心、脑、肾等脏器的器质性病变和功能损害。所以，我们不仅要降低血压，还应着眼于改善症状，保护心、脑、肾等重要脏器。

肝阳上亢证是高血压病中的常见证型，因此，该证型的深入研究对于高血压病、中风病的防治均有重要意义。肚脐即神阙穴，为任脉的重要腧穴。中医学认为，脐通五脏六腑，联络全身经脉。《难经·八难》也明确指出：脐下肾间动气为"五脏六腑之本，十二经脉之根，呼吸之门，三焦之原"。可见，神阙穴是一个具有特殊作用的重要穴位。现代医学则证明，脐部皮肤结构的特点，最有利于药物吸收。由于我们把生黄芪、三七、五味子等药组成的芪香散采用超微粉碎，使药物的细胞壁被破坏，有效成分可以直接渗透皮肤。在此基础上施以大艾炷灸，可增强局部的血液循行，促进对神阙穴的刺激和药物的透皮吸收，故可提高临床疗效。每次灸后用胶布固封脐中药末2天，使药末较长时间地接触局部皮肤。增强药物和皮肤的水合作用，以及促进药物的持续渗透吸收，继而增强药物和穴位的综合作用。

情景导入解析

1. 请根据患者的病史，明确中医诊断。

根据患者的病史，嘱患者购买一支血压计并教会其使用方法，要求患者每日早晨睡醒后静卧状态下测试血压，连测3天，记录血压情况。并要求患者第四天来院就诊。经检查患者记录的血压情况和就诊时现场测量血压读数145/100mmHg，最后的诊断为：高血压病（肝阳上亢型）。

2. 请根据四诊结果，明确辨证分型及治法。

根据四诊结果，该患者为高血压病肝阳上亢型；治则：宜平肝潜阳，清火熄风。

3. 请依据辨证施灸理论，设立灸疗处方，并简要解释其方义。

（1）灸方：主穴肝阳上亢艾灸的主穴和配穴如下。

主穴：百会、风府、太阳穴、三阴交。

配穴：行间、肝俞、神门、足三里。

（2）方义：艾灸不同的穴位具有不同的作用，而百会、风池、太阳、三阴交四个主穴，各有其独特的作用。①艾灸百会：具有醒脑开窍、安神定志的功效。这是因为百会位于头部，且与脑部相关，因此可以治疗头痛、眩晕等症状。②艾灸风府：具有清热散风，镇静宁神，壮阳益气之功效，缓解头痛、眩晕、失眠等症状。③艾灸太阳：具有醒脑、明目、祛风、止头痛的功效。④艾灸三阴交：三阴交是肝经、肾经和脾经三条经络的交点，因此具有调脾气、养肝血、益肾精之功。通过刺激三阴交穴，可以调养肝脾气血、补益肾精；三阴交穴还是一个智能调节穴位。当患有高血压时，每天中午11~13点，心经当令之时，用力按揉两侧的三阴交穴各20分钟，坚持两三个月后，就会有明显的降压效果。

其他的行间、肝俞、神门、足三里四个配穴主要的作用如下。①行间：是肝经的穴位，可以调整情志，对心情抑郁或急躁善怒的患者，可以调整心情。②肝俞：能散发肝脏之热，有疏肝利胆、养血明目等作用。③神门：是心经的穴位，对失眠、惊悸、心烦、健忘等症状有很好的治疗效果。④足三里：是一个重要的保健穴位，艾灸该穴位可调理脾胃、补中益气、疏风化湿，增强抗病能力。

第四节　低　血　压

情景导入

　　李先生，男，35岁。在过去的几年中他一直从事高强度的脑力劳动，经常熬夜加班，饮食不规律，缺乏运动。最近，他感到身体不适，容易疲劳，失眠多梦，心悸胸闷、头晕、乏力、心慌等。他曾经尝试过一些补品，但效果不佳。检查李先生的身体状况：血压在 90/60mmHg 左右，心率在 90 次 /min 左右；舌淡、舌体胖嫩，脉沉细无力；心脏、肾脏、甲状腺等器官无异常，无贫血和营养不良等疾病。依据上述情况，请回答下列问题。
　　1. 请根据患者的病史，明确中医诊断。
　　2. 请根据四诊结果，明确辨证分型及治法。
　　3. 请依据辨证施灸理论，设立灸疗处方，并简要解释其方义。

【概念】

　　低血压是指体循环动脉压力低于正常的状态，目前低血压的诊断尚无统一标准，一般成年人上肢动脉血压低于 90/60mmHg 或 12/8kPa 时即考虑为低血压。急性、病理性低血压发作时常有头昏、晕厥、视物不清、恶心、乏力等症状。对于无症状的低血压患者一般无须特殊治疗，症状严重者则需要根据具体病情进行治疗。本病属于中医学"眩晕""虚损"的范畴。

【病因病机】

　　1. 病因　该病的病因分为内因和外因。内因主要有素体虚弱、禀赋不足；外因主要有思虑劳累过度，耗伤气血等。

　　2. 病机　气血亏虚，阳气虚弱，鼓动无力，气血不能充分达到四末，脑失滋养。病位在心、肺、脾、肾。

【辨证治则】

　　该病主要以虚证为主，常见病症有以下几种类型。

　　1. 心阳不振证　证候表现为头晕、健忘、精神萎靡、神疲嗜睡、面色苍白、四肢乏力、手足发凉、舌淡、舌体胖嫩、脉沉细或缓而无力。治则：振奋心阳、调和气血。

　　2. 中气不足证　证候表现为头晕、气短、自汗、四肢酸软、食欲不振、舌淡、苔白、脉缓无力。治则：补中益气，调和气血。

　　3. 心肾阳虚证　证候表现为头晕耳鸣、心悸怔忡、腰膝酸软、汗出肢冷、步态不稳、无法站立、神志恍惚，甚则晕厥。舌质淡、苔薄白，脉沉细。治则：温补心肾，补肾充髓。

　　4. 阳气虚脱证　证候表现为头晕、面色苍白、恶心呕吐、汗出肢冷、步态不稳、不能站立、神志恍惚，甚则晕厥。治则：温阳化气，回阳固脱。

【艾灸取穴】

1. 主穴　神阙、曲池、足三里、气海。

2. 配穴　心阳不振证加心俞、厥阴俞、膻中；中气不足证加脾俞、中脘、肾俞；心肾阳虚证加内关、心俞、肾俞、太溪；阳气虚脱证加命门、肾俞、关元。

【施灸操作】

1. 操作准备　同第九章第三节相关内容。

2. 施灸方法

（1）艾条温和灸：每穴 15~30 分钟；可配用指压法：以拇指按住涌泉穴，一面强力按压 6 秒钟，一面慢慢吐气，一压一松，反复 20 次，每日 1 次，10 日为 1 个疗程。

（2）艾条雀啄灸：每穴 10~20 分钟，隔日 1 次，10 日为 1 个疗程。

（3）艾炷无瘢痕灸：每穴 5~7 壮，隔日 1 次，10 日为 1 个疗程。

（4）艾炷隔附子饼灸：每穴 5~7 壮，隔日 1 次，10 日为 1 个疗程。

3. 注意事项　一般初次治疗时选穴宜少，施灸时操作者的另一只手可以于施术周围轻轻拍打，以分散患者注意力，缓解疼痛。艾灸治疗过程中需要注意卫生和安全，避免交叉感染和烫伤等不良反应的发生。

案例分享

　　卓某，女，33 岁，于 2007 年 10 月 12 日就诊。主诉眩晕、倦怠、畏寒 1 月余，加重 5 天。患者 1 年来时感头晕，劳则加重，做心电图、血常规、B 超、脑 CT 等多种检查未见异常，查血压诊为"原发性低血压"，未予治疗。5 天前因过度劳累诸症加重遂就诊，查血压 76/55mmHg，面色苍白，舌淡、苔白，脉沉细，予灸盒灸气海穴治疗，灸治 20 分钟后测血压 90/65mmHg，自述眩晕明显轻。连灸 1 个疗程，诸症消失，血压维持在 100/70mmHg 左右，随访半年无复发。

【按语】

　　原发性低血压是指发病机制未明，以动脉收缩压低于 90mmHg、舒张压低于 60mmHg 为特征，且伴有头痛、头晕、失眠健忘、精神萎靡、疲乏无力、心悸，甚或晕厥的一组症候群，又称体质性低血压，与体质虚弱和遗传有关。目前本病治疗，现代医学缺少特异、有效的方法。中医临证本病有舌淡、苔薄，脉沉细弱等症状，与中医的"眩晕""心悸""虚劳"有关，是由先天禀赋不足加之后天摄生调养不当所致。"无虚不作眩"，本病多见于气虚、阳虚、肾虚体质的人，因先天不足，后天失养，或久病致虚，或思虑过度劳损心脾，致气血不足而引起。而气虚为阳虚之渐，阳虚为气虚之甚，气虚日久亦可致阳虚，故本病的主要病机是气虚或阳虚升举鼓动无力，清阳不能上升，脑失所养而发病。《铜人腧穴针灸图经》云："气海者……生气之海也。"治脏气虚惫，真气不足，一切气疾久不瘥，悉皆灸之。"《针灸资生经》则云："气海者，盖人之元气所生也"，灸气海具有益气助阳、扶正固本、培元补虚之功效。艾叶性温，其味芳香，具有理气血、逐寒湿、温经络的作用，《本草纲目》云："艾叶，生温熟热，纯阳也。可以取太阳真火，可以回垂绝元阳……灸之则透诸经，而治百种病邪，起沉疴之人为康泰，其功亦大矣。"故两者配合,使气血得补,清阳得升,诸症消失。此法简便易行,无痛苦且效果显著,值得临床推广。

情景导入解析

1. 请根据患者的病史,明确中医诊断。

根据患者的病史,中医诊断为:低血压。

2. 请根据四诊结果,明确辨证分型及治法。

根据四诊结果,辨证分型为心阳不振证。治则:振奋心阳,调和气血。

3. 请依据辨证施灸理论,设立灸疗处方,并简要解释其方义。

灸方:主穴取神阙、曲池、足三里、气海。配穴:心悸、胸闷、心慌加膻中;失眠多梦加神门;头晕加大椎、百会、至阳、三阴交等;疲劳乏力加天枢、关元、中脘、内关、脾俞、胃俞、肾俞、太溪等。

低血压艾灸神阙可培元固本、回阳救脱,改善气虚现象,有助于升高血压;艾灸曲池对低血压有一定的调理作用。曲池是手厥阴心包经的腧穴之一,具有疏通经脉等功效。艾灸曲池,可以起到舒筋通络的作用,用于改善低血压引起的头晕、恶心等不适症状。足三里是胃经的重要穴位,具有健脾和胃、补中益气、升阳举陷的功效。艾灸足三里可以治疗脾胃虚弱、乏力等病症,能够辅助改善低血压症状。气海位于脐下,是人体一身元气之海,艾灸气海可益气升压。心悸、胸闷、心慌加灸膻中可温通经络、升阳举陷。因膻中周围经脉众多,艾灸膻中可促进机体血液循环、加快气血运行,改善低血压患者的不适症状,如胸闷、气短、头晕、乏力等,有助于调理血压水平;天枢、关元、中脘等具有补益脾胃、升阳固脱的作用。脾俞、胃俞等可调节脏腑阴阳平衡,振奋一身阳气、正气。肾俞、太溪、关元等具有培补肾元、补充肾气的作用。失眠多梦加灸神门,可宁神开窍,对改善心烦、惊悸、怔忡、健忘、失眠等症状有帮助。

（蔡荣潮　赵美玉）

第五节　头　　痛

情景导入

张先生,男,45岁,职业:商人。主诉:长期头痛,主要集中在头部两侧,严重时伴有恶心、呕吐,且经常失眠,影响了日常生活和工作。既往史:张先生自述头痛已有数年,初期症状较轻,仅在劳累或情绪波动时出现。但近年来,头痛症状逐渐加重,发作频率增加,疼痛持续时间延长。曾就诊于多家医院,诊断为偏头痛,并接受过多种药物治疗,但效果不佳。舌质淡,苔薄白,脉细弱。针对上述案例,请解决以下问题。

1. 该患者的中医诊断。

2. 根据四诊结果,该患者的辨证分型和治则。

3. 根据该患者病情拟定艾灸处方。

【概念】

头痛又称"脑风""首风"，指的是由于外感或内伤，致使脉络拘急或失养，清窍不利所引起的以患者自觉头部疼痛为特征的一种常见病证。

【病因病机】

头痛常与外感风邪以及情志、饮食、体虚久病等因素有关。病位在头，与肝、脾、肾关系密切。头为诸阳之会，所有阳经都循行到头，足厥阴肝经上行到巅顶，故头痛与手足三阳经、足厥阴经、督脉密切相关。各种外邪或内伤因素导致头部经络功能失常，气血失调，头部脉络不通或脑窍失养均可导致头痛的发生。头痛以实证多见，也有虚证或虚实夹杂之证。

【辨证治则】

（一）外感头痛

1. 风寒头痛　证候表现为头痛连及项背，常有拘急收紧感，或伴恶风畏寒，遇风尤剧，口不渴，苔薄白，脉浮紧。治则：疏散风寒止痛。

2. 风热头痛　证候表现为头痛而胀，甚则头胀如裂，发热或恶风，面红目赤，口渴喜饮，大便不畅或便秘，溲赤，舌尖红，苔薄黄，脉浮数。治则：养血清脑，通络活血。

3. 风湿头痛　证候表现为头痛如裹，肢体困重，胸闷纳呆，大便或溏，苔白腻，脉濡。治则：祛风胜湿通窍。

> **知识链接**
>
> ### 曹操头痛的原因
>
> 《三国志》记载："太祖（即曹操）闻而召佗，佗常在左右。太祖苦头风，每发，心乱目眩。佗针鬲，随手而瘥"。曹操患"头风"病，即头痛，华佗用针刺疗法进行治疗，手到病除。分析其病因，风为阳邪，易袭阳位，而头为诸阳之会，易受风邪侵袭。
>
> 此外，曹操长年征战，加之"欲望过多、思虑过盛"，伤及肝脾，易导致风邪入侵而致头痛。治疗上，按正史记载，华佗针刺取穴为膈俞，正所谓"治风先治血，血行风自灭"。亦有医家认为，华佗为曹操针刺的不是膈俞穴，而是取风府穴以祛风通络止痛。金元时期的针灸医家窦汉卿在《扁鹊心书》中说道："一人头风，发则旋晕呕吐，数日不食。余为针风府穴，向左耳入三寸，去来留十三呼，患者头内觉麻热，方令吸气出针，服附子半夏汤永不发。华佗针曹操头风，亦针此穴立愈。"

（二）内伤头痛

1. 肝阳头痛　证候表现为头昏胀痛，两侧为重，心烦易怒，夜寐不宁，口苦面红，或兼胁痛，舌红苔黄，脉弦数。治则：平肝潜阳息风。

2. 血虚头痛　证候表现为头痛隐隐，缠绵不休，时时昏晕，心悸失眠，面色少华，神疲乏力，遇劳加重，舌质淡，苔薄白，脉细弱。治则：养血滋阴，和络止痛。

3. 痰浊头痛　证候表现为头痛昏蒙，胸脘满闷，纳呆呕恶，舌苔白腻，脉滑或弦滑。治则：健脾燥湿,化痰降逆。

4. 肾虚头痛　证候表现为头痛且空,眩晕耳鸣,腰膝酸软,神疲乏力,滑精或带下,舌红少苔,脉细无力。治则：养阴补肾,填精生髓。

5. 瘀血头痛　证候表现为头痛经久不愈,痛处固定不移,痛如锥刺,或有头部外伤史,舌紫暗,或有瘀斑、瘀点,苔薄白,脉细或细涩。治则：活血化瘀,通窍止痛。

【艾灸取穴】

以局部取穴为主,配合循经远端取穴。

（一）外感头痛

1. 外感头痛主穴　主穴取百会、太阳、风池。

2. 外感头痛配穴　风寒头痛加风门、印堂、太阳、风池、迎香、列缺和外关；风热头痛加风池、大椎、曲池、合谷；风湿头痛加百会、风池、合谷、阴陵泉。

（二）内伤头痛

1. 内伤头痛主穴　百会、头维、风池。

2. 内伤头痛配穴　肝阳上亢加太冲、太溪、下溪；血虚头痛加气海、关元、足三里；痰浊头痛加丰隆、阴陵泉；肾虚头痛加太溪、肾俞；瘀血头痛加血海、膈俞、阿是穴。

（三）其他

头痛还可按照部位加减：前额痛加印堂、攒竹；后头痛加后溪、天柱；侧头痛加外关、率谷；头顶痛加四神聪、太冲。

【施灸操作】

1. 操作准备　根据施灸主穴和配穴的位置,嘱患者采取仰卧位或俯卧位、侧卧位。保证患者体位舒适,做好解释工作,及时回答患者疑问,取得配合。

2. 施灸方法　采用温和灸,不宜采用雀啄灸和回旋灸。施救时将艾条的一端点燃,对准所选穴位,施灸者左手中、示指放于被灸穴位两侧,以感知患者皮肤受热程度,距皮肤2~3cm熏烤。以感受到温热而不灼痛为宜,之后换其他穴位依次灸之。其中,风寒头痛和寒湿头痛可采用生姜敷灸,即取生姜适量捣碎(保留姜汁),敷于太阳穴并固定,1次/天,每次1~2h；风热头痛和肝阳头痛可采用薄荷叶敷灸,取新鲜薄荷叶适量,捣烂压贴于穴位上,1次/天,每次1~2h；肾虚头痛一般采用灯火灸,每次选取1~3个穴位,一般灸治1次即可见效。重者可3~5天灸治1次,3次为1个疗程。

3. 灸疗时间　头部皮肤与颜面部皮肤的厚度比较,头部的皮肤非常薄(仅1.476mm)。因此,艾灸头部穴位时间不可过长,每次每个穴位施灸2~3min,共施灸20~30分钟。根据艾灸者个体情况或耐受程度,每日或隔日施灸1次,30次为1个疗程。

4. 注意事项　头部皮肤较薄,温和灸为宜,艾灸温度和艾灸时间不宜过长,避免皮肤发红,甚至引起皮肤水泡或化脓感染；灸后即使头发留有艾烟气味,忌立即洗头或洗澡；在灸疗过程中,施灸者要主动和患者交流,询问灸感,出现严重不适立即停止艾灸,及时就诊；空腹状态下头部不宜施灸,以免血管扩张,血压下降,脑供血不足引起晕厥；避免艾灰掉落皮肤,造成灼伤。若发生灼伤,妥善处理。

【按语】

艾灸头部穴位的主要作用是促进头部血液循环,减轻血管和神经痉挛。利用艾火的热疗作用,打开穴位,循经灸之,可温经通络、补阳、活血化瘀、祛风止痛。百会为气血朝会之所,又可补脑益髓,止痛定眩;百会、头维善于宣发清阳,通络止痛;风池为足少阳、阳维之交会穴,可以疏调头部气机止头痛;太阳为治疗头痛之效穴。

情景导入解析

1. 该患者的中医诊断。

中医认为头痛多与气血不足、肝阳上亢、痰浊中阻等因素有关。根据张先生的症状和病史,中医诊断:头痛。

2. 根据四诊结果,该患者的辨证分型和治则。

根据四诊结果,该患者为气血不足型头痛。治则:养血滋阴,活络止痛。

3. 根据该患者的病情拟定艾灸处方。

依据辨证施灸理论,设立灸疗处方如下。①艾灸主穴:百会、头维、风池、太阳。上述穴位均是调节大脑功能的重要穴位,艾灸此穴可以调和气血,提升阳气,通络止痛。②艾灸配穴:足三里、三阴交、太溪和侠溪。其中,足三里可以健脾和胃,促进气血生成;三阴交可以调和气血,缓解头痛;太溪为足少阴肾经原穴,可滋养肾阴;艾灸侠溪可促进血液循环,调理气血,缓解气血不足、气滞血瘀等引起的头痛。

艾灸方法:将点燃的艾条对准穴位,距离皮肤约2~3cm,以感到温热为宜。每个穴位艾灸15~20分钟,每日或隔日一次。注意保持穴位周围皮肤干燥,避免烫伤。

注意事项:气血不足型头痛患者应注意休息,避免过度劳累。同时,饮食应清淡易消化,多吃富含营养的食物,如红枣、枸杞、桂圆等。在艾灸过程中如有不适,应立即停止并咨询医生。

(何华香 赵美玉)

第六节 痹 证

情景导入

患者,男,45岁。2020年9月初诊,主诉:反复左踝关节肿痛2年,加重1天。现病史:患者平素嗜食海鲜,2年前出现左踝关节内侧红肿热痛,遂就诊于当地医院,查尿酸提示异常升高,考虑为痛风性关节炎急性发作,予口服秋水仙碱、塞来昔布治疗后症状缓解。此后症状仍时有发作。近1个月来常喝酒应酬,1天前上述症状加重,左踝关节疼痛,以内侧为主,行走受限,在家属帮助下坐轮椅求诊。查体:生命体征平稳,神清,发育正常,痛苦面容,左踝关节疼痛剧烈,不可触碰,局部皮肤红肿,左足背亦肿胀明显,触摸局部皮肤灼热。纳寐一般,小便色黄,稍灼热,大便尚调。舌红,苔黄腻,脉滑数。

针对上述案例,请解决下列问题。

1. 请根据患者的病史,明确中医诊断。

2. 请根据四诊结果,明确辨证分型及治法。

3. 请依据辨证施灸理论,设立灸疗处方,并简要解释其方义。

【概念】

痹证是由于风、寒、湿等邪气闭阻经络,导致气血运行不畅,肢体关节、筋骨、肌肉等处发生疼痛、酸楚、重着、麻木,或关节屈伸不利、僵硬、肿大、变形及活动障碍等为主症的一种疾病。

【病因病机】

痹证的病因分外因和内因。外因主要指的是感受风寒之邪和感受风热之邪。如久居炎热潮湿之地、严寒冻伤、贪恋露宿、暴雨浇淋、水中作业或汗出入水。痹证的内因多因劳逸过度,激烈活动后感邪。病位初在肌表经络,久则深入筋骨、肌肉、关节,累及五脏。基本病机是风、寒、湿、热等外邪滞留肢体筋脉、关节、肌肉,经脉阻滞,气血痹阻不通,筋脉关节失于濡养,"不通则痛"。劳逸过度,激烈活动后感邪。另外,久病体虚、产后气血不足等因素,也和该病密切相关。

【辨证治则】

1. 风寒湿痹

(1)行痹:证候表现为肢体关节呈游走性疼痛、麻木且关节屈伸不利。初起常见恶风、发热等表证,舌质淡,苔薄白,脉浮。治则:祛风通络,散寒除湿。

(2)痛痹:证候表现为肢体关节疼痛剧烈,痛有定处,遇寒加重,得热痛减,关节屈伸不利,局部皮肤或有寒冷感。舌质淡,舌苔薄白,脉弦紧。治则:散寒通络,祛风除湿。

(3)着痹:证候表现为肢体关节重着、酸痛,或有肿胀,痛有定处,手足沉重,关节活动不便,肌肤麻木不仁,舌质淡,苔白腻,脉濡缓。治则:除湿通络,祛风散寒。

2. 风湿热痹　证候表现为关节疼痛剧烈,局部灼热红肿,得冷则舒,痛不可触,或呈游走性关节疼痛,筋脉拘急,活动不利,不可屈伸,或见皮下结节、红斑,伴有恶风、发热、汗出、口渴、溲赤、烦躁不安等全身症状,舌红苔黄或黄腻,脉滑数或浮数。治则:清热通络,祛风除湿。

3. 痰瘀痹阻　证候表现为关节肌肉刺痛,固定不移,或关节肌肤紫暗、肿胀,按之较硬,肢体顽麻或重着,甚则关节僵硬变形,屈伸不利,有硬结、瘀斑,面色暗黧,眼睑浮肿,或胸闷痰多,舌质紫暗或有瘀斑,舌苔白腻,脉弦涩。治则:化痰行瘀,蠲痹通络。

4. 气血虚痹　证候主症表现为关节疼痛、酸楚,时轻时重,或气候变化、劳倦活动后加重,神疲乏力,面色少华,形体消瘦,肌肤麻木,短气自汗,唇甲淡白,头晕目花,舌淡苔薄,脉细弱。治则:益气养血,和营通络。

5. 肝肾虚痹　证候主症表现为痹证日久不愈,关节屈伸不利,肌肉瘦削,腰膝酸软,或畏寒肢冷,阳痿遗精,或骨蒸劳热,心烦口干,舌淡红,苔薄白或少津,脉沉细弱或细数。治则:补益肝肾,舒筋活络。

【艾灸取穴】

1. 主穴　大椎、身柱、肾俞、腰阳关。

2. 配穴　行痹加肝俞、膈俞;痛痹加关元、肾俞;着痹加足三里、阴陵泉、脾俞;风湿热痹加大椎、曲池、阴陵泉;痰瘀痹阻加丰隆、血海;气血虚痹加气海、关元、三阴交。

【施灸操作】

1. 操作准备　施灸前根据患者病情,按照施灸主穴和配穴的位置,嘱患者采取合适的体位,充分暴露艾灸部位。保证患者体位舒适,做好解释工作,及时回答患者疑问,取得配合。

2. 施灸方法

(1)隔姜灸:痹证适合采用隔姜灸法治疗。取生姜一块,选择新鲜老姜,切成厚0.2~0.5cm的姜片;姜片大小可根据穴区部位选用的艾炷大小而定;姜片中间用三棱针穿刺数孔。施灸时,将其放在穴区部位,然后将适中的艾炷放在姜片上,点燃艾炷进行施灸。待患者有局部灼痛感时,须略微提起姜片,或更换艾炷再施灸。

(2)温和灸:采用温灸盒法进行艾灸,将温灸盒置于背部或者腹部穴位,点燃艾条后,放在施灸穴位上方灸盒中的铁纱上,盖好封盖以调节温度。如果觉得太热时可加垫毛巾,以灸后局部皮肤潮红为度。

(3)穴位直接灸:取干燥桃枝,做成长17~20cm粗的木棍。先用棉纸3~5层,衬垫于患处(以压痛最明显处或循经取穴)。将桃枝蘸麻油点燃,吹熄火焰,隔着棉纸衬于穴位或患处上。每日或隔日1次,每穴按灸至局部红晕为度。

(4)药物艾炷瘢痕灸:取纯净陈艾绒1 000g,硫黄、防风、石菖蒲、小茴香、藿香、枫球、陈皮各50g,麝香1g,研极细末,密贮瓶装。施灸前可将药制艾绒搓捏成绿豆大小之艾炷数用。每次选用2~4个穴位,常规消毒后,用2%普鲁卡因,每穴内注射0.5~1ml,即可在皮丘上安放艾炷施灸,根据部位及病穴每次施灸10~100壮,使成焦痂,边缘表皮收缩为度,上纱布,并促其疮发。

(5)吴茱萸敷灸:将吴茱萸粉碎为极细末,贮瓶备用,取药末适量,加入黄酒拌匀,放锅内加温炒热,然后搅成糊状。敷灸时取药糊趁热摊于数块青布上,分别贴于穴位处后再换。每次选用2~4个穴位,每日敷灸1~2次,5次为1个疗程。

(6)荆防蒸气灸:取荆芥、防风、艾叶、大蒜(去皮)各30g,将上药放入盆中加水煮沸后,将患部置盆上熏灸。每次熏灸1时,熏灸后用干毛巾擦干患部,并注意保暖。每日熏灸1次,5次为1个疗程,疗程间隔3天。

案例分享

殷某,女,50岁,工人。初诊1954年5月11日。患者自诉右腿冷痛3个多月,加重月余,痛由右胯向足跟呈放射性疼痛,膝关节伸屈不利,步履艰难,天阴下雨疼痛加剧。时值暑天,仍穿绒裤,夜睡需盖棉被,脉象沉紧,舌淡苔白。诊为"寒痹"。治宜温经散寒,疏经通络。取穴:环跳、足三里、绝骨(均用补法),隔日1次。经针刺3次后疼痛减轻,关节屈伸自如,能自行就诊,但冷感未见好转。8月18日改用艾炷灸阳陵泉,灸至20壮时,热感沿足少阳胆经感传,先向下传至足外踝以下,上传至风市。灸至50壮时右腿发热,微微汗出,经3次灸治,右腿冷痛感全部消失。

按语:此案初用针刺,虽起效但冷感未能解除,依据"针所不为,灸之所宜",改用灸法而收良效。《千金翼方》载"凡病皆由血气壅滞,不得宣通,针以开导之,灸以温暖之"。艾灸通过腧穴,使热力直透肌肤,以发挥调和气血,温经通络,助阳散寒作用,从而达到治愈"寒痹"目的。

3. 灸疗时间　采用隔姜灸法:每穴每次艾灸5~7壮,每日1次,5~7天为1疗程。采用温灸盒法:每次每部位灸10~15分钟,一次可艾灸数穴,每日1次,5~7天为1疗程。

4. 注意事项　艾灸虽属于比较安全的治疗方法,但灸后仍要注意以下事项。

(1)艾灸期间要密切观察,施灸过程中要专心致志,耐心坚持,注意思想集中。可边灸边将手置于施灸部位感知温度,谨防烫伤或温度过低而没有效果,同时,要注意避免艾灰烫伤面部皮肤。

(2)饭后1小时内不宜艾灸,过饥、过饱、极度疲劳、情绪不稳禁灸,妇女经期及孕妇禁灸,身体发炎部位禁灸。

(3)艾灸后要多喝温开水,禁止喝冰水,艾灸后半小时内不要用冷水洗手或洗澡。

(4)艾灸后,会出现发热、口渴、上火、皮肤瘙痒等症状,有的还会起红疹、水疱等现象,一般不要惊慌。可以多喝水,以帮助排出体内的毒素。必要时停灸或隔天施灸。若症状持续,可至医院专科处理。

【按语】

大椎别称"百劳",位于第七颈椎棘突下凹陷中,为手足阳经与督脉相交之穴,汇聚手足阳经及督脉阳热之气,为升补阳气的强壮要穴。艾灸大椎穴发挥温通作用,缓解患者肢体关节酸痛症状,促进血液循环。

情景导入解析

1. 请根据患者的病史,明确中医诊断。

根据四诊结果,该患者中医诊断为:痹证。

2. 请根据四诊结果,明确辨证分型及治法。

据四诊结果,患者辨证分型为:风湿热痹;治则:清热通络、祛风除湿。

3. 请依据辨证施灸理论,设立灸疗处方,并简要解释其方义。

依据辨证施灸理论,设立灸疗处方如下。

（1）艾灸主穴:大椎、风门、风池、曲池、合谷。

（2）艾灸配穴:肩髃、肩髎、臑会、阳池、血海、阴陵泉、足三里、三阴交。

（3）操作方法:①艾条温和灸:将艾条点燃,对准穴位,进行温和灸,每个穴位灸15~20分钟,每天1~2次。②艾炷隔姜灸:将生姜切片,放置在穴位上,再将艾炷点燃,放置在生姜上,每个穴位灸3~5壮,每天1次。

（4）方义解释

大椎:位于颈部,后正中线上,第七颈椎棘突下凹陷中,具有疏风解表、祛风除湿等作用;风门:位于背部,第二胸椎棘突下,两侧旁开1.5寸,具有宣肺解表、祛风除湿等作用;风池:位于颈部,枕骨下,胸锁乳突肌上端与斜方肌上端之间的凹陷中,具有祛风解表、通窍明目、活血止痛等作用;曲池:位于肘横纹上,肱骨外侧突起处,具有祛风解表、清热解毒、调和气血等作用;合谷:位于手背,第一、二掌骨之间,约平第二掌骨中点处,具有疏风解表、清热解毒、活血止痛等作用;肩髃:位于肩部,肩髃前、后各1寸处,具有舒经利节、祛风除湿等作用;肩髎:位于肩部,肩髃后1寸处,具有舒经利节、祛风除湿等作用;臑会:位于臂臑与小臂交接处,当曲池下3寸处,具有调和气血、舒经利节等作用;阳池:位于腕背横纹上,指总伸肌腱尺侧缘凹陷中,具有清热解毒、舒经止痛等作用;血海:位于大腿内侧,髌底内侧端上2寸,当股四头肌内侧头的隆起处,具有活血化瘀、通络止痛等作用;阴陵泉:位于小腿内侧,胫骨内侧髁下缘凹陷中,具有健脾利湿、通利小便等作用;足三里:位于小腿前外侧,犊鼻下3寸,距胫骨前缘一横指(中指),具有健脾利湿、补肾壮阳等作用;三阴交:位于小腿内侧,胫骨内侧髁下缘凹陷中下方3寸处,具有健脾利湿、补肾壮阳等作用。

（刘凌岩　赵美玉）

第七节　痿　证

情景导入

患者张某,男性,45岁,因四肢痿软无力、肌肉萎缩、行走困难等症状前来就诊。患者自述在半年前无明显诱因下出现四肢无力,逐渐加重,腰脊酸软,不能久立,后出现肌肉萎缩,行走困难,曾在外院进行多次检查和治疗,但效果不佳。查体:患者伴有目眩发落,耳鸣咽干,舌红少苔,脉细数。针对上述案例,请解决以下问题。

1. 该患者的中医诊断。

2. 该患者的辨证分型、治则。

3. 拟定灸疗处方,诠释方义。

【概念】

痿证是以肢体筋脉弛缓,痿软无力,不能随意运动,或伴有肌肉萎缩的一种病证。"痿"之病名首见于《素问》,临床以下肢痿弱较为常见,亦称"痿躄"。

【病因病机】

1. 病因

(1)感受温毒:温热毒邪内侵,或病后余邪未尽,低热不解,或温病高热持续不退。

(2)湿热浸淫:久处湿地或涉水冒雨,感受外来湿邪。

(3)饮食所伤:素体脾胃虚弱或饮食不节,劳倦思虑过度,或久病致虚。

(4)久病房劳:先天不足,或久病体虚,或房劳过度。

(5)血脉瘀阻:劳作不慎,跌打损伤。

2. 病机

内脏精气损伤,机体筋脉失养。病位在筋脉肌肉,根底在于五脏虚损。病性以热证虚证为多,也可见虚实夹杂。

【辨证治则】

1. 肺热津伤

证候主症表现为发病急,病起发热,或发热后突然出现肢体软弱无力,可较快出现肌肉瘦削,皮肤干燥,心烦口渴,咳呛少痰,咽干不利,小便黄赤或热痛,大便干燥,舌质红,苔黄,脉细数。治则:清热润燥,养阴生津。

2. 湿热浸淫

证候主症表现为起病较缓,逐渐出现肢体困重、痿软无力,尤以下肢或两足痿弱为甚,兼见微肿、手足麻木,扪及微热,喜凉恶热,或有发热,胸脘痞闷,小便赤涩热痛,舌质红,舌苔黄腻,脉濡数或滑数。治则:清热利湿,通利经脉。

3. 脾胃虚弱

证候主症表现为起病缓慢,肢体软弱无力逐渐加重,神疲肢倦,肌肉萎缩,少气懒言,纳呆便溏,面色白或萎黄无华,面浮,舌淡苔薄白,脉细弱。治则:补中益气,健脾升清。

4. 肝肾亏虚

证候主症表现为起病缓慢,渐见肢体痿软无力,尤以下肢明显,腰膝酸软,不能久立,甚至步履全废,腿胫大肉渐脱,伴有眩晕耳鸣,舌咽干燥,遗精或遗尿,妇女月经不调,舌红少苔,脉细数。治则:补益肝肾,滋阴清热。

【艾灸取穴】

1. 主穴

神阙、足三里、三阴交、髀关、阳谷。

2. 配穴

肺热津伤加曲池、太渊、下巨虚;湿热浸淫加灸阴陵泉、脾俞;脾胃虚弱加中脘、脾俞、胃俞、足三里;肝肾亏损加肝俞、肾俞、阳陵泉、绝骨;痰瘀阻络加肾俞、曲池、血海、梁丘。下肢的痿证用足三里、解溪,上肢痿证选用肩髃、曲池、合谷。

【施灸操作】

1. 操作准备

同第九章第三节相关内容。

2. 施灸方法

多采用以下几种灸法:①温和灸:施灸时将艾条的一端点燃,对准所选穴位,施灸者左手中、食指放于被灸穴位两侧,以感知患者皮肤受热程度,距皮肤2~3cm熏烤。以感受到温热而不灼痛为宜,之后换其他穴位依次灸之。②艾炷灸:每穴可灸3~5壮,每日 1 次。15 次为 1 个疗程。③隔山药灸：取生山药用淡盐水浸泡 10 分钟，切成 0.2cm 薄片，置穴上方艾炷灸 4~8 壮，每日 1 次，10 次为 1 个疗程。

3. 灸疗时间　每次每部位灸 10~15 分钟。

4. 注意事项　同第九章第四节相关内容，在此不做重复阐述。

案例分享

　　孙某，男，5 岁，于 1980 年 10 月 15 日初诊。代诉：1980 年 8 月无诱因而发现孩子眼斜，继则呼吸困难，急诊入院，诊为"吉兰 - 巴雷综合征"。经抢救治疗脱险，而遗留四肢软瘫，遂来我院就诊。查患儿神志清，营养中等，心肺正常，肝脾未触及，上下肢全瘫，不能坐立，腹壁反射存在，膝腱、肱二头肌反射均消失，感觉正常。舌淡苔白，脉细数。证属气血虚所致的痿证。治取阳明经曲池、合谷、足三里等穴，加益气养营、强壮之身柱、气海。约经 2 周的针刺，症状虽有好转，但进步不快。遂以麦粒艾炷灸气海、曲池、足三里、身柱，每日 1 次，每次灸 7~10 壮。在第 3 次施灸时，误烧伤了足三里，但次日出现了明显效果，患儿可以搀扶站立。经 3 个月的每日灸及隔日针刺而告痊愈。1981 年 4 月随访，该儿童满街跑玩。

　　痿证多由外受风热，侵袭于肺，耗伤肺之津液，致筋脉失去濡润；或由湿热蕴蒸阳明，阳明受病则宗筋弛缓，不能束筋而利关节；或因病久体虚，房事过度，肝肾精气亏损，筋脉失于营养，均能引起本病。本病例因患儿气血虚，用针刺、灸法治疗该病，以疏调气血，从而取得很好的治疗效果。

【按语】

　　痿证的形成，虽有种种原因，但阳明亏虚为其根本原因。若阳明不足，久而久之四肢百骸不能得以濡养则四肢痿弱不用。因此"治痿独取阳明"在临床治疗痿证中有着重要的意义，任何痿证的治疗都要考虑到"阳明"。

情景导入解析

　　1. 该患者的中医诊断。

　　依据四诊结果，该患者中医诊断为痿证。

　　2. 该患者的辨证分型、治则。

　　依据四诊结果，该患者辨证分型为肝肾亏损证；治则为补益肝肾，滋阴清热。

　　3. 拟定灸疗处方，诠释方义。

　　（1）灸疗处方如下。①主穴：神阙、足三里、三阴交、髀关、阳谷。②配穴：肝俞、肾俞、阳陵泉、绝骨。

　　（2）痿证肝肾亏损证是一种较为常见的痿证类型，其症状包括腰膝酸软、头晕目眩、耳鸣耳聋、盗汗、遗精、阳痿、尿频等。艾灸神阙、足三里、三阴交、髀关、阳谷、肝俞、肾俞、阳陵泉、绝骨等穴可以起到补肾益精、疏肝解郁的作用，从而缓解肝肾亏损证的症状。神阙位于腹部中线，具有温阳救逆、利水脱毒的作用，可以治疗腹胀、腹泻等消化系统疾病；足三里位于膝关节下方，具有调理脾胃、补益气血的作用，可以改善肝肾亏损引起的气血不足症状；三阴交位于小腿内侧，具有活血调经、益气健脾的作用，可以治疗月经不调、痛经等妇科疾病，同时也可以改善肝肾亏损引起的气血不足症状；髀关具有舒筋活络、散寒止痛的作用，可以治疗下肢痿痹等运动系统疾病；阳谷位于手腕尺侧，具有平肝息风、明目止痛的作用；肝俞和肾俞分别位于背部和腰部，具有疏肝利胆、补肾益精的作用，可以治疗肝肾亏损引起的各种症状；阳陵泉和绝骨则具有疏肝利胆、清热解毒的作用，可以治疗胆囊炎、肝炎等消化系统疾病。

第八节　面　　瘫

情景导入

患者李先生，45 岁，某公司高管。某日，李先生在高温环境下工作了一整天，汗流浃背，未能及时更换衣服。晚上回家后，他感到有些疲倦，洗澡后躺下休息。由于未能及时擦干身体，他感到有些凉意。第二天早上，李先生起床后发现自己的面部肌肉有些僵硬，口眼㖞斜。他赶紧前往医院就诊，经过医生的诊断，他被确诊为面瘫。

经过详细询问病史和检查，医生认为李先生的面瘫是由于汗出后着凉引起的。由于长时间在高温环境下工作，李先生出汗过多，未能及时更换衣服，导致身体受凉。再加上洗澡时未能及时擦干身体，进一步加重了寒邪的侵袭。寒邪侵袭面部经络，导致面部肌肉僵硬、嘴巴㖞斜等症状。针对上述案例，请回答下列问题。

1. 该患者辨证分型和治则。
2. 拟定灸疗处方，诠释方义。

【概念】

面瘫是以口、眼歪斜为主要表现的病证，又称"口眼㖞斜"。本病可发生于任何年龄，无明显的季节性，发病急，多为单侧性，偶见双侧。

【病因病机】

面瘫多与情志刺激、劳作过度、外伤、正气不足、风寒或风热乘虚而入等因素有关。基本病机是气血痹阻，经筋功能失调。本病病位在面部，与少阳、阳明经筋相关。

【辨证治则】

1. 风寒外袭　证候主症表现为见于发病初期，面部有受凉史。口眼㖞斜，一侧面部肌肉板滞、麻木、瘫痪，额纹消失，鼻唇沟变浅，伴随恶寒，无汗、头痛等外感症状，舌淡，苔薄白，脉浮紧。治则：散寒通络，疏调经筋。

2. 风热侵袭　证候主症表现为见于发病初期，口眼㖞斜，额纹消失，鼻唇沟变浅，并侧不能皱眉、触额、闭目、露齿、鼓颊。伴有微发热,咽痛,耳后乳突部疼痛。舌红,苔薄黄,脉浮数。治则:通络散热,疏调经筋。

3. 气血不足 证候主症表现,多见于恢复期或病程较长的患者,口眼㖞斜,额纹消失,面部肌肉板滞、麻木、鼻唇沟变浅。兼见肢体困倦无力、面色淡白、头晕,微恶寒,发热等症。舌淡苔薄白,脉细弱。治则:补气养血,疏调经筋。

【艾灸取穴】

1. 主穴 翳风、地仓、合谷、阳白、四白、迎香。

2. 配穴 风寒侵袭加风池;风热侵袭加大椎、曲池;气血亏虚加足三里、气海、关元。鼻唇沟㖞斜加灸水沟;颏唇沟歪斜加灸承浆;耳后疼痛加灸翳风。

【施灸操作】

1. 操作准备 体位舒适,充分暴露艾灸部位,做好解释工作,取得配合。

2. 施灸方法

(1)隔姜灸:麦粒灸法,将艾绒搓至麦粒大小,以上穴位先放置姜片,涂抹红花油预防烫伤,再将艾粒置于相应穴位,将其点燃。以患者觉得温热至微有灼痛感觉为度。若患者感觉疼痛无法耐受时,迅速用镊子取下艾粒。

(2)温和灸:施灸时将艾条的一端点燃,对准所选穴位,施灸者左手中、食指放于被灸穴位两侧,以感知患者皮肤受热程度,距皮肤2~3cm左右熏烤。以感受到温热而不灼痛为宜,之后换其他穴位依次灸之。

(3)天灸(发泡灸):取斑蝥3只,巴豆3粒,共研细末,用麻油调成糊状涂于无菌纱布上,分别敷灸地仓、颊车、下关穴,夏天敷5小时,冬天敷8小时,每次敷2个穴,7日1次,4次为1个疗程。敷灸后局部出现水疱,用敷料包扎保持清洁,待其自行吸收。

(4)鲜鹅不食草敷灸:取鲜鹅不食草适量,捣烂敷灸患侧,隔日更换1次。

(5)牵正膏敷灸:取蓖麻仁10g,松香30g,分别研为细用。取净水1kg煮沸后,倒入蓖麻仁细末,煮5分钟后,转小火煮3~4分钟,倒入已备好的冷水盆中(水1kg),收成约3g大小块状备用。敷灸时先取药块1块。用热水烫软后,置于小圆布上,敷贴于患侧下关或颊车穴上,胶布固定,每5天1次。

案例分享

景某,女性,35岁,山西人。因右侧口眼㖞斜6个月余,于2023年10月22日以面瘫入院治疗。当时右额纹变浅,右眼裂小,左鼻唇沟变浅,口角略右偏,露左偏,伸舌居中,右面部呈呆板感。考虑患者病程延久,致瘫痪肌挛缩而口角歪向病侧,名为"倒错"现象。以温针灸翳风合隔姜灸进行治疗,患者取侧卧位,患侧面部朝上。先取翳风常规消毒,用0.35mm×75mm毫针向耳部方向斜刺2~2.5寸,削提插捻转补法,使针感达耳深部。取艾条截1cm段,插于针点燃,燃尽后更换艾段3次,行针15~20分钟取下。另取新鲜姜,切0.3cm厚的生姜片,姜片上用三棱针扎孔,将艾绒做2cm高,底径2~3cm大小的圆锥形艾炷放于姜片上,并从顶端点燃。分别放置于阳白、四白、颧髎、下关、地仓、颊车穴位处,以患者局部皮肤微红不发疱为宜,共灸3~5壮。3个疗程痊愈出院。

《本草正》指出："艾叶，能通十二经……善于温中，能行血中之气，气中之滞。"因此艾灸临床应用广泛，尤其对慢性弱疾病及风寒湿邪为患的病证更为适宜。面瘫初期为外感风寒，后期为气血虚弱，气血瘀滞，故针刺加灸能温经通络，行气活血，驱寒消肿。生姜味辛性温，配合隔姜灸起到异曲同工之效。

3. 灸疗时间　每穴灸 3 壮，每粒燃烧时间控制在 10min 左右，每粒燃烧间隔 30min，每日治疗 1 次，7 天为 1 疗程，连续治疗 4 个疗程。艾条温和灸，每穴施灸 5~10 分钟，每日治疗 1 次，7 天为 1 疗程。

4. 注意事项　艾灸治疗时可采用雀啄灸，使用期间避免面部烫伤留下瘢痕，影响美观，每个穴位艾灸一分钟。在治疗期间，注意面部保暖，避免受寒吹风，外出戴口罩防护。

【按语】

艾灸本身温热效应可以直接作用于面瘫的病灶部位，缓解面神经在茎乳突孔内所受的压迫，可使面神经炎症所致水肿迅速消退，有加强免疫功能、抗感染、抗病毒的作用。

情景导入解析

1. 该患者辨证分型和治则。

依据四诊结果，该患者辨证分型为风寒外袭（风寒证），治则：散寒通络，疏调经筋。

2. 拟定灸疗处方，诠释方义。

（1）灸疗处方如下。①主穴：颊车穴、迎香穴、太阳穴、阳白穴。②配穴：风池、印堂穴、四白穴，地仓穴、三阴交、足三里、合谷穴等。

（2）方义诠释

颊车：属于足阳明胃经，具有祛风清热、开关通络的作用，是治疗口眼㖞斜、面肌痉挛、面痛、牙痛、口噤之要穴，临床以平补平泻法为常用；迎香：能够缓解疼痛；太阳：有醒脑止痛、解除疲劳的功效，可以改善面瘫患者的不适症状；阳白：可以调节督脉的阳气，缓解局部疼痛的症状；印堂：有活血化瘀和疏通经络的作用，可以帮助患者祛除身体内的风热以及风寒等邪气；地仓、三阴交、足三里、合谷等穴位，也有一定的治疗作用。

第九节　感　　冒

情景导入

患者赵某，女，56 岁，因受寒感冒。表现为恶寒重，发热轻，无汗，头痛，全身关节肌肉酸痛，鼻塞流清涕，咽痒咳嗽，痰吐稀薄色白，舌苔薄白，脉浮。针对上述病例，请回答下列问题。

1. 该患者的中医诊断。
2. 依据四诊结果,回答辨证分型和治则。
3. 拟定灸疗处方,并诠释方义。

【概念】

感冒是感受触冒风邪或时行疫毒,引起肺卫功能失调的一种常见外感疾病,以鼻塞流涕、喷嚏、咳嗽、头痛、恶寒发热、全身不适、脉浮为主要临床特征。

【病因病机】

感冒的基本病机是外邪袭表,伤及肺卫,导致卫表不和,肺失宣肃,肺卫功能失调。基本病机是卫表不和,故见恶寒发热、头痛、身痛、全身不适等症;肺失宣肃,故见鼻塞、流涕、喷嚏、喉痒、咽痛等症。其病位在肺卫,以实证居多,如体虚感邪则可见虚实夹杂,本虚标实证。

【辨证治则】

感冒有实证和虚证之分,其中实证包括风寒感冒、风热感冒和暑湿感冒;虚证包括气虚感冒和阴虚感冒。此外,艾灸温阳散寒适用于风寒感冒,如若出现喉咙干痛、鼻流黄脓涕、咳嗽咯黄黏痰等症状,则不宜艾灸治疗,应以清热解毒、解表为主。

1. 风寒感冒 证候主症表现为恶寒重,发热轻,鼻塞,流清涕,咳嗽,痰稀薄,无汗,头痛,肢节酸疼,苔薄白,脉浮紧。治则:辛温解表,宣肺散寒。

2. 风热感冒 证候主症表现为身热较重,微恶风寒,汗出,头胀痛,鼻塞,流黄浊涕,咽喉红肿疼痛,咳嗽,痰黄黏稠,口干欲饮,舌苔薄黄,脉浮数。治则:辛凉解表,宣肺清热。

3. 暑湿感冒 证候主症表现为身热,微恶风,汗少,肢体酸重或疼痛,头昏重胀痛,咳嗽痰黏,鼻流浊涕,心烦口渴,或口中黏腻,渴不多饮,胸闷脘痞,泛恶,腹胀,大便或溏,小便短赤,舌苔黄腻,脉濡数。治则:清暑祛湿解表。

4. 气虚感冒 证候主症表现为恶寒重,发热轻,头痛身楚,咳嗽,痰白,咳痰无力,平素神疲体弱,气短懒言,反复易感,舌淡苔白,脉浮而无力。治则:益气解表。

5. 阴虚感冒 证候主症表现为身热,微恶风寒,无汗或微汗或盗汗,干咳少痰,头昏,心烦,口干,甚则口渴,舌红少苔,脉细数。治则:滋阴解表。

【艾灸取穴】

1. 主穴 大椎、风池、百会、合谷、肺俞、外关、太阳。

2. 配穴 风寒感冒灸加风门、列缺;风热感冒加风门;暑湿感冒加足三里、中脘;气虚感冒加足三里、气海;阴虚感冒加三阴交;身痛加大杼;腹痛、腹泻加神阙。

案例分享

周某,男,61岁。2023年11月8日就诊。患者自诉晨起鼻塞、流涕、喷嚏频频,恶寒重,发热轻,周身酸楚,头痛。艾灸大椎20分钟后,诸证减轻。隔6小时再按上述方法施灸,2天后感冒痊愈,未服任何药物。

在《内经》中,始见大椎穴名,《素问·骨空论》云:"灸寒热之法,先灸项大椎……"大椎为督脉本经穴,《针灸甲乙经》载:"为三阳,督脉之会"。实是手足三阳与督脉之交会穴,故内可通行督脉,外可流走三阳,除能调节本经经气外,还可调节六阳经经气。

此乃内寒侵表,毛窍闭塞,大椎系六阳之会,取之而泻之,意在疏散祛邪,用重灸乃加强温散寒邪之功。

【施灸操作】

1. 操作准备　根据施灸主穴和配穴的位置,嘱患者采取合适的体位,充分暴露艾灸部位,及时回答患者疑问,取得配合。

2. 施灸方法　可采用以下几种灸法。

(1)温和灸:用艾条进行温和灸法操作,将艾条点着,左手中、食二指放于大椎穴两旁,右手将艾条分别置于大椎、风池、百会、合谷、肺俞穴上方2~3cm处进行熏疗。以患者觉得温热至微有灼痛感觉为度。若感觉灼热时可在距离皮肤2~3cm处回旋熏疗。以患者觉得温热至微有灼痛感觉为度。如果觉得太热时可回旋移动,以灸后穴位局部皮肤潮红为度。

(2)隔姜灸法:采用隔姜灸法将鲜姜切成直径3~4cm,厚0.3~0.4cm的薄片,中间以针刺数孔,然后置于穴位上,再将艾炷放于姜片上点燃施灸。当患者感觉灼烫时,可将姜片稍微提起,稍停后放下再灸,以免烫伤,艾炷燃尽,易炷再灸。

(3)艾炷隔麻黄饼:每穴5~7壮,每日2~3次,3日为1个疗程。

(4)苍术羌活散敷灸:感冒头痛无汗,取苍术,羌活各30g,明矾10g,共研细末,炒热用葱白汁和药末,趁热敷灸神阙穴。

(5)芭蕉根敷灸:感冒高热,取芭蕉根500g,食盐适量,共捣烂敷灸穴位至体温正常。

3. 灸疗时间　艾条温和灸,每次每部位灸15~20分钟,每日1次,5~7天为1个疗程;采用隔姜灸法,每穴每次艾灸5~7壮,每日1次,每穴20分钟,5~7天为1个疗程;艾炷隔麻黄饼灸:每穴20分钟,每日2~3次,3日为1个疗程;苍术羌活散敷灸:每穴20分钟,每日2~3次,3日为1个疗程;芭蕉根敷灸:每穴20分钟,每日2~3次,3日为1个疗程。

4. 注意事项

(1)艾灸前:如果全身发冷无汗出时,调整室温到24℃以上,喝1杯热水,注意保暖,然后施灸。

(2)艾灸中,若无汗出,可采用"夏灸"的方法,即灸时以皮肤的温热感为准。若有汗出,可采用"春灸"的方法,即灸时以皮肤的湿温感为准。灸疗时间以全身微汗为度,不可大汗。通常连续灸一到两次,症状会明显减轻。若当日症状无缓解,可进行第二次施灸。

(3)艾灸后,要注意防风保暖,感冒期间忌生冷、油腻、刺激、寒凉食物等。在感冒症状消失之后,如果出现身体无力气,或稍动易出虚汗,纳呆,需加灸中脘,连灸3~5天,劳逸结合。

【按语】

艾叶芳香性温,为纯阳之物,具有芳香除湿、温阳散寒、泻热解毒的功效。临床上,大椎穴常采用灸法以治疗感冒、畏寒等。艾灸大椎穴,具有温阳通脉、解表发汗、祛风散寒的功效,可明显改善头晕、鼻塞、流涕、四肢酸楚、项背疼痛等症状。

情景导入解析

1. 该患者的中医诊断。

依据四诊结果,该患者的中医诊断是:感冒(实证)。

2. 依据四诊结果,回答辨证分型和治则。

依据四诊结果,该患者为风寒感冒,治则:辛温解表。

3. 拟定灸疗处方,并诠释方义。

(1)灸疗处方如下。①主穴:大椎、风池、合谷、肺俞、外关、太阳。②配穴:列缺。

(2)方义诠释

大椎:位于第7颈椎棘突下缘,大椎穴位于督脉上,督脉是阳脉之海。艾灸此处具有温阳、通络、散寒等作用,对于治疗风寒感冒患者的鼻塞、咳嗽等症状有一定作用;风池:位于胸锁乳突肌与斜方肌上方之间的凹陷处,艾灸此处具有清热、疏风、解表的作用,可缓解风寒感冒患者的头痛症状;合谷:即虎口,艾灸合谷可缓解风寒感冒患者鼻塞、流清涕的症状。由于经络循行,患者左鼻塞时需要艾灸右侧合谷,右鼻塞时需要艾灸左合谷;肺俞:位于第3胸椎棘突旁开1.5寸的位置,艾灸此处可有宣肺理气、止咳化痰、疏风散邪的功效,可缓解风寒感冒患者的咳嗽、吐稀白痰等症状;外关:位于前臂背侧,当阳池与肘尖的连线上,腕背横纹上2寸,尺骨与桡骨之间。艾灸此处可疏风解表;太阳:艾灸太阳可以缓解风寒感冒导致的鼻塞、流涕、发热等症状;列缺:艾灸列缺可以祛风解表,治疗风寒感冒。

第十节　咳　　嗽

情景导入

患者张先生,45岁,体型偏胖,有长期吸烟史。最近,他出现了持续的咳嗽症状,并伴有白色黏痰,痰量较多,咳嗽时感到痰液黏附在喉咙,咳声重浊,进食油腻和甜食后症状加重。他还感到胸闷、气短,全身倦怠无力,食欲不振,大便时而黏滞时而溏。舌苔薄白,脉濡滑。针对上述案例,请回答下列问题。

1. 根据四证结果,做出中医诊断。

2. 根据四诊结果,进行辨证分型,提出治则。

3. 拟定灸疗处方,诠释方义。

【概念】

咳嗽是指外感或内伤等因素,导致肺失宣降,肺气上逆,冲击气道,发出咳声或伴咳痰为临床特征的一种病证。历代将有声无痰称为咳,有痰无声称为嗽,有痰有声谓之咳嗽。临床上本病多为痰、声并见,很难截然分开,故以咳嗽并称。

【病因病机】

咳嗽的病因为外感六淫,内邪干肺。其基本病机为邪犯于肺,肺失宣肃,肺气上逆。咳嗽病位在肺,涉及肝、脾,久则及肾。其病性,外感咳嗽属于邪实,内伤咳嗽多属于邪实与正虚并见。咳嗽分外感咳嗽与内伤咳嗽,外感咳嗽病因多为外感六淫之邪所致;内伤咳嗽病因多由饮食、情志等内伤因素导致脏腑功能失调,内生病邪。

【辨证治则】

(一)外感咳嗽

1. 风寒袭肺 证候主症主要表现为咳声重浊,气急,喉痒,咳痰稀薄且色白,常伴鼻塞、流清涕、头痛、肢体酸楚、恶寒发热、无汗等表证,舌苔薄白,脉浮或浮紧。治则:疏风散寒,宣肺止咳。

2. 风热犯肺 证候主症表现为咳嗽咳痰不爽,痰黄或黏稠,喉燥咽痛,常伴恶风身热、头痛肢楚、鼻流黄涕、口渴等表热证,舌苔薄黄,脉浮数或浮滑。治则:疏风清热,宣肺止咳。

3. 风燥伤肺 证候主症表现为喉痒,干咳,连声作呛,咽喉干痛,唇鼻干燥,无痰或痰少而黏,不易咳出,或痰中带血丝,口干;初起或伴鼻塞,头痛,微寒,身热等表证;舌干红少津,舌苔薄白或薄黄,脉浮数或小数。治则:疏风清肺,润燥止咳。

(二)内伤咳嗽

1. 痰湿蕴肺 证候主症表现为咳嗽反复发作,尤以晨起咳甚,进食甘甜油腻食物加重,咳声重浊,痰多,痰黏腻或稠厚成块,色白或带灰色,胸闷气憋,痰出则咳嗽、憋闷减轻,常伴体倦、脘痞、腹胀,大便时溏,舌苔白腻,脉濡滑。治则:燥湿化痰,理气止咳。

2. 痰热郁肺 证候主症表现为咳嗽气息粗促,或喉中有痰声,痰多黏稠或为黄痰,咳吐不爽,或痰有热腥味,或咳吐血痰,胸胁胀满,或咳引胸痛,面赤或有身热,口干欲饮,舌质红苔薄黄腻,脉滑数。治则:清热肃肺,化痰止咳。

3. 肝火犯肺 证候主症表现为上气咳逆阵作,咳时面赤,常感痰滞咽喉,咳之难出,量少质黏,或痰如絮状,咳嗽时引起胸胁胀痛,咽干口苦,症状可随情绪波动而增减,舌红或舌边尖红,舌苔薄黄少津,脉弦数。治则:清肺泻肝,顺气降火。

4. 肺阴亏耗 证候主症表现为干咳,咳声短促,痰少黏白,或痰中带血丝,或声音逐渐嘶哑,口干咽燥,常伴有午后潮热、手足心热、颧红、盗汗、日渐消瘦、神疲,舌质红少苔,脉细数。治则:滋阴清热,润肺止咳。

【艾灸取穴】

1. 主穴 大椎、大杼、风门、肺俞、尺泽、膻中。

2. 配穴　风寒咳嗽加灸合谷；风热咳嗽加灸曲池；风燥咳嗽加太溪、照海；痰湿咳嗽加灸足三里、丰隆；痰热咳嗽加丰隆、曲池；肝火犯肺加灸行间、三阴交、鱼际；肺阴亏耗加灸肾俞、膏肓、太溪。

【施灸操作】

1. 操作准备　施灸前根据患者病情，按照施灸主穴和配穴的位置，嘱患者采取合适的体位，充分暴露艾灸部位。保证患者体位舒适，做好解释工作，及时回答患者疑问，取得配合。

2. 施灸方法　可采用温和灸和隔姜灸、隔蒜灸。

（1）温和灸：用艾条进行温和灸法操作，将艾条点着，左手中、示二指放于大椎穴两旁，右手将艾条分别置于肺俞、大椎、风门等穴位上方2~3cm处进行熏疗，以患者感觉温热或轻度灼热，灸至局部皮肤潮红为度。

（2）隔姜灸：将鲜姜切成直径3~4cm，厚0.3~0.4cm的薄片，中间以针刺数孔，然后置于穴位上，再将艾炷放于姜片上点燃施灸。当患者感觉灼烫时，可将姜片稍微提起，稍停后放下再灸，以免烫伤，艾炷燃尽，易炷再灸。

（3）艾炷隔蒜灸：每穴5~7壮，每日1~2次，5日1个疗程。

3. 灸疗时间　温和灸每穴灸15分钟，每日1次，10次为1个疗程。隔姜灸和隔蒜灸每穴灸20分钟。

4. 注意事项　同第九章第四节相关内容。

> 案例分享
>
> 　　田某，女，45岁，干部。就诊日期：1995年9月29日。主诉：频咳2月。患者17年前产后受凉而致咳嗽，以后每年均有不同程度发作，逐年加重，多方求医效果不显。3月前因感冒而诱发咳嗽再次发作，住院经抗炎、止咳化痰等治疗，其他症状消失，唯频咳不止，夜间尤重，不能睡眠，频咳汗多，以致虚脱。舌淡苔白，脉细数。治疗方法：先用针刺治疗6次，效果不显，则改为艾炷直接灸之。川黄豆大艾炷放于大椎、肺俞处，点火后，不等艾火烧到皮肤，当患者感到烫时即用镊子将艾炷夹去。每穴各灸20壮，局部红润，涂以绿药膏。当晚患者频咳明显好转。2日后于肾俞处依前法各灸20壮。1周后于大椎、肺俞处依前法再各灸20壮，诉咳只偶尔为之。隔2日于肾俞处各灸20壮以巩固疗效。共灸治4次。随访2年未复发。
>
> 　　按语：久病气虚，气不归元，肾失摄纳之权，故治疗宜以补气益肺肾。《素问·阴阳应象大论》指出"阴病治阳"，肺病则取背俞穴肺俞，肾虚则取背俞穴肾俞。大椎属督脉，为诸阳之会穴，可统帅全身之阳而主表，补大椎可助阳以散里寒。灸法借灸火的温和热力以及药物的作用，通过经络传导，起到温通气血、扶正祛邪作用，达到治病的目的。

【按语】

中医认为，肺属于五脏六腑的最高位置，肺为娇脏，外因六邪首先犯肺。肺主气，司呼吸，"肺之病为咳""诸气郁，皆属于肺"，该病病变在肺，病因病机为风寒犯肺，肺失宣降，气逆作咳。艾灸通过艾炷在穴位上的热力渗透及相应刺激,起到灸法与腧穴的双重治疗作用,增强温阳补虚、温经散寒的功能,适用于咳嗽寒证和虚证的治疗。

> **情景导入解析**
>
> 1. 根据四证结果,做出中医诊断。
>
> 根据四诊结果,该患者的中医诊断是:感冒。
>
> 2. 根据四诊结果,进行辨证分型,提出治则。
>
> 根据四诊结果,该患者的辨证分型为:痰湿蕴肺;治则:燥湿化痰,理气止咳。
>
> 3. 拟定灸疗处方,诠释方义。
>
> (1)灸疗处方如下。①主穴:大椎、大杼、风门、肺俞、尺泽、膻中;②配穴:足三里、丰隆。
>
> (2)灸方诠释:痰湿蕴肺型咳嗽艾灸大椎、大杼、风门、肺俞、尺泽、膻中、足三里、丰隆等穴位的作用如下。大椎:大椎是扶正祛邪之穴,艾灸此穴有助于止咳平喘,提高身体免疫力;大杼:大杼具有清热除燥、止咳化痰的功效,艾灸此穴有助于缓解咳嗽、咳痰等不适症状;风门:风门具有宣肺解表、祛风散寒的功效,艾灸此穴有助于调节肺脏经气,祛风散寒、宣肺咳,缓解咳嗽、咳痰等不适症状;肺俞:肺俞是肺之背俞穴,艾灸此穴有助于调节肺脏经气,祛风散寒、宣肺咳,缓解咳嗽、咳痰等不适症状;尺泽:尺泽是手太阴肺经的穴位,艾灸此穴有助于通经活络、宣肺解表,缓解咳嗽气喘、咽喉肿痛等病症;膻中:膻中是人体的重要穴位之一,艾灸此穴有助于宽胸理气、止咳化痰,缓解咳嗽、咳痰等不适症状;足三里:足三里是足阳明胃经的穴位,艾灸此穴有助于健脾和胃、化痰止咳,缓解咳嗽、咳痰等不适症状;丰隆:丰隆具有化痰止咳、通络止痛的功效,艾灸此穴有助于缓解咳嗽、咳痰等不适症状。

第十一节 哮 喘

> **情景导入**
>
> 患者张先生,55岁,长期患有哮喘,近期症状加重,表现为喘息、气短、咳嗽、咳痰等症状,伴有头晕、耳鸣,腰膝酸软、潮热盗汗等症状,舌红,少苔,脉细数。针对上述案例,请回答下列问题。
>
> 1. 根据四诊结果,做出中医诊断。
>
> 2. 根据四诊结果,进行辨证分型和提出治则。
>
> 3. 拟定灸方,诠释方义。

【概念】

哮喘是一种发作性的痰鸣气喘疾患,发作时喉中哮鸣有声,呼吸气促困难,甚则喘息不能平卧。"哮"为呼吸急促,喉间哮鸣;"喘"为呼吸困难,甚则张口抬肩,鼻翼翕动。临床上哮必兼喘,喘未必兼哮。本病有反复发作的特点,可发于任何年龄和季节,尤以寒冷季节和气候骤变时多发。

【病因病机】

哮喘病因为外邪侵袭,饮食不当,情志失调,体虚病后。基本病机是痰气搏结,壅阻气道,肺失宣降,病位在肺,与肾、脾、心等密切相关。病性以本虚标实,发作期实证为主要特点。

【辨证治则】

哮喘分为发作期和缓解期。根据病程的发展阶段,哮喘发作期分为以下几种证型。

1. 寒饮伏肺证(冷哮证) 证候主症表现为寒痰伏肺,遇感触发,痰升气阻,肺失宣畅。喉中哮鸣如水鸡声,呼吸急促,喘憋气逆,胸膈满闷如塞,咳不甚,痰少咯吐不爽,色白而多泡沫,口不渴或渴喜热饮,形寒怕冷,天冷或受寒易发,面色青晦,舌苔白滑,脉弦紧或浮紧。治则:宣肺散寒,化痰平喘。

2. 痰热遏肺证(热哮证) 证候主症表现为痰热蕴肺,壅阻气道,肺失清肃。喉中痰鸣如吼,喘而气粗息涌,胸高胁胀,咳呛阵作,咳痰色黄或白,黏稠稠厚,排吐不利,口苦,口渴喜饮,汗出,面赤,或有身热,甚至有好发于夏季者,舌苔黄腻,质红,脉滑数或弦滑。治则:清热宣肺,化痰定喘。

3. 寒包热哮证 证候主症表现为痰热壅肺,复感风寒,客寒包火,肺失宣降。喉中哮鸣有声,胸膈烦闷,呼吸急促,喘咳气逆,咳痰不爽,痰黏色黄或黄白相间,烦躁,发热,恶寒,无汗,身痛,口干欲饮,大便偏干,舌苔白腻,舌尖边红,脉弦紧。治则:解表散寒,清化痰热。

4. 风痰哮证 证候主症表现为痰浊伏肺,风邪引触,肺气郁闭,升降失司。喉中痰涎壅盛,声如拽锯,或鸣声如吹哨笛,喘急胸闷,但坐不得卧,咳痰黏腻难出,或为白色泡沫痰液,无明显寒热倾向,面色青黯,起病多急,常倏忽来去,发前自觉鼻、咽、眼、耳发痒,喷嚏、鼻塞,流涕,胸部憋塞,随之迅即发作,舌苔厚浊,脉滑实。治则:祛风涤痰,降气平喘。

5. 虚哮证 证候主症表现为哮病久发,痰气瘀阻,肺肾两虚,摄纳失常。喉中哮鸣如鼾,声低,气短息促,动则喘甚,发作频繁,甚则持续哮喘,口唇、爪甲青紫,咳痰无力,痰涎清稀或质黏起沫,面色苍白或颧红唇紫,口不渴或咽干口渴,形寒肢冷或烦热,舌质淡或偏红,或紫黯,脉沉细或细数。治则:补肺纳肾,降气化痰。

哮喘发作期经过治疗,病程进入缓解期。缓解期主要证型分为以下几种。

1. 肺脾气虚证 证候主症表现为哮病日久,有哮喘病史。肺虚不能主气,脾虚健运无权,气不化津,痰饮蕴肺,肺气上逆。气短声低,自汗,怕风,常易感冒,倦怠无力,食少便溏,或可有喉中时有轻度哮鸣,痰多质稀色白,舌质淡,苔白,脉细弱。治则:健脾益气,补土生金。

2. 肺肾两虚证 证候主症表现为哮病久发,精气亏乏,肺肾摄纳失常,气不归原,津凝为痰,有哮喘发作史。短气息促,动则为甚,吸气不利,咳痰质黏起沫,脑转耳鸣,腰酸腿软,心慌,不耐劳累。或五心烦热,颧红,口干,舌质红少苔,脉细数;或畏寒肢冷,面色苍白,舌苔淡白,质胖,脉沉细。治法:补肺益肾。

【艾灸取穴】

1. 主穴 大椎、肺俞、尺泽、定喘、膻中、列缺、天突。

2. 配穴 寒饮伏肺（冷哮）加风门、太渊、内关；痰热遏肺（热哮）加曲池、内关；寒包热哮证加气海、关元、太渊、内关；风痰哮证加中府、足三里、内关；虚哮证加脾俞、肾俞、膏肓、气海；肺脾气虚证加肺俞、足三里；肺肾两虚证加肾俞、关元、太溪；喘重者加灸天突，痰多加灸丰隆，胸闷加灸内关；虚喘加灸足三里、肾俞、膏肓俞、气海。

【施灸操作】

1. 操作准备 同第九章第三节相关内容。

2. 施灸方法

（1）温和灸：用艾条进行温和灸法操作，将艾条点着，分别置于天突、肺俞、列缺等穴位上方 2~3cm 处进行熏疗。以患者觉得温热至微有灼痛感觉为度。若感觉过于灼可回旋移动，以灸后穴位局部皮肤潮红为度。

（2）隔姜灸：将鲜姜切成直径 3~4cm，厚 0.3~0.4cm 的薄片，中间以针刺数孔，然后置于穴位上，再将艾炷放于姜片上点燃施灸。当患者感觉灼烫时，可将姜片稍微提起，稍停后放下再灸，以免烫伤，艾炷燃尽，易炷再灸。

（3）温盒灸：将温灸盒置于背部或者腹部穴位，点燃艾条后，放在施灸穴位上方灸盒中的铁纱上，盖好封盖以调节温度，如果觉得太热时可加垫毛巾，以灸后局部皮肤潮红为度。

（4）药物艾炷瘢痕灸：取陈艾叶 500g，硫黄 30g，麻黄、桂枝、肉桂、羌活、独活、乳香、没药、细辛、干姜、丁香、白芷、川椒、苍术、防风、广木香、半夏曲各 15g，苏子、牙皂、乌药、川乌、菖蒲、陈皮、甘草、炮甲片（代）各 9g，麝香 1g。上药共研细末，与艾绒拌匀，制成小艾炷（直径 0.6~0.8cm，高 1cm）；选穴 3~5 个，各灸 5~9 壮。灸前亦可先将穴位皮肤消毒或用普鲁卡因行局部麻醉后，用大蒜汁涂穴上，再置艾炷施灸。一年 1 次或两年 3 次，成人共灸 3 次，小儿只灸 1 次。

3. 灸疗时间

（1）采用温和灸，每次灸 10~15 分钟，每天 1 次，5~7 天为 1 疗程。

（2）采用隔姜灸法，每穴每次艾灸 5~7 壮，每穴灸 20 分钟。每日 1 次，5~7 天为 1 疗程。

（3）采用温盒灸法：每次每穴灸 10~15 分钟，一次可艾灸数穴。每日 1 次，5~7 天为 1 疗程。

4. 注意事项 同第九章第四节相关内容。

案例分享

沈某，男，16 岁，农民。1980 年 7 月 16 日初诊。咳喘气急反复发作 10 余年。形体消瘦，面色苍白，自汗畏风，易外感，呼吸短促，舌淡苔薄白，脉象细弱。法当温肾壮阳助运，补肺益气固表。铺灸 2 壮。经铺灸治疗后哮喘 3 年未发，参加劳动至今，未服其他药物。

哮喘一证，病由痰浊内伏，感新邪触发，肺失宣降所致。本例证系幼年外感伤肺气，后天失于调养，哮喘又反复发作，肺气受损，病久不愈，累及脾胃。"脾为生痰之源"而致痰浊伏肺。"肺为气之主""肾为气之根"，肺肾气虚易受外感，而致咳喘频作，缠绵难愈。遵治病求本之训，用"铺灸"法治之，取其温肾壮阳助运以化宿痰，补肺益气固表以绝诱发之因，从而使多年痼疾治愈。

【按语】

支气管哮喘属中医学"哮病"范畴,常因肺有伏痰,又因外邪、情志等因素引动,导致伏痰壅塞气道,肺失宣降而出现气喘、胸闷等症状。针对哮喘患者进行艾灸治疗,可通过艾灸对经络穴位的刺激,促进气血运行,增强正气,从而达到疏通经络的作用,继而有助于调节脏腑功能,改善哮喘症状;艾灸可以扶助正气、祛除外邪。通过补充人体的营养物质,增强人体正气,包括但不限于饮食、睡眠、运动等方面。同时,清除体内的痰、湿、瘀等邪气,包括但不限于寒冷、潮湿、燥热等邪气,以达到治疗疾病的作用;艾灸具有温肺化痰的作用,可以温补阳气、温通经络。在哮喘缓解期配合肺俞、膻中、定喘、膏肓等化痰要穴,能起到补益肺肾、止哮平喘的作用;艾灸可以刺激相应的穴位,如天突、膻中、肺俞等,以缓解咳嗽症状。同时,艾灸还可以促进肺部炎症的吸收,减轻支气管的痉挛,从而达到止咳平喘的作用。

情景导入解析

1. 根据四诊结果,做出中医诊断。

根据四诊结果,该患者所患疾病中医诊断为:哮喘。

2. 根据四诊结果,进行辨证分型和提出治则。

根据四诊结果进行辨证分型,该患者所患疾病证型为肺肾两虚型。治则:补肺益肾。

3. 拟定灸方,诠释方义。

(1)灸方如下。①主穴:大椎、肺俞、尺泽、定喘、膻中、列缺、天突;②配穴:肾俞、关元、太溪。

(2)方义:艾灸大椎、肺俞、尺泽、定喘、膻中、列缺、天突、肾俞、关元和太溪等穴位,对于肺肾两虚型哮喘有一定的缓解作用。大椎:大椎位于第七颈椎棘突下凹陷中,具有清热解表、截疟的作用,对于哮喘有一定的缓解作用;肺俞:肺俞位于背部,第三胸椎棘突下,旁开1.5寸,具有宣肺平喘、清热理气的作用,对于哮喘引起的咳嗽、气喘等症状有一定的缓解作用;尺泽:尺泽位于肘横纹中,肱二头肌腱桡侧凹陷处,具有清肺泻火、化痰平喘的作用,对于哮喘引起的咳嗽、气喘等症状有一定的缓解作用;定喘:定喘位于背部,第七颈椎棘突下,旁开0.5寸,具有止咳平喘的作用,对于哮喘引起的咳嗽、气喘等症状有一定的缓解作用;膻中:膻中位于胸部正中线,平第四肋间,两乳头连线中点,具有宽胸理气、止咳平喘的作用,对于哮喘引起的胸闷、气短等症状有一定的缓解作用;列缺:列缺位于前臂桡侧缘,桡骨茎突上方,腕横纹上1.5寸,具有宣肺解表、通经活络的作用,对于哮喘引起的咳嗽、气喘等症状有一定的缓解作用;天突:天突位于颈部,当前正中线上,胸骨上窝中央,具有宽胸理气、止咳化痰的作用,对于哮喘引起的咳嗽、气喘等症状有一定的缓解作用;肾俞:肾俞位于腰部,第二腰椎棘突下,旁开1.5寸,具有补肾益气、固本培元的作用,对于哮喘引起的腰膝酸软、尿频尿急等症状有一定的缓解作用;关元:关元位于腹部正中线,脐下3寸处,具有温补脾肾、益气固脱的作用,对于哮喘引起的气短乏力、四肢厥冷等症状有一定的缓解作用;太溪:太溪位于足内侧,内踝后方与脚跟骨筋腱之间的凹陷处,具有滋阴补肾、益气固脱的作用,对于哮喘引起的腰膝酸软、头晕耳鸣等症状有一定的缓解作用。

以上穴位艾灸后,可以起到一定的缓解作用,但并不能完全治愈哮喘。还需遵循医生的建议进行治疗。

第十二节　心　悸

情景导入

　　患者李阿姨，今年65岁，退休。由于女儿两个孩子幼小需要帮忙，近一年来李阿姨就住在女儿家里带孩子。为了让女儿很好地休息，她包揽了除带孩子以外的所有家务。最近几个月，李阿姨开始感到心脏不适，经常出现心悸、胸闷、气短、头晕、目眩、失眠健忘等症状，总感觉全身疲劳乏力，饮食减少。就诊时，李阿姨面色无华，舌质淡红，脉细弱。针对李阿姨的情况，请回答下列问题。

　　1. 根据四诊结果，给出李阿姨所患疾病的中医诊断。

　　2. 根据四诊结果，给出李阿姨所患疾病的证型和治则。

　　3. 拟定艾灸处方，诠释方义。

【概念】

　　心悸是指患者自觉心中悸动，惊惕不安，甚则不能自主的一种病证。临床常呈反复发作性，每因情志波动或劳累而诱发，且常伴胸闷、气短、失眠、健忘、眩晕、耳鸣等症。

【病因病机】

　　心悸多由体虚劳倦，七情所伤，感受外邪，药食不当等因素而发病，基本病机是气血阴阳亏虚、心失所养或邪扰心神而致心神不宁。病位主要在心，但与脾、肾、肺、肝四脏密切相关。心悸分为实证和虚证两个方面，虚者多因气、血、阴、阳亏损，使心失所养而致；实者多由痰火扰心，水饮上凌或心血瘀阻，气血运行不畅所致。

【辨证治则】

　　1. 心虚胆怯　证候主症表现为心悸不宁，善惊易恐，坐卧不安，少寐多梦而易惊醒，恶闻声响，食少纳呆，苔薄白，脉细略数或细弦。治则：镇惊定志，养心安神。

　　2. 心血不足　证候主症表现为心悸气短，头晕目眩，面色无华，失眠健忘，倦怠乏力，纳呆食少，舌淡红，脉细弱。治则：补血养心，益气安神。

　　3. 阴虚火旺　证候主症表现为心悸易惊，心烦失眠，五心烦热，盗汗，口干，耳鸣，头晕目眩，舌红少津，苔少或无，脉细数。治则：滋阴降火，养心安神。

　　4. 心阳不振　证候主症表现为心悸不安，胸闷气短，动则尤甚，面色苍白，形寒肢冷，舌淡苔白，脉虚弱或沉细无力。治则：温补心阳，安神定悸。

　　5. 水饮凌心　证候主症表现为心悸，胸闷痞满，渴不欲饮，下肢浮肿，形寒肢冷，伴有眩晕、恶心呕吐、流涎、小便短少，舌淡胖苔滑，脉弦滑或沉细而滑。治则：振奋心阳，化气行水，宁心安神。

　　6. 瘀阻心脉　证候主症表现为心悸，胸闷不适，心痛时作，痛如针刺，唇甲青紫，舌质紫暗或有瘀斑,脉涩或结或代。治则:活血化瘀,理气通络。

7. 痰火扰心　证候主症表现为心悸时发时止,受惊易作,胸闷烦躁,痰多黏稠,失眠多梦,口干口苦,大便秘结,小便短赤,舌红,苔黄腻,脉弦滑。治则:清热化痰,宁心安神。

知识链接

中医的心悸等同于现代医学的心律不齐吗?

中医的心悸和西医的心律不齐在症状和表现上具有一定的相似性,但并不完全相同。

中医心悸是指患者自觉心中悸动、惊慌不安,甚至不能自主为主要表现的一种临床常见病证。其常伴有胸闷、气短症状,甚则眩晕、喘促等表现;脉象或迟或数或节律不齐。

现代医学的心律不齐是指心脏电传导系统异常所引起的心跳不规则,过快或过慢等症状的总称。心律不齐的原因包括生理性因素和病理性因素。生理性因素如紧张、焦虑、劳累等可能导致心律不齐,病理性因素如心肌炎、心肌病、冠心病等也可能导致心律不齐。

虽然中医心悸和西医心律不齐在症状和表现上具有一定的相似性,但两者在病因、病理机制、诊断和治疗等方面存在差异。因此,在诊断和治疗时,需要根据患者的具体情况和医生的建议进行综合判断和治疗。

【艾灸取穴】

1. 主穴　心俞、巨阙、内关、神门、膻中、间使、阴郄等。

2. 配穴　心虚胆怯加大陵、胆俞、足三里、厥阴俞;心血不足配脾俞、足三里;心阳不振配厥阴俞、气海、关元;阴虚火旺配太溪、三阴交、肾俞;心血瘀阻配膈俞、郄门;水气凌心配水分、阴陵泉;痰火扰心配曲池、中脘、丰隆。

【施灸操作】

1. 操作准备　施灸前根据患者病情,按照施灸主穴和配穴的位置,嘱患者采取合适的体位,充分暴露艾灸部位。保证患者体位舒适,做好解释工作,及时回答患者疑问,取得配合。

2. 施灸方法

(1)温和灸:将艾条点着,分别置于心俞、巨阙、内关、神门、膻中、间使、阴郄等穴位上方2~3cm处进行熏疗。以患者觉得温热至微有灼痛感觉为度。如果感觉太热时可回旋移动,以灸后穴位局部皮肤潮红为度。

(2)温针灸:首先对俞穴和双手进行消毒,然后将消毒后的针具刺入穴位,进行提插、捻转,得气以后,再将纯艾绒搓成枣核大的艾团,插到针柄上,距离患者的皮肤2~3cm,或者是将艾条切成长2~3cm的艾条段插在针柄上,距离患者的皮肤2~3cm,然后燃之。

(3)艾炷隔附子饼灸:具体方法见艾灸方法章节。

3. 灸疗时间　采用温和灸施灸,每次灸10~15分钟,每天1次,5~7天为1疗程;温针灸,每次灸10~15分钟,每天1次,10天为1疗程;艾炷隔附子饼灸:取3~5穴,每穴5~7壮,每日或隔日1次,7次为1个疗程。

案例分享

　　刘某,男,40岁,患冠心病已3年余,频繁出现二联律、三联律,心动过缓而失去工作能力。曾久服中西药未显效。症见心悸、气短、乏力、肢倦、面色苍白,舌淡苔薄白,脉结。经试用灯火灸厥阴俞、心俞、膏肓俞、膈俞、神堂、神道、内关、间使、神门等穴,共治疗14次,诸症渐除而停灸,休息月余后恢复工作,数年未复发。

　　本患者属于心脾两虚,心气不足。膈俞为血会,内关宁心宽胸,二穴相配,养血定悸。脾胃为气血生化之源。故取脾俞以助生血之源,健脾益血,养血定悸;心俞可调补心气,神门养心安神定悸。

4. 注意事项

（1）心悸可因多种疾病引起,治疗的同时应积极查找原发病,针对病因进行治疗;实施温针灸时,在点燃以前要在艾灸的区域放上硬纸片,以防燃烧后产生的灰烬落到患者皮肤上造成烫伤;在艾灸的过程中要及时询问被灸者的感受,以免造成烫伤;温针灸一般灸3壮即可,在温针灸以后要避免被灸的地方受凉,使病情加重。

（2）艾灸治疗心悸,不仅能控制症状,而且对疾病的本身也有调理和治疗作用。但在器质性心脏疾病出现心衰倾向时,则应及时采取综合治疗措施,以免延误病情。

【按语】

　　心是"君主之官",主神明、主血脉。同时,血又为气所帅、气为血所养。寒、湿、痰等病邪在体内作祟,均会引起血脉淤堵,流通不畅,气息不顺。心悸主要由于心气(阳)虚弱、阴穴亏虚、痰浊扰心、瘀血阻滞、水饮内停,导致心主血脉、藏神明的功能发生异常。心悸虽有外因,但主要还在于内因,如先天禀赋不足、五脏虚弱或者病后失调、思虑劳累过度伤及心、脾,导致心阴虚或心阳虚。阴血亏虚可致心血亏耗、心失所养而发心悸。阳气亏虚可致心气不足,鼓动无力,血行不畅,以致心无所依,神无所主,心悸乃发。若情志抑郁、化火生痰、痰火内扰或气滞脉中、心血瘀阻;或风寒湿邪、浸淫血脉,内损及心,发为心痹,均可出现心悸的实证。若饮邪阻遏心阳,则多虚中夹实,其病机为心阳素虚、阴乘阳位,饮停心下,扰动而心悸。现在临床所见心悸、心律失常,少见纯虚证或纯实证,多为虚中夹实虚实夹杂。

情景导入解析

　　1. 根据四诊结果,给出李阿姨所患疾病的中医诊断。

　　根据四诊结果,李阿姨所患疾病中医诊断为:心悸。

　　2. 根据四诊结果,给出李阿姨所患疾病的证型和治则。

　　根据四诊结果,李阿姨所患心悸证型为:心血不足;治则:补血养心,益气安神。

3. 拟定艾灸处方,诠释方义。

（1）灸疗处方如下。①主穴:心俞、脾俞、神门。②配穴:气海、肾俞、足三里。

（2）方义诠释

心俞:具体位置在背部,第 5 胸椎棘突下、旁开 1.5 寸处,艾灸心俞主要治疗心脏系统疾患,如心动过速、胸口疼痛、心悸等症状。脾俞:位于背部第 11 胸椎棘突下,正中线旁开 1.5 寸,艾灸脾俞能够起到健脾和胃、利湿等功效,可以用于治疗腹胀、纳呆、腹泻、呕吐、水肿、黄疸等症状。神门:神门是手少阴心经的原穴,位于手腕部位,手腕关节手掌侧,腕横纹上尺侧,腕屈肌腱的桡侧凹陷处。可以帮助睡眠、调节自律神经、补心益气、镇静心神、通经活络。气海:气海是人体任脉的穴位,位于前正中线上、脐下三寸处。艾灸气海具有温中散寒、通经活络、补中益气的功效与作用;肾俞:肾俞位于脊柱区,第 2 腰椎棘突下,后正中线旁开 1.5 寸处。艾灸肾俞可以补益肝肾,调理气血;足三里:足三里位于小腿外侧,犊鼻下 3 寸,艾灸足三里具有健脾和胃、补益气血的作用,也可以用于调理气血,增强免疫力。

按语:心悸心血不足证艾灸上述穴位,一方面通过持续的温热刺激,可以促进心经气血的流通,改善心血供应,从而缓解心悸症状;另一方面艾灸的热量传导可以扩张血管,促进血液循环,增强心脏供血,改善心脏功能。艾灸还可以疏通全身的经络,调整气血运行,缓解心血不足引起的心悸、胸闷等症状。

需要注意的是,对于心血不足型心悸,艾灸只是一种辅助治疗手段,如果症状较重,还需要在专业医生的指导下进行全面的诊断和治疗。

（蔡荣潮　赵美玉）

第十三节　不　寐

情景导入

李某,女,54 岁,中学老师。患者主诉:本人在学校长期担任 5 个班的班主任,同时每周还要上 18 节课,加上批改作业、家访等很多的工作,每天忙得像个陀螺,觉得精疲力尽。就诊时问及病史,得知患者近段时间,感觉极度疲劳,忽寐忽醒,甚则彻夜不眠,已经将近三个月,每晚需要服用安眠药方能入睡 2~3 小时。同时伴有四肢倦怠,面色苍白,头晕,心烦,口微渴,不欲饮食等症状。舌淡苔白,脉细弱。针对上述案例,请回答下列问题。

1. 该患者的中医诊断是什么?

2. 列出证型和治则。

3. 拟定艾灸处方和诠释方义。

【概念】

不寐亦称失眠或"不得眠""不得卧""目不瞑",是以不能获得正常睡眠为特征的一类病症。证情轻重不一,轻者入寐困难,或寐而易醒,有醒后难寐,亦有时醒时寐等;严重者整夜不能入寐,影响人们的生活和健康。

【病因病机】

不寐多以情志、饮食或气血亏虚等内伤病因,引起心、肝、胆、脾、胃、肾的气血失和,阴阳失调,其基本病机以心血虚、胆气虚、脾气虚、肾阴亏虚等导致脏腑功能紊乱,气血失和,阴阳失调,阳不入阴。心神失养及肝郁、痰热引起心神不安。其病位在心,但与肝、胆、脾、胃、肾关系密切,分为实证和虚证。

知识链接

《灵枢》曰:"阳气尽,阴气盛,则目瞑。"是寐本乎阴,神为主也,神安则寐。而神之所以不安者,有实有虚。实者,邪气之扰乱也,如外有风、寒、暑、湿之邪,内有痰、火、水、气、忿怒之邪,去其邪而神自安。此属有余之症,治之恒易。彼无邪而不寐者,由于心、肾二经之亏虚也。盖人之神,寤则栖心,寐则归肾,心虚则无血以养心,自神不守舍,而不能归藏于肾,故不寐;肾虚则不能藏纳心神于中,故寐不能沉,并不能久。是以少年肾足,则易睡而长;老年阴衰,则难睡而短。且肾水既亏,相火自炽,以致神魂散越,睡眠不宁,似乎痰火有余之症,不得用寒凉以激之,当补真水以配之,则火息而寐自安矣。

【辨证治则】

不寐根据其临床表现分为实证和虚证。实证包括肝火扰心证、痰热扰心证,虚证包括心脾两虚证、心肾不交证、心胆气虚证。

1. 肝火扰心证　证候主证表现为不寐多梦,甚则彻夜不眠,性情急躁,伴头晕头胀、目赤耳鸣,口干而苦,不思饮食,便秘,溲赤。舌质红苔黄,脉悬而数。治则:疏肝泻火,镇心安神。

2. 痰热扰心证　证候主症表现为心烦不寐,心烦口苦,头重目眩,胸闷脘痞,恶心、嗳气,舌质偏红,苔黄腻,脉象滑数。治则:清热化痰,和中安神。

3. 心脾两虚证　证候主症表现为夜卧难眠,或睡中多梦,易醒,醒后难入睡,兼有心悸怔忡、神疲健忘、乏力、口淡无味,或食后腹胀,不思饮食,面色萎黄等。舌质淡红,苔薄白,脉象沉细或缓。治则:补益心脾,养血安神。

4. 心肾不交证　证候主症表现为心烦不寐,入睡困难,心悸多梦,手足心热,盗汗,口渴,伴头晕耳鸣,四肢倦怠,腹胀便溏,面色少华;咽干或口舌糜烂,舌质红少苔,脉象细数无力。治则:滋阴降火,交通心肾。

5. 心胆气虚证　证候主症表现为虚烦不眠,睡后易惊醒,终日惕惕,心神不安,胆怯恐惧,遇事易惊,伴心悸、气短、自汗,舌质淡,脉象弦细。治则:益气镇惊,安神定志。

【艾灸取穴】

1. 主穴　心俞、内关、神门、百会、足三里、三阴交、安眠、涌泉。

2. 配穴　阴虚火旺烦躁易怒者加肝俞、风池、合谷、通里、太冲；痰热扰心、头痛、头晕、头重目眩者加风池、丰隆、曲池；心脾两虚加脾俞、胃俞、足三里；脘痞痰多者加丰隆、内庭；耳鸣者加听宫；多梦者加魄户；神疲体倦者加足三里、百会等。

【施灸操作】

1. 灸法和时间

（1）温针灸：每次选穴5~6个，每穴灸5~15分钟，日灸1次，5~7天为1疗程。

（2）温和灸：每穴可灸10~15分钟，每晚1次，7次为1个疗程。

（3）艾炷隔芹菜根灸：取新鲜芹菜根切成0.2cm薄片置穴上，放艾炷3~5壮，每晚1次，7次为1个疗程。

（4）珍珠层分敷灸：取珍珠层粉、丹参粉、硫黄粉、冰片各等量用蜂蜜混匀，填满脐窝敷灸，每晚1次，每次选穴2~4个，每穴灸20分钟，10天为1疗程。

（5）隔姜灸：穴位置0.2cm厚的姜片，姜片用针尖穿数孔，然后用黄豆大艾炷灸5~10壮艾灸，每次选穴2~4个，日灸1次，5天1疗程。

（6）朱砂敷灸：取双脚涌泉穴，将朱砂3~5g研成细面用麻油调和，用清洁白布一块，涂糨糊少许，然后将朱砂黏附于上，然后外敷涌泉穴，胶布固定，用前先用热水泡脚，睡前贴服。每日1次，贴服睡眠，7天为1个疗程。睡前施灸则疗效更佳。

案例分享

陈某，女，52岁，工人。初诊1984年10月13日。患者因疲劳过度，忽寐忽醒，甚则彻夜不眠三个多月，每晚需服安眠药方能入睡2~3小时。同时伴有四肢倦怠，头晕，心烦，口微渴，不欲食等症。其脉虚弱，舌淡苔白，诊为失眠，证属气血亏损。取穴：百会，施以直接灸，灸壮如黄豆大，灸至10壮时局部开始发热，至32壮时热感沿督脉向前传至印堂处，40壮时头部发沉，约10cm×10cm一片如压重物，同时颈部酸困，左耳发响。灸后半小时头部热沉感渐消，自觉头脑清楚，当晚即能安睡四小时。4诊后每晚能熟睡六小时，头晕，心烦，口渴消失，饮食增进，精力充沛而愈。

《黄帝明堂灸经》有"百会，主脑重鼻塞，忌前失后，心神恍惚"。此穴为督脉、手足三阳脉之会穴，具有清热开窍，健脑宁神，回阳固脱，平肝熄风作用。临床上灸治此穴对眩晕，失眠，健忘等症疗效优卓。

---

2. 注意事项　在治疗前应做各种检查以明确病因。如因发热、咳喘、疼痛等其他疾病引起者，应同时治疗原发病；如因一时情绪紧张或因环境吵闹、卧榻不适等引起失眠者，不属病理范围，只要解除有关因素即可恢复正常。老年人因睡眠时间逐渐缩短时容易醒觉，如无明显症状，则属生理现象。

【按语】

失眠本源于脑,与肝关系密切、而非独责于心。人的正常睡眠为脑神所主。情志不畅、饮食不节、劳倦、体虚可引起脑神失养或邪扰脑神,进而出现神不归舍,最终表现为睡眠障碍。艾灸治疗当以调肝气、安脑神为基本法则。取督脉经穴以养脑安神,取任脉穴位以固本理气,取四关穴以调理肝气,取八脉交会穴以交会上下经气。同时,灵活取穴以治疗兼症。

情景导入解析

1. 该患者所患疾病的中医诊断是什么?

根据四诊结果,该患者所患疾病的中医诊是:不寐。

2. 列出证型和治则。

根据四诊结果,该患者所患疾病是不寐气血亏损证,治则:滋阴降火,交通心肾。

3. 拟定艾灸处方和诠释方义。

(1)灸方如下。①主穴:百会、神门、内关、足三里、心俞、三阴交;②配穴:肾俞、关元和复溜。

(2)方义诠释:艾灸神门、内关、足三里、百会、心俞、三阴交、肾俞、关元和复溜穴可以调理气血亏损证不寐,具体作用如下。

神门:位于手腕部,具有宁心、安神、镇静的作用;内关:位于手腕部,具有宁心、安神、理气的作用;足三里:位于小腿外侧,具有燥化脾湿、健脾和胃的功效;艾灸足三里可以调理脾胃功能,改善脾胃运化生血的功能,从而治疗气血虚证;百会:位于头部,具有升阳举陷、益气固脱的作用;心俞:位于背部,具有宽胸理气、宁心安神的作用;三阴交:位于小腿内侧,是足太阴脾经的穴位,具有健脾益血、调经止带的作用;肾俞:位于腰部,具有补益肝肾、强腰利水的作用;关元:位于下腹部,是任脉与足三阴经交会穴,具有补益中气、调理气血虚证的作用;复溜:位于小腿前外侧,具有补肾益阴、温阳利水的作用。

《黄帝名堂灸经》:"百会,主脑重鼻塞,忌前失后,心神恍惚。"此穴为督脉、手足三阳脉之会穴,具有清热开窍,健脑宁神,回阳固脱,平肝息风的作用。故以百会为主穴艾灸治疗不寐,可起到良好的宁心安神,调理机体内环境的良好作用。

第十四节　腰　　痛

情景导入

患者李先生,52 岁。主诉:腰痛持续一个月,夜晚加重,疼痛难忍,影响睡眠。李先生是一名货车司机,长期在寒冷潮湿的环境中工作。一个月前,他开始感到腰部疼痛,起初只是轻微的酸痛,但随着时间的推移,疼痛逐渐加重,夜晚或者遇到阴天下雨时尤其明显,翻身受限,卧床休息疼痛也无法减轻,伴随体倦乏力,不欲饮食,腹部胀满。舌质淡,苔白腻,脉沉而迟缓。他曾尝试过一些止痛药,但效果不佳而就诊。针对上述案例,请回答下列问题。

1. 结合四诊结果,做出中医诊断。
2. 根据四诊结果,进行辨证分型,提出治则。
3. 拟定灸方,诠释方义。

【概念】

腰痛俗称"腰脊痛",是指因外感、内伤或挫闪导致腰部气血运行不畅,或失濡养,引起腰脊或脊旁部位疼痛为主要症状的一种病症。

【病因病机】

腰痛多由于外邪侵袭,体虚年衰,跌仆闪挫,分为外感和内伤两种证候,感受外邪与外伤腰痛属实,内伤腰痛属虚,也可见虚实夹杂之证。外感腰痛的病机是外感痹阻经脉,气血运行不畅;内伤腰痛的病机为肾精气亏虚,腰部失其濡养和温煦。病位在腰,与肾及足太阳,足少阴,任督冲带等经脉密切相关。

【辨证分型】

1. 寒湿腰痛 证候主症表现为腰部冷痛重着,每遇到阴雨天气或者腰部受寒后疼痛加剧,痛处喜温。翻身活动受限,静卧痛势不减,体倦乏力,四肢末端欠温,饮食减少,腹胀不适。舌质淡,苔白腻,脉沉而迟缓。治则:散寒行湿,温经通络。

2. 湿热腰痛 证候主症表现为腰部疼痛,重着而热,暑湿阴雨天气症状加重,活动后或可减轻,身体困重,口渴不欲饮,口苦心烦,小便短赤,苔黄腻,脉濡数或弦数。治则:清热利湿,舒筋止痛。

3. 瘀血腰痛 证候主症表现为腰痛如刺,痛处固定,日轻夜重,痛处拒按。轻者俯卧不利,重者不能转侧,面晦唇黯,或伴血尿。部分患者有跌扑闪挫史。舌质暗紫,有瘀斑,脉涩。治则:活血化瘀,通络止痛。

4. 肾阴虚腰痛 证候主症表现为腰部隐隐作痛,酸软无力,缠绵不愈;心烦少寐,口燥咽干,面色潮红,手足心热。舌红少苔,脉弦细数。治则:滋补肾阴,濡养筋脉。

5. 肾阳虚腰痛 证候主症表现为腰部隐隐作痛,酸软无力,缠绵不愈,局部发凉,喜温喜按,遇劳更甚。伴少腹拘急,面色苍白,肢冷恶寒;舌质淡,脉沉细无力。治则:补肾壮阳,温煦经脉。

知识链接

热敏腧穴的探查

环境:检测室保持安静,室内温度保持在24~30℃。体位:选择舒适、充分暴露病位的体位。探查方法:选择俯卧或侧卧体位,充分暴露腰部,用点燃的艾条在患者双侧大肠俞与腰俞构成的三角形区域（大肠俞—腰俞—对侧大肠俞区域内），距离皮肤 3cm 左右处施行温和灸，当患者感受到灸热发生透热（灸热从施灸部位皮肤表面直接向深部组织穿透）、扩热（以施灸点为中心向周围扩散）、传热（灸热从施灸点开始循某一方向传导）和非热觉中的一种或两种以上感觉时，即为发生腧穴热敏现象，该探查穴点为热敏腧穴。重复上述步骤，直至所有的热敏腧穴被探查出。

在上述热敏强度最强的 2 个腧穴实施艾条温和悬灸，每日 2 次，每次艾灸时间以热敏灸感消失为度，共治疗 4 天，第 5 天开始每日 1 次，连续治疗 10 次，共治疗 18 次（共14 天），每 7 天为 1 个疗程，共计 2 个疗程。

【艾灸取穴】

1. 主穴　阿是穴、委中、肾俞、腰阳关等。

2. 配穴　寒湿腰痛加大椎、环跳和昆仑；湿热腰痛加大椎、曲池、合谷；瘀血腰痛加膈俞、血海、志室、腰眼；肾虚加命门、腰眼、上髎等。

【施灸操作】

1. 操作准备　同第九章第三节相关内容。

2. 施灸方法

（1）温和灸：每穴灸 10~15 分钟，每日灸 1 次，每次每穴艾灸 15~20 分钟，3~5 次为 1 个疗程。

（2）艾炷灸：每穴灸 3~5 壮，肾俞穴可灸至 10 壮，每日灸 1 次，每次每穴艾灸 20 分钟，3~5 次为 1 个疗程。

（3）隔附子饼灸：每穴灸 5 壮，肾俞、腰阳关可灸 10~15 壮，每日灸 1 次，每次每穴艾灸 20 分钟，3~5 次为 1 个疗程。

> **案例分享**
>
> 患者，男，48 岁，自诉长期从事航运工作，感受风寒水湿，以致腰腿酸痛，遇到阴雨天气或者寒冷均会发作且疼痛加重，病延三年，采取多种方法治疗效果不佳。望诊和触诊：患者舌苔白腻，脉象浮缓而濡，证属寒湿腰痛。分析病机，乃寒湿之邪阻滞足太阳之络，使腰部气血运行失常所致，治以驱寒散湿。取穴：肾俞、腰阳关、环跳（温针灸）、腰眼（艾灸）、委中（针灸），施以泻法，留针 20 分钟，每日 1 次，共治疗 10 天而痊愈。

3. 注意事项

（1）艾灸治疗腰痛因病因不同，疗效常有差异。风湿性腰痛和腰肌劳损疗效最好；腰椎病变和椎间盘病突出引起的腰痛，可明显缓解症状；腰部小关节周围的韧带撕裂疗效较差；内脏疾病引起的腰痛以治疗原发病为主；因脊柱结核、肿瘤引起的腰痛，则不属于艾灸治疗范围。

（2）平时常用双手掌根部按揉腰部，早、晚各 1 次，可减轻、防止腰痛。

（3）对于椎间盘突出引起的腰痛可配合推拿、牵引疗法。

【按语】

腰痛的病因病机有二：一为寒湿腰痛，乃因风寒水湿之邪客于经络，以致使腰部气血运行失畅所致。二为肾虚腰痛，则因房劳损肾，精气损耗，肾虚不能荣其外府所致。治疗寒湿腰痛，以取足太阳、督脉经穴为主，如肾俞、腰阳关、委中，针用平补平泻，加灸；肾虚腰痛者，以腰部俞穴及足少阴经穴为主，如命门、志室、太溪，肾阳虚者针、灸并用，肾阴虚者则单用针刺。

情景导入解析

1. 结合四诊结果，做出中医诊断。

结合四诊结果，患者所患疾病中医诊断为：腰痛。

2. 根据四诊结果，进行辨证分型，提出治则。

根据四诊结果，患者所患腰痛为寒湿腰痛，治则：散寒行湿，温经通络。

3. 拟定灸方，诠释方义。

（1）拟定灸方。①主穴：阿是穴、委中、肾俞、腰阳关；②配穴：大椎、环跳、昆仑。

（2）方义诠释

主穴中，肾俞位于背部，当第2腰椎棘突下，旁开1.5寸，用于治疗肾虚腰痛、腰痛久痹；委中位于膝后区，腘横纹中点，在腘窝正中，有舒筋通络的作用；阿是穴则位于压痛点，主要用于疏通局部气血。配穴方面，寒湿痹阻者，加腰阳关；湿热阻滞者加大椎；瘀血阻滞偏于脊柱正中疼痛加水沟；偏于腰外侧疼痛者加后溪；肾气亏虚者加志室、命门。艾灸大椎可以驱逐寒邪、温通经络，起到辅助祛寒湿的作用。环跳是膀胱经、胆经的交会穴，一穴通两经，其中膀胱经是人体最大的排毒通道，也是抵御寒邪的城墙。艾灸环跳，具有温阳健脾、祛湿散寒的作用，能够祛除膝盖、腿、腰胯、髋关节里的寒湿、疼痛，可辅助调理坐骨神经痛、下肢麻痹、髋关节周围软组织受损等问题。昆仑归属足太阳膀胱经，是足太阳经经气所行之经穴，具有疏通经络、消肿止痛、强健腰腿、通经化瘀的作用，是治疗头痛、项强、腰痛等足太阳经脉之病痛的要穴。

腰痛，是指以腰部疼痛为主要症状的病证。其疼痛部位在脊中，或在一侧，或两侧均痛，是临床上常见证候之一。本病是风寒湿之邪客于经络，以致腰部气血运行失畅，诸穴灸之，祛寒湿通经活络，共奏良效，故使多年痼疾治愈。

第十五节　坐骨神经痛

情景导入

患者李先生，45岁，职业司机。最近感到腰部和腿部疼痛难忍，如果开车超过1个小时，疼痛加剧。甚至感觉到小腿部和足部均疼痛厉害。曾请假休息不能缓解，已经严重影响到工作和生活。就诊时查体：患者腰骶部和脊柱部均有固定而明显的压痛、叩击痛,小腿外侧和足背感觉减退,腰膝跟腱反射减退,舌质暗淡,苔薄,脉弦涩。针对患者上述情况,回答下列问题。

　　1. 根据四诊结果,给出中医诊断。

　　2. 根据四诊结果,明确证型和治则。

　　3. 拟定灸方,诠释方义。

【概念】

　　坐骨神经痛是神经系统常见的病症,指的是沿坐骨神经通路(腰部、臀部、大腿后侧、小腿后外侧及足跟外侧)以放射性疼痛为特点的综合征。分为根性坐骨神经痛和干性坐骨神经痛两种证候。

【病因病机】

　　坐骨神经痛的主要病因是腰部闪冲,外行,劳损,外邪侵袭。病机为气滞血瘀,不通则痛,病位在肾。病性分为虚证、实证、虚实夹杂证。

【辨证治则】

　　1. 根性坐骨神经痛　证候主症表现为疼痛自腰部向一侧臀部、大腿后侧、小腿后外侧直至足跟足背外侧放射,腰骶部、脊柱部有明显的压痛、叩击痛;小腿外侧、足背感觉减退,腰膝、跟腱反射减退或消失,咳嗽打喷嚏导致腹压增加时疼痛加重。舌质暗,苔薄,脉弦涩。治则:通筋活络,舒筋止痛。

　　2. 干性坐骨神经痛　腰痛不明显,腰部以下沿坐骨神经分布区疼痛,在坐骨孔上缘、坐骨结节与大转子之间、腘窝中央、腓骨小头下、外踝后等处有压痛。

【艾灸取穴】

　　1. 主穴　阿是穴、环跳、秩边等。

　　2. 配穴　根性坐骨神经痛加腰夹脊、肾俞、腰阳关;干性坐骨神经痛加委中、承山、昆仑。

【施灸操作】

　　1. 施灸方法

　　(1)无瘢痕灸:每穴可灸 3~7 壮,急性期每日 1 次,每次每穴艾灸 15~20 分钟,疼痛缓后可隔日 1 次,6 次为 1 个疗程。

　　(2)隔姜灸:每穴每次施灸 5~7 壮,每穴艾灸 20 分钟,艾炷如枣核或蚕豆大,每日 1 次,7~10 次为 1 个疗程,疗程间隔 3~5 天。

　　(3)温和灸:每穴每次施灸 10~20 分钟,每日 1~2 次,7~10 次为 1 个疗程,疗程间隔 3~5 天。

　　(4)灯火灸:每穴灸 1 壮,灸疗时间不固定,需要根据每个人的体质和病情而决定。每日 1 次,10 日为 1 个疗程。

　　(5)吴茱萸敷灸:将吴茱萸粉碎为极细末,贮瓶备用。先取末适量,加入黄酒拌匀,放锅内加温炒热,然后搅如糊膏状。敷时取药糊趁热摊于数块青布上,分别贴于穴位上,冷后再换。每次选用2~4个穴位,每日敷灸1~2次,5次为1个疗程。

　　王某,女,52岁,工人,2022年12月10日初诊,自诉左下肢疼痛10年,近4天加重,以大腿后侧及小腿外侧为主,伴有左脚背发凉感,曾到社区卫生服务中心买药口服和贴敷无效前来就诊。查:环跳、阳陵泉处压痛明显,直腿抬高试验(+),X线片示腰4、腰5退行性改变,诊断为坐骨神经痛。主穴取腰2~5夹脊,秩边、环跳、阳陵泉、昆仑;配穴用承扶、殷门、委中、承山、解溪,均取患侧。采用卧位,针刺上述穴位产生针感后,将针尾套上纸片,再套入艾卷(距皮肤约3cm),从艾卷下端点燃,待燃尽后除去残灰。在温针灸的同时,护士手持点燃的艾卷在患侧坐骨神经分布区向左右方向移动或反复旋转施灸。艾卷点燃端与患者皮肤保持一定距离,以患者有灼热感为宜,直至温针灸结束为止,留针片刻后拔针。每日1次,10次为1个疗程,1个疗程后患者自觉症状明显减轻,休息2天进行第2个疗程后痊愈。1年后随访,未复发,效果满意。

　　本病属中医学"痹证"范畴。《素问·痹论》云:"风寒湿三气杂至,合而为痹也。"《诸病源候论》认为本病与少阴阳虚、风寒着于腰部、劳役伤肾、坠堕伤腰、寝卧湿地等五种情况有关。各种原因导致的坐骨神经痛多以经络阻滞为基本病理变化。温针灸配合回旋灸对各种原因所致的坐骨神经痛都有改善血液循环,解除肌肉痉挛,控制炎症,缓解疼痛等作用。年轻患者治疗效果较佳。治疗中尤其注意针刺时要使针感下传,可除深邪远痹,也为温针灸提供条件,同时回旋灸法要使患者局部有灼热感,尤其是局部凉感明显部位。

　　2. 注意事项　灸疗法治疗坐骨神经痛效果显著。如因肿瘤、结核引起,应治疗原发病;腰椎间盘突出引起的坐骨神经痛,可配合牵引及推拿。劳动时需采取正确姿势,平时注意防寒保暖。

【按语】

　　张涛清教授认为,针灸是治疗坐骨神经痛比较理想的方法,只要辨证准确、选穴恰当,手法熟练,就可收到疗效。针对寒邪侵袭型腰腿痛,张教授主张取患侧肾俞、关元、环跳、阳陵泉、绝骨、承山、足三里等穴。环跳、阳陵泉、承山、足三里等穴的针感向下散至足背足尖。肾俞、关元益火之源,似阳光一布而阴霾尽消;环跳疏通经络气血的闭滞,使经气流畅;阳陵泉为筋之会穴,可使筋脉通畅,气血调和;绝骨蠲痹痛;足三里健运脾胃;承山舒筋和畅以利寒湿,诸穴合用,以达镇痛消炎之目的。

　　1. 根据四诊结果,给出中医诊断。

　　根据四诊结果,该患者所患疾病为坐骨神经痛。

　　2. 根据四诊结果,明确证型和治则。

　　根据四诊结果,该患者坐骨神经痛属根性坐骨神经痛;治则:通筋活络,舒筋止痛。

3. 拟定灸方,诠释方义。

（1）拟定灸方。①主穴:阿是穴、环跳、秩边等;②配穴:腰夹脊、肾俞、腰阳关。

（2）灸方诠释:艾灸阿是穴、环跳、秩边、腰夹脊、肾俞、腰阳关等穴位对根性坐骨神经痛有一定的缓解作用。阿是穴:可以缓解坐骨神经痛引起的腰痛、腿痛等症状,还可以改善坐骨神经痛引起的坐骨神经分支配区感觉异常;环跳:艾灸环跳可以起到活血化瘀、抑酸止痛的作用;秩边:中医认为秩边穴具有舒筋活络、强壮腰膝、调理下焦的功效,主治腰骶痛、坐骨神经痛、下肢痿痹、阴痛等;艾灸秩边,每次灸 10~15 分钟,用于缓解腰骶痛、下肢痿痹、坐骨神经痛等关节、骨骼疾病。腰夹脊:艾灸腰夹脊可以缓解疼痛,减轻炎症物质的刺激,促进血液循环,从而有镇痛、活血的作用,可以减轻坐骨神经痛刺激引起的肌肉酸痛,达到镇痛、保护肌肉、稳定椎间盘的作用。通过穴位的刺激,减少对神经根和坐骨神经的刺激,达到缓解坐骨神经疼痛的作用;肾俞:肾俞有疏通经络、强健腰膝之功;腰阳关:艾灸腰阳关也可以缓解根性坐骨神经痛。

第十六节　消　　渴

情景导入

张先生在过去一年里,体重下降了 10kg。他经常感到口渴,需要频繁饮水,同时尿量也明显增加。此外,他还出现了腰膝酸软、头晕耳鸣等症状。在当地医院进行了相关检查,诊断为"消渴病"。主诉:口渴多饮,尿多频数,消瘦之力,腰膝酸软,头晕耳鸣。

就诊时患者形体消瘦,舌黄,脉滑实有力。根据张先生的症状和体征,结合相关检查,进一步诊断为"消渴病"虚证中消。针对上述案例,请拟定艾灸处方,诠释方义。

【概念】

消渴是由于先天禀赋不足、饮食不节、情志失调、劳倦内伤等病因导致阴虚内热,表现以多饮、多食、多尿、消瘦,尿有甜味或尿浊为主要症状的病证。

【病因病机】

消渴发生可由于先天禀赋不足,尤其以阴虚体质最易罹患本病;或饮食失节,尤以肥甘厚味摄入过度,脾胃损伤而运化失职,积热内生,化燥伤津,发为消渴;或情志过极,郁怒伤肝或劳心竭虑,郁而化火,灼伤阴津而发;抑或房事过度,肾精虚耗,虚火内生,水竭火烈,终使肾虚、肺燥、胃热俱现,发为消渴。消渴病机主要在于阴津亏损,燥热内盛,以阴虚为本,燥热为标。病变脏腑以肺、胃、肾为主,尤以肾为关键。消渴病为虚证,分为上消、中消和下消。

【辨证治则】

1. 上消消渴

肺热津伤证：证候主症表现为口渴多饮，口干舌燥，尿频量多，烦热多汗，舌边尖红，苔黄，脉洪数。治则：清热润肺，生津止渴。

2. 中消消渴

胃热炽盛证：证候主症表现为多食易饥，口渴，尿多，形体消瘦，大便干燥，舌红，苔黄，脉滑实有力。治则：清胃泻火，养阴增液。

3. 下消消渴

肾阴亏虚证：证候主症表现为口渴多饮，尿频量多，混浊如脂膏，能食与便溏并见，腰膝酸软，乏力，精神不振，四肢倦怠，消瘦，头晕耳鸣，口干唇燥，皮肤干燥，瘙痒。舌淡红，苔薄白或薄黄而干，脉细数。治则：滋阴补肾，润燥止渴。

阴阳两虚证：证候主症表现为尿频量多，混浊如膏，饮一溲一，面容憔悴，耳轮枯槁，腰酸膝软，畏寒怕冷，四肢不温，阳痿或月经不调，舌干瘦而红，或舌淡白而干，少苔，脉沉细无力。治法：滋阴温阳，补肾固摄。

【艾灸取穴】

1. 主穴　胃脘下俞、中脘、脾俞、膈俞、足三里、天枢、大肠俞、阳池、肾俞、三阴交、太溪等。

2. 配穴　上消肺热津伤证加尺泽、涌泉、肺俞；中消胃热炽盛证加胃俞、曲池、合谷；肾阴亏虚证加气海、肾俞、关元、涌泉；阴阳两虚证加阴谷、气海、命门。

知识链接

糖尿病的主要表现为多饮、多食、多尿、消瘦，在中医里归属消渴病范畴。消渴病不仅是现代的常见病，即便是在古代也屡见不鲜。早在《黄帝内经》时代，消渴病被记载为"消瘅""肺消""膈消""消中"等。最早关于消渴病的病案，出现于司马迁所著的《史记·司马相如列传》中，其记载道："相如口吃而善著书，常有消渴疾。与卓氏婚，饶于财。其进仕宦，未尝肯与公卿国家之事，称病闲居，不慕官爵。"司马相如被称为"辞宗""赋圣"，因才华而被汉武帝封为郎，后因病辞官，与卓文君成婚后，得到丈人的帮助而成为富人。不论是当官或是为富，司马相如想必都是过着衣食无忧的生活，饮食里不乏膏粱厚味，肥甘醇浆，可推测过食肥甘厚味是导致其消渴病的重要原因。司马相如喜好辞赋抚琴，可推知其好静，有静卧久坐，不勤运动的习惯。无论是文学还是音律，都需要有丰富的情感和起伏的情绪才能创作。因而可以推测，生活习惯和情志因素都是导致司马相如消渴的重要原因。

【施灸操作】

1. 操作准备　嘱患者放松身心，意守灸处。采用体表标志定位法、骨度折量定位法、手足同身寸法等方式定位取穴，以患者感觉酸、麻、胀、痛为准。

2. 施灸方法　消渴诸证型均以脏腑虚损为根本矛盾,因而主穴均采用艾条进行温和灸以补益肺、脾、肾之精气,将艾条点燃的一端对准施灸部位,距皮肤 2~3cm 高,以患者感觉局部温热而不灼烫为宜,对于局部感觉迟钝患者可将食指、中指分开置于穴位两侧以感受局部温度,避免烫伤,亦可将艾条燃端微微回旋,使得局部受热均匀。

上消配穴尺泽,使用雀啄灸以清泻肺热,温和灸涌泉以滋阴生津。

中消胃热炽盛证雀啄灸肾俞、曲池、内庭、合谷以泻胃火。

下消气阴亏虚证温和灸气海、涌泉、肾俞、关元,以益气养阴,滋阴补肾;阴阳两虚证温和灸或回旋灸气海、关元以培补元阴元阳,扶正固本。施灸顺序:先灸背部穴位,再灸腹部穴位,先灸上部穴位,后灸下部穴位。

3. 灸疗时间　每个穴位施灸 10~15 分钟,以局部皮肤潮红为度,共施灸 1~1.5 小时,视患者耐受程度,每日或隔日施灸 1 次,一周灸 3~4 次,4 周为 1 个疗程。

4. 注意事项

(1)艾灸前注意询问、检查消渴病患者皮肤感觉,如有皮肤感觉迟钝或曾有皮肤破损溃疡史,施灸者应用手指放置穴位旁感受艾灸温度,并注意艾条燃端与皮肤保持距离,防止烫伤。

(2)消渴病病机为阴虚燥热,在艾灸进行之前当准备好温开水或生脉饮(人参/西洋参、麦冬、五味子适量煮水代茶饮),艾灸过程中以及艾灸完毕后可频频饮用补充津液,以防艾灸温燥。

(3)消渴病患者过饥过饱状态下不宜艾灸,以防气血逆乱;消渴病患者夜晚不宜艾灸,以防伤阴。

(4)糖尿病患者如正在使用胰岛素或降糖药治疗,切勿擅自停药,并做好每日血糖监测记录,定期复诊调整降糖方案。

(5)患者烦躁不安,口大渴,呼吸有烂苹果味,考虑是糖尿病酮症酸中毒,应当及时送医院进行急救治疗。

【按语】

糖尿病以多饮、多食、多尿,消瘦为主要症状,归属于消渴病范畴。胃脘下俞又称"胰俞",是治疗消渴病的特效穴,属于经外奇穴,定位在脊柱区,横平第 8 胸椎棘突下,后正中线旁开 1.5 寸,其虽不归属足太阳膀胱经,却在足太阳膀胱经循行所经之处,功效亦如背俞穴,可调理相应脏腑功能。现代局部解剖学表明,胃脘下俞与胰腺神经分布具有高度对应性。临床上常见胰腺疾病患者在胃脘下俞处亦有明显阳性压痛点。通过艾灸对胃脘下俞进行温热刺激,可促进胰腺气血运行,有助于胰岛功能的改善。肺俞、肾俞均为背俞穴,予温和灸能补肺益肾。中脘是胃之募穴,温和灸之有补中益气,健运脾胃之功效,水谷精微有效运化,血糖得以有效利用,有助于改善血糖情况。另外,中脘隶属任脉经穴,任脉乃"阴脉之海",灸中脘能调动任脉经气从而滋养一身阴经。三阴交是足三阴经交汇处,能滋养脾、肝、肾三经的精气,且具有健脾、安神等作用。太溪是肾经输穴、肾之原穴,功善滋阴益肾,为消渴病补肾固本,滋阴润燥之要穴。

案例分享

患者,女性,60岁。主诉:糖尿病多年。病史:平素血糖高(空腹达到12mmol/L),伴头晕、睡眠不好,手脚冰凉和麻木,消瘦乏力。根据四诊结果:诊断为脾肾阳虚,水湿内停,痰阻经络。

依据辨证理论,设立灸方如下:大椎、脾胃俞、肾俞、命门、八髎、中脘、关元、足三里、三阴交。上述穴位均采用艾条温和灸。

按语:大椎可升阳,脾胃俞、中脘、足三里健脾祛湿,行气化滞,升清降浊。肾俞、命门、关元温通肾阳,壮阳利水,培补元气。该患者灸疗一年余,患者血糖降空腹时降到6.4mmol/L,偶尔会高到7.0mmol/L,也算正常。

情景导入解析

1. 灸疗处方　①主穴:脾俞、膈俞、足三里;②配穴:气海、涌泉、肾俞、关元。
2. 方义诠释　脾俞:艾灸脾俞可以起到温补脾肾的作用,提高脾肾对水液代谢的调节功能,促进糖尿病患者的脾肾功能恢复;膈俞:艾灸膈俞可以起到活血化瘀、通经活络的作用,有助于改善糖尿病患者的血液循环;足三里:艾灸足三里可以起到健脾和胃、消食化积的作用,有助于改善糖尿病患者的消化功能;气海:艾灸气海可以起到益气补肾、调经止痛的作用,有助于改善糖尿病患者的身体状况;涌泉:艾灸涌泉可以起到滋阴降火、宁心安神的作用,有助于改善糖尿病患者的睡眠质量;肾俞:艾灸肾俞可以起到温补肾阳、强腰健膝的作用,有助于改善糖尿病患者的肾功能;关元:艾灸关元可以起到温阳益气、固脱止痛的作用,有助于改善糖尿病患者的身体状况。

(何华香　赵美玉)

第十七节　胁　痛

情景导入

患者,女性,35岁,1周前与丈夫发生争吵,随后出现右胁肋部疼痛,胀痛为主,痛处不定,每遇恼怒时加剧,伴随胸闷、嗳气、腹胀、食欲减退,舌红,苔薄白,脉弦。针对上述案例,回答下列问题。

1. 根据案例描述,给出该患者的中医诊断。
2. 根据四诊结果,明确辨证分型及治法。
3. 根据辨证施灸理论,予设立灸疗处方并诠释方义。

【概念】

胁痛是指由于肝络失和所致的一侧或两侧胁肋部疼痛为主要表现的病证,是临床上常见的一种自觉症状。

【病因病机】

胁痛的基本病因是肝络失和,病机可分为"不通则痛"和"不荣则痛"两类,病性有虚实之分。因肝郁气滞、瘀血停滞、湿热蕴结所致的胁痛多属实证,属"不通则痛";由阴血不足,肝络失养所致的胁痛为虚证,属"不荣则痛"。

胁痛的病变脏腑主要在于肝胆,与脾、胃、肾相关。肝居胁下,经脉布于两胁,胆附属于肝,与肝相表里,故胁痛主要责之于肝胆;脾主运化水谷,胃主受纳腐熟,若饮食不节,过食肥甘,脾失健运,湿热内生,郁遏肝胆气机,发为胁痛;肝肾同源,精血互生,若肾精亏虚,水不涵木,则肝肾阴虚,精亏血少,肝脉失于荣润,气机疏泄失司,发为胁痛。

【辨证治则】

1. 肝郁气滞证　证候主症表现为胁肋胀痛,走窜不定,甚则痛引胸背肩臂,疼痛每因情志变化而增减,胸闷,嗳气频作,常嗳气后胀痛稍舒,喜叹息,腹胀,食欲不振,舌苔薄白,脉弦。治则:疏肝理气,柔肝止痛。

2. 肝胆湿热证　证候主症表现为胁肋胀痛,口苦口黏,胸闷纳呆,恶心呕吐,小便黄赤,大便不爽,或兼有身热恶寒,身目发黄,舌红,苔黄腻,脉弦滑数。治则:疏肝利胆,清热祛湿。

3. 瘀血阻络证　证候主症表现为胁肋刺痛,痛有定处,痛处拒按,入夜尤甚,胁下可见症块,舌紫暗,脉沉涩。治则:活血化瘀,通络止痛。

4. 肝络失养证　证候主症表现为胁肋隐痛,悠悠不休,劳则加重,伴见口干咽燥,心中烦热,头晕目眩,舌红少苔,脉细弦数。治则:补养肝肾,理气止痛。

【艾灸取穴】

1. 主穴　期门、阿是穴、太冲、支沟、阳陵泉。

2. 配穴　肝郁气滞加灸内关、行间;肝胆湿热加灸阴陵泉、行间;瘀血阻络加灸膈俞、血海;肝络失养加灸肝俞、肾俞。

知识链接

由于肝胆经脉经过两侧胁肋部,故中医里胁痛主要系于肝胆经气不通或肝胆气血不荣。在西医角度,胁痛是症状表现,其病因诸多,可根据解剖部位进行查因。胁痛在右侧,考虑肝胆系疾病,如病毒性肝炎、肝硬化、肝癌、胆道结石、胆囊炎等。胁痛在左侧,考虑胰腺炎。胁痛在两侧或其中一侧,均不排除肋软骨炎、肋间神经痛、胁肋外伤、胸膜炎、支气管炎等。

【施灸操作】

1. 操作准备　通过望闻问切收集病情资料,予辨证选穴。根据选穴位置让患者仰卧于治疗床,暴露胁肋部,可用毛巾覆盖患者腹部及以下部位,以免受凉。做好沟通工作,嘱患者身心放松,如有不适及时反应。

2. 施灸方法

(1)胁痛治疗以通络止痛为主,故艾灸手法以回旋灸为主,施灸期间可频频弹灰,以加强温通作用。根据胁痛部位,在患侧锁骨中线第6肋间隙处定位期门,艾条燃端距离皮肤约2cm,围绕期门微微回旋,可与温和灸交替操作。

(2)期门灸毕,让患者协助指出胁肋部疼痛区域,医者于该区域用拇指徐徐按压寻找疼痛最为明显处,即为阿是穴,在该部位进行回旋灸以宣通气血,通络止痛。

(3)胁肋部灸毕,整理衣物,做好胸腹部保暖,继而回旋灸支沟以通利三焦,利胁止痛,回旋灸太冲、阳陵泉以疏肝利胆,理气止痛。

(4)肝郁气滞者温和灸内关,以理气宽胸,宁心安神,雀啄灸行间以清泻肝经郁热;肝胆湿热者雀啄灸阴陵泉、行间以清利肝胆湿热;瘀血阻络者回旋灸膈俞、血海以活血化瘀;肝络失养者温和灸肝俞、肾俞以滋养肝肾。

3. 灸疗时间　每次每个穴位灸 10~15 分钟,以局部皮肤明显潮红为宜,共灸 1.5~2 小时。视患者耐受程度,每日施灸 1 次,5 天为 1 个疗程。

4. 注意事项　可参照上述章节同类内容进行学习。

> **案例分享**
>
> 患者,女性,35 岁。主诉:患者情绪烦躁,胸口闷,两边肋骨痛半月余。病史:财务出现问题在家里发火后,一直郁闷,没胃口吃饭,晚上睡不好,没精神。
>
> 根据四诊结果,可辨为肝气郁结。
>
> 依据辨证施灸理论,设立灸方如下:肝俞,膻中,太冲。肝俞穴属足太阳膀胱经,灸之可发散肝脏之热,舒肝利胆,理气治疗黄疸,胁痛。膻中穴属任脉,调理人身气机用于一切气机不畅之病,可治疗气短,胸痛,咳嗽等。太冲穴属足厥阴肝经,灸之可疏肝理气,清泄肝胆,疏泄肝火。
>
> 调理 3 天加上家人安慰后,患者胸闷肋骨痛的情况消失,睡眠改善。复加期门,以加强疏肝解郁之效。

【按语】

《针灸大成·穴法·诸般积聚门》有"胁下积气:期门"一说。期门穴位于足厥阴肝经,是肝经募穴,为肝经经脉气血汇聚之所,灸之能疏肝理气,通络止痛,为治疗胁痛之要穴。痛证多因局部气血不通,痛处则为气血不通之所在,《灵枢·经筋》有言"以痛为输",通过揣穴发现疼痛敏感点即为阿是穴,灸之有疏通局部气血、通络止痛之效。太冲为肝经原穴,直通肝之"元气",是疏肝理气之要穴。支沟属手少阳三焦经,三焦乃诸气通行之所,灸支沟具有通利三焦,理气止痛之效。肝胆相表里,灸胆经的阳陵泉能疏肝利胆而治疗胁痛。

情景导入解析

1. 根据案例描述给出该患者的中医诊断。

根据四诊结果,患者中医诊断为:胁痛。

2. 根据四诊结果,明确辨证分型及治法。

根据四诊结果,该患者胁痛为肝郁气滞证;治则:疏肝理气,柔肝止痛。

3. 根据辨证施灸理论,予设立灸疗处方并诠释方义。

(1)拟定灸方:主穴取期门、阿是穴、太冲、支沟、阳陵泉,配穴取内关、行间;以回旋灸为主,温和灸为辅,每个穴位灸10分钟。

(2)方义诠释

期门:期门是肝经的募穴,艾灸期门可以疏肝理气,缓解胁痛;阿是穴:阿是穴是指疼痛部位,艾灸阿是穴可以舒缓局部的疼痛和不适感;太冲:太冲是肝经的原穴,艾灸太冲可以平抑肝阳,调和脏腑,缓解胁痛;支沟:支沟是手少阳三焦经的穴位,艾灸支沟可以调理三焦气机,缓解胁痛;阳陵泉:阳陵泉是胆经的合穴,艾灸阳陵泉可以疏肝利胆,缓解胁痛;内关:内关是心包经的穴位,艾灸内关可以宽胸理气,缓解胁痛;行间:行间是肝经的荥穴,艾灸行间可以清泄肝火,缓解胁痛。

第十八节　胃　　痛

情景导入

患者,女,25岁。2天前食用冰冻水果后胃痛暴作,饮用热水或热敷时稍舒,伴随面色苍白,手足欠温,舌淡红,苔白厚,脉沉紧。针对患者情况,请回答下列问题。

1. 根据患者的症状明确其中医诊断及证型和治则。

2. 根据辨证施灸理论,拟定艾灸处方,并诠释方义。

【概念】

胃痛是以上腹胃脘部发生疼痛为主症的病证,亦称为"胃脘痛"。

【病因病机】

胃痛的基本病因是外邪犯胃,如环境寒冷,饮食生冷或过食苦寒,寒邪入侵客于胃部,暴遏阳气,气机郁滞,发为胃痛;暴饮暴食,积滞内生,壅阻胃气,不通则痛;嗜食肥甘炙煿,积滞难消,酿湿生热,阻滞胃气,发为胃痛;或忧思恼怒,肝气郁结,横逆犯胃,胃气阻滞,发为胃痛;或气滞日久或久痛入络,可致胃络瘀血;因寒而痛者日久,伤及脾阳,可形成虚寒胃痛;因热而痛者日久,伤及胃阴,可致阴虚胃痛。胃痛的基本病机是胃气郁滞,失于和降,不通则痛。胃痛的病变在胃,与脾、肝相关。病性有虚实之分。

【辨证治则】

1. 寒邪客胃证　证候主症表现为胃痛暴作,拘急冷痛,得温痛减,遇寒加重,口不渴,喜热饮,有感寒或食冷史,舌苔白,脉弦紧。治则:温胃散寒,理气止痛。

2. 饮食伤胃证　证候主症表现为胃脘疼痛,胀满拒按,嗳腐吞酸,或呕吐不消化食物,味腐酸臭,吐后痛减,不思饮食,大便不爽,得矢气或便后稍舒,有暴饮暴食史,舌苔厚腻,脉滑。治则:消食导滞,和中止痛。

3. 湿热中阻证　证候主症表现为胃脘灼痛,脘痞腹胀,吐酸嘈杂,纳呆恶心,口渴不欲饮水,小便黄,大便黏滞不爽,舌红,苔黄腻,脉滑数。治则:清热化湿,理气和胃。

4. 肝气犯胃证　证候主症表现为胃脘胀痛,或攻撑窜动,牵引背胁,遇怫郁烦恼则痛作或痛甚,嗳气、矢气则痛舒,胸闷叹息,大便不畅,舌苔薄白,脉弦。治则:疏肝理气,和胃止痛。

5. 瘀血停胃证　证候主症表现为胃脘刺痛,痛有定处,按之则痛甚,疼痛延久屡发,食后加剧,入夜尤甚,甚或黑便、呕血,舌质紫暗或有瘀斑,脉涩。治则:化瘀通络,理气和胃。

6. 脾胃虚寒证　证候主症表现为胃脘隐痛,绵绵不休,空腹痛甚,得食则缓,喜温喜按,劳累或受凉后加重,泛吐清水,食少纳呆,大便溏薄,神疲倦怠,四肢不温,舌淡苔白,脉虚缓。治则:温中健脾,和胃止痛。

7. 胃阴不足证　证候主症表现为胃脘隐隐灼痛,嘈杂似饥,或饥不欲食,咽干口燥,便秘,舌红少津,少苔或无苔,脉细数。治则:益阴养胃,和胃止痛。

【艾灸取穴】

1. 主穴　中脘、足三里、内关。

2. 配穴　寒邪客胃证加灸胃俞、神阙、阴陵泉、梁丘;饮食伤胃证加灸梁门、天枢、下脘、梁丘、阳陵泉;湿热中阻证加灸合谷、内庭;肝气犯胃证加灸期门、肝俞、太冲、梁丘、膻中、内关;瘀血停胃证加灸膈俞、阿是穴;脾胃虚寒证加灸脾俞、胃俞、章门、神阙、下脘;胃阴不足证加灸胃俞、三阴交。

知识链接

著名的文学家鲁迅先生在日记中多次提及自己胃痛一病,如一九一二年十月十二日"夜腹忽大痛良久,殊不知其何故",十三日"腹仍微痛",十一月九日"夜半腹痛",十日"饮姜汁以治胃痛,竟小愈",二十三日"下午腹痛,造姜汁饮服之"。十二月五日,医生"云气管支及胃均有疾",六日则"觉胃痛渐平,但颇无力"。从其日记记载可得知,鲁迅先生胃痛时常发作,服用姜汁可缓解,并伴随疲倦乏力的表现以及肺系疾病。鲁迅的胃痛病因,追溯到其18~21岁这段时间在南京求学,因鲁迅喜好读书,大部分的钱都用于购买书籍,吃穿生活费用非常拮据,过冬衣服单薄不能御寒,在阴寒刺骨的南京冬季,鲁迅则常食辣椒以抵御寒气。辣椒是辛辣刺激之品,长期摄入过度刺激乃至损伤胃黏膜,即中医所谓辛辣助火,灼伤胃阴。冬季衣服单薄受寒邪外袭,损耗阳气,姜汁有温胃散寒之效,服用姜汁缓解胃痛,亦提示其脾胃虚寒。疲倦乏力是脾胃运化不力,气血生化乏源的表现。加之鲁迅先生长期忧国忧民,思则气结,加重胃病。因此可以推断出,鲁迅先生的胃痛由饮食、环境、情志方面的因素所致,是胃腑正气虚衰的表现。可见,想要预防胃痛,需要做到饮食有节、防寒保暖、起居有常、情志有度。

【施灸操作】

1. 操作准备　嘱患者取仰卧位,暴露腹部施灸处,余部位做好保暖。做好医患沟通工作,消除患者紧张情绪,取得配合。

2. 施灸方法

(1)隔姜灸:准备适量艾条、艾绒、生姜、线香、镊子。将艾绒制作成艾炷,体积如半截橄榄大。将生姜切片,厚度 0.3~0.5cm,并在姜片上用牙签扎出若干个小孔。在中脘穴上放置一片生姜,将艾炷置于姜片上,用线香点燃艾炷进行施灸,若患者有灼痛感可将姜片稍作移动,或将姜片提起,使之离开皮肤片刻再放回继续施灸,待艾炷燃尽后倒掉艾灰,重新放置并点燃艾炷,灸 5~9 壮,期间姜片干焦时需更换姜片。

(2)温和灸:湿热中阻证、胃阴虚证宜采用艾条温和灸中脘。中脘灸毕,腹部即刻盖好衣被。再予以温和灸内关、足三里调理胃腑,共奏理气和胃止痛之效。急性胃痛宜先回旋灸梁丘以疏通胃经气血,缓急止痛,再灸余穴;胃痛缓解期则可先灸中脘、内关、足三里,再温和灸梁丘。饮食伤胃证可回旋灸、雀啄灸交替灸梁门、天枢以消积化滞,理气和胃。

(3)雀啄灸:湿热中阻证雀啄灸阴陵泉、内庭以清热利湿;肝气犯胃证回旋灸期门以疏肝行气,雀啄灸太冲以疏调肝气。

(4)回旋灸:饮食伤胃证可回旋灸、雀啄灸交替灸梁门、天枢以消积化滞,理气和胃;瘀血停胃证急性期不宜施灸,以免引起大出血,稳定期可以回旋灸膈俞、血海、三阴交;脾胃虚寒证隔姜灸神阙以温阳散寒,温和灸脾俞、胃俞以温补脾胃;胃阴不足证温和灸胃俞、三阴交以滋阴益胃。

(5)艾炷隔盐灸:每穴 5~7 壮,每日 1 次,10 次为 1 个疗程。

(6)艾炷隔附子饼灸:取 3~5 穴,灸 5~7 壮,每日 1 次,7 次为 1 个疗程。

(7)复方吴茱萸敷灸:取神阙穴,每次敷 3~6 小时,每日可敷 1~2 次。

3. 灸疗时间　隔姜灸每个穴位灸 5~9 壮,每穴每次灸 20 分钟;艾条灸每个穴位 10~15 分钟,共施灸 2~2.5 小时。每日灸 1 次,5 天为 1 个疗程。艾炷隔盐灸和复方吴茱萸敷灸均每穴每次灸 20 分钟。

> **案例分享**
>
> 李某,男,83 岁,2023 年 11 月 2 日就诊。主诉:胃痛、纳食少、体乏 3 月余。患者情志不畅,饮食不节,渐感腹部不适、隐隐作痛,近来食少,身体日渐消瘦,体乏无力。查体:面黄,消瘦,胃区压痛,舌苔白厚腻,脉沉细。诊断为慢性胃炎(胃痛胃阴亏耗证)。治疗:取中脘区艾灸盒施灸 30 分钟,足三里(双)艾条悬灸 15 分钟以皮肤红晕为止。每日 2 次,灸 5 天后疼痛大减,饭量增加,7 天后精神倍增。
>
> 胃痛是以胃脘部(心窝处)经常疼痛不适、食少为主症,多由饮食失调、情志刺激、劳累受寒、脾胃不健等引起。本病与西医学急、慢性胃炎、胃及十二指肠溃疡、胃肠功能紊乱、胃黏膜脱垂等相类似。几年来,笔者单纯用艾灸取胃俞区、中脘区、足三里(双)治胃痛不适,取得满意疗效,尤其是中老年患者尤佳。艾能补气助阳、温益脾胃,取任脉之中脘可以温中健脾,益气升阳;足三里有调节胃肠功能、疏通胃气以降浊气止痛作用,且能健脾和胃、助消化;胃俞则可直接调整脾胃功能,达到治疗脏腑疾病之目的。三穴配伍灸之,能有效地治疗胃病。

4. 注意事项

（1）过饱过饥状态下不宜艾灸。

（2）隔姜灸应选取新鲜老黄姜，沿着姜丝纹路垂直切片，厚度不宜过薄或过厚，0.3~0.5cm为宜。

（3）隔姜灸操作时做好沟通，温热程度以可耐受为度，患者表示明显灼痛时需及时挪动或提起姜片，姜片干焦需及时更换。

（4）灸后适量饮用温开水补充津液，寒证胃痛灸后可饮用姜艾茶（适量生姜加艾茶煮水代茶饮），以加强温经散寒之效；胃阴不足者灸后可服用银耳百合羹，以助滋养胃阴之效。

（5）灸后注意保暖，避风寒，1小时内避免接触冷水或沐浴。

（6）胃痛患者平素需注意饮食规律，忌食生冷、油腻、辛辣、过酸等刺激性食物，保持心情舒畅。

（7）怀疑胃溃疡出血、穿孔等重症时，应及时就医，采取急救措施或外科治疗。

【按语】

"通则不痛，痛则不通"，但中气虚弱是根本原因。由于中气虚弱，运化无权，气机失调而成为气滞证，胃气不通。治疗方法应以调补中气为主，而行气、活血、化瘀、温中为辅，随证应用，方可中得。调脾胃以各经的俞穴、原合等穴位为主，如胃俞、中脘、足三里、脾俞、章门、阳陵泉等穴位；气滞配期门、膻中、内关等；中虚者配中脘、关元施以灸法，以补火生土；痰湿者取阴陵泉、丰隆等。

同时，通过艾灸温经通络的作用将胃气疏通，则痛证可除。生姜性味辛温，入肺、脾、胃经，具有良好的温中散寒功效。用辛温之姜加纯阳之艾，则温通止痛之力增，故寒性胃痛用隔姜灸尤为适宜，热性胃痛则不宜隔姜灸，以免助火生热。中脘又名太仓、胃脘，是胃之募穴，其位于胃腑投影的体表部位，主治胃疾，灸之能直达胃腑病灶，起和胃止痛之效。足三里属足阳明胃经经穴，功善健脾和胃，理气止痛。内关为手厥阴心包经，能宁心安神、理气止痛，配中脘、足三里善治胃痛、呕吐、呃逆等胃疾。郄穴主治急证、痛证，梁丘是足阳明胃经的郄穴，善治急性胃痛，故急性胃痛宜先灸梁丘以缓急止痛。

情景导入解析

1. 根据患者的症状明确其中医诊断及证型和治则。

根据四诊结果，患者的中医诊断为：胃痛（寒邪客胃证）。治则：温胃散寒，理气止痛。

2. 根据辨证施灸理论，拟定艾灸处方，并诠释方义。

根据辨证施灸理论，拟定下列艾灸处方。

（1）处方

主穴：主穴取中脘、足三里、内关、梁丘。

配穴：配穴取胃俞、神阙、阴陵泉。隔姜灸中脘、神阙，每穴灸5~9壮，温和灸足三里、内关、梁丘、胃俞阴陵泉，每穴灸15分钟。每日1次，7天为1个疗程。

（2）方义诠释

中脘：艾灸中脘具有温经散寒的作用，可以促进体内的寒气排出，常用于改善胃痛、腹痛等症状。

足三里：足三里是足阳明胃经的合穴，是胃经的经气聚集的地方。艾灸足三里具有治疗和保健的双重功效，可以治疗脾胃虚寒导致的胃痛、腹泻、胃口差等症状，同时可以温煦阳明经的精气，起到增强免疫、祛除外邪的作用。

内关：内关是手厥阴心包经的穴位，艾灸内关可以疏通经络、理气止痛，对于胃痛、呕吐等症状有缓解作用。

梁丘：梁丘是调理胃肠疾病的常用穴位，艾灸梁丘可以最快地调节胃经气血的有余与不足状态，对于急性胃痛、胃痉挛有较好的缓解作用。

胃俞：艾灸胃俞可以温中散寒、行气止痛，对于脾胃虚寒所致的胃脘疼痛、手脚冰凉、腹泻等症状有改善作用。

神阙：艾灸神阙具有温中散寒、行气止痛、回阳固脱、健脾和胃等功效和作用，可以用于治疗胃痛、腹痛、腹泻、胃胀、呕吐、月经不调、痛经等病症。

阴陵泉：艾灸阴陵泉可以温中散寒、健脾祛湿，对于脾胃不和所致的腹胀、腹泻、食欲不振等症状有改善作用。

以上穴位艾灸后可以起到温中散寒、行气止痛、健脾和胃的作用，有助于改善胃痛寒邪客胃证的症状。

第十九节   腹   痛

情景导入

患者，男，20岁。1周前在旅行过程中进食过量，随后出现腹部胀满，疼痛拒按，痛而欲泻，泻后痛减，大便腐臭溏稀，伴嗳腐吞酸，舌苔厚腻，脉滑有力。

请解决以下问题。

1. 根据患者的症状明确其中医诊断及证型。

2. 根据患者的情况，如何用艾灸进行治疗？

【概念】

腹痛是指因感受外邪、饮食所伤、情志失调、素体阳虚等使脏腑气机阻滞，经脉痹阻，或脏腑经脉失养导致的，以胃脘以下、耻骨毛际以上部位发生疼痛为主症的病证。

【病因病机】

腹痛的基本病机为脏腑经脉气机阻滞，不通则痛或脏腑经脉失养，不荣则痛。腹痛发病与外感时邪、饮食不节、情志失调、阳虚体质、跌仆损伤或腹部术后瘀血内阻等原因有关。病位在腹部，可涉及肝、胆、脾、肾、膀胱、大肠、小肠等多个脏腑。病理因素有寒凝、火郁、食积、气滞、血瘀等。病性有虚、实、寒、热之分。

【辨证治则】

1. 寒邪内阻证　证候主症表现为腹痛拘急，遇寒加重，得温痛减，畏寒怕冷，四肢欠温，口淡不渴，小便清长，大便清稀或秘结，舌淡苔白腻，脉弦紧。治则：温里散寒，理气止痛。

2. 湿热壅滞证　证候主症表现为腹部胀痛，痞满拒按，胸闷不舒，烦渴引饮，汗出，大便溏滞不爽或大便秘结，小便短黄，舌红苔黄腻或黄燥，脉滑数。治则：泄热通腑，行气止痛。

3. 饮食积滞证　证候主症表现为腹部胀满，疼痛拒按，嗳腐吞酸，厌食呕恶，痛而欲泻，泻后痛减，大便腐臭溏稀，或大便秘结，舌苔厚腻或腐苔，脉滑有力。治则：消食导滞，理气止痛。

4. 肝郁气滞证　证候主症表现为腹痛胀闷，痛无定处，痛引少腹，或痛引两胁，时作时止，得嗳气或矢气则舒，遇忧思恼怒则剧，舌红苔薄白，脉弦。治则：疏肝解郁，理气止痛。

5. 瘀血内停证　证候主症表现为少腹疼痛，痛势较剧，痛如针刺，入夜尤甚，痛处固定，或腹部有包块，经久不愈，舌质紫暗，脉细涩。治则：活血化瘀，和络止痛。

6. 中虚脏寒证　证候主症表现为腹痛绵绵，时作时止，喜温喜按，饥饿劳累后加剧，得食休息后减轻，畏寒怕冷，四肢欠温，神疲乏力，少气懒言，纳呆，面色无华，大便溏薄，舌质淡，苔薄白，脉沉细。治则：温中补虚，缓急止痛。

【艾灸取穴】

1. 主穴　天枢、关元、足三里、神阙。

2. 配穴　寒邪内阻证加灸中脘、气海；湿热壅滞证加灸阴陵泉、内庭、曲池；饮食积滞证加灸梁门、下脘、支沟；肝郁气滞证加灸章门、太冲；瘀血内停证加灸膈俞、血海、太冲；中脏虚寒证加灸中脘、神阙、脾俞。

知识链接

急腹症是一组起病急、变化多、进展快、病情重，需要紧急送医院进行急救处理的腹部病证，与普通腹痛不同，需谨慎识别。急腹症腹痛程度较重，腹肌紧张甚至"板状腹"，有明显压痛、反跳痛，面色苍白，面容痛苦，体位屈曲、不敢伸直等表现。可见于胃十二指肠溃疡穿孔、急性胆囊炎、急性胰腺炎、急性肠梗阻、腹部外伤、异位妊娠等。

【施灸操作】

1. 操作准备　准备艾条、食盐、生姜、艾绒、镊子。将生姜切成薄片，0.3~0.5cm厚，并扎若干小孔。将艾绒制作成半截橄榄大的艾炷。嘱患者选择仰卧位，暴露施灸部位，放松身心，意守灸处，如有不适及时反应。

2. 施灸方法

（1）根据证型取穴，先取仰卧位，灸腹部和四肢穴位，再取俯卧位灸背部穴位。

（2）温和灸：主穴施灸均以温和灸为主，天枢两侧取穴，可同时施灸以恢复脾胃气机升降，继而温和灸关元、足三里以加强调理气机，通络止痛。寒邪内阻证温和灸中脘、气海，隔盐灸神阙。中脏虚寒证温和灸中脘、脾俞以温阳健脾，隔盐灸神阙以温肾暖脾，固本培元。

（3）隔姜灸：将食盐平铺于肚脐中央，放置薄姜片，再将艾炷置于姜片上点燃，并嘱患者保持呼吸平稳，减小腹部呼吸幅度，患者感觉灼热不耐受及时挪动姜片或将其提起，稍等片刻再放回，燃尽后更换艾炷，姜片干焦后亦需及时更换，共灸5~9壮。

（4）雀啄灸：湿热壅滞证雀啄灸阴陵泉、内庭、曲池以清利湿热。

（5）回旋灸：饮食积滞回旋灸梁门、下脘、支沟以消导积滞；肝郁气滞回旋灸章门、太冲以疏调肝脾气机，通络止痛；瘀血内停证回旋灸膈俞、血海、太冲以行气活血。

（6）艾炷隔盐灸：取神阙穴，盐巴填脐，然后将艾炷置于穴上灸之。灸5~7壮，每日1次，每次灸20分钟，7日为1个疗程。适用于寒凝、寒虚型腹痛。

3. 灸疗时间　隔盐姜灸每个穴位5~9壮，每次每穴艾灸20分钟；艾条温和灸每个穴位10~15分钟，共施灸2~2.5小时；每日灸1次，5天为1个疗程。

案例分享

　　管某，男，45岁，医师。患者原有慢性胆囊炎，胆石症。1986年2月14日晚进食蛋炒饭约2小时，出现上腹部胀痛伴有恶心，23点时疼痛加剧并放射至右肩，经门诊对症治疗效果不显，拟胆石症、慢性胆囊炎急性发作住院治疗，先后给予硫酸阿托品，上莨菪碱注射液及消炎镇痛药物治疗，效果不显。次晨疼痛呈阵发性加剧，于床上辗转不安，腹平软，肝脾未触及，墨菲征阳性。当即给予艾灸神阙，2分钟后疼痛缓解，伴肠鸣矢气，5分钟疼痛消失，墨菲征转阴，至今未出现过疼痛。

　　临床上应用针刺治疗急性腹痛已历史悠久，灸治神阙治病亦记载甚多，但用来治疗胆囊炎、胆石症所致的急性腹痛则未见报道。药用艾条以艾绒及雄黄为主要原料，艾叶及雄黄有温经散寒，除湿解毒之功。脐为胚胎发育过程中腹壁最后闭合处，表皮最薄，屏障功能最弱，药物最易穿透、吸收、弥散。脐又名神阙，属任脉，又为冲脉循行之地，冲乃经脉之海，任督又互为表里，故三脉经气相通，内联十二经、五脏、六腑、四肢百骸。故艾灸神阙可达温经通脉止痛之功。本法使用简单方便，适合于各级医疗单位使用，疗效确切，患者易于接受。

---

4. 注意事项

（1）过饱过饥不宜艾灸。施灸过程中，施灸者要主动和患者交流，询问灸感，以防烫伤。

（2）灸后宜饮用温开水以补充津液。寒证腹痛灸后可饮用姜艾茶，以加强散寒止痛之效；肝郁气滞证灸后可饮用佛手陈皮茶，以助疏肝理气；饮食积滞证灸后可饮用陈皮山楂茶，以助消食和胃。要注意避风寒，1小时内不宜沐浴。

（3）腹痛患者平素应当养成规律的饮食习惯，清淡饮食，寒证腹痛忌食生冷，热证腹痛忌食炙煿及辛辣刺激食物。

（4）急腹症应及时就医，明确诊断再视情况进行艾灸治疗。

【按语】

腹痛多为胃肠疾病引起,脏腑经脉气机不通所致。彭子益在《唯物论的系统医学》中言:"胃是诸经降之门,脾是诸经升之关。"天枢穴归足阳明胃经,分居人体中心之左右,而脾胃两经互为表里,经脉相通,胃阴降于右,脾阳升于左,故左天枢当从其脾阳升浮,右天枢当从其胃阴沉降,同时灸左右天枢恢复其升清降浊之职,使胃肠传导有职,从而中土得安,上下相宜,腹痛可除。另外,天枢为大肠之募穴,灸之能理大肠气机而止腹痛。足三里是足阳明胃经之"合穴""合治内腑",功善调补脾胃,通络止痛,主治腹痛、腹胀、泄泻、便秘等胃肠病证,亦是保健强壮常用穴位之一。关元是小肠募穴,位于小腹部,配合足三里、天枢可以通调腑气而止腹痛。

情景导入解析

1. 根据患者的症状明确其中医诊断及证型。

根据四诊结果,该患者所患疾病中医诊断为:腹痛饮食积滞证。

2. 根据患者的情况,拟定灸方并诠释方义。

根据四诊结果,拟定下列灸方。

(1)主穴:取天枢、关元、足三里、神阙,予以温和灸,每穴灸15分钟。

(2)配穴:梁门、下脘、支沟,予以回旋灸,每穴灸15分钟。

(3)方义诠释

天枢:位于腹部,横平脐中,前正中线旁开2寸处。具有调理肠胃、理气、消除胃肠里的积滞的功效,主要用于治疗胃肠及妇科病症,如腹胀、腹痛、便秘、腹泻等。

足三里:是足阳明胃经合穴,刺激足三里可以增强脾胃的运化功能,具有健脾和胃的功效,常用来治疗食欲不振、消化不良、脾胃虚寒引起的胃脘痛、饮食积滞、腹胀、腹泻、便秘、恶心、呕吐等不适。

神阙:艾灸神阙(顺时针回旋灸)具有温中健脾、升阳举陷、散寒除湿的功效,可用于治疗胃脘痛、腹痛、泄泻。

关元:位于下腹部,前正中线上,脐中下3寸处。艾灸关元可以起到温阳固脱、回阳补气的作用,对于腹痛、腹泻、饮食积滞等症状有一定的缓解作用。

梁门:属于足阳明胃经的穴位,主要作用是治疗脾胃疾患,包括腹痛、腹胀、胃胀、消化不良、食欲不振、两胁胀满、反流性食管炎、反酸、烧心等;患者平时可以按摩或者艾灸梁门穴。

下脘:位于腹部,前正中线上,脐中上2寸处。艾灸下脘可以起到和胃健脾、消积化滞的作用,对于饮食积滞、消化不良等症状有一定的缓解作用。

支沟:位于前臂背侧,当阳池与肘尖的连线上,腕背横纹上3寸,尺骨与桡骨之间。艾灸支沟可以起到理气通腑、降逆通便的作用,对于腹痛、腹胀、饮食积滞等症状有一定的缓解作用。

第二十节 呕 吐

情景导入

　　患者,男,32岁。冒雨下班回家后,突然呕吐,泛恶频频,胸脘满闷,伴恶寒发热,头身疼痛,舌苔白腻,脉濡。针对上述情况回答下列问题。

　　1. 根据患者的症状明确其中医诊断及证型。

　　2. 根据患者的情况,拟一个艾灸处方。

【概念】

　　呕吐是指胃失和降,气逆于上,迫使胃内容物从口而出的病证。有物有声谓之呕,有物无声谓之吐,无物有声为干呕。因呕与吐常同时存在,故并称为呕吐。

【病因病机】

　　呕吐的基本病机为胃失和降,胃气上逆。外邪犯胃、饮食不节、情志失调或素体脾胃虚弱均可导致呕吐。本病病位在胃,与肝、脾二脏密切相关。因外邪、饮食、痰饮、肝气等伤胃,致胃失和降而呕吐,病性属实;因脾胃虚寒或胃阴亏虚而无力司其和降之职所致呕吐,病性属虚。

【辨证治则】

　　1. 外邪犯胃证　证候主症表现为突然呕吐,泛恶频频,胸脘满闷,或心中懊憹,伴恶寒发热,头身疼痛,舌苔白腻,脉濡。治则:疏邪解表,化浊和中。

　　2. 饮食内停证　证候主症表现为呕吐酸腐量多,或有未消化食物,嗳气厌食,脘腹胀满,可伴腹部胀痛,大便秘结或溏泻,舌苔厚腻或腐苔,脉滑实有力。治则:消食化滞,和胃降逆。

　　3. 痰饮内阻证　证候主症表现为呕吐清水痰涎,或胃部如囊裹水,脘痞满闷,食欲不振,伴头眩、心悸,舌苔白滑而腻,脉弦滑。治则:温化痰饮,和胃降逆。

　　4. 肝气犯胃证　证候主症表现为呕吐吞酸,或干呕泛恶,脘胁胀痛,烦闷不舒,频频嗳气,遇忧思恼怒而发作或加剧,舌边红,舌苔薄腻或微黄,脉弦。治则:疏肝和胃,降逆止呕。

　　5. 脾胃虚寒证　证候主症表现为饮食稍多则欲呕吐,时发时止,食入难化,胸脘痞闷,不思饮食,面色㿠白,神疲乏力,四肢不温,口干不欲饮,大便溏薄或泄泻,舌质淡,苔白滑或白腻,脉濡弱。治则:温中健脾,降逆止呕。

　　6. 胃阴亏虚证　证候主症表现为呕吐反复发作,或时作干呕,恶心,胃脘嘈杂,似饥不欲食,口干咽燥,舌红少津,苔少,脉细数。治则:滋阴养胃,降逆止呕。

【艾灸取穴】

　　1. 主穴　中脘、胃俞、内关、足三里。

　　2. 配穴　外邪犯胃证加灸大椎、三阴交;饮食内停证加灸梁门、天枢;痰饮内阻证加灸丰隆、公孙、阴陵泉；肝气犯胃证加灸太冲、期门；脾胃虚寒证加灸脾俞、公孙；胃阴亏虚证加灸三阴交、脾俞。

> **知识链接**
>
> 妊娠呕吐又称妊娠恶阻，主要病机是冲气上逆，胃失和降。脾胃虚弱者，多食入即吐；肝胃不和者，多呕吐酸水或苦水；痰滞者多呕吐痰饮。临床均可根据具体证型辨证施药，内服中药感觉不适者亦可选用艾灸和穴位贴敷疗法。艾灸取穴内关、足三里，温和灸，每穴约灸15分钟。或在内关、中脘、足三里、天突贴敷生姜片，或用砂仁、生姜捣碎调膏外敷，可起理气降逆止呕之效。

【施灸操作】

1. 操作准备　嘱患者取半坐卧位或仰卧位，暴露腹部施灸处，余部位做好保暖。做好医患沟通工作，消除患者紧张情绪，取得配合。

2. 施灸方法

（1）隔姜灸：准备适量艾条、艾绒、生姜、线香、镊子。将艾绒制作成艾炷，体积如半截橄榄大。将生姜切片，厚度0.3~0.5cm，并在姜片上用牙签扎出若干个小孔。在中脘穴上放置一片生姜，将艾炷置于姜片上，用线香点燃艾炷进行施灸。若患者有灼痛感可将姜片提起，使之离开皮肤片刻再放回继续施灸，待艾炷燃尽，倒掉艾灰，重新放置并点燃艾炷，灸5~9壮。其间姜片干焦时需更换姜片。脾胃虚寒证隔姜灸神阙、脾俞以温肾暖脾，和中止呕。

（2）温和灸：中脘灸毕，在内关、足三里处相继进行温和灸，以和中止呕。再让患者改成俯卧位，在胃俞进行温和灸以调理胃腑，理气降逆止呕；胃阴亏虚证温和灸三阴交、涌泉以滋阴益胃。

（3）回旋灸＋温和灸：外邪犯胃证雀啄灸大椎以发散风寒湿之表邪，温和灸三阴交以健脾化湿；饮食内停证回旋灸梁门、天枢以消食化滞，降气止呕；痰饮内阻证温和灸丰隆、阴陵泉以健脾利湿，化痰止呕；肝气犯胃证回旋灸太冲、章门调理肝脾，和胃止呕；脾胃虚寒证隔姜灸神阙、脾俞以温肾暖脾，和中止呕；胃阴亏虚证温和灸三阴交、涌泉以滋阴益胃。

（4）隔盐灸：取神阙，灸5~7壮，每日1次，以腹部有明显温热感并向腹中扩散为佳，中病即止。此法适用于脾胃虚寒型呕吐。

3. 灸疗时间　隔姜灸每个穴位灸5~9壮，每穴每次艾灸20分钟，每日1次，7次为1疗程；艾条灸每个穴位10~15分钟，共施灸1.5~2小时。每日灸1次，3天为1个疗程。

> **案例分享**
>
> 程某，男，16岁，学生，2021年5月18日初诊。阵发性呕吐3年，加重2天。患者自3年前起，每于考试前后即发生呕吐。发作时烦躁不安，脘胁胀满不舒，微恶风寒，时觉恶心，嗳气，呕吐阵作，甚则吐出黄绿色清稀液体，吐尽则快。作X线钡餐透视未发现有器质性病变，诊断为"神经性呕吐"。既往用甲氧氯普胺等药静滴有效。此次发作已有2天，用前药治疗效果不显，遂求治疗。检查：神清，精神一般，面色淡白，脘腹

饱胀无压痛,肝脾胁下及,脑膜刺激征(-),舌质淡、苔厚微腻,脉弦细。认为该学生起于情志受激,心神不宁,肝郁不畅,气机横逆犯胃而吐,久吐伤及脾胃,脾胃阳虚,不能受纳运化水谷,故治以宁心安神,和胃降逆。取百会用小艾炷灸90壮,同时针刺足三里、公孙、太冲、大陵,行阳中隐阴法,得气后留针30分钟。施治1次后呕吐立止,仍有恶心、脘胁胀满等不适。此后每日治疗1次,共治3次而诸症消,继治2次巩固疗效,随访1年未发。

中医学认为本病多因胃失和降,胃气上逆所致。此学生每因考试时情绪紧张而致呕吐。其病因在心、肝,病位在胃。督脉为阳脉之海,总督一身阳气,百会位于巅顶,是诸阳经之会,亦为督脉之要穴,故灸之可振奋全身阳气,调和气机,调整阴阳平衡。大陵属手厥阴心包经之腧穴,主心神及脾之疾患,与百会相配,有宁心安神、降气和胃之功。经曰"合治内腑",故取阳明之会足三里以调整胃肠功能;兼加公孙、太冲补脾益气,泻肝木横逆之气。诸穴相配,针灸并施,则效如桴鼓。

4. 注意事项

(1)患者采用仰卧位、俯卧位,感觉不适可换成半坐卧位、俯伏坐位。

(2)艾灸前可准备好垃圾袋以防患者突然呕吐,若患者开始呕吐,则等其呕吐完,休息片刻再施灸。引导患者放松身心,调整呼吸,进入意守灸处的状态。

(3)呕吐患者艾灸后,宜分次小口喝水补充津液,忌快速大量饮水或进食,以免引起胃部不适,诱发呕吐。

(4)艾灸后,外邪犯胃证、痰饮内阻证、脾胃虚寒证者,可适量饮用陈皮姜艾茶(陈皮、生姜、艾叶煮水代茶饮),以助温胃散寒,降逆止呕。饮食积滞证者可适量饮用山楂麦芽陈皮水(山楂、麦芽、陈皮煮水代茶饮),以助健胃消食。胃阴虚证者可以适量饮用银耳羹,以滋阴养胃,艾灸后1小时内避免沐浴。治疗期间注意饮食调节及情绪调控。

【按语】

生姜辛温,善温阳散寒,降逆止呕,被称为"呕家圣药",运用隔姜灸在中脘施灸,能够通调中焦气机,更助降逆止呕之功。内关是治疗呕吐的经验效穴,足三里、胃俞功善调理脾胃,三者予以温和灸,能够理气和胃,降逆止呕。陈皮功善调理脾胃气机,生姜温胃散寒止呕,艾叶温经通络、散寒祛湿,三者煮水代茶饮可有助加强降逆止呕之效。外邪犯胃证、痰饮内阻证、脾胃虚寒证均可适量饮用,以加强降逆止呕之效。

情景导入解析

1. 根据患者的症状明确其中医诊断及证型。

根据四诊结果,该患者中医诊断为呕吐,证型为外邪犯胃证;治则:驱邪平胃。

2. 根据患者的情况,拟一个艾灸处方。

(1)灸方拟定

主穴:胃俞、中脘、足三里、肝俞。

配穴:外关、大椎。

（2）方义诠释

胃俞：为胃之精气输注之处，艾灸此穴可以补益胃气，滋养胃阴，对于脾胃虚弱、气血生化不足所致诸症有治疗效果。

中脘：是足阳明胃经的募穴，艾灸此穴可以调理脾胃，和胃降逆，化湿消滞，对于邪气犯胃、饮食不节等导致胃的受纳腐熟水谷功能失常所引起之诸疾有治疗效果。

足三里：具有调理脾胃、补中益气、疏风化湿、扶正祛邪的功能。艾灸此穴可以增强胃肠蠕动，提高多种消化酶的活力，增进食欲，帮助消化。

肝俞：是肝脏的背俞穴，艾灸此穴可以疏肝利胆，理气明目，对于肝胆湿热、肝气郁结等所致诸症有治疗效果。

外关：是手少阳三焦经的络穴，艾灸此穴可以解暑除湿，通经活络，对于外邪侵袭、气血运行不畅所致诸症有治疗效果。

大椎：是督脉的穴位，艾灸此穴可以解表通阳，清热解表，对于外感热病、感冒等所致诸症有治疗效果。

第二十一节　呃　逆

情景导入

患者，男，50岁。反复呃逆2年余，呃声沉缓有力，胸膈胃脘不舒，得温减轻，遇寒加重，食欲不振，喜食热，口淡不渴，舌淡苔白润，脉迟缓或脉紧弦。针对上述情况请回答下列问题。

1. 根据患者的症状明确其中医诊断及证型。

2. 根据患者的情况，拟一个艾灸处方。

【概念】

呃逆是指胃气上逆动膈，以气逆上冲，喉间呃呃连声，声短而频，难以自制为主要表现的病证。

【病因病机】

呃逆的基本病机是胃失和降，气机不利，气逆动膈。进食过急、过食生冷寒凉，寒气蓄于胃循手太阴之脉上动于膈，发为呃逆；或嗜食辛热煎炸，过服温燥之剂，燥热内生，胃火上冲发为呃逆；恼怒伤肝，肝气亢逆上冲于膈，发生呃逆；素体不足、年高体弱、大病久病或吐下太过，中气受损或胃阴耗伤，胃失和降，发生呃逆。呃逆病位在膈，病变脏腑关键在胃，与肺、肝、脾、肾相关。病性有虚实之分，寒凝、火郁、气滞、痰阻而致胃失和降为实证，脾肾阳虚、胃阴亏耗者为虚证。

【辨证治则】

1. 胃中寒冷证　证候主症表现为呃声沉缓有力,胸膈胃脘不舒,得温减轻,遇寒加重,食欲不振,喜食热,口淡不渴,舌淡苔白润,脉迟缓或脉紧弦。治则:温中散寒,降逆止呃。

2. 胃火上逆证　证候主症表现为呃逆声音洪亮有力,冲逆而出,口臭烦渴,多喜冷饮,脘腹满闷,大便秘结,小便短赤,舌红,苔黄燥,脉滑数。治则:清胃泻火,降逆止呕。

3. 气机郁滞证　证候主症表现为呃逆连声,胸胁脘腹闷胀,得嗳气、矢气则舒,情志不遂则加重,苔薄白,脉弦。治则:顺气解郁,和胃降逆。

4. 脾胃阳虚证　证候主症表现为呃声低长无力,气不得续,泛吐清水,脘腹不舒,喜温喜按,面色㿠白,手足不温,纳呆神疲,大便溏稀,舌淡苔薄白,可见齿痕舌,脉细弱。治则:温补脾阳,降逆止呃。

5. 胃阴不足证　证候主症表现为呃声短促不得续,口燥咽干,烦躁不安,胃中嘈杂似饥而不欲食,或食后饱胀,大便干结,舌红少津,苔少,脉细数。治则:益胃生津,降逆止呃。

【艾灸取穴】

1. 主穴　膈俞、中脘、膻中、内关、足三里。

2. 配穴　胃中寒冷证加灸梁门、脾俞、胃俞;胃火上逆证加灸合谷、内庭;气机郁滞证加灸天枢、太冲;脾胃阳虚证加灸脾俞、神阙、命门;胃阴不足证加灸胃俞、三阴交。

> **知识链接**
>
> 　　呃逆在生活中俗称"打嗝",健康人亦会出现一过性呃逆,常因进食过急过快引起膈肌痉挛所致。当出现一过性呃逆,可通过按压攒竹止呃。具体操作方法:用双手拇指指腹分别点按攒竹,用力由轻到重,会出现酸胀感放射到眼睛周围,以能耐受为度,按压的同时患者屏气约1分钟,松开的同时患者深呼吸,重复按压,直至缓解,可配合按揉内关。此外,还可结合其他方法,如转移注意力、喝水弯腰法、打喷嚏法等。

【施灸操作】

1. 操作准备　同第九章第三节相关内容。

2. 施灸方法

(1)回旋灸:先灸背部穴位,继而灸胸腹部穴位,最后灸四肢部穴位。在膈俞、中脘上进行温和灸以宽胸利膈,降逆止呃。回旋灸梁门,温胃降逆;再于膻中穴上行回旋灸,加强降逆之功;气机郁滞证回旋灸天枢恢复气机升降,回旋灸太冲行气解郁。

(2)温和灸:取穴内关、足三里,予温和灸以理气宽胸,和胃降逆;脾胃阳虚证温和灸脾俞以温补脾胃,温和灸命门以补火助阳,温肾暖脾。

(3)隔姜灸:胃中寒冷证中脘、脾俞、胃俞宜隔姜灸,起温经散寒,降逆止呃之效;隔姜灸神阙以温阳降逆止呕。

(4)雀啄灸:胃火上逆证宜雀啄灸合谷、内庭以清胃泻火;隔姜灸神阙以温阳降逆止呕。胃阴不足证温和灸胃俞、三阴交以滋阴益胃。

3. 灸疗时间　隔姜灸每个穴位灸5~9壮，每次每穴艾灸20分钟，艾条温和灸和回旋灸以及雀啄灸，每次每个穴位灸10~15m分钟，共施灸1.5~2小时。每日灸1次，3天为1个疗程。

案例分享

患者李先生，45岁，因长期饮食不规律，导致胃部不适，经常出现呃逆症状。诊断：经过中医诊断，李先生属于脾胃虚寒型呃逆。

艾灸取穴：选取膈俞、中脘、膻中、内关、足三里、梁门、脾俞、胃俞等穴位进行艾灸。艾灸操作：准备艾条和艾灸盒，将艾条点燃后放入艾灸盒中，然后将艾灸盒放置在这些穴位上，进行温和灸；每个穴位艾灸10~15分钟，每天进行1次治疗，7次为1个疗程。

治疗效果：经过一周的艾灸治疗，李先生的呃逆症状明显减轻，胃部不适感也得到缓解。继续治疗1周后，呃逆症状完全消失，胃部不适感消失。

呃逆的基本病机是胃失和降，气机不利，气逆动膈，该患者脾胃虚寒型呃逆，重在温补脾阳，降逆止呃。膈俞、中脘可宽胸利膈，降逆止呃，梁门温胃降逆，膻中穴上行回旋灸，加强降逆之功；内关、足三里理气宽胸，和胃降逆，脾俞、命门可温补脾胃，补火助阳，温肾暖脾。

4. 注意事项

（1）过饱、过饥状态下不宜艾灸。艾灸后可适量饮用陈皮艾茶（陈皮、艾叶煮水代茶饮），以助理气降逆。

（2）治疗期间注意饮食调节及情绪调控。呃逆停止后，应积极治疗引起呃逆的原发病。

（3）急重症患者出现呃逆，可能是胃气衰败之征，应加以注意。

【按语】

呃逆病变在于膈，无论何种证型均可寻取膈俞进行艾灸，取其宽胸利膈，和胃降逆之功。中脘、足三里和胃降逆，胃腑寒热虚实所致的胃气上逆动膈均可以选用。膻中是八会穴之气会，功擅理气，灸之能理气降逆，气调则呃逆止。内关是八脉交会穴之一，通于阴维脉，亦是手厥阴心包经络穴，灸其可宽胸利膈，通利三焦，是降逆要穴。

情景导入解析

1. 根据患者的症状明确其中医诊断及证型。

根据四诊结果，患者疾病中医诊断：呃逆，证型：胃中寒冷证。

2. 根据患者的情况，拟一个艾灸处方。

（1）灸方拟定

主穴：膈俞、中脘、膻中、内关、足三里。

配穴：梁门、脾俞、胃俞。隔姜灸中脘、脾俞、胃俞，每个穴位灸5~9壮，回旋灸膻中、梁门，温和灸膈俞、内关、足三里，每个穴位灸10~15分钟，共施灸1.5~2小时。视患者耐受程度，每日或隔日灸1次，3天为1个疗程。

（2）方义诠释

膈俞：具有调理脾胃、补益气血、降逆平喘的作用，是补血的第一大穴位。艾灸膈俞可以治疗因胃寒导致的胃痛、胃胀、消化不良、反酸、打嗝、呃逆等症状。

中脘：是胃之募穴，善治各种胃病，同时也是六腑疾病的交汇点，因此艾灸中脘可以治疗因胃寒导致的胃痛、胃胀、消化不良、反酸、打嗝、呃逆等症状。

内关：是手厥阴心包经的穴位，因此可以治疗心系疾病，同时内关也是胃经的络穴，因此可以治疗脾胃疾病。艾灸内关可以治疗因心气虚导致的心慌胸闷，气短无力，头痛头晕，失眠多梦，因脾胃虚寒导致的呕吐呃逆，反酸烧心，胃痛胃胀等。

此外，艾灸足三里、梁门、脾俞、胃俞等穴位，也均可以治疗脾胃虚寒证引起的呃逆。

第二十二节　泄　泻

情景导入

患者李先生，45岁，为一家公司的董事。因公司效益不好，甚至面临破产，他为了公司能够良性运转和发展，经常出差和加班加点地工作，工作压力大，饮食睡眠不规律。近段时间出现腹泻，1日5~6次，大便稀，无黏液脓血，伴随全身无力，腹部不适，食欲减退，体形消瘦等，曾自买抗生素药物口服，效果不好而前来就诊。舌淡苔薄，脉细弱。针对患者情况，请回答下列问题。

1. 根据四诊结果，做出中医诊断并辨证分型。
2. 拟定艾灸处方，诠释方义。

【概念】

泄泻是指大便性状改变，稀薄或有未消化食物，甚或泻出如水样，排便次数增多为主症的病证。大便溏薄者为"泄"，清稀如水注为"泻"。泄泻可见于多种疾病，消化器官功能或器质性病变，或其他脏器病变影响消化吸收功能均可出现泄泻。

【病因病机】

本病有急性、慢性之分。急性多因饮食不节或进食生冷不洁之物，使脾胃受伤，运化失常；或感受寒湿暑热之邪，使脾胃升降失司，清浊不分。慢性多因脾胃虚弱，水谷不化；或情志失调，肝失疏泄，木乘土或土虚木乘，以致脾失健运。基本病机为脾失健运，湿邪困脾。病位在肠，与肝肾关系密切。病性在早期以实证为主，日久则以虚实夹杂证多见。

【辨证治则】

（一）急性泄泻

主症表现为发病急，病程短，大便次数增多显著，小便减少。

1. 寒湿内盛　证候主症表现为大便清稀如水样，水谷相混，腹痛肠鸣，或兼风寒证，如恶寒，发热，肢体酸痛，身寒喜温，口不渴，舌苔白或白腻，脉迟。治则：温中散寒。

2. 湿热伤中　证候主症表现为大便泻下急迫，粪色黄褐，肛门灼热，烦热口渴喜冷饮，小便短赤，舌红苔黄腻，脉濡数。治则：清热燥湿。

3. 食滞肠胃　证候主症表现为腹痛拒按，或痛则欲便。暴饮暴食后脘腹胀痛，肠鸣，大便恶臭如败卵，伴有未消化食物，泻后痛减，嗳腐吞酸，不思饮食，舌苔厚腻或垢浊，脉滑。治则：消食导滞。

（二）慢性泄泻

主症：发病缓，病程长，多由急性泄泻发展而来，大便次数增多较少。

1. 脾胃虚弱　证候主症表现为大便时溏时泻，迁徙反复，腹胀肠鸣，面色萎黄，神疲乏力，食少。舌淡苔薄，脉细弱。治则：健脾益气。

2. 肾阳虚衰　证候主症表现为黎明之前腹痛肠鸣即泻，完谷不化，形寒肢冷，腰膝酸软，舌淡苔白，脉沉细。治则：温肾健脾，固本止泻。

3. 肝气乘脾　证候主症表现为腹痛肠鸣，排气较多，胸胁闷胀，嗳气食少，腹痛泄泻与情志相关。舌淡红，脉弦。治则：抑肝扶脾。

【艾灸取穴】

（一）急性泄泻

1. **主穴**　天枢、水分、上巨虚、阴陵泉。
2. **配穴**　寒湿加神阙、中级；湿热加内庭、下巨虚；食滞加中脘、梁门。

（二）慢性泄泻

1. **主穴**　神阙、天枢、足三里、公孙。
2. **配穴**　脾虚加脾俞、太白；肾虚加肾俞、命门、关元；肝郁加肝俞、太冲。

【施灸操作】

1. **操作准备**　帮助患者摆舒适体位，充分暴露治疗部位。清洁皮肤，用骨度分寸法配合解剖标志定位法及手指同身寸法定位，以患者感觉局部酸、麻、胀、痛为标志。

2. **施灸方法**　急性泄泻使用雀啄灸，慢性腹泻使用温和灸。寒湿内盛可使用隔姜灸，以加强祛风散寒之功；肾阳虚衰可使用隔附子饼灸，以温补肾阳。

3. **灸疗时间**　急性泄泻可重灸，灸至症状缓解。慢性泄泻每次可选 3~5 个穴位，每个穴位各施灸 20~30 分钟，每日 1 次。以上穴位可循环灸，7 天为 1 个疗程。

案例分享

　　陈某，男，21岁，于2023年10月就诊。患者在外国留学，当时因为生活环境改变，加上学习上的压力，导致胃脘疼痛，日久成为十二指肠溃疡，后因溃疡出血手术。术后，患者一直感觉全身乏力，饮食欠佳，每日腹泻2~3次，大便时而稀薄，时而水样。稍进油腻或饮食生冷即泻，伴有腹部隐痛。刻下见其形体消瘦，面色白，双目下呈现青黑色。舌尖红，苔薄腻，脉濡滑。西医诊断为十二指肠溃疡，中医辨证为先天中气不足，术后又损脾阳，中焦虚寒，水湿内停，运化无力。治法为补中益气，温运脾阳，祛寒化湿。取天枢、气海、足三里、章门、公孙、关元透热灸9壮，隔日治疗1次。3次后腹泻止，10次后体重增加3kg，痊愈，至今未发。

　　患者于19岁时赴外国留学，其饮食生活习惯等与在家时完全改变，加之语言不通，学习环境改变，短期内徒增压力，又缺乏调节，导致胃脘疼痛；又未及时治疗，最终得十二指肠溃疡穿孔出血而手术。术后未得正确调养，中焦受损，脾阳不振，水湿内停。《沈氏尊生书》："泄泻，脾病也。脾受湿而不能渗泄，致伤阑门元气，不能分别水谷，并入大肠而成泻。"风、寒、热、虚，虽皆能为病，苟脾强无湿，四者均不得而于之，何自成泻？本案患者素体中气不足，又逢开刀伤及脾阳，脾阳虚弱不能化生水谷，风寒之邪犯之，故成泄泻。虚证腹泻也不离湿，《内经》："脾病者，虚则腹痛肠鸣，飧泄食不化。"本案主证腹痛绵绵隐隐，喜温喜按，泄下稀薄，脉象濡弱，舌苔薄腻，正与之相合。故治以温运健中，调理中焦，扶土益阳。取中脘、气海、关元、足三里，补中益气，相当于芪参之功。公孙、章门健脾消食，和山药扁豆白术相齐，天枢健脾利湿止泻，收茯苓、砂仁之功，针后灸关元9壮，相当于附子之功，收益火生土之效。此案治疗表里兼顾，治本而不忘治标，通过温脾阳而使寒湿祛除，补中气而脾土旺，健胃而助消食。故仅治3次而泄泻止。

　　4. 注意事项　急性期可重灸，给予流质或半流质饮食。慢性泄泻患者平素饮食宜清淡，忌食生冷、辛辣、油腻之品，注意饮食卫生。肝气乘脾患者注意调畅情志，保持乐观心志。

【按语】

　　泄泻是临床常见病证，艾灸治疗泄泻尤其是慢性泄泻有良效。临床辨证首辨虚实缓急，治疗以运脾祛湿为主。对严重脱水或由恶性病变引起的，应采用综合性治疗。

情景导入解析

　　1. 根据四诊结果，做出中医诊断并辨证分型。
　　根据四诊结果，该患者所患疾病的中医诊断为：泄泻，脾胃虚弱证。
　　2. 拟定艾灸处方，诠释方义。
　　（1）拟定灸方
　　主穴：神阙、天枢、足三里、公孙；**配穴**：脾俞、胃俞、太白。上述穴位均采用温和灸，每穴每次艾灸15~20分钟，每日1次，7次为1个疗程，连灸两个疗程。

（2）方义诠释

神阙：位于腹部的中央，是人体任脉的穴位。艾灸神阙具有温中散寒的功效，对于脾胃虚寒患者，经常会出现脘腹冷痛、食欲下降、恶心、呕吐等症状，通过艾灸神阙可以达到一定的治疗效果。

天枢：是人体胃经上的要穴，又是大肠经的募穴，位于肚脐旁开两寸。艾灸天枢可以改善胃肠功能的失调，改善腹胀、腹痛、泄泻、便秘等胃肠疾病，对于改善月经不调和痛经也有很好的效果。

足三里：具有健脾胃的功效，对脾胃虚弱所致的腹泻、胃痛、消化不良、腹胀、腹泻等病症有较好的疗效。

公孙：具有健脾和胃、理气化湿、调和冲脉的作用及功效，为脾胃、胸膈、腹部疾病常用穴。临床上主治胃痛，腹痛，腹胀，腹水，呕吐，饮食不下，肠鸣，呃逆，痢疾，腹泻等脾胃病及心烦，胸闷，胸痛，奔豚气等心胸病。此外，公孙还可治疗失眠，嗜卧，发狂妄言，水肿，月经不调，崩漏带下，肠风下血，足跗肿痛，足趾麻木等病症。

脾俞和胃俞：分别位于背部第十一胸椎和第十二胸椎棘突下旁开二寸。艾灸脾俞和胃俞可以调理脾胃功能，对于脾胃虚弱所致的脘腹胀满、泄泻等症状有一定的治疗效果。

太白：位于足内侧缘，当足大趾本节（第 1 跖趾关节）后下方赤白肉际凹陷处。艾灸太白可以调理脾胃功能，对于脾胃虚弱所致的腹胀、腹泻等症状有一定的治疗效果。

通过艾灸上述穴位，可以起到疏通经络、调理气血、温阳散寒、健脾和胃、固脱回阳等作用。同时，艾灸还可以增强机体的免疫力，提高抗病能力。

（欧慧怡 赵美玉）

第二十三节 痢 疾

情景导入

患者，女性，62 岁。主诉：腹痛、腹泻 2 天。病史：畏寒，发热 39.5℃，剧烈腹痛、腹泻，里急后重，每次均是水状大便或者脓血便，每日排便十多次，恶心、呕吐，不欲饮食，全身无力。就诊时患者面色无华，精神倦怠，舌白腻，脉濡缓。根据患者情况，请回答下列问题。

1. 根据四诊结果，做出中医诊断。

2. 根据四诊结果，进行辨证分型并提出治则。

3. 拟定灸方，诠释方义。

【概念】

痢疾是以大便次数增多、下痢赤白脓血、腹痛、里急后重为主症的病证。多见于西医学的细菌性痢疾、阿米巴痢疾、溃疡性结肠炎、细菌性食物中毒等。

【病因病机】

本病多因外感疫毒之邪或湿热之邪或夏暑感寒伤湿所致,或因饮食不节(洁),内外交感而发病,邪滞肠腑,大肠传导功能失职,湿热相搏,气滞血阻,肠络受损,肠道转化失司,脉络受阻,腐败化为脓血。

【辨证治则】

主症:大便次数增多,粪中带有黏液脓血,腹痛,里急后重。治法:清热化湿,通肠导滞。

1. 湿热蕴结(湿热痢)　证候主症表现为兼大便赤白脓血,肛门灼热,小便短赤,或恶寒发热,心烦口渴,舌红,苔黄腻。治则:清肠化湿,调气和血。

2. 寒湿困脾(寒湿痢)　证候主症表现为兼痢下赤白黏冻,白多赤少,或为纯白冻,头身困重,脘腹胀满,舌苔白腻,脉濡缓。治则:温中燥湿,调气和血。

3. 热毒炽盛(疫毒痢)　证候主症表现为兼痢下鲜紫脓血,气味腐臭,腹痛剧烈,后重感著,壮热口渴,头痛烦躁,面色苍白,四肢发冷,恶心呕吐,甚者神昏惊厥,舌质红绛,舌苔黄燥,脉滑数。治则:清热解毒,凉血除积。

4. 正虚邪恋(休息痢)　证候主症表现为痢下时发时止,日久不愈。发时大便赤白黏冻或果酱样,腹痛里急,食少,神疲,舌淡苔白,脉细。治则:温中清肠,调气化滞。

【艾灸取穴】

1. 主穴　天枢、关元、上巨虚、合谷、三阴交。

2. 配穴　湿热痢加曲池、内庭、阴陵泉;寒湿痢加中脘、阴陵泉、气海;疫毒痢加大椎、中冲、十宣;休息痢加脾俞、肾俞、足三里、神阙;久痢脱肛加百会、长强。

【施灸操作】

1. 操作准备　清洁皮肤,用骨度分寸法配合解剖标志定位法及手指同身寸法定位,以患者感觉局部酸、麻、胀、痛为标志。

2. 施灸方法　寒湿痢可重灸,也可使用隔姜灸以加强祛风散寒之功。疫毒痢可配合大椎、中冲、十宣放血。休息痢同使用温和灸。

3. 灸疗时间　急性痢疾可重灸,灸至症状缓解。每次可选 3~5 个穴位,每个穴位各施灸 20~30 分钟,每日 1 次。以上穴位可循环灸,7 天为 1 个疗程。灸至脓血止而大便形状尚不正常时,仍须继续灸至正常为止。

案例分享

患者,女,50 岁,农民。2023 年 11 月 1 日就诊。主诉 2 个月前因劳累过度引起腹泻,在当地医院就诊口服止泻药,效果不佳。后呈间歇性腹泻。此次腹痛发热 3 天,大便日 15~16 次。测体温 37.8℃。人消瘦,舌淡、苔腻。大便常规:黏液血便,阿米巴滋养体多量可见(活动型)。温针灸天枢、气海、上巨虚,加艾条温和灸 5 分钟。11 月

16日二诊诉：大便次数略减，而腹痛较甚。予直接灸气海7壮。11月27日三诊；腹痛腹泻均减，予直接灸天枢(双)7壮。12月18日症状基本消失，复灸天枢、气海各7壮。2024年3月19日大便报告：便黄软，白细胞少量。嘱回家贴灸疮膏1月后，来复查大便，无异常。

　　体会《玉龙歌》有"脾泻之症别无他，天枢二穴刺休差。此是五脏脾虚疾，艾火多添病不加"之句。天枢为肠之募穴，主治肠道疾患。中医辨证，阿米巴痢疾为脾气虚导致寒湿壅滞肠中，首选天枢直接灸，能温经散寒，破积利湿。气海又称丹田，聚一身之气，灸之大补中气，使脾气恢复固涩之功，二穴合用相得益彰。从西医学分析，阿米巴原虫进入肠道，形成滋养体、包囊等多种形式寄生，用药物一时很难杀灭，致使疾病反复发作，迁延难愈。通过位于肠部的主治腧穴直接灸治，以无菌化脓这样一种持久的提高自身细胞吞噬作用的方法，达到根治目的。一般只需灸1~2次即愈。

4. 注意事项　患者应进行隔离，防止传染。发病期间注意饮食，适当禁食，待稳定后以清淡饮食为宜。中毒性菌痢，病情急暴险恶，应采取综合治疗和抢救措施。

【按语】

　　痢疾主要是内伤饮食，外受湿热疫毒所致，治疗宜清热化湿，消积导滞，调和气血为主。温灸治痢疾，急性者可速愈，慢性病程者，疗效也相当好。痢疾病情变化快，体弱、年迈者易出现变症，应尽早治疗。

情景导入解析

　　1. 根据四诊结果，做出中医诊断。

　　根据四诊结果，患者所患疾病中医诊断为：痢疾，实证寒湿痢。

　　2. 根据四诊结果，进行辨证分型并提出治则。

　　根据四诊结果，患者痢疾为实证寒湿痢；治则：温化寒湿。

　　3. 拟定灸方，诠释方义。

　　（1）拟定灸方。①主穴：大椎、脾胃俞、大肠俞、中脘、内关、合谷。②配穴：水分、气海。

　　（2）方义诠释：大椎清热散寒，脾胃俞、中脘健脾祛湿，行气化滞，大肠俞疏调肠胃，理气化滞，内关和胃降逆，宽胸理气，合谷疏风解表，止痛，一次理疗后，症状消失。

（刘凌岩　赵美玉）

第二十四节   便   秘

情景导入

李先生,55岁,长期便秘困扰,多方求医,效果不佳。病史摘要:患者体质虚弱,面色苍白,气短乏力,容易疲劳。排便无力,大便干燥,排便不尽感,便后疲惫,食欲不振,脘腹胀满,嗳气反酸,恶心呕吐。舌质淡红,苔白而干,脉细弱。针对上述情况,回答下列问题。

1. 根据四诊结果,做出中医诊断,并病症分型提出治则。

2. 根据四诊结果,拟定灸方,诠释方义。

【概念】

便秘是指排便次数减少,同时排便困难、粪便干结。正常人每天排便 1~2 次或每 1~2 天排便 1 次,但便秘患者每周排便少于 3 次,严重者每周才排便 1 次。可见于多种急慢性疾病。

【病因病机】

中医学将便秘分为实证和虚证,实证包括热秘、气秘,虚证包括冷秘、虚秘。病因是外感寒邪之邪、内伤饮食情志、阴阳气血不足。基本病机为肠腑壅塞或肠失温润,大肠传导不利。病位在肠,与脾、胃、肺、肝、肾等功能失调有关。病性:实证为主,兼有虚证。

【辨证分型】

1. 热秘   证候主症表现为排便困难,腹胀腹痛,面红身热,口干口臭,便短赤,舌红,苔黄燥,脉滑数。治则:清泻腑热通便。

2. 气秘   排便困难,腹痛连及两肋,得矢气或便后则舒,嗳气频作或喜叹息,苔薄腻,脉弦。治则:疏调气机通便。

3. 冷秘   排便困难,腹部拘急冷痛拒按,手足不温。苔白腻,脉弦紧或沉迟。治则:通阳散寒通便。

4. 虚秘   虽有便意但排便不畅,或数日不便但腹无所苦。舌质淡,脉弦细。治则:健运脾气通便。

【艾灸取穴】

1. 主穴   天枢、大横、大肠俞、气海。

2. 配穴   热秘加曲池、丰隆、支沟;气秘加次髎、中脘、足三里;冷秘加关元、中脘、丰隆;虚秘加关元、次髎。

【灸疗操作】

1. 温和灸　每穴可灸 10~15 分钟,10 次为 1 个疗程,疗程间休息 5 日。

2. 隔盐灸　用食盐填满脐中,再覆盖姜片后,艾炷灸 5~10 壮或灸至皮肤潮红为度,每日或隔日 1 次,10 次为 1 个疗程。

3. 隔蒜灸　每穴可灸 3~5 壮,每日 1 次,10 次为 1 个疗程,疗程间隔 5 日。

4. 葱豉膏敷灸　取连须葱头 3 茎,淡豆豉 12 粒,生姜 10g,食盐 3g,共捣烂,制成药饼烘热敷灸神阙穴。

5. 附子丁香敷灸　取附子、丁香各 25g,川乌、白芷、猪牙皂各 15g,独头蒜 10g,胡椒5g,共捣粗末,炒热布包敷灸小腹部,每次 30 分钟,每日 1~2 次。

> **案例分享**
>
> 　　林某,男,76 岁。大便秘结数年,每隔 3~8 天排便 1 次。自诉腰以下怕冷,舌淡苔薄,脉沉细。曾服用润肠通便药物,结果泻痢不止,故求治于针灸。取穴肾俞、天枢、关元、足三里,肾俞加以长时间艾灸,治疗 5 次,大便即每日一行。
> 　　按语:此例顽固性便秘所以能获速效,全在于辨证正确,施治恰当。高年肾气自衰,肾阳不足,阴寒内结,阳气不运,肠道传送无力,以致排便艰难。临床常以关元合肾俞,治疗肾气不足、下元衰惫之"冷秘"患者,每获良效。

6. 注意事项　灸法治疗便秘具有很好的疗效。若多次灸疗无效,应查明原因。

【按语】

便秘病因虽然不同,但大肠传导功能失常是造成便秘的主要原因。治疗重在疏通大肠腑气,应以大肠俞、天枢为主穴。两穴合用,为俞募配穴,腑气通则传导自能恢复正常。

> **情景导入解析**
>
> 　　1. 根据四诊结果,做出中医诊断,并根据病症分型提出治则。
> 　　中医认为,李先生的便秘属于虚秘,主要由体质虚弱、脾胃不和、大肠传导无力所致。根据中医辨证施治的原则,需要调理脾胃、润肠通便、补益气血。
> 　　2. 根据四诊结果,拟定灸方,诠释方义。
> 　　(1) 拟定灸方
> 　　主穴:天枢、大横、大肠俞、气海;配穴:关元、次髎、中脘、足三里。
> 　　(2) 方义诠释:便秘虚秘艾灸天枢、大横、大肠俞、气海、关元、次髎、中脘、足三里等穴位,可以起到疏通经络、调理气血的作用,从而缓解便秘。此外,艾灸天枢、足三里等胃经的重要穴位,也能对机体起到双向良性调节作用,有利于促进肠道蠕动和排便。

第二十五节　阳　痿

情景导入

　　患者张先生,35 岁,因阳痿问题前来就诊。据患者所述,他最近工作压力较大,经常熬夜加班,加之精神紧张,夜寐不安,心悸易惊,易醒,随后逐渐出现了阳痿症状。在发病前,患者曾有一段时间的乏力、腰酸、失眠、多梦等不适症状,但并未引起重视。在了解患者情况后,医生诊断为阳痿惊恐伤肾证。就诊时患者舌苔薄白,脉弦细。该病证的主要原因是患者长期精神紧张、过度劳累,导致肾气受损,加之患者曾受到惊吓,进一步影响了肾脏功能。

　　针对上述情况,拟定灸疗处方,并诠释方义。

【概念】

　　阳痿是指青壮年男子,由于虚损、惊恐、湿热等原因,致使宗筋失养而弛纵,引起阴茎痿弱不起,临房举而不坚,或坚而不能持久的一种病证。

【病因病机】

　　中医认为阳痿与肝、脾、肾脏腑有关,认为六淫、情志、房事、饮食、先天禀赋、后天疾病失养等是该病发生及发展的重要因素,使宗筋失养弛纵从而致病。

【辨证治则】

　　1. 命门火衰　证候主症表现为阳事不举,精薄清冷,阴囊阴茎冰凉冷缩,或局部冷湿,腰酸膝软,头晕耳鸣,畏寒肢冷,精神萎靡,面色㿠白,舌淡,苔薄白,脉沉细,右尺尤甚。治则:温肾壮阳,滋肾填精。

　　2. 心脾两虚　证候主症表现为阳事不举,精神不振,夜寐不安,健忘,胃纳不佳,面色少华,舌淡,苔薄白,脉细。治则:补益心脾。

　　3. 恐惧伤肾　证候主症表现为阳痿不举,或举而不坚,胆怯多疑,心悸易惊,夜寐不安,易醒,苔薄白,脉弦细。治则:益肾宁神。

　　4. 肝郁不舒　证候主症表现为阳痿不举,情绪抑郁或烦躁易怒,胸脘不适,胁肋胀闷,食少便溏,苔薄,脉弦。有情志所伤病史。治则:疏肝解郁。

　　5. 湿热下注　证候主症表现为阴茎痿软,阴囊湿痒臊臭,下肢酸困,小便黄赤,苔黄腻,脉濡数。治则:清热利湿。

【艾灸取穴】

　　1. 主穴　百会、足三里、关元、三阴交。

　　2. 配穴　命门火衰加肾俞、肝俞、命门;心脾两虚加巨阙、脾俞;恐惧伤肾加太冲、合谷、心俞；肝郁不舒加太冲、行间；湿热下注加丰隆、阴陵泉、曲池。

【施灸操作】

可先采取温和灸，若温热感较强时可更换成雀啄灸或回旋灸。以艾灸部位出现温热感但没有灼痛为度，以局部皮肤呈现红晕为宜，每次每个穴位艾灸15分钟，之后换另外一个穴位，方法同上，操作后清洁局部皮肤。

1. 温和灸　每穴可灸20~30分钟，每日1次，10次为1个疗程，疗程间可休息3~5日。

2. 隔附子饼灸　每穴可灸3~5壮，隔日1次，10次为1个疗程。

3. 温针灸　每次可灸10~20分钟，隔日1次，10次为1个疗程，疗程间休息10日。

4. 阳痿膏敷灸　取大附子1枚，挖成空壳，再取阿片1.5g，穿山甲3g，硫黄6g，或炮山甲、硫黄各3g，炙黄芪、五味子各6g，与挖出的附子末共研细后，填在附子壳内进行敷灸。

5. 注意事项　灸法治疗阳痿效果良好，收到疗效后，仍要注意节制房事。阳痿多数为功能性，夫妻按摩对治疗本病有相当好的疗效。在性生活中，男方要消除紧张心理，克服悲观情绪，树立信心，促进康复。

> **案例分析**
>
> 　　王某，男，41岁，因"阴茎不能勃起6个月"而就诊。诉6个月前因工作压力大，睡眠不足而行房时突然出现阴茎痿软不起，其后每于行房时阴茎不能勃起，曾多次求治，服用众多中西药无效，睡眠亦未有改善，每夜仅能睡3~4小时，常于凌晨4时左右醒来，醒后不能再入睡，精神甚为苦恼。经人介绍，遂求助于针灸治疗。症见：阳痿不举，头晕耳鸣，腰膝酸软，失眠健忘，情绪抑郁，胸胁胀满，烦躁易怒，善太息，舌淡，苔薄白，脉弦细。穴取合谷（双）、太冲（双）、太溪（双）、足三里（双）、三阴交（双）、关元、百会、四神聪、安眠穴温针灸。
>
> 　　操作时令患者排空小便，仰卧体位，放松调息。关元采用缓慢捻转进针补法，针感传至龟头后留针，配合艾条灸30分钟；其余穴位采用快速进针平补平泻法，得气后留针30分钟。在针灸治疗前，先对患者进行心理开导。温针灸每天1次，10次为1个疗程。患者温针灸第1次后，诉当晚有困意，但仍然至凌晨1:30才入睡，仅能睡3小时余，其他症状无明显减轻，继续按上法温针灸第2次后，诉性欲很强烈，阴茎能勃起但不够坚硬，当晚约23时睡着，次日6:15醒来，已能睡6小时余，头晕耳鸣减轻，精神舒畅。仍按上法温针灸第3次后，患者诉阴茎已能正常勃起，并于当晚21时余顺利完成了一次性生活，22时余入睡，至次日7点半醒来，睡眠时间接近9个小时，头晕耳鸣消失，仍有轻微腰膝酸软，精神倍佳。患者治疗3次，阴茎就能正常勃起并顺利完成了性生活，且睡眠质量明显提高，全身整体状况均明显好转。应患者要求，继续温针灸治疗5次，以巩固疗效。随访3个月，未见复发。
>
> 　　该患者因长期工作压力大，七情损伤，肝气郁结，故症见情绪抑郁，胸胁胀满，烦躁易怒，善太息；气郁化火，消耗肾阴，肾精亏耗，故症见头晕耳鸣，腰膝酸软，失眠健忘；肝气郁结，肝血运行失畅，不能灌濡宗筋，加之肾精亏耗，阴损及阳，肝郁肾虚而致阳痿，治疗宜疏肝通络，补肾生精，故取以上诸穴治疗获良效。

【按语】

阳痿的病因主要有老久伤病,饮食不节,加情志所伤、外邪侵袭。基本病机为肝、肾、心、脾受损,经脉空虚或经络阻滞,导致宗筋失养而发为阳痿。实证者,肝郁宜疏泄,热宜清利;虚证者,命门火衰宜温补,结合养精;心脾血虚当调着气血,佐以温补开郁;虚实夹杂者需标本兼顾。

情景导入解析

1. 拟定灸方　①主穴:肾俞、关元、三阴交、中极、神阙、大赫;②配穴:气海、心俞、神门。

2. 方义诠释　对于惊恐伤肾型阳痿,艾灸肾俞、关元、三阴交、中极、神阙、大赫、气海、心俞、神门等穴位,可以起到补肾益气、安神定志的作用。肾俞是肾脏的背俞穴,可以起到强身壮阳、益气固精、强腰健肾等作用;关元具有培元固本、补益下焦的作用,可以配合足三里、气海、太溪等穴位,加强补益肾阳的功效,可以治疗虚寒型的阳痿、早泄,帮助改善患者的性功能;三阴交具有活血调经,益气健脾(调理脾胃气机),培补肝肾的功效。中极具有调经止带和补肾壮阳的作用,对于女性月经不调、白带异常和男性肾虚阳痿等病症都有一定的治疗作用;神阙是人体任脉上的重要穴位之一,具有温阳救逆、利水固脱的作用,可以用于治疗虚寒型阳痿。大赫是足少阴肾经的穴位,可以用于治疗肾虚、阳痿等男性疾病;气海具有培补元气、益肾固本的作用,可以用于治疗阳痿、早泄等性功能障碍;心俞是足太阳膀胱经的穴位,可以用于治疗心悸、失眠、健忘等心系疾病,同时也可以用于治疗肾虚引起的阳痿;神门是手少阴心经的穴位,可以用于治疗心悸、失眠、健忘等心系疾病,同时也可以用于治疗肾虚引起的阳痿。

第二十六节　遗　　精

情景导入

患者李先生,35岁,办公室职员。主诉:因过于劳累导致遗精频繁,每周约2~3次,持续半年。伴有腰膝酸软、头晕耳鸣、神疲乏力等症状。于2023年10月12日就诊。患者面色苍白,舌淡苔薄白,脉沉细而弱。根据上述情况,请回答下列问题。

1. 患者所患疾病的中医诊断、辨证分型和治则。

2. 拟定灸疗处方并诠释方义。

【概念】

遗精是指不因性生活而精液遗泄的病证。因梦而遗称"梦遗",无梦或清醒时精液自行流出为"滑精"。梦遗多因相火妄动,其证属实;滑精多为肾虚,精关不固。

【病因病机】

遗精首见于《黄帝内经》,认为"恐惧而不解则伤精,精伤则骨痠痿厥,精时自下"。张仲景在《内经》基础上,提出"夫失精家,少腹弦急,阴头寒,目眩,发落,脉急虚芤迟,清谷,亡血,失精。"巢元方在《诸病源候论》中将膀胱气化失调作为遗精的重要病因病机。历来医书多强调肾藏精,主气化。现代医家在重视肾脏的作用的同时,重视膀胱气化失调对于"遗精"的重要意义,认为本病多由情志失调,或劳伤过度,或饮食不节,湿热下注等,使肾气不能固摄或扰动精室而致遗精。

【辨证治则】

1. 肾精不足　证候主症表现为每周两次以上,或一日数次,在睡梦中发生遗泄,或在清醒时精自滑出,并有头昏、耳鸣、精神萎靡、腰酸腿软等。治则:补肾益精。

2. 湿热下注　证候主症表现为每周两次以上,或一日数次,在睡梦中发生遗泄,或在清醒时精自滑出,并有口苦、精液色黄、舌红、苔黄腻、脉滑等。治则:清利湿热。

3. 心肾不交　证候主症表现为每周两次以上,或一日数次,在睡梦中发生遗泄,或在清醒时精自滑出,并有头昏、耳鸣、心悸失眠、心烦多梦等。治则:交通心肾,滋阴降火。

【艾灸取穴】

1. 主穴　关元、命门、肾俞、三阴交、志室。

2. 配穴　肾精不足加太溪;湿热下注加阴陵泉、丰隆、曲池;心肾不交加神门、涌泉。

【施灸操作】

1. 艾灸方法

(1)温和灸:每穴可灸 10~20 分钟,每日 1 次,10 次为 1 个疗程。

(2)隔姜灸:每穴可灸 5~10 壮,每日或隔日 1 次,10 次为 1 个疗程。

(3)隔附子饼灸:每穴可灸 2~3 壮,每日 1 次,10 次为 1 个疗程。

(4)滑精膏敷灸:取硫黄 18g,母丁香 15g,麝香少许,独蒜头(去皮)2 头,先将前 2 药研细与蒜共捣烂,加麝香调匀制成黑豆大小药丸,以朱砂为衣。然后取川椒 50g,肉桂、附片、韭菜子、蛇床子各 20g,独头蒜 300g,置锅内加麻油 500ml,将药炸枯,滤去药渣,继续熬至滴之成珠时,加入广丹 250g,搅拌收膏制成黑膏药。敷灸时取药丸 1 粒研碎置黑膏药中央,分别敷灸各穴,3 日更换 1 次。

案例分享

陈某,男,25 岁,海员,已婚。2023 年 4 月初诊。主诉:遗精已年余。现头晕,四肢无力,记忆力减退,精神萎靡。舌质淡,苔薄白,脉细弱。证属肾阳虚型,经当地医院多方医治无效,特来要求针灸治疗。取穴:肾俞、命门、关元、气海、足三里、三阴交、太溪、志室。每次取 3~5 个穴位温针灸,交替使用,针刺用补法,留针 30 分钟。腹部与腰部穴位加灸,每日治疗 1 次。经治疗 5 次后,患者自觉诸症状明显好转,经治疗 10 次后,诸症状消失,停止遗精,痊愈。

三阴交是足三阴经的交会穴,太溪是肾经的原穴,两者均能调补肾气;气海、关元为人身元气之根本,可补肾气,固封藏;肾俞、命门、志室能固肾益精,使肾强而精关自固;足三里是胃经合穴,具有调理脾胃,以补气血生化之源,达健脾摄精的作用。诸穴配合应用疗效显著,一般1~3个疗程可愈。

2. 注意事项 遗精多属功能性,在治疗的同时应消除患者的思想顾虑;睡眠养成侧卧习惯,被褥不宜过厚,内裤不宜过紧。

【按语】

任脉总任一身之阴经,督脉总督一身之阳经,足太阳经背俞穴为脏腑经气输注之处,取任脉之关元、督脉之命门及足太阳经之肾俞、次髎,具有调和全身阴阳,理顺脏腑气机,补虚泻实,益肾固精之功效。

关元为足三阴经与任脉交会穴,是人体元气的根本,用以振奋肾气,《针灸大成》记载:"关元主积冷虚乏,脐下绞痛,渐入阴中,发作无时,冷气结块痛;寒气入腹痛,失精白浊,溺血七疝,风眩头痛。"三阴交乃足三阴经之交会穴,补益肝肾。志室又名精宫,固精收涩。肾俞为肾之背俞穴,灸之直接改善会阴部的局部血液循环,对减轻急慢性前列腺炎、慢性精囊炎、附睾炎等器质性病变的局部肿胀、水肿,促进炎症吸收是十分有利的。

(郑　颖　赵美玉)

情景导入解析

1. 患者所患疾病的中医诊断、辨证分型和治则。

依据四诊结果,患者中医诊断为:遗精,肾气不固;治则:益气养血,补虚固本。艾灸治疗为主,辅以中药调理。

2. 拟定灸疗处方并诠释方义。

(1)主穴:肾俞、关元、气海、中极、三阴交。

(2)配穴:志室、神阙、命门、太溪。

(3)艾灸方法:每个穴位温和灸15分钟,每天1次,连续治疗10天为一个疗程。

(4)灸方诠释:艾灸肾俞、关元、气海、中极、三阴交、志室、神阙、命门、太溪等穴位,对于治疗肾气不固型遗精有一定的作用。这些穴位可以调和气血、温补肾阳,从而达到固精止遗的效果。其中,肾俞具有温补肾阳、益肾强腰等功效,可以治疗腰痛、遗精等病症;关元是任脉与足三阴经的交会穴,可补益下元虚损、振奋肾气;气海能培补元气、调理下焦;中极能调理膀胱、通利小便;三阴交是足三阴经交会穴,可以调理肝、脾、肾之经气而固摄精关;志室能益肾固精;神阙能温阳益气、补肾养元;命门能补肾壮阳、强壮腰膝;太溪能滋补肾阴、调理冲任。

治疗过程:第1天:患者初次就诊,进行诊断及治疗方案沟通,开始艾灸治疗;第2~9天:连续进行艾灸治疗,患者感觉腰膝酸软症状有所减轻,遗精次数略有减少;第10天:完成第一个疗程的艾灸治疗,患者自述症状明显改善,遗精次数减少至每周1次;后续治疗:继续艾灸治疗,每周2次,持续2个月。同时继续口服金锁固精丸。

治疗效果：经过3个月的治疗，患者遗精症状完全消失，腰膝酸软、头晕耳鸣等症状明显改善。患者精神状态良好，生活质量显著提高。

随访：治疗后半年随访，患者未出现遗精症状，生活质量良好。

本案例采用艾灸治疗肾气不固型遗精，通过温和灸关元、肾俞、命门、神阙等穴位，结合中药调理，取得了显著的治疗效果。患者症状明显改善，生活质量提高。随访结果显示治疗效果稳定，值得临床推广应用。

第十章

妇儿科常见病症辨证施灸

【学习目标】

1. 通过本章内容的学习,重点掌握妇儿科常见病症的概念和辨证施灸以及治则;熟悉艾灸治疗妇儿科常见病症的取穴原则、配穴方法及操作步骤;了解艾灸治疗妇儿科常见病症的适应证、禁忌证和注意事项。

2. 具备对妇儿科常见病症的辨证思维能力和综合分析能力、具备辨证施灸的专业技能和较高的操作水平。

3. 拥有良好的职业道德,具备高度的责任感和敬业精神;拥有良好的沟通技巧,了解患者的病情和需求,解释施灸的过程和效果;具备自主学习和终身学习的意识,不断更新知识和技能,提高自身的专业水平。

第一节 月 经 不 调

> **情景导入**
>
> 何某,女,48 岁。月经推迟 3 个月,伴随易疲惫,怕冷,睡眠不好,易醒,醒后难以入睡,肩周不适以及左膝疼痛无法弯曲。淡白舌有齿痕,脉细。作月经不调治疗。针对患者上述情况,请解决以下几个方面的问题。
>
> 1. 依据上述情况提出临床诊断,并对患者的病机病理进行辨证。
> 2. 拟定灸治处方并诠释方义。

【概念】

临床上月经不调可分为月经先期(又称"经早"),月经后期(又称"经迟"),月经先后无定期(又称"经乱")等情况。以月经周期的异常以及经量、经色、经质的异常为主证。需要注意的是,一般来说,月经的周期以及经量、经色、经质的异常连续出现 2 个月经周期以上,方可诊断为月经不调。西医学中,排卵型功能失调性子宫出血、多囊卵巢综合征等引起的阴道异常出血,可参照本节进行辨证治疗。

【病因病机】

月经不调多因外感寒邪、饮食伤脾、内伤七情、劳倦体虚、房事过多等引起。其基本病机是冲任失调。月经先期多由热扰冲任或气虚不固引起;月经后期实证多由寒凝血瘀或气滞血瘀引起,虚证多由营血亏虚或阳气虚衰引起;月经先后无定期则多由冲任气血失调,血海蓄溢失常,肝气郁结或肾气虚衰引起。本病与肝、肾、脾三脏及冲、任二脉关系密切;病性为气血不足,气滞血瘀为主。

【辨证治则】

1. 月经先期 主症月经周期提前1~2周,经期正常,持续2个周期以上。

(1)实热:表现为经量多,色深红,质黏稠,舌红苔黄,脉数。治则:清热泻火。

(2)虚热:表现为经量少或多,色红质稠,舌红苔少,脉细数。治则:清泻虚热。

(3)气虚:表现为经量多,色淡红,质地稀,神疲体倦,舌色淡,脉细。治则:益气调经。

2. 月经后期 主症月经周期推后1周以上,甚至3~5个月一行,经期正常,持续2个周期以上。

(1)肾虚:表现为经量少,色淡红,质地稀,腰膝酸软,头晕耳鸣,舌色淡,脉沉细。治则:补肾调经。

(2)血虚:表现为经量少,色淡,头晕心悸,面色白,舌色淡,脉细。治则:补血调经。

(3)血寒:表现为经量少,色暗,有血块,小腹冷痛,舌苔白,脉沉。治则:温经散寒。

(4)气滞:表现为经量少,色暗,有血块,胸胁小腹胀痛,舌色红,脉弦。治则:行气解郁。

3. 月经先后无定期 主证:月经周期提前或延后1周以上,经期正常,持续2个周期以上。

(1)肝郁:经量或多或少,经色紫红,有血块,经行不畅,胸胁、乳房、少腹胀痛,善太息,苔薄白或薄黄,脉弦。治则:疏肝理气,行气解郁。

(2)肾虚:经量少,经色淡,质地稀,腰膝酸软,头晕耳鸣,舌淡苔白,脉沉细。治则:补肾调经。

【艾灸取穴】

(一)月经先期

1. 主穴 取气海、关元、血海、三阴交。

2. 配穴 实热加行间、曲池;虚热加太溪、涌泉;气虚加脾俞、足三里。

(二)月经后期

1. 主穴 取关元、归来、血海、三阴交。

2. 配穴 肾虚加肾俞、太溪;血虚加足三里;血寒加命门、关元;气滞加肝俞、期门、太冲。

（三）月经先后无定期

1. 主穴 取气海、关元、三阴交。

2. 配穴 肝郁加肝俞、期门、太冲；肾虚加肾俞、太溪。

【施灸操作】

1. 操作准备 同第九章第三节相关内容。

2. 施灸方法 实热证、气滞证患者可采用雀啄灸，其余寒证、虚证患者采用温和灸；血寒采用隔姜灸，药物灸。

3. 灸疗时间

（1）温和灸：每穴灸10~20分钟，每日1次，5次为1个疗程。

（2）隔姜灸：艾炷如麦粒大，每穴5~7壮，每日1次，5次为1个疗程。

（3）药物灸：取益母草60g，夏枯草30g，炒热研末，用黄酒调适，灸气海，1日换药1次，连灸1周。

（4）温针灸：于月经预期该至之时前3~5日施常规温针灸，每穴灸3~5壮，或15~20分钟，每日1次，5次为1个疗程。

案例分享

赵某，女，43岁，大学老师，2016年11月27日来诊。自述15日应为正常月事，一周后未来，怀疑有孕，第二周到市内医院检查未孕，着急来就诊。患者两星期前曾到驾校学习开车，天寒地冻，在外久站感寒着凉。因素体虚弱，又因气候寒冷和开车情绪紧张等因素，引起月经不调。又因寒邪留滞于胞宫，经血不能应期而临，表现畏寒喜热，舌质淡润，脉细迟或涩。初诊为经迟（寒邪郁闭型），采用先针后灸，取任脉与足太阴经穴为主。主穴取气海、血海、中极、归来、合谷。配穴取三阴交、肾俞、脾俞、上髎、次髎，采用毫针刺，使针感产生酸麻、胀痛感，有上行下串感，留针40分钟，每日1次。灸穴取气海、中极、归来（双），采用隔姜灸，每次2壮。经针灸治疗月经来潮，经量正常，余月正常来月经。3日，无出血而出院。

按语：月经不调多因身体素虚，脾胃虚弱，每因感受寒邪，留滞于胞宫或阳虚血衰，影响冲任，经血不能应期来潮。本方的主要作用是通调冲任，理气和血，温经散寒，冲任调达，则月事调和。气海为任脉经穴，可调一身之气，因气为血帅，气充则能统血，脾胃为生血之源，脾气旺，则血有所统。故配三阴交等穴，经迟泻血海、归来、气海等穴。体虚者平补平泻以行气血，血虚者用补法并灸，以温经滋养气血。

---

4. 注意事项 艾灸对治疗月经不调有良好的效果，需要坚持调理。同时应注意生活习惯的改变，不要在经期进食生冷寒凉之物，避免情绪波动，适当减轻体力劳动，多休息，平时也应注意保持良好生活习惯和卫生习惯。

【按语】

治疗本病在经前5~7天施灸效果最佳，灸至月经来潮，再根据身体状况选择是否继续施灸。如痛经、经量过少可选择继续施灸，经量过多则不宜施灸。

情景导入解析

1. 依据上述情况提出临床诊断。

血虚型经迟。

2. 对患者的病机病理进行辨证。

依据该患者月经推迟，且伴随睡眠不好，手脚凉，怕冷，舌色淡白等情况分析出患者营血亏虚，阳气虚衰，血海不能如期满溢，导致月事不能时下。

3. 拟定灸治处方。

经辨证后，拟定灸方如下：大椎、肩井、八髎、中脘、关元、归来、神门、血海、足三里、三阴交。

坚持艾灸二十次，患者反馈精气神好了很多，自觉快来月经。后又坚持每天艾灸，8月份终于来月经了，经量不多，经色暗。大概又坚持调理了十多次，10月份时反馈第二次月经经量增大，经色也没那么黑了，感觉没那么疲惫。在11月份来艾灸调理时反馈说：睡眠改善，半夜醒了后又能睡着。

女性妇科问题尤为难治，月经不调更是其中"翘楚"。艾灸可以通经活络，调补气血，温养冲任，是调治各种妇科疾病的妙方。

第二节　痛　经

情景导入

张某，女，33岁。生理性例假疼痛一年余。患者平素喜吃生冷寒凉之物，因工作原因每日情绪波动很大，易疲惫，常年四肢冰冷，大便稀，不成形。舌淡白，有齿痕，脉细。针对患者上述情况，请解决以下几个方面的问题。

1. 依据上述情况提出临床诊断，对患者的病机病理进行辨证。

2. 拟定灸治处方并诠释方义。

【概念】

痛经是指妇女在月经期，或者月经期前后出现周期性的小腹疼痛，或痛引腰骶，严重时伴有恶心、呕吐、腹泻，甚至剧痛晕厥。西医学将本病分为原发性痛经，即生殖器官无明显异常者；继发性痛经，即生殖器官发生器质性病变。本节重点讨论西医学中的原发性痛经。

【病因病机】

痛经多因情志郁结、饮食生冷、感受寒邪导致经血滞于胞宫，或先天禀赋不足，素体虚弱,冲任失调而发生。基本病机是冲任气血不调,胞宫失养,肝肾不足为主,不通则痛或不荣则痛。"不通则痛"多为实证,因气血运行不畅,胞宫经血流通受阻引起;"不荣则痛"即虚证,多因气血不足,胞宫失养引起。病位:本病与肾、肝、胞宫及冲、任二脉关系密切。病性以寒湿凝滞,气滞血瘀为主。

【辨证治则】

1. 实证痛经 主症:行经前或行经初期出现剧烈疼痛,拒按,经色紫红或紫黑,有血块,血块下后疼痛缓解。

(1)气滞血瘀:证候表现以胀痛或刺痛为主,伴胸胁乳房胀痛,经行不畅,经色紫暗,或有血块,舌有瘀斑、瘀点,脉涩。治则:理气化瘀,调经止痛。

(2)寒湿凝滞:证候表现以冷痛为主,得温痛减,经量较少,经色黯,舌质淡,苔白,脉紧。治则:温经散寒,活血化瘀。

2. 虚证痛经 主症:行经时或行经后期出现隐痛、坠痛,喜揉喜按,月经色淡、经量较少。

(1)气血虚弱:证候表现腹痛有下坠感,经色淡,或伴随头晕、心悸,舌色淡,脉细。治则:调补气血,荣养胞宫。

(2)肾气亏虚:证候表现为绵绵作痛,伴随腰酸、腰痛、耳鸣,经量少,质地稀,舌色淡,脉沉细。治则:补肾益气,调经止痛。

【艾灸取穴】

(一)实证痛经

1. 主穴 取脾俞、血海、归来、气海、关元、三阴交、地机。
2. 配穴 气滞血瘀加气海、太冲;寒凝血瘀加神阙、大赫、八髎、归来;气血虚弱加气海、足三里。

(二)虚证痛经

1. 主穴 取八髎、气海、关元、三阴交、中极。
2. 配穴 气血虚弱加血海、足三里;肾气亏虚加肾俞、太溪。

【施灸操作】

1. 操作准备 患者取舒适体位,充分暴露治疗部位,清洁皮肤,用骨度分寸法配合解剖标志定位法,及手指同身寸法定位,以患者感觉局部酸、麻、胀、痛为标志。向患者做好解释工作,避免紧张,取得配合。

2. 施灸方法 痛经患者可采取回旋灸、温和灸艾灸诸穴。施灸时注意保暖,避免寒邪入体加剧疼痛。经痛明显时,可重灸八髎、关元、中极等穴;腰痛剧烈时重灸命门、腰阳关等穴。重灸穴位艾灸时间在20分钟以上,待疼痛缓解后再依次艾灸其余穴位。

3. 灸疗时间

(1)温和灸每次可选3~5个穴位,每个穴位各施灸15~20分钟,每天艾灸1次,痛经发作时,可根据情况每日艾灸 1~2 次。

（2）隔姜灸艾炷如枣核大,每穴 5~7 壮,每日 1 次,5 次为 1 个疗程。

（3）药物灸:取肉桂 10g,吴茱萸、小茴香各 20g 研末,用白酒适量炒热灸神阙,冷后再炒,以不烫伤为度,胶布固定,连灸 3 日,下次月经之前再灸 3 日。

案例分享

病史:患者,女性,26 岁。主诉:痛经,严重时卧床不起,贴"暖宝宝"后会好一点,经常要加班晚睡,爱吃冷饮,手脚冰凉,小腹冰凉,冬天很怕冷。舌淡白,脉紧。

诊断:根据四诊结果,可辨证为寒凝血瘀型痛经,素体阳虚,寒凝胞宫。

治则:温阳补气,活血化瘀,通络止痛。

灸方:依据辨证施灸理论,设立灸方如下:命门、八髎、神阙、关元、子宫、归来、足三里、三阴交。

辨证施灸:痛经时主灸命门、八髎、关元、子宫、三阴交,每处艾灸 20~30 分钟。痛经缓解后巩固治疗,加灸脾俞、胃俞、中脘、足三里等穴健脾暖胃,调补气血。

疗效观察:第一天连续灸了六个小时,痛经慢慢缓解,灸中排寒怕冷,经量大;第二天肚子少许不适,气色比较差,灸后精气神较好;第三天无不适,灸后手脚暖、身体暖;后续经期前坚持艾灸调理 2 月,月经按时来潮,痛经症状消失。

---

4. 注意事项　痛经发作时酌情进行艾灸,若经量特别大,则不宜施灸。施灸时以及施灸后需格外注意保暖,艾灸结束后,可在疼痛部位贴上艾贴,以加强艾灸效果。

【按语】

艾灸对原发性痛经有非常明显的效果,一般艾灸 30 分钟左右即可止痛,但痛经易反复发作,灸疗也应该持续进行。痛经患者在平时生活中一定要注意保暖,不可进食生冷,避免受寒,避免过劳耗损气血或房事不节耗损肾气。继发性痛经患者应及时诊断脏器病变,施以相应治疗。

情景导入解析

1. 依据上述情况提出临床诊断。

气血虚弱型痛经。

2. 对患者的病机病理进行辨证。

依据该患者压力大易疲惫,四肢冰冷,大便溏薄,舌淡有齿痕,脉细可分析出患者素体阳虚,气血不足。因此可知患者的病机为气血虚弱,导致冲任胞宫失于濡煦,引发痛经。

3. 拟定灸治处方并诠释方义。

经辨证后,拟定灸方如下:大椎、脾俞、胃腧、命门、中脘、关元、足三里、三阴交。其中,大椎可以调节人体的阳气,增强身体免疫力,对于缓解痛经有一定的帮助;脾俞是脾脏的背俞穴,艾灸此穴可以调理脾胃功能,促进气血生成,有助于缓解痛经;胃俞是胃腑的背俞穴,艾灸此穴可以调理胃气,改善消化功能,对于因脾胃不和引起的痛经有一定的缓解作用;命门是督脉上的重要穴位,艾灸此穴可以温补肾阳,缓解痛经;中脘是任脉上的穴位,艾灸此穴可以调理脾胃、疏通经络,缓解痛经;关元是任脉上的穴位,艾灸此穴可以温补肾阳、调经止带,对于缓解痛经有很好的效果;足三里可以调理脾胃、补益气血,有助于缓解因气血虚弱引起的痛经;三阴交是足三阴经的交会穴,艾灸此穴可以调理肝、脾、肾的功能,有助于缓解因肝脾不和引起的痛经。

嘱咐患者在经前一周坚持每日艾灸,行经时根据身体情况进行艾灸,经期结束后可每日艾灸,也可隔日艾灸,建议坚持2~3个月经周期。患者配合调理两周后,自身精神可,大便能成形。复加灸期门、太冲用以疏肝理气,疏通胞宫气血,调解情绪。八髎、子宫灸之可以暖宫散寒,巩固效果。

第三节　经　　闭

情景导入

李某,女,18岁。停经6个月来诊。患者近1年月经均不正常,前期三个月1次,最近1次是半年前,因学业原因和家长有分歧,心理压力大,情绪不稳定,易怒,不爱和人沟通,在家经常吵架。舌质暗、苔薄白,脉弦。针对患者上述情况,请解决以下几个方面的问题。

1. 依据上述情况提出临床诊断,对病机病理进行辨证。

2. 拟定灸治处方。

【概念】

经闭又称闭经,指女子年逾16岁月经尚未来潮,或已行经又中断6个月经周期以上的病症。在西医学中,将前者称为原发性闭经,后者称为继发性闭经。而中医统称闭经,或称"月事不来""经水不通"。

【病因病机】

闭经的病因病机复杂,从虚实分类来说,可分为血海空虚,即"血枯经闭";或脉道不通,即"血滞经闭"。虚证的闭经多由肝肾不足,气血亏虚引起;实证的闭经多由气滞血瘀,寒凝胞宫,冲任瘀阻导致。

【辨证治则】

1. 气血虚弱　主症证候表现为头晕心悸,纳少,体倦,形体消瘦,面色萎黄,舌质淡,舌苔薄白,脉细。治则:调补气血。

2. 肝肾亏虚 主症证候表现为腰膝酸软,头晕耳鸣,舌质淡,苔白,脉沉细。治则:补肾调经。

3. 气滞血瘀 主症证候表现为心烦易怒,胸胁少腹胀痛或刺痛,舌质黯,脉弦涩。治则:行气活血。

4. 痰湿阻滞 主症证候表现为形体肥胖,胸闷痰多,苔腻,脉滑。治则:化痰除湿。

【艾灸取穴】

1. 主穴 关元、中极、归来、足三里、三阴交。

2. 配穴 气血虚弱加脾俞、血海;肝肾亏虚加肾俞、肝俞、太溪;气滞血瘀加期门、气海、太冲;痰湿阻滞加中脘、丰隆。

【施灸操作】

1. 操作准备 用骨度分寸法配合解剖标志定位法及手指同身寸法定位,以患者感觉局部酸、麻、胀、痛为标志。向患者做好解释工作,取得配合。

2. 施灸方法 闭经患者可采取回旋灸、温和灸、隔姜灸、药物灸等。

3. 灸疗时间

(1)温和灸:每次可选 3~5 个穴位,每个穴位各施灸 15~20 分钟,每天艾灸 1 次,痛经发作时,可根据情况每日艾灸 1~2 次。

(2)隔姜灸:艾炷如枣核大,每穴 5~7 壮,每日 1 次,5 次为 1 个疗程。

(3)药物灸:取益母草、月季花各 30g 捣汁,加热后灸关元,冷后加热再灸。每次 30 分钟,每日 1 次,连灸 1 周。

(4)温针灸:每穴灸 1~3 壮后留针 10 分钟。每日 1 次,15 次为 1 个疗程,疗程间隔 2 天。

4. 注意事项 艾灸疗法对闭经有较好的疗效,月经未来时可每日坚持艾灸,灸至月经来潮后,酌情增减艾灸频率。经量少者可持续艾灸,甚至增加灸量。经量正常者可减少灸量,持续艾灸直至月经周期稳定。

> **案例分享**
>
> 患者,女性,49 岁。主诉:闭经 2 年。平素情绪暴躁,自觉宫寒,食欲差,睡眠不好。病史:检查发现乳腺结节,甲状腺结节。苔薄白,脉弦。
>
> 诊断:根据四诊结果,可辨证为气滞血瘀型经闭。
>
> 病位:胞宫。治则:疏肝理气,活血调经。
>
> 灸方:脾俞、胃俞、八髎、中脘、神阙、关元、气海、子宫、期门、足三里、三阴交、太冲。
>
> 灸方诠释:艾灸肝俞、期门、太冲疏肝理气,配合八髎、关元、气海、子宫、三阴交活血调经。艾灸脾俞、胃俞、足三里健脾养胃,促进食欲恢复。
>
> 患者艾灸第一个月,情绪较之前稳定,胃口变好,睡眠有所改善。艾灸第二个月,情绪改善明显,笑容变多,睡眠较好。艾灸第三个月,体检结果显示甲状腺结节减小一半多,乳腺结节剩一部分。腰部旧伤恢复良好,排出少量月经,有瘀血。

【按语】

名医郑魁山认为本病多因气血瘀滞，或血源枯竭所致。临床可分为虚实两类，虚证又有脾胃虚弱和肝肾不足之别，实证主要为肝郁气滞。取穴以关元、气海、三阴交为主，脾胃虚弱者加配中脘、天枢、章门用热补法以健脾养血，肝肾不足者配肝俞、肾俞、关元俞、膀胱俞、气海用热补法以补益肝肾。肝郁气滞者配肝俞、膈俞，用平补平泻法以理气活血。

艾灸对闭经有良好的治疗效果，但需仔细辨证，严重营养不良或生殖器发育异常或病变，应采取综合治疗方法。本病除了需要坚持艾灸以外，还应该节制房事，增强体质，忌食辛、辣、刺激性食物，增加营养，使气血充足、血海满盈，以按时行经。

> **情景导入解析**
>
> 1. 依据上述情况提出临床诊断。
>
> 气滞血瘀型闭经。
>
> 2. 对患者的病机病理进行辨证。
>
> 依据该患者平素情绪不稳定，暴躁易怒，舌质暗、苔薄白，可判断发病机理为肝气不舒，气滞血瘀，闭塞胞门。
>
> 3. 拟定灸治处方。
>
> 经辨证后，拟定灸方如下：肝俞，期门，气海，关元，血海，三阴交，每日艾灸 1~2 次，30 天为一个疗程，灸至经期恢复正常。
>
> 患者坚持艾灸 2 个月，且每日艾灸 2 次，目前经期恢复正常，情绪也较之前舒缓。根据个人体质不同，艾灸调理经闭的疗程也会有所区别，调理过程中应放下焦虑，坚持艾灸，方可取得更好的效果。

第四节　崩　　漏

> **情景导入**
>
> 张某，女，33 岁。月经淋漓不尽 5 个月。患者产后复潮，初时经血量大，后长达十几日淋漓不尽，脸色苍白，全身无力，走路时经血会如水哗哗地涌出来。看病吃药未见明显效果。舌淡苔薄白，脉细。针对患者上述情况，请解决以下几个方面的问题。
>
> 1. 依据上述情况提出临床诊断，对患者的病机病理进行辨证。
>
> 2. 拟定灸治处方，诠释方义。

【概念】

崩漏是指以经血非时暴下或淋漓不尽为主要表现的月经周期、经量严重失常的月经病症。其中，"崩"特指妇女不在行经期阴道突然大量出血，"漏"特指出血淋漓不尽。"崩"与"漏"虽分属不同情况，但其基本病机统一，且常一同出现，互相转化，因此统称"崩漏"。西医学中无排卵型功能失调性子宫出血、生殖器炎症和某些生殖器肿瘤引起的阴道不规则出血，可参照本节进行辨证治疗。

【病因病机】

崩漏的主要病机是冲任损伤，不能制约经血，导致非月经期出血。导致崩漏的原因主要是冲任损伤，不能固摄，以致经血从胞宫非时妄行。可概括为虚、热、瘀，常见的病因为血热、血瘀、肾虚、脾虚等。热上冲任、迫血妄行，脾气虚热、统摄无权，肾阳亏损、失于封藏，瘀血阻滞、血不归经，均可致冲任不固。病变涉及冲、任二脉及肝、脾、肾三脏。病性以血热内扰、气滞血瘀为主。

【辨证治则】

主症：经血非时暴下不止或淋漓不尽。

1. 脾虚　主症证候表现为经血色淡，质地稀，或伴随头晕心悸，舌淡苔薄，脉细。治则：健脾益气，固摄经血。

2. 肾虚　主症证候表现为经血色淡，质地清稀，伴随腰酸肢冷，夜尿频多，舌淡，苔薄，脉沉细。治则：补肾益气，固摄经血。

3. 血热　主症证候表现为经血色红，质地稠，伴随心烦口渴，舌红，苔黄，脉弦。治则：清热止血。

4. 血瘀　表现为经血紫暗，有血块，行经时间长，又突然崩中漏下，舌紫暗，脉涩。治则：理气活血，藏血止崩。

【艾灸取穴】

1. 主穴　取关元、神阙、带脉、气海、中极、关元、三阴交、隐白。

2. 配穴　脾虚加脾俞、足三里、阴陵泉；肾虚加肾俞、太溪；血热加血海、地机；血瘀加膈俞、肝俞、血海、大墩。

【施灸操作】

1. 操作准备　同第九章第三节相关内容。

2. 施灸方法　崩漏患者可采取回旋灸、温和灸艾灸诸穴。血热患者可用雀啄灸艾灸诸穴。

3. 灸疗时间

（1）温和灸：每次可选 3~5 个穴位，每个穴位各施灸 15~20 分钟，其中隐白穴重灸，可灸 20~40 分钟。根据病情程度，每日可艾灸 1~2 次，7 天为 1 个疗程。

（2）隔姜灸：艾炷如枣核大，每穴 7 壮，隔日 1 次，5 次为 1 个疗程。

（3）药物灸：取吴茱萸、食盐各等量研末，与黄酒少许调匀，制成 3 个如 5 分硬币大的药饼,分部贴敷神阙、隐白、脾俞,其上方艾炷如枣核大,每次灸 5~7 壮,每日 1 次。

（4）雀啄灸:每穴灸 10~20 分钟,每日 1 次,7 次为 1 个疗程。

案例分享

患者,女性,48 岁。主诉:月经淋漓不尽 1 月有余。3 月 20 日月经来潮,刚开始两天量少色黑,从第 3 天开始量大,一周左右经量变小,中间停了三天左右,又开始出血。4 月 2 日吃了 7 天的中药调理未好转。患者每年会有一两次这种情况。6 年前做过一次子宫息肉手术,去年体检正常。舌色暗,舌下静脉粗,脉涩。

诊断:根据四诊结果,可辨证为血瘀型崩漏,瘀血阻滞胞宫,血不归经而妄行。

病位:胞宫。治则:调理冲任,祛瘀止血。

灸方:依据辨证施灸理论,设立灸方如下:膈俞、肝俞、关元、归来、三阴交、大墩、隐白。

辨证施灸:先重灸隐白、大墩,辅灸膈俞,肝俞等穴,调经祛瘀,使血有所归。

疗效观察:艾灸第一天,经量没多大变化,头胸部出汗;第二天继续重灸隐白、大墩,经量变少;第三四天晚上没有出血,白天活动后有些许出血,睡眠改善,灸中出汗少;第五天停止出血,继续巩固灸。

---

4. 注意事项　艾灸时注意观察患者状态,对于体质特别虚弱者,应循序渐进施灸,不可操之过急。

【按语】

艾灸对治疗崩漏有良好效果,在古代医学文献中多有记载。对于崩漏患者,应及早治疗,避免病情进一步发展。平时要注意饮食调养,血热者不可过食辛辣,血瘀者不可过食寒凉,以免影响治疗效果。且治疗期间注意调和情志,情绪波动过大亦会加重病情。

情景导入解析

1. 依据上述情况提出临床诊断。

脾肾亏虚型崩漏。

2. 对患者的病机病理进行辨证。

依据该患者产后脸色苍白,无力,经血淋漓不尽,舌淡苔白,脉细,可判断发病机理为脾肾亏虚,气不摄血,经血失统。

3. 拟定灸治处方。

经血淋漓不止时,艾灸隐白。产后气虚不摄血,隐白具有调经统血,扶脾温脾,可以止崩漏。对于崩漏带下、出血量非常大的情况,可以灸隐白止崩漏。经血暂收时,艾灸脾俞、肾俞、关元、三阴交等穴,健脾益气,固肾培元。

经过 1 次理疗后,患者症状明显改善,想要彻底调理好肝肾亏虚型崩漏,平时要多注意保养肝肾,坚持艾灸,巩固疗效。

第五节 带 下 病

情景导入

曹某,女,37 岁。近 3 个月白带异常,色黄黏稠,淋漓不断,味腥臭,伴阴部瘙痒。嗜食甜食,形体肥胖,颜面长痘,大便不成形。舌红苔黄腻,脉濡数,作带下治疗。针对患者上述情况,请解决以下几个方面的问题。

1. 依据上述情况提出临床诊断。

2. 对患者的病机病理进行辨证。

3. 拟定灸治处方并诠释方义。

【概念】

一般来说,妇女身体内会分泌少量白色黏液,用以润滑和保护阴道表面,这种白色黏液便被称为带下。而带下病是指带下的量、色、质、气味出现明显异常为主症的病证。西医学中的阴道炎、宫颈炎、盆腔炎、内分泌失调等疾病,可参照本节进行辨证治疗。

【病因病机】

导致带下病发生的常见病因有感受湿邪、脾失健运,水湿内停,下注任带;或肾阳不足,气化失常,水湿内停,下渗胞宫;或饮食劳倦、素体虚弱等。其基本病机是湿邪阻滞,任脉不固,带脉失约。病位在前阴、胞宫;病性以脾虚湿困、肾阳不足为主。

【辨证治则】

主症:白带明显增多,或出现颜色、质地、气味的异常。

1. 湿热下注 证候主症表现为带下量多、色黄,质地黏稠有臭味,伴阴部瘙痒、胸闷心烦,口苦咽干,纳差、少腹或小腹隐隐作痛,小便短赤,舌质红,苔黄腻,脉濡数。治则:清理下焦,祛湿化浊。

2. 脾虚湿盛 证候主症表现为带下量多,色白或淡黄,质地稀薄无臭味,绵绵不断,神疲,纳少便溏,四肢不温,舌淡苔白或腻,脉缓细。治则:健脾益气,除湿止带。

3. 肾阳不足 证候主症表现为带下量多且清稀如水,淋漓不断,色白清冷,头晕耳鸣,腰痛如折,恶寒肢冷,小腹冷感,尿频且夜间尤甚,大便溏薄,舌质淡苔薄白,脉细而沉迟。治则:温补肾阳。

4. 肾阴亏虚 证候主症表现为带下量多,色黄或齿白相间,质稠或有臭味,阴部干涩不适或有灼热感,腰膝酸软,头晕耳鸣,五心烦热,失眠多梦,舌质红,苔少或黄腻,脉细数。治则:养阴清热。

【艾灸取穴】

1. 主穴 取白环俞、中极、带脉、次髎、蠡沟、太冲。

2. 配穴 湿热下注加阴陵泉、三阴交、行间；脾虚湿盛加脾俞、足三里；肾阳不足加肾俞、太溪、命门；肾阴亏虚加肾俞、肝俞。

【施灸操作】

1. 操作准备 用骨度分寸法配合解剖标志定位法及手指同身寸法定位，以患者感觉局部酸、麻、胀、痛为标志，取得患者配合。

2. 施灸方法 带下病患者可温和灸、回旋灸诸穴；湿热下注患者可雀啄灸行间穴。药物灸：取芡实、桑螵蛸各30g，白芷20g研末，醋调糊状，取适量敷脐部，用胶布固定神阙，每日更换1次，连灸1周。

3. 灸疗时间

（1）温和灸：每次可选3~5个穴位，每个穴位各施灸15~20分钟，每日艾灸1次，以上穴位可循环灸，30天为1个疗程；

（2）雀啄灸：每穴灸疗15~20分钟，每日1次，10次为1个疗程；

（3）药物灸：每日1次，连灸1周。

> **案例分享**
>
> 卢某，女，41岁。因白带增多3个月余，曾服中药治疗无效而于2018年6月10日就诊。患者当年3月开始倦怠纳少，带下色白、量多，质稀如涕，绵绵不断，无臭味，月经周期正常，经期前后带量增多，面色萎黄，舌淡苔薄白，脉缓。证属脾虚失运，湿注下焦。法宜健脾升阳，除湿止带，佐以疏肝。经取：带脉、任脉、足阳明、足太阳。主穴：带脉、神阙、足三里；配穴：肝俞、脾俞。
>
> 操作：行灸补法，用艾条温和灸之。以上除主穴每次必取外，配穴可轮换应用，每日1次，每次每穴灸25分钟，10次1个疗程，该患者经灸6次后，精神好转，食欲增加，白带亦日趋减少。共灸治两个疗程，其面色转润，白带痊愈。
>
> 该患者因脾气虚弱，运化失司而致湿邪内生，使脾气不升，带脉失约，湿流下焦，停滞胞宫，损伤冲任而带下成。穴取带脉，本穴为治带之要穴，是足少阳与带脉之交会穴，功可固摄经气，利湿止带，神阙属任脉，位于腹部正中，与命门遥对，一主阴，一属阳，灸之可调阴阳使水火济，健脾胃使气血调。足三里为胃经之合穴，与脾相表里，脾胃为后天之本，气血生化之像，功能健脾和胃，扶正培元，化湿止带；脾俞、肝俞均为背俞穴，前者可健脾化湿，后者能疏肝气，升脾阳使湿邪除。共用达到健脾升阳、除湿止带。灸欲达补和泻必须采取一定的灸术，如此案即是采取艾条温和灸，这种灸术要求时间长，使温热缓慢逐步深达腧穴，而激发经络，感传于脏腑、病位，故能起温补扶正作用。

4. 注意事项 出现阴部瘙痒症状的患者，可先用艾水坐浴，再灸会阴部，注意把控好艾条的温度，避免出现烫伤。

【按语】

带下病多因下焦肾气虚损，或喜怒忧思，产育房劳致伤及任脉而成，或因郁怒伤肝，肝乘脾土，土伤生湿，下注而渗入下焦而致。艾灸对带下病有良好的治疗效果，应以平肝健脾除湿治其本，清化湿热止带治其标，取阴陵泉、带脉、白环俞、蠡沟、太冲等穴位起效。若为脾虚肝郁型带下，取带脉协其调节带脉，助其固摄诸脉之功，加阴陵泉，乃求其利湿之用，带脉和阴陵泉合用，可化湿固带。若属脾虚带下，乃"完带汤证"，取阴陵泉、白环俞健脾止带，配带脉、血海之固摄，而共奏健脾止带之效。

情景导入解析

1. 依据上述情况提出临床诊断。

湿热下注型带下。

2. 对患者的病机病理进行辨证。

依据该患者白带色黄黏稠，腥臭，伴随阴部瘙痒，爱长痘，大便不成形等，可判断发病机理为脾湿下注而化热，湿热蕴结下焦。

3. 拟定灸治处方。

经辨证后，拟定灸方如下：八髎、中脘、带脉、天枢、关元、中极、阴陵泉、三阴交。

艾灸3次后，症状明显改善，带下减少，瘙痒消失。艾灸10次后，带下恢复正常，大便成形。带下病易反复发作，平时应注意养成良好的卫生习惯，经常用艾水坐浴，可保持会阴部清洁。饮食上注意清淡少甜，可多吃健脾除湿的食物，坚持艾灸巩固疗效，避免复发。

第六节　不　孕　症

情景导入

苏某，女，26岁。婚后两年，未避孕，始终未怀孕。月经经常推迟，行经时小腹疼痛难忍，经量少，有血块，平素手脚冰凉，容易出现瘀斑，好食生冷，失眠多梦。舌质紫暗，舌下静脉粗张，脉涩。作不孕治疗。针对患者上述情况，请解决以下几个方面的问题。

1. 依据上述情况提出临床诊断。

2. 对患者的病机病理进行辨证。

3. 拟定灸治处方并诠释方义。

【概念】

不孕症是指女子婚后，有正常性生活且未避孕，同时配偶生殖功能正常的情况下，同居一年以上而未受孕；或曾有过孕育史，而后有正常性生活，配偶生殖功能正常，同居 2 年以上未受孕。前者为原发性不孕，又称"全不产"；后者为继发性不孕，又称"断绪"。另外，夫妇一方有先天或后天生殖器官解剖生理方面的缺陷，无法纠正而不能妊娠者，为绝对不孕；夫妇一方因某些因素无法受孕，经纠正后仍可妊娠者，为相对不孕。本节主要讨论相对不孕。

【病因病机】

不孕症的发生原因比较复杂，主要与先天禀赋不足、肾精亏虚，天葵、冲任、胞宫的功能失调，脏腑气血不和有关。病机为肾虚、血虚、肝郁、痰湿、湿热、血瘀；病位以肾为主，与肝脾相关；病性主要为虚实夹杂，本虚标实。

【辨证治则】

主症：育龄妇女婚后有正常性生活，无避孕措施，配偶生殖功能正常，同居一年以上未受孕。

1. 肾虚胞寒 证候主症表现为月经不调，经量少，颜色淡，面色晦暗，腰酸腹冷，带下清稀，小便清长，性欲淡漠，舌淡苔薄白，脉沉细。治则：补肾益精，暖宫散寒。

2. 气滞血瘀 证候主症表现为月经先后不定期，月经量少，色紫有血块，经前期乳房胀痛，烦躁易怒，腰膝疼痛拒按，善叹息，舌紫暗，舌边有齿痕、苔白腻，脉滑。治则：疏肝理气，行气活血。

3. 痰湿阻滞 证候主症表现为月经量少，色淡，甚至闭经，带下量多，形体肥胖，面色苍白，口腻纳呆，大便不爽或稀溏，胸闷泛恶，舌淡胖，苔白腻，脉滑。治则：化痰导滞，祛浊调经。

4. 冲任血虚 证候主症表现为月经推后，色淡或经闭，面黄体弱，疲倦乏力，头昏心悸，舌质淡苔薄白，脉沉细。治则：补气养血，温养冲任。

【艾灸取穴】

1. 主穴 取神阙、关元、委阳、志室、胞门。

2. 配穴 肾虚胞寒加命门、八髎、肾俞、复溜；气滞血瘀加肝俞、期门、太冲、膈俞；痰湿阻滞加阴陵泉、丰隆；冲任血虚加八髎、子宫、归来、气海、血海。

【施灸操作】

1. 操作准备 同第九章第三节相关内容。

2. 施灸方法 采取温和灸、回旋灸艾灸诸穴；气滞血瘀患者可雀啄灸；肾虚胞寒可隔姜灸、附子饼灸；冲任血虚可温和灸、隔盐灸。

3. 灸疗时间

（1）温和灸：每穴灸 15~20 分钟，每日 1 次，7 次为 1 个疗程。

（2）隔姜灸：艾炷如枣核大，每穴 5~7 壮，隔日 1 次，15 次为 1 个疗程，每疗程间隔 5 日。

（3）隔附子饼灸：附子适量研末，用黄酒调匀，制成如 5 分硬币大的药饼，分部贴敷主穴和命门、次髎，其上放艾炷如枣核大，每次灸 5~7 壮，每日 1 次。

（4）隔盐灸：用食盐填满脐窝，上置艾炷如枣核大，灸 3~5 壮，隔日 1 次，10 次为 1 个疗程。

4. 注意事项 艾灸前需反复确认患者未受孕，以免发生意外流产。

案例分享

张某，女，36 岁，酒店服务员。2022 年 5 月 10 日就诊。病史：结婚 8 年未孕。患者形体瘦小，月经数月一行或不行，常用黄体酮等激素催经，月经量少，色淡，有少许血块，少腹冷痛，腰酸膝软。性欲淡漠，基础体温呈单相，舌淡体瘦，脉细小。妇科检查：子宫发育不良呈三棱形。右卵巢囊肿，两侧输卵管通而不畅。诊为原发性不孕，经中西医多方治疗未孕，证属先天不足，肾气亏损，冲任空虚。

治法：分期治疗。

经后期（增殖期）取穴：关元、气海、肝俞、肾俞、三阴交。药饼灸药料用肉桂、细辛、延胡索、白芥子，按 10∶6∶8∶6 的比例研末。一般在月经干净后第 2 天开始治疗，腹、腰分 2 天施治 1 次。

经间期（排卵期）取穴：关元、子宫、肾俞、腰阳关、关元俞、三阴交。在本期开始前一天施治，方法同上。经第一个月经周期治疗后，月经按月来潮，基础体温仍单相。第 2 个月经周期治疗后，基础体温现双相，月经逾期未转。尿妊娠试验"阳性"。妇科检查诊断为怀孕。后足月顺产一女婴，随访女孩发育健康。

施氏认为女子以血为用，冲任为血海，任主胞胎，冲任之本在于肾，肾气不足，冲任空虚，故难受孕。正如《圣济总录》曰："妇人所以无子，由于冲任不足，肾气虚寒故也"。所以，在治疗上将补肾暖宫贯穿整个过程，促使肾精充盛冲任相资而受孕。关元为任脉与足三阴经之交会穴，气海为生气之海，有益肾填精，通调冲任之功，主"女子绝嗣无子""多灸令人生子"。肾俞为肾脉经气转输之处，与腰阳关、关元俞相合，增强补肾扶阳之力；子宫为奇穴"妇人无子，灸三七壮"，为治不孕症之经验要穴，能促使输卵管通畅；足三里为足阳明经之合穴；三阴交为足三阴经之交会穴，以补脾益肾，助生化气血之源。肉桂、细辛、延胡索、白芥子研末敷贴，借助温阳走窜之性，通过俞穴、经络的特殊作用，药穴合用，加之艾灸温热的刺激，加速其药性的渗透，共奏滋益肾精，暖宫调经，促排卵受孕的功用。

【按语】

艾灸治疗相对不孕症效果较好，疗程因人而异，需要坚持施灸。治疗前需明确诊断证型，且排除因生理缺陷或男方造成的不孕。治疗期间要保持情绪平和，节制房事。

情景导入解析

1. 依据上述情况提出临床诊断。

瘀阻胞宫型不孕。

2. 对患者的病机病理进行辨证。

依据该患者不孕，经迟，经量少有血块，痛经，舌质紫暗，脉涩等，可判断发病机理为瘀阻胞宫,冲任不通,不能受孕。

3. 拟定灸治处方。

经辨证后,拟定灸方如下:肾俞、八髎、关元、子宫、归来、太溪、三阴交。每日艾灸1次,经期也可艾灸,30天为1个疗程。

患者坚持艾灸30天后,痛经和血块减少,睡眠改善。后又坚持艾灸2个疗程,经期正常,经量正常。4个月左右成功受孕。艾灸可温阳暖宫,行气化瘀,治疗瘀阻胞宫型不孕有较好的疗效,重在坚持。

（何小帆　赵美玉）

第七节　产 后 乳 少

情景导入

黎某,女,27岁,患者产后奶水不足1月余。怀孕前体形偏瘦、生产后体重增加了40斤,心情急躁,胸肋胀闷,食欲不振,睡眠不佳,大便不规律。舌苔腻,微黄,舌尖边有芒刺。针对患者上述情况,请解决下列问题。

1. 依据上述情况提出临床诊断。

2. 对患者的病机病理进行辨证。

3. 拟定灸治处方并诠释方义。

【概念】

产后乳少是指产后哺乳期初始即乳汁量少或全无,不能满足婴儿需求的病症。导致乳少的原因非常多,哺乳中期月经复潮后乳汁相应减少,属于正常生理现象;产妇未能按时哺乳或饮食作息上的不足,都会导致暂时性乳少,经纠正后即可恢复,亦不属于病理范畴。本病分为虚证和实证,虚证因素来自体虚,或产后营养缺乏,气血亏虚,乳汁化生不足而乳少;实证因肝郁气滞,气机不畅,乳络不通、乳汁不行而乳少或无乳。

【病因病机】

乳少的发生与产妇素体亏虚、形体肥胖,或分娩时失血过多密切相关,以及产后情志不畅、复伤气血、过度操劳、营养不足也会导致乳少。其基本病机为乳络不通或乳汁生化不足。病位在胃,与肝、脾相关;病性虚实夹杂。

【辨证治则】

主症:产后哺乳期乳汁分泌少,或者全无,不能满足婴儿需求。

1. 气血亏虚　证候主症表现为产后乳汁甚少或全无,乳汁清稀,乳房柔软无胀感,可伴随头晕心悸,神疲纳少,面色苍白,唇甲无华,舌淡苔薄,脉细弱。治则:健脾养胃,补气养血。

2. 肝郁气滞　证候主症表现为产后乳少而浓稠或乳汁不通,乳房胀满而痛,情志抑郁,胸胁胀闷,时有嗳气,善太息,舌淡,苔薄黄,脉弦。治则:疏肝理气,调畅气机。

3. 痰浊阻滞　证候主症表现为产后乳少而浓稠,或乳汁不通,形体肥胖,胸闷痰多,纳呆呕恶,腹胀便溏,舌淡胖,苔厚腻,脉濡滑。治则:祛湿化痰,疏通乳络。

【艾灸取穴】

1. 主穴　取膻中、乳根、少泽、通里、肩井。

2. 配穴　气血不足加脾俞、中脘、足三里、气海、血海;肝气郁结加期门、太冲;痰浊阻滞加中脘、足三里、丰隆。

【施灸操作】

1. 操作准备　参照上述章节同类内容进行学习。

2. 施灸方法　缺乳患者用温和灸,或回旋灸、隔葱灸、隔姜灸艾灸诸穴。艾灸时注意观察乳汁分泌状态,可一边艾灸一边用手按摩乳房,帮助通乳。

3. 灸疗时间

(1)温和灸:每次可选 3~5 个穴位,每个穴位各施灸 15~20 分钟,每日可艾灸 1~2 次,具体根据缺乳的情况决定。

(2)隔姜灸:艾炷如枣核大,每穴 3~5 壮,隔日 1 次,5 次为 1 个疗程,每疗程间隔5 日。

(3)隔葱灸:取葱白适量,捣烂敷于穴位,上置艾炷如枣核大,每穴 3~5 壮,隔日 1 次,5 次为 1 个疗程。

(4)温针灸:每穴灸 3~5 壮,每日 1 次,10 次为 1 个疗程。

案例分享

患者,女性,25 岁。主诉:产后奶水不足,乳房较小,柔软干瘪,身体偏瘦,面色㿠白,食欲不佳,容易腹胀腹泻,稍有劳累便头晕心悸。舌淡白,脉细弱。

诊断:根据四诊结果,可辨证为气血不足型乳少,脾胃虚弱,乳汁化生之源衰。

病位:乳房;治则:健脾养胃,补气养血。

灸方:依据辨证施灸理论,设立灸方如下:膻中、乳根、少泽、中脘、关元、足三里、阴陵泉。

灸方诠释:艾灸膻中、乳根调畅气机,通络催乳;少泽为经验效穴,常用于治疗乳汁不足;再加灸中脘、关元、足三里、阴陵泉健脾养胃,增补气血。疗效观察:艾灸 1 次后,胃口变好,乳汁有增加。艾灸 10 天后,乳汁明显变浓稠,量增加。艾灸 30 天左右,脸色变红润,精力较之前充足,头晕心悸减少,乳汁分泌正常。

班秀文认为,气血盈亏固然是乳汁生化的物质基础,但肝对乳汁的生化作用,尤为重要。肝体阴而用阳,是罢极之本,能化生气血。如七情过极,尤其是恼怒之事,火动于中,更容易损伤肝阴,导致肝阳上亢,形成气血逆乱,则肝的生发疏泄失常,引起乳汁不行。产后缺乳当本着虚则补,实则泻的原则进行治疗。

4. 注意事项　艾灸膻中、乳根时一定要记得及时刮灰,避免出现烫伤。若艾灸过程中,乳汁向外溢出,可一边收集乳汁,一边持续艾灸。

【按语】

艾灸对治疗乳少有较好效果,最佳的治疗时间是在出现乳少的一周内开始。开始治疗以后,坚持艾灸7天以上,避免出现病情反复。平时应注意营养的摄入,充足的休息以及良好的心态,以帮助病情的恢复。

> **情景导入解析**
>
> 1. 依据上述情况提出临床诊断。
> 肝郁气滞型乳少。
> 2. 对患者的病机病理进行辨证。
> 依据该患者产后心情急躁,胸胁胀闷,食欲不振,睡眠不佳,苔腻微黄,舌尖边有芒刺,可判断发病机理为肝气郁结,气机不畅,乳络不通。
> 3. 拟定灸治处方。
> 依据辨证施灸理论,拟定灸方如下:膻中、乳根、少泽、中脘、期门、足三里、三阴交、内关、太冲。
> 膻中系心包之募穴,为八会穴中气会之所,具有调理气机,活血通乳的作用;乳根为足阳明胃经局部腧穴,可行气催乳;少泽调心气而排乳,二者均为通气之要穴;足三里、三阴交调理脾胃,脾胃为气血生化之源,后天之本,能培补气血,助乳汁化生;内关为心包经络穴,别走手少阳三焦经,肝郁气滞者以太冲、内关配之加灸,可理气和胃,宣通胸中之气。艾灸不仅能行气活血,体现泻的作用,还能温阳脾胃,体现补的作用。
> 艾灸1次过后乳汁稍有增加,情绪还是比较不稳定。后又坚持艾灸10次,奶水增加明显,睡眠和情绪均有改善,胸胁胀闷减轻。艾灸以上诸穴相配,补、泻有序,促使气机和畅,气血调达,可以解郁利气,温通经脉,活络通乳,且越早治疗效果越好。

（王海岩　赵美玉）

第八节　子宫脱垂

> **情景导入**
>
> 程某,女,49岁,农民,生育4胎。子宫脱垂已4年余,2022年6月7日来诊。诊见患者面色无华,气短神疲,腰膝酸软,阴户坠痛,舌质淡,苔薄白,脉细无力,伴头晕耳鸣、小便频数、色清。妇科检查:整个子宫体脱出阴道外,大为拳头。诊断为Ⅱ度子宫脱垂。针对上述情况,回答下列问题。

1. 该患者中医诊断及辨证分型是什么？
2. 拟定灸疗处方，并诠释方义。

【概念】

子宫脱垂指的是子宫从正常位置沿阴道下滑，子宫颈外口达坐骨棘水平以下，甚至子宫全部脱出于阴道口外，属于中医学"阴挺"的范畴。常由于产伤处理不当、产后过早参加体力劳动而腹压增加，或能导致肌肉、筋膜、韧带张力降低的各种因素而发病。

【病因病机】

该病病因多由产伤处理不当、产后劳损所致。病机为冲任不固，提摄无力；病位在子宫，与冲任、脾、肾相关；病性分为虚实兼有、虚实夹杂。

【辨证分型】

1. 湿热下注（实证）　证候主症表现为子宫脱出日久，黏膜表面糜烂，黄水淋漓，外阴肿胀灼痛，小便黄赤，口干口苦。舌红，苔黄腻，脉滑数。治则：清利湿热，举陷固胞。

2. 脾肾气虚（虚证）　证候主症表现为子宫下垂，小腹及会阴部有下坠感，过劳则加剧，平卧则减轻，伴有四肢乏力，少气懒言，带下色白，量多质稠，腰酸腿软，头晕耳鸣，小便频数，色清。舌淡、苔白滑，脉沉细弱。治则：补益脾肾，升阳固脱。

【艾灸取穴】

1. 主穴　气海、关元、归来、神阙。
2. 配穴　湿热下注加中极、阴陵泉、蠡沟；脾肾气虚加脾俞、肾俞、命门。

【灸疗操作】

1. 艾灸方法　采用温和灸、隔姜灸、隔盐灸。
2. 艾灸时间
（1）温和灸：每穴灸 10~20 分钟，每日 1 次，10 次为 1 个疗程。
（2）隔姜灸：艾炷如枣核大，每穴 7 壮，每日 1 次，10 次为 1 个疗程，每疗程间隔 5 日。
（3）隔盐灸：在神阙穴填上适当的细盐，艾炷如黄豆大，灸 5~7 壮，隔日 1 次，7 次为 1 个疗程。

案例分享

患者李女士，45 岁，已婚，育有一女。主诉：子宫脱垂半年，伴腰膝酸软，小腹坠胀，白带量多且黄稠，时有尿急、尿痛。
1. 中医诊断：湿热下注型子宫脱垂。
2. 艾灸治疗

（1）取穴：关元、中极、子宫、三阴交、足三里。

（2）操作：用艾条温和灸，每次选取 3~5 个穴位，每穴灸 15~20 分钟，每天 1 次，连续治疗 10 天为 1 个疗程。共治疗 2 个疗程。

3. 治疗过程：第一个疗程结束后，患者子宫脱垂程度有所减轻，腰膝酸软、小腹坠胀等症状也有所缓解。白带量减少，颜色变淡。尿急、尿痛症状消失。第二个疗程结束后，患者子宫脱垂症状基本消失，腰膝酸软、小腹坠胀等症状明显改善。白带量正常，颜色透明。尿急、尿痛症状未再出现。随访 3 个月，患者病情稳定，未再出现子宫脱垂及其他不适症状。生活质量明显提高。

本案例中，艾灸治疗湿热下注型子宫脱垂效果显著。通过温和灸关元、中极、子宫等穴位，可温阳散寒、固脱升提、调理气血，从而改善子宫脱垂症状。同时，艾灸还能调节体内湿热，改善白带异常、尿急尿痛等症状。治疗过程中，需注意调整饮食，避免过度劳累，以巩固治疗效果。

3. 注意事项　该病治疗周期较长，需要持之以恒的决心；产后多卧床休息，防止子宫后倾；分娩后 1 个月内，应避免增加腹压的劳动；保持大便通畅；哺乳时间不宜过长；坚持做骨盆肌肉训练，其锻炼方法取坐位，反复做忍大便的动作，继而缓慢放松，如此一紧一松反复练习，每天 2~3 次，每次 3~10 分钟；避免超重劳动和长期下蹲、站位劳动，节制房事，加强卫生保健。

【按语】

导致子宫脱垂的常见病因有分娩损伤，产后过早劳动，长期营养不良、慢性腹压增高（如长期咳嗽、习惯性便秘、长期坐位或蹲位劳动）、先天性子宫及子宫韧带或盆底组织发育不良，或脊椎隐裂。

子宫脱垂患者艾灸关元、中极、子宫等穴位，可以温阳散寒、固脱升提、调理气血，从而改善子宫脱垂症状。同时，艾灸还能调节体内湿热，改善白带异常、尿急尿痛等症状。

具体来说，关元具有温经散寒、调理气血的作用。中极主治小腹疼痛、尿急、尿痛等泌尿系统症状。子宫主治子宫脱垂、月经不调等妇科病症。三阴交具有健脾益血、调肝补肾的功效。足三里是足阳明胃经的穴位，具有燥化脾湿、健脾和胃的功效。气海具有补中益气、升阳举陷的功效。归来主治小腹疼痛、月经不调等妇科病症。神阙即肚脐位置，艾灸神阙可温阳救脱、健运脾胃。阴陵泉主治腹胀、泄泻等脾胃病症。蠡沟主治妇科病症。脾俞主治腹胀、呕吐等脾胃病症。肾俞主治腰膝酸软、遗精等肾脏病症。命门主治腰痛、月经不调等病症。

情景导入解析

1. 该患者中医诊断及辨证分型是什么？

该患者的中医诊断为"阴挺"，脾肾气虚型子宫脱垂；治则：补益脾肾，升阳固脱。

2. 拟定灸疗处方，并诠释方义。

（1）主穴：气海、关元、归来、神阙。

（2）配穴：中脘、脾俞、肾俞、命门。

（3）灸法：选用粗艾条实施温和灸。将一端用火点燃，对准上述穴位（每次选穴3~5个），约距穴位皮肤3cm，灸之皮肤红晕，以患者能够忍受为宜。每穴灸20~30分钟，每日1次，7次为1个疗程。经灸治5次后，症状减轻，子宫逐渐复位。10次后，自觉症状消失。妇检：子宫完全复位。随访一年，未见复发。

3. 灸方诠释。

子宫脱垂属中医学"阴挺"。中医学认为本病的发生多由中气不足，脾气下陷，肾气不固，胞宫失系所致。中脘位于上中下三焦之中点，属于任脉，是任脉与手少阳三焦经、手太阳小肠经、足阳明胃经四脉的会穴，又是手之太阴之所始，足之厥阴之所终。艾灸中脘既可以补中益气，调理三焦气机，起到提举一身之气，升下陷清阳的作用；又可健固任脉，温肾固脱。另外，中脘为"腑会"，是治腑病之所在。阳池为三焦经的原穴，是三焦原气运行中所经过和留止的部位，要调理三焦元气，此穴甚为重要。

第九节　盆　腔　炎

情景导入

李某，女，43岁，2021年4月来诊。患者下腹疼痛及腰骶酸痛反复发作6年余，加重1周。患者6年前行刮宫术后出现下腹疼痛、腰骶酸痛伴白带量多，色黄。经某医院诊断为慢性盆腔炎，多方治疗均无显著效果，常因劳累和经期抵抗力降低而症状加重。妇科检查：子宫后倾位、大小正常、活动度差、压痛。双侧附件有片求增厚，压痛，左侧明显。B超显示：子宫附件未见异常，左侧输卵管增粗，少量盆腔积液，诊断为慢性盆腔炎。针对上述案例回答下列问题。

1. 说出该患者所患慢性盆腔炎的辨证分型和治则。

2. 拟定灸方并诠释方义。

【概念】

盆腔炎是指女性内生殖器官包括子宫、输卵管、卵巢及其周围结缔组织、盆腔腹膜等部位所发生的炎症。炎症可在一处或多处同时发生，按部位不同分别有"子宫内膜炎""子宫肌炎""附件炎"等。

【病因病机】

本病多由于胞络空虚，湿热乘虚侵入，蓄积盆腔，客于胞中，与气血相搏，气血运行不畅,使冲任二脉受损而成。基本病机:湿热下注,气血运行不畅,使冲任二脉受损;病位主要在肝、脾、肾三脏;病性:以湿热下注、气滞血瘀为主。

【辨证分型】

1. 湿热下注 证候主症表现为小腹胀痛、带下量多、色黄、质稠腥臭、头眩而重,身重困倦,胸闷腹胀;伴有口渴不欲饮,痰多,或有发热恶寒,腰酸胀痛,尿道灼痛、大便秘结、小便赤热。舌质红、苔黄腻或白腻,脉濡数或弦滑;治则:清热利湿。

2. 气滞血瘀 小腹胀痛而硬,按之更甚,带下量多、色白、质稀薄。腰骶酸痛,月经失调,色深黑有瘀血块,严重者面色青紫,皮肤干燥,大便燥结,舌质黯红或有瘀斑,脉沉涩;治则:行气活血,化瘀止痛。

【艾灸取穴】

1. 主穴 肾俞、腰阳关、气海、关元、归来。

2. 配穴 湿热下注加蠡沟、阴陵泉、三阴交;气滞血瘀加太冲、膈俞、血海。

【灸疗操作】

1. 操作准备 同第九章第三节相关内容。

2. 艾灸方法 主要采用温和灸。

3. 艾灸时间 每次选穴 3~5 个,温和灸每次每穴艾灸 20 分钟,每日 1 次,10 次为 1 个疗程,连续施灸 3~5 个疗程。

4. 注意事项 灸疗法治疗慢性盆腔炎效果较好,但需要有持之以恒的精神,即使症状消除,也需要巩固一段时间。急性盆腔炎则需要积极采用中西医药物综合治疗;注意经期、产褥期及产后期的个人卫生,避免洗盆浴或池浴及不必要的妇科检查,禁止在经期、流产后性交、盆浴;患病后要解除思想顾虑,保持心情舒畅,增强治疗信心。注意营养,要劳逸结合,进行适当的体育锻炼,以增强体质和提高机体抗病能力。

【按语】

本病因经期产后胞室空虚,不洁性生活,用纸不洁或房室所伤,防范不慎,外邪乘虚而入,日久邪气结聚胞室,留滞下焦,阻碍气血运行,形成湿、热、瘀留而不去,聚而不散,虚实夹杂而发为本病。隔药饼灸是艾灸、中药、经络、腧穴相结合的综合疗法,利用艾炷燃烧的热力,加速血液循环,药物发散走窜,通过扩张的毛孔渗透入穴位,出现迅速而强大的药理效应,从而发挥药物和穴位治疗的双重作用,达到调整经络、脏腑气血的功能。

情景导入解析

1. 说出该患者所患慢性盆腔炎的辨证分型和治则。

根据四诊结果,该患者盆腔炎为湿热下注型;治则:清热利湿。

2. 拟定灸方并诠释方义。

(1)灸方

主穴:肾俞、腰阳关、气海、关元、归来;配穴:蠡沟、阴陵泉、三阴交。

（2）灸法：采用温和灸和隔药饼灸。

温和灸：取上述穴位每次 3~5 个，每穴每次艾灸 20 分钟，每日 1 次，10 次为 1 个疗程。

隔药饼灸：给予隔药饼灸次髎、关元；针刺曲池、支沟、中极、子宫、足三里、地机、三阴交、委中、承山、太冲治疗。

疗效观察：治疗 1 个疗程后，平日腹痛明显减轻，继续治疗 3 个疗程，症状消失。仅在经后、劳累或性交后出现轻微腹痛。6 个疗程后诸证消失，妇科检查子宫附件均无压痛，盆腔积液消失，随访至今未复发。

中医学中并无慢性盆腔炎的病名记载，历代医家对本病论述散在于对"妇人腹痛""癥瘕""不孕""带下"等疾病的论述中。中医认为本病多因产后胞室空虚，而为不洁性生活，用纸不洁或房事所伤，外邪乘虚而入，日久邪气结聚胞室，留滞下焦，阻碍气血运行，形成湿、热、瘀留而不去，聚而不散、虚实夹杂而发为本病。其病机为本虚标实，治宜温经通络、活血化瘀、消癥止痛。关元为任脉补益保健要穴，又为足三阴经交会之处，不仅可以提高免疫功能，调整内分泌，达到补益作用，还适用于免疫相关的妇科疾病的治疗。次髎位于腰骶部，与痛经部位很近，为局部取穴方法。又因腰骶部与督脉、足少阴经和肾脏关系密切，督脉与冲、任同出胞宫，"一源而三歧"，故取次髎有调理冲任、壮腰补肾、理气活血、调经止痛之功，可使冲任之脉通畅，气血旺盛，通行无滞，经血吸引下流，通则不痛。

（赵美玉）

第十节　遗　尿

情景导入

钟某，男，7 岁。梦中小便自遗，醒来才能发现，常因为遗尿而感冒发热。小时候体质较差，发育迟缓，3 岁还在用尿不湿。脸色㿠白，精神差，胃口一般。舌质淡，脉沉细无力。作遗尿治疗。针对患者上述情况，回答下列问题。

1. 依据上述情况提出临床诊断。
2. 对患者的病机病理进行辨证。
3. 拟定灸治处方并诠释方义。

【概念】

遗尿也就是俗称的"尿床"，其具体定义是指年满 3 周岁以上的小儿，在睡梦中小便自遗，醒后方能察觉，且容易反复发作的病症。因疲劳、精神刺激或睡前多饮导致的偶发性尿床，不属于本节讨论范围。

【病因病机】

遗尿的发生主要因为先天禀赋不足,脾肺两虚,下焦湿热;或者久病体虚,抑或劳神太过,以及情志不畅等。其基本病机是膀胱和肾的气化功能失调,膀胱约束无权,与肺、脾功能失调,以及三焦气化失司均有关系。

【辨证治则】

主症:睡中尿床不自觉,醒后方知,且反复发作。

1. 肾气不足 证候主症表现为畏寒肢冷,腰膝酸软,舌质淡,苔薄白,脉沉细无力。治则:温阳补肾,培元止遗。

2. 肺脾气虚 证候主症表现为疲劳后遗尿加重,面色无华,少气懒言,自汗,易感冒,纳呆便溏,舌淡,苔白,脉细弱。治则:补益健脾,培元固涩。

3. 心肾不交 证候主症表现为昼日多动少静,夜间不能安眠,伴五心烦热,形体消瘦,舌红苔黄,脉弦数。治则:滋阴降火,交通心肾。

4. 肝经郁热 证候主症表现为尿黄量少,有腥臭气味,性情急躁,面唇色红,舌红苔黄,脉弦数。治则:疏肝理气,清热利湿。

【艾灸取穴】

1. 主穴 取膀胱俞、关元、中极、三阴交。

2. 配穴 肾气不足加肾俞,腰阳关、太溪;肺脾气虚加肺俞、脾俞、足三里;心肾不交加通里,太溪;肝经郁热加太冲、行间。

【施灸操作】

1. 操作准备 同第九章第三节相关内容。

2. 施灸方法 肾气不足、肺脾气虚、心肾不交患者可温和灸或回旋灸诸穴;肝经郁热患者可采用雀啄灸。

3. 灸疗时间 每次可选 3~5 个穴位,每个穴位各施灸 15~20 分钟,每日可艾灸 1 次,以上穴位可循环施灸,30 天为 1 个疗程。

4. 注意事项 家长必须密切配合医生,不能斥责患儿,要注意白天勿使患儿疲劳兴奋过度,晚上控制其饮水,夜间及时叫醒令其小便,逐渐养成自觉清醒小便的习惯;治疗时间以下午或临睡前进行最好;若治疗 10 次以上无效者,说明有其他致病因素(如泌尿系统感染、营养不良、大脑发育不全、脑外伤等),应查明原因,积极治疗;因先天性隐性骶椎裂引起的遗尿,一般在 10 岁以内较难治愈,但随着患儿机体的生长发育,往往在 15 岁左右,经针灸治疗,大部分可迅速治愈;3 岁以下婴幼儿,由于智力发育不完善,排尿的正常习惯尚未养成,出现暂时遗尿,不属于病态。

案例分享

患者,男性,8 岁。主诉:梦中常遗尿,量少而色黄,有腥臭味。父母较溺爱,从小性格比较急躁,爱发脾气,爱吃零食,不爱喝水,上学以后因为害怕老师,不敢请假上洗手间,常常憋尿。舌红苔黄,脉弦数。

1. 诊断　根据四诊结果,可辨证为肝经郁热型遗尿,下焦湿热,阻碍膀胱气化。病位在膀胱。治则:疏肝理气,清热利湿。

2. 灸方　依据辨证施灸理论,设立灸方如下:膀胱俞、关元、中极、阴陵泉、三阴交、太冲、行间。

3. 疗效观察　艾灸10天左右就取得明显效果,遗尿减少,情绪也较之前稳定。艾灸1个月左右,未再遗尿。

4. 方义诠释　艾灸任脉上的关元、中极可补肾培元,再加上膀胱俞,可以增强膀胱对尿液的约束能力;艾灸阴陵泉、三阴交、太冲、行间,可清热除湿。

【按语】

对于年龄较小的患儿,治疗期间,家长应积极配合,睡觉前控制好患儿饮水,入睡后定时唤醒患儿排尿,逐渐帮助患儿养成夜间起床排尿的习惯。另外,不要对患儿进行精神刺激,甚至打骂,避免加重病情。

情景导入解析

1. 依据上述情况提出临床诊断。

肾气不足型遗尿。

2. 对患者的病机病理进行辨证。

依据该患儿从小体质差,发育迟缓,脸色㿠白,精神不足,舌质淡,脉沉细无力,可判断发病机理为肾气不足,膀胱虚冷,气化失职。

3. 拟定灸治处方并诠释方义。

(1)依据辨证施灸理论,拟定灸方如下:肾俞、命门、膀胱俞、关元、中极、三阴交、太溪。

(2)方义诠释

肾俞:是肾脏的背俞穴,艾灸此穴能调理水液代谢失常而致的一切疾病;命门:是生命之门,灸之可以鼓舞肾气,具有调理气血、补固肾气等作用,能调理诸虚百损及泌尿生殖系统问题;膀胱俞:位于身体骶部,第二骶椎棘突下,旁开1.5寸,膀胱俞是膀胱的背俞穴,艾灸此穴能够益肾兴阳、通经止带,具有助气化、调胞宫、利湿热作用,主要用于调理小腹、泌尿及生殖系统等疾患;关元为元阴元阳之所在,灸之可以鼓舞肾气,具有调理气血、补固肾气等作用,能调理诸虚百损及泌尿生殖系统问题;关元往下一点是中极,它位于肚脐下四寸之处,在人体当中处于腹地的位置。这里是人体元气藏聚的地方,女子胞宫、男子精室都在这里,对于子嗣的健康也有很大的关联,艾灸此穴能够益肾兴阳、通经止带,具有助气化、调胞宫、利湿热作用,主要用于调理小腹、泌尿及生殖系统等疾患;三阴交:是肝、脾、肾三经的交会穴,灸之可以调理肝脾肾三脏的功能;太溪:是肾的原穴,艾灸此穴可以激发肾的原动力。

患者接受2个月的艾灸治疗以后,遗尿的情况基本未再发生,另外胃口变好,精神更足,脸色红润,家长对治疗效果十分满意,并决定以后坚持调理。

第十一节 小儿惊风

情景导入

邓某,男,5岁。高热后突然抽搐,牙关紧闭,手指痉挛,神志不清。舌苔薄黄,脉浮数。作小儿惊风治疗。针对患者上述情况,回答以下几个问题。

1. 依据上述情况提出临床诊断。
2. 辨证分型并提出治则。
3. 拟定灸治处方并诠释方义。

【概念】

小儿惊风作为儿科危急重症之一,来势凶险,变化迅速,以四肢抽搐、口噤不开、角弓反张,甚至神志不清为主症。根据表现可以分为急惊风、慢惊风两类。急惊风又名"抽风",其主症是急性抽搐,常伴随神志不清;慢惊风发作时以抽搐无力、抽动缓慢为特征。

【病因病机】

小儿惊风的基本病机为热极生风或肝风内动。小儿肌肤薄弱,腠理不密,易感风热时邪,化火动风;小儿元气未充,如暴受惊恐,气机逆乱,可致警惕不安;如饮食不节或误食污染毒邪之物,郁结肠胃,痰热内生,蒙蔽心包,也可引动肝风。急惊风多因外感时邪、痰热内蕴、暴受惊恐所致;慢惊风则多由禀赋不足、久病正虚导致。病位在心、肝;病性以实证、热证居多。

【辨证治则】

1. 急惊风 主症:发病急骤,全身肌肉强直性或阵发性痉挛,甚至神志不清。

(1)外感惊风:证候主症表现为发热头痛,咳嗽咽红,鼻塞流涕,烦躁不安,神昏,四肢抽搐、颤动,苔薄白或薄黄,脉浮数。治则:醒脑开窍,息风镇惊。

(2)痰热惊风:证候主症表现为壮热面赤,烦躁不宁,摇头弄舌,咬牙切齿,呼吸急促,舌红苔黄,脉浮数或弦滑。治则:祛痰泻热,息风镇惊。

(3)惊恐惊风:证候主症表现为暴受惊吓后惊恐不安,身体不自主战栗,夜间惊啼,甚至神志不清,大便色青,脉律不齐或指纹青紫。治则:安神醒脑,息风镇惊。

2. 慢惊风 主症:起病缓慢,时惊时止。

(1)脾肾阳虚:证候主症表现面黄肌瘦,神疲,囟门低陷,昏睡露睛,四肢不温,大便稀溏,舌淡苔薄,脉沉细。治则:健脾益肾,镇惊息风。

(2)肝肾阴虚:证候主症表现为神疲虚烦,面色潮红,手足心热,舌红少苔或无苔,脉细数。治则:滋阴补肾,平肝息风。

【艾灸取穴】

（一）急惊风

1. 主穴　取水沟、中冲、合谷、太冲。

2. 配穴　外感惊风加大椎、曲池；痰热惊风加中脘、丰隆；惊恐惊风加神门、内关。

（二）慢惊风

1. 主穴　取百会、人中、印堂、关元、足三里。

2. 配穴　脾肾阳虚加脾俞、肾俞、中脘；肝肾阴虚加肝俞、肾俞、太冲、太溪。

【施灸操作】

1. 操作准备　同第九章第三节相关内容。

2. 施灸方法　先点刺十宣出血，后艾灸人中、白会、印堂各穴位 3~5 壮，不愈加大椎、关元、合谷、足三里，以局部红晕疼止为佳。急惊风患者可用手指掐按水沟或用针刺水沟，同时依次用雀啄灸艾灸其余穴位。慢惊风患者可用温和灸和回旋灸艾灸诸穴。

3. 灸疗时间　每次可选 3~5 个穴位，每个穴位各施灸 15~20 分钟。

案例分享

　　患者，男性，4 岁。主诉：睡着后，手脚抽动。1 天前因饮食不节，导致肠胃不适，上吐下泻，低热，精神不佳。从小肠胃虚弱，手脚冰凉，大便不成形。舌淡，脉沉细。

　　诊断：根据四诊结果，可辨证为脾肾阳虚型慢惊风，吐泻损伤津液，虚风内动。

　　病位：脾、肾。

　　治则：健脾益肾，镇惊息风。

　　灸方：依辨证施灸理论，设灸方如下：百会、印堂、中脘、天枢、关元、足三里。

　　疗效观察：当日灸 2 次后，吐泻均止，抽动和痉挛停止。后持续艾灸 5 天巩固效果。

　　按语：艾灸百会、印堂镇静安神，加灸关元补充元气；艾灸中脘、天枢、足三里补脾胃，止吐泻；配合大肠募穴天枢，调理肠胃虚寒，助运化而止泻。

---

4. 注意事项　惊风发作时，患儿难以控制肢体，无法感知温度，甚至神志不清，艾灸时要注意看护，避免烫伤；惊风发作时，患儿侧卧，松解衣领，纱布包压舌板放患儿上下齿间，防止抽搐时咬伤舌体；密切观察患儿生命体征。若为传染病引起的惊风，需注意隔离。

【按语】

湖北省名中医梅大钊在治疗本病上常遵《幼科全书》中："急惊风为实为热，当用凉泻;慢惊风为虚为寒,当用温补"为治疗原则,注意分析病因,辨别外感、内伤与虚实。梅老认为,小儿为"纯阳之体""阳常有余",生机旺盛,机体反应灵敏,起病急,传变速,且小儿"肝常有余""脾常不足",筋脉虚,风木易动,感受时邪后,正邪相拒,热势嚣张化火,引动肝风,而发惊厥。因此,急惊风的病机多因"热甚生痰,痰盛生惊,惊盛生风,风盛发搐"引起。在治疗上"疗惊必先豁痰,豁痰必先祛风,祛风必先泻热",热解诸证随之而安。

情景导入解析

1. 依据上述情况提出临床诊断。

外感惊风。

2. 对患者的病机病理进行辨证。

依据该患者高热后突然抽搐,痉挛,神志不清,舌苔薄黄,脉浮数,可判断发病机理为外感时邪,热极生风。

3. 拟定灸治处方。

依据辨证施灸理论,灸方如下:风池、大椎、印堂、曲池、合谷、太冲。

灸方诠释如下。风池:具有醒脑开窍、安神定志的作用,可以缓解惊风的症状;大椎:是"手足三阳、督脉之会",可以温通诸阳、解表发汗,对于风寒感冒引起的惊风有很好的治疗效果;印堂:具有明目通窍、疏风清热、宁心安神的功效,可以缓解惊风引起的一些神志症状;曲池:具有清热解毒、活血化瘀、通经活络等作用,可以改善血液循环,缓解惊风的发作;合谷:在手背,是镇静作用的穴位,可以有效地控制惊风的症状;太冲:在足背,是肝经的经气汇聚之地,能够刺激和调动肝经的经气,进而实现疏肝理气、解郁、平肝息风、清肝利胆等功效。

第十二节　小儿食积

情景导入

高某,男,四岁半。肠胃不和两天。患儿平素体健,近两日胃口差,肚子胀气,未排便,爱吃零食,喝水量少。舌淡苔厚腻。针对患者上述情况,回答下列问题。

1. 依据上述情况提出中医临床诊断和治则。

2. 对患者辨证分型。

3. 拟定灸治处方,诠释方义。

【概念】

小儿食积是指小儿内伤乳食,停聚不化,气滞不行所形成的一种肠胃疾患。西医学中,小儿食积多见于功能性消化不良等疾病。

【病因病机】

小儿食积的病因主要是乳食内积,损伤脾胃或素体虚弱,消化不良。其中乳食内积可分为伤乳和伤食。伤乳是指哺乳不节,食乳过量或乳液变凉、变质都会导致乳积;伤食是指喂养不当,偏食嗜食或生冷不节,导致食积。本病的基本病机为脾胃运化失调,气机升降失常。病位主要在脾胃,病性分为实证和虚证。

【辨证治则】

主症:表现为不思饮食,脘腹胀满或疼痛,或伴有呕吐,大便酸臭或溏薄。

1. 乳食内积(实证) 证候主症多由于过食油腻厚味的食品,聚积不化,气滞不行所致,表现为脘腹胀满、疼痛拒按、烦躁多啼、夜卧不安、呕吐乳块或酸馊食物、大便酸臭或溏薄等症状。舌淡苔厚腻,脉滑。治则:健脾和胃,消食化积。

2. 脾胃虚弱(虚证) 证候主症则通常是由于脾胃虚弱所致,表现为面色萎黄、困倦无力、纳呆厌食、夜卧不安、腹满喜按、呕吐酸馊乳食、大便溏薄酸臭等症状。时有呕恶,面色萎黄,形体消瘦,困倦乏力,夜卧不安,大便稀薄,或夹有乳食残渣,舌淡,苔白腻。治则:温养脾胃,消食化积。

【艾灸取穴】

1. 主穴 取中脘、天枢、足三里、关元、上巨虚、神阙。

2. 配穴 乳食内积加梁门、建里;脾胃虚弱加脾俞、胃俞、公孙、气海;呕吐加内关。

【施灸操作】

1. 操作准备 同第九章第三节相关内容。

2. 施灸方法 小儿食积患者可采用温和灸和回旋灸艾灸诸穴。呕吐重灸中脘、内关;腹泻重灸天枢、足三里。

3. 灸疗时间 每次可选 3~5 个穴位,每个穴位各施灸 15~20 分钟,重灸穴位艾灸 20~30 分钟,每日艾灸 1 次,以上穴位可循环施灸,10 天为 1 个疗程。

案例分享

患者,女性,2 岁。主诉:胃口不佳,不欲饮食,偶有呕恶。患儿形体消瘦,囟门迟闭,平素大便稀溏,睡眠不佳,易惊易醒。舌淡,苔白腻。

诊断:根据四诊结果,可辨证为脾胃虚弱,乳食不化。

病位:脾胃。

治则:健脾养胃,消食化积。

灸方:依据辨证施灸理论,设立灸方如下:中脘、天枢、内关、足三里。艾灸中脘、足三里,健脾益气,养胃助消化;配合内关止呕恶,天枢调理肠胃,消积滞。

疗效观察:艾灸 1 次后,胃口稍好能吃东西,排出酸臭粪便。后持续艾灸 7 天,效果好。

4. 注意事项

首先,一定要选择专业的艾灸师进行操作,避免烫伤孩子。同时,要确保所使用的艾绒或艾条的质量良好,没有杂质和枝梗,以免损伤孩子的肌肤。

其次,艾灸前后应保持孩子的身心舒畅,避免情绪波动影响艾灸效果。在艾灸过程中,应该注意孩子的反应,及时调整艾灸的时间和温度,避免过度刺激或烫伤。

此外,艾灸后应及时给孩子补充水分,防止脱水。在艾灸期间,还应配合合理的饮食和生活习惯,帮助调理孩子的脾胃功能,促进消化,消除积食。

最后,需要注意的是,艾灸只是辅助疗法,对于严重的内热积食症状,应及时就医。同时,对于不同的小儿食积症状,需要采用不同的治疗方法,应根据具体情况选择合适的方法进行治疗。

【按语】

小儿食积是儿科常见病,主要由于饮食不当、脾胃虚弱等原因导致。艾灸作为一种传统的中医疗法,对于小儿食积的治疗具有较好的效果。

通过艾灸相关穴位,可以调理脾胃功能,促进消化,消除积食。然而,小儿的肌肤娇嫩,对温度的感知和耐受能力较弱,因此,需要注意防止烫伤。此外,艾灸只是辅助疗法,应根据具体情况选择合适的方法进行治疗。

情景导入解析

1. 依据上述情况提出临床诊断。

乳食内积型小儿食积。

2. 患儿辨证分型。

依据该患者腹胀 2 日,未能排便,平素爱吃零食,不爱喝水可判断病机为乳食内积,导致脾胃运化失调。

3. 拟定灸治处方并诠释方义。

依据辨证施灸理论,拟定灸方如下:中脘、梁门、天枢、足三里、上巨虚。先重灸中脘、天枢,帮助排便,减轻腹胀。

艾灸 1 次后,患儿恢复食欲,嘱咐患儿饮食清淡好消化,多补充水分,后再灸两次,食欲恢复,排便正常。

（王海岩　赵美玉）

第十三节　百　日　咳

情景导入

小明,男,7 岁,小学生,家长代诉患儿因受寒持续咳嗽三个月,痰多且黄稠,食欲不振,时有发热。咳嗽日轻夜重,咳嗽后伴有深吸气样鸡鸣声,咳嗽吐痰后症状好转。

曾多次到医院就诊并口服药物,效果不好,于2023年11月20日就诊。舌质红,苔黄腻,脉滑数。针对患儿上述情况,回答下列问题。

1. 依据四诊结果提出中医诊断。

2. 依据四诊结果,进行辨证分型,提出治则。

3. 拟定灸方并诠释方义。

【概念】

百日咳又称为"顿咳""瘴暖""天哮",民间俗称"鸬鹚咳"。指的是以小儿阵发性痉挛咳嗽、咳后出现特殊的吸气性吼声为临床特征的一种病症。相当于西医学的百日咳综合征,四季均可发病。以冬、春季节为多见。患病年龄以学龄儿童为主,年龄越小病情及并发症状越重,病程较长,迁延2~4个月之久。

【病因病机】

该病病因为外感时邪,痰浊内伏。基本病机为外感风寒或风热时邪侵入肺系,夹痰交结气道,导致肺失肃降,上逆喉间而致。病位在肺、脾,与心、肝、胃、大肠关系密切,病性有虚有实,有寒有热。

【辨证分型】

1. 初咳期 主症证候表现为阵发性痉挛咳嗽、咳后出现特殊的吸气性吼声(鸡鸣样回声),伴有鼻塞流涕,咳嗽阵作,咳声高亢,2天左右症状大多逐渐好转,唯咳嗽却日渐加重,痰稀白,量不多,或痰稠不易咯出,苔薄白或薄黄,脉浮紧或浮数。治则:疏风祛邪,宣肺止咳。

2. 痰热内蕴 主症证候表现为阵发性痉挛咳嗽、咳后出现特殊的吸气性吼声(鸡鸣样回声),咳嗽连续,日轻夜重,咳后伴有深吸气样鸡鸣声,吐出痰涎及食物后,得以暂时缓解。伴有目睛红赤,两胁作痛,舌系带溃疡,舌红,苔黄腻,脉滑数。治则:泻肺清热,涤痰镇咳。

3. 暴受惊恐 证候主症表现为咳嗽渐轻,咳声无力;脾气虚者形体虚弱,神疲乏力,面色淡白虚浮,气短声怯,痰稀而少,纳差便溏;肺阴虚者干咳无痰,心烦不眠,两颧发红,盗汗,手足心热,舌淡、少苔,脉细弱或舌红,苔少或无苔,脉细数无力。治则:养阴润肺,益气健脾。

【艾灸取穴】

1. 主穴 大椎、身柱、肺俞。

2. 配穴 初咳期加合谷、外关;痉咳期加天突、孔最;恢复期加脾俞、太渊。

【灸疗操作】

1. 操作准备 同第九章第三节相关内容。

2. 艾灸方法 采用温和灸、隔间灸、针刺加灸。

3. 艾灸时间

（1）温和灸：每穴灸 15 分钟，每日 2 次，5 次为 1 个疗程。

（2）隔姜灸：艾炷如麦粒大，每穴 1~3 壮，每日 1~2 次，若点刺出血后再隔蒜灸，效果会更好。5 次为 1 个疗程。

（3）针刺加灸：以毫针 1 寸刺诸穴，不留针，再于身柱穴处施以隔姜灸法。

> **案例分享**
>
> 张某，男，11.5 岁，患咳喘 6 年，2 岁起经常反复感冒，咳嗽气喘，5 岁后愈来愈重，咳黏痰，量较多。曾多次治疗未见好转，近日就诊。查：形体消瘦，面色无华，于内关、鱼际、尺泽、肺俞、足三里用麝香大蒜敷灸治疗，后未再复发，肺部检查无异常，患儿生长发育好转。
>
> 百日咳是小儿感受时邪，引起的肺系方面的疾病，针刺上述穴位可起到良好的治疗效果。内关宽胸利膈；鱼际为肺之荥穴，调理肺气，清热止咳；尺泽为肺经合穴，宣肺理气，镇咳平喘；久咳不已加肺俞，降逆肃肺；体弱者加足三里，健脾补胃，以扶正气。

4. 注意事项　本病具有传染性，患儿应隔离 4~7 周，应悉心护理，加强营养，避免精神情绪上的刺激，每日应有一定时间户外活动。痉咳期应注意防止黏痰难以咯出而出现呼吸困难，应加强看护，备好抢救物品。

【按语】

本病皆因小儿外感时病气位（肺系，夹痰交结气道，致使肺失肃降而发病。由于小儿时期肺气娇弱，易感时行外邪，年龄偏小，肺更娇弱，故感染机会增多。本病一般多经历初咳期、痉咳期、恢复期三个阶段。因每一期的病变机制不同，故临床特征各有异别。如初咳期是以肺卫表证为主，皆因小儿外感疫疬之邪，使肺卫被束，不得宣通，肺失清肃则出现畏寒发热，咳嗽流涕等证。若外邪入里化热，痰热互结，深伏肺之气道，肺失清肃，气冲上逆，则出现痉咳不止。痰随气升，必待痰涎吐出后，气道才通畅，咳嗽暂缓。而肺气壅盛常犯胃，致胃气上逆可见呕吐乳食等证，此多属痉咳期。恢复期常以干咳无痰，口渴烦热，身倦纳少等，属肺气阴不足或中气虚弱的症状为主要病变。

> **情景导入解析**
>
> 1. 依据四诊结果提出中医诊断。
>
> 依据四诊结果，患儿所患疾病中医诊断为百日咳。
>
> 2. 依据四诊结果，进行辨证分型，提出治则。
>
> 依据四诊结果，患儿百日咳为痰热内蕴。治则：泻肺清热，涤痰镇咳。
>
> 3. 拟定灸方并诠释方义。
>
> （1）拟定灸方：肺俞、脾俞、丰隆、足三里。考虑到小明年纪较小，取穴时需调整深

度和刺激强度。

（2）艾灸方法：使用儿童专用的短艾条，每个穴位温和灸 5~10 分钟，每日 1 次。7 次为 1 个疗程，连续治疗 1 个疗程后观察效果，若改善则继续治疗直至症状消失。

（3）治疗过程

第 1 天：小明初次接受艾灸，有些紧张但很快适应。治疗过程中，他表现得很安静，并表示灸感温暖舒适；第 3 天：家长反馈小明咳嗽频率有所降低，痰量减少；第 5 天：食欲有所恢复，发热现象未再出现；第 7 天：咳嗽症状明显减轻，痰量正常。

（4）治疗效果：经过 1 周的艾灸治疗，小明的咳嗽症状基本消失，食欲恢复正常。家长对治疗效果非常满意，小明也表示喜欢这种治疗方法。

（5）灸方诠释：艾灸治疗百日咳能取得良好的效果。肺俞：艾灸此穴可以治疗呼吸道以及肺部疾病，如咳嗽、咳痰等；脾俞：艾灸此穴可以起到健脾和胃、祛湿的作用；丰隆：艾灸此穴有祛痰化湿的作用；足三里：艾灸此穴可以燥化脾湿、健脾和胃，有利于痰湿热的祛除。

第十四节　小儿厌食

情景导入

患者：小明，男，5 岁。父母代诉食欲不振，厌食，消瘦。病史：小明自幼脾胃虚弱，经常出现消化不良、腹泻等症状。近几个月来，食欲明显减退，对食物缺乏兴趣，体重下降。家长曾带他到医院检查，诊断为厌食。于 2023 年 7 月 12 日就诊时，患儿消瘦，面色少华，精神萎靡，舌质淡，苔薄白，脉弱无力。针对上述情况，回答下列问题。

1. 根据四诊结果列出患儿所患疾病的证型和治则。
2. 拟定灸疗处方并诠释方义。

【概念】

厌食系指小儿较长时间的食欲不振，属于中医学"恶食""不嗜食"的范畴。小儿厌食的原因很多，可以由消化系统疾病如胃肠炎、肝炎、便秘和全身性疾病如贫血、结核病、锌缺乏、维生素 A 或 D 中毒，以及服用引起恶心呕吐的药物等引起。家长喂养不当，对小儿进食的过度关心以致打乱了进食习惯；或小儿好零食或偏食，喜香甜食物、盛夏过食冷饮；或小儿过度紧张、恐惧、忧伤等均可引起厌食。

【病因病机】

该病病因多为脏腑娇嫩，饮食不调，病后失养，惊恐过度所致；基本病机为脾胃功能受损，导致受纳运化功能失常。病位在脾、胃；病性：区别以运化功能改变为主，还是以脾胃气阴不足之象已现为主。

【辨证分型】

主症：长期不思进食，厌恶摄食，食量显著少于同龄正常儿童。

1. 脾运失健　证候表现为厌恶进食，饮食乏味，食量减少，或有胸脘痞闷、吸气泛恶，偶尔多食后脘腹饱胀，大便不调，精神如常，舌苔薄白或白腻，脉濡。治则：调和脾胃，运脾开胃。

2. 脾胃气虚　证候表现为不思进食，食不知味，食量减少，形体偏瘦，面色少华，精神欠振，或有大便溏薄夹不消化物，舌质淡，苔薄白，脉弱无力。治则：健脾益气，佐以助运。

3. 脾胃阴虚　证候表现为不思进食，食少饮多，口舌干燥，大便偏干，小便色黄，面黄少华，皮肤失润，舌红少津，苔少或花剥，脉细数。治则：滋脾养胃，佐以助运。

【艾灸取穴】

1. 主穴　中脘、足三里、肝俞、天枢等。

2. 配穴　脾运失健加脾俞、梁门；脾胃气虚加脾俞、胃俞、关元；脾胃阴虚加三阴交、内庭。

【灸疗操作】

1. 操作准备　同第九章第三节相关内容。

2. 艾灸方法　宜采用温和灸、药物敷灸、雀啄灸、隔姜灸。

3. 艾灸时间

（1）温和灸：每穴灸 10~20 分钟，每日 1 次，10 次为 1 个疗程。

（2）复方焦三仙敷灸，取焦山楂、焦神曲、焦麦芽、炒莱菔子、鸡内金各等分，共研细末，用温水调糊状于睡前敷灸神阙，次日除去，5 次为 1 个疗程。

（3）雀啄灸：每次选 3~4 穴，每穴灸 5~10 分钟，每日 1 次，10 次为 1 个疗程。

（4）隔姜灸：取足三里穴，每次 3~4 壮，每日 1 次，3 次为 1 个疗程，配合"挑四缝"，每 3 日 1 次。

> **案例分享**
>
> 　　黎某，男，4 岁。2022 年 8 月 5 日诊。食欲不振，有时拒食已 20 余天。查：面色少华，舌质淡红，苔白，脉沉无力。诊断为小儿厌食症。证属脾气不振，脾阳失运。经艾灸足三里 1 个疗程，针刺四缝穴 1 次，痊愈，追访半年，未复发。
>
> 　　邵某，男，3 岁。2022 年 12 月 18 日诊。近 1 月来，食欲不振，伴腹胀，拉稀便夹有食物残渣，曾服保和丸加减、土霉素等药治疗无效。查：形体消瘦，面色无华，腹胀气，

舌质淡红，苔白，脉弦细。大便常规发现未消化脂肪球。诊断为小儿厌食症伴消化不良证，属脾不健运。经艾灸足三里 2 个疗程，针刺四缝穴 3 次，诸症痊愈。追访半年，健康良好。

按语：小儿脏腑娇嫩，"脾常不足"。若饮食不节，或喂养不当，或长期偏食，损伤脾胃的正常运化功能，导致脾失健运，胃不思纳，致成厌食症。治疗小儿厌食症关键在脾，但是，脾不在于补，而贵在于运，在运脾的同时注意疏肝。如果肝疏脾运，气机升降正常而厌食愈矣。艾灸足三里，可和胃健脾、补养气血，兼有通经活络，行气活血作用，针刺四缝穴，具有补脾健胃，提高脾胃功能等作用。

4. 注意事项　本疗法对小儿厌食具有一定的疗效，但应当积极地寻找引起厌食的原因，采取相应措施；纠正不良的饮食习惯，保持良好的生活规律。

【按语】

黄迪君教授认为小儿厌食症病位在脾胃，与肝有关。小儿脏腑娇嫩，脾胃不足，加之小儿生机旺盛，脾胃负担较重。若因故断奶过早，突然改变食物性质；或喂养不当，饥饱不匀；或患儿纵恣口腹，偏食，饮食缺乏多样化；或家长溺爱，饮食投其所好，恣食油腻生冷等，均能损伤脾胃而引起厌食。小儿或因丧失父母，或父母教育不当、打骂凌辱，或对子女偏爱歧视，损其自尊，造成小儿精神抑郁，肝失疏泄，脾土受克，亦常成病。根据小儿厌食症的病因病理系脾胃受损，黄教授强调治疗当从脾胃着手，兼顾肝气。取穴宜精当，施术宜简验。以脾俞、胃俞、中脘、章门、足三里、华佗夹脊穴为主。根据小儿临床症状随证配以辅穴，如泛酸、呕吐者，配下脘、内关、阴陵泉；精神不振，脘腹胀满，配肝俞、太冲、合谷；大便溏薄或便中见食物残渣者，配百会、上脘、天枢、大肠俞等。

> **情景导入解析**
>
> 1. 根据四诊结果列出患儿所患疾病的证型和治则。
>
> 根据小明的症状和病史，诊断为小儿厌食脾胃气虚证。此病多因脾胃虚弱，运化无力，导致食欲不振、厌食等症状。
>
> 2. 拟定灸疗处方并诠释方义。
>
> 灸方拟定：采用艾灸治疗，选取中脘、神阙、足三里等穴位，温通经络、健脾和胃、提振食欲；每日 1 次，每次 20~30 分钟。同时辅以中药调理，以健脾益气、和胃消食。
>
> 治疗过程：治疗期间，小明逐渐恢复食欲，对食物的兴趣逐渐增加。艾灸过程中，注意观察小明的反应，调整灸量及穴位。经过一个月的治疗，小明的体重有所增加，精神状态明显好转。
>
> 方义诠释：中脘位于腹部，具有健脾和胃、消食导滞等功效。艾灸中脘穴能够促进胃肠道蠕动，帮助小儿消化食物，从而改善厌食症状。神阙具有培元固本、和胃理肠、回阳救脱等功效。艾灸神阙能够激发一身之阳气，增强脾胃功能，缓解小儿厌食、消化

不良等症状。足三里位于小腿前外侧，具有调理脾胃、补中益气等功效。艾灸足三里能够增强小儿的脾胃功能，促进营养物质的吸收，从而改善厌食症状。

　　本案例中，小明因脾胃虚弱导致厌食等症状。艾灸治疗通过温通经络、健脾和胃的作用，改善了小明的食欲，增强了脾胃功能。同时，辅以中药调理，进一步巩固治疗效果。在整个治疗过程中，需注意观察患者的反应，及时调整治疗方案。

　　本案例表明，艾灸治疗小儿厌食脾胃气虚证具有一定的疗效。在治疗过程中，需根据患者的具体情况，选取合适的穴位及灸量。同时辅以中药调理，可进一步提高治疗效果。需要注意的是，小儿厌食的原因较多，需明确诊断后进行治疗。如症状持续不改善，应及时就医。

（赵美玉）

第十一章

皮肤、外科常见病症辨证施灸

【学习目标】

1. 通过本章内容的学习,重点掌握皮肤外伤科常见病症的概念和辨证施灸以及治则;熟悉艾灸治疗皮肤外伤科常见病症的取穴原则、配穴方法及操作步骤;了解艾灸治疗内科常见病症的适应证、禁忌证和注意事项。

2. 具备对皮肤外伤科常见病症的辨证思维能力和综合分析能力、具备辨证施灸的专业技能和较高的操作水平。

3. 拥有良好的沟通技巧,能够与患者进行良好的沟通,了解患者的病情和需求,解释施灸的过程和效果,取得患者的信任和合作。

第一节 湿 疹

> **情景导入**
>
> 　　患者,男性,8岁。主诉:下肢频发皮疹半年。现病史:患者近半年两下肢皮肤出现大小不等的红斑、丘疹,瘙痒不休,伴有水疱,口稍渴,喜冷饮,便秘,小便短赤,舌红,苔黄腻,脉滑数。针对上述案例,请解决下列问题。
> 　　1. 请根据患者的病史,明确中医诊断。
> 　　2. 请根据四诊结果,明确辨证分型及治法。
> 　　3. 请依据辨证施灸理论,设立灸疗处方,并简要解释其方义。

【概念】

　　湿疹是一种由多种内外因素引起的过敏性炎症性皮肤病,是皮肤科的常见病,具有皮疹对称分布、多形损害、渗出倾向、剧烈瘙痒、反复发作、易成慢性等特点。根据皮损表现特点,可分为急性、亚急性、慢性,急性湿疹皮损以丘疹、丘疱疹、糜烂为主,有明显渗出倾向;亚急性湿疹以丘疹、结痂、鳞屑为主;慢性湿疹以浸润肥厚、苔藓样变为主。

【病因病机】

　　湿疹的病因多为感受风湿热邪致病。首先提出湿疹的外因是风湿邪气侵袭肌肉腠理的古籍是《诸病源候论》，书中提出："小儿五脏有热，重发肌肤，外为风湿所折，湿热相搏身体……故谓之浸淫疮也。"《外科正宗》则认为湿疹多由于风热、血燥、风湿而成，书中指出"血风疮，乃风热、湿热、血热三者交感而生"。同时，先天禀赋不足、饮食不节及情志过极，亦为湿疹的常见病因。

【辨证治则】

1. 湿热浸淫　证候表现为初起皮损潮红、灼热、肿胀，继而粟疹成片或水疱密集，渗液流津，瘙痒不休，身热口渴，便秘，小便短赤，舌红，苔黄腻，脉滑数。治则：清热利湿。

2. 脾虚湿蕴　证候表现为皮损潮红，瘙痒，抓后糜烂，可见鳞屑，纳少神疲，腹胀便溏，舌淡胖有齿痕，苔白腻，脉濡缓。治则：健脾祛湿。

3. 血虚风燥　证候表现为病程较长，皮损色暗或色素沉着，粗糙肥厚，呈苔藓样变，剧痒，皮损表面有抓痕、血痂和脱屑，头昏乏力，口干不欲饮，舌淡，苔白，脉弦细。治则：养血和营、滋阴润燥。

【艾灸取穴】

1. 主穴　皮损局部、曲池、足三里、三阴交、阴陵泉。

2. 配穴　湿热浸淫加合谷、内庭；脾虚湿蕴加脾虚、胃俞；血虚风燥加膈俞、肝俞。

【施灸操作】

1. 操作准备　患者取舒适体位，充分暴露治疗部位，清洁皮肤，用骨度分寸法配合解剖标志定位法及手指同身寸法定位，以患者感觉局部酸、麻、胀、痛为标志。向患者做好解释工作，避免紧张，取得配合。

2. 施灸方法　皮损局部采用铺棉灸，以祛风邪、开腠理、透肌表、止痒治其标，配合曲池、足三里、三阴交、阴陵泉等穴施艾条温和灸，以调理脾肺治其本。施灸时以温热感为度，切忌灸起水疱，灸后皮肤呈微黄色并有湿润感。

3. 灸疗时间　每次可选 3~5 个穴位，每个穴位各施灸 20~30 分钟，每日 1 次，慢性湿疹可每天施灸 2 次。以上穴位可循环灸，7 天为 1 个疗程。

> **案例分享**
>
> 　　赵某，男，48 岁，商人，于 2021 年 8 月 26 日就诊。主诉：双小腿皮肤瘙痒难忍 1 年，加重 2 个月。病史：1 年前小腿前外侧出现瘙痒，口服抗过敏药物，外涂药膏（皮质类固醇激素类药物）症状减轻，但终未痊愈，时轻时重反复发作 1 年。2 周前来到广州，皮痒加重，彻夜不眠，因为瘙痒较甚，不自觉搔破皮肤，皮肤病变处肥厚粗糙，触之较硬，肤色呈紫褐色，皮纹呈苔癣样变，皮损表面有鳞屑伴有抓痕血痂。现口干不欲饮，纳差，腹胀，舌淡、苔薄白，脉弦细。诊断：湿疹（血虚风燥型）。治法：病变部位用 0.2% 的安尔碘消毒后，使用无菌梅花针在病变局部连续叩刺，以病变部位皮肤潮红或微出血为度。叩刺后选用隔蒜灸和温和灸。
>
> 　　即取大蒜适量，将其捣如泥状，敷于叩刺部位，蒜泥厚度约 2cm，随后点燃艾条，在蒜泥上部施灸 10 分钟，灸后将蒜泥去掉；温和灸时间不宜过长，以免局部起疱，若治疗

后局部发热疼痛均为正常反应。每3天治疗1次,5次为1个疗程,2个疗程后观察疗效。治疗方法治疗5次,痊愈。半年后电话随访得知湿疹未复发。

梅花针叩刺病变部位可疏通脏腑之气,激发调节经络功能,增强皮肤对内外之邪的抵抗能力。大蒜性辛、温,归脾、胃及肺经,具有消肿、解毒、杀虫等功效。梅花针叩刺加隔蒜灸治疗慢性湿疹,疗程短、痛苦小、治愈率高、简单易行。

4. 注意事项　铺棉灸操作过程中要注意安全,防止灼伤皮肤,注意勿灸过量,避免烧烫伤。此外,毛发旺盛的部位不适合使用铺棉灸,灸完后需注意保暖,避免受凉。

【按语】

湿疹是一种常见的皮肤病,中医艾灸治疗在一定程度上可以辅助缓解湿疹症状。湿疹的发病与体内湿气聚集、脾胃功能失调等有关,而艾灸作为一种温热疗法,可以通过温通经络、促进血液循环,起到祛湿排毒的作用。艾灸治疗湿疹通常需要与其他中医疗法结合使用,如中药内服、外用药膏、针灸等,综合治疗能够更全面地调理身体,提高治疗效果。

情景导入解析

1. 请根据患者的病史,明确中医诊断。

湿疹。

2. 请根据四诊结果,明确辨证分型及治法。

根据四诊结果,该患者辨证为湿热浸淫证,治以清热利湿。

3. 请依据辨证施灸理论,设立灸疗处方,并简要解释其方义。

灸疗处方取皮损局部、曲池、足三里、三阴交、阴陵泉、合谷、内庭。皮损局部采用铺棉灸,以祛风邪、开腠理、透肌表、止痒治其标,配合曲池、足三里、三阴交、阴陵泉等穴施艾条温和灸,以调理脾肺治其本。

方义:曲池为手阳明大肠经合穴,具有清肌肤湿气、化胃肠湿热之效;足三里为足阳明胃经合穴,三阴交、阴陵泉均为足太阴脾经穴位,三穴配伍,可达健脾祛湿之效,标本兼顾;合谷有清热解表之效,配伍足阳明胃经之荥穴内庭,可清泻胃肠湿热。诸穴合用,可达到清热利湿的功效。

第二节　蛇　串　疮

情景导入

患者,男性,52岁。主诉:左头皮、前额疼痛伴水疱7天。现病史:患者7天前无明显诱因,左侧头皮、前额皮肤出现疼痛,继之沿疼痛部位相继出现皮疹,皮疹颜色鲜红,伴疼痛,口苦咽干,小便黄,大便干,舌红,苔薄黄,脉弦数。针对上述案例,请解决下列问题。

1. 请根据患者的病史,明确中医诊断。
2. 请根据四诊结果,明确辨证分型及治法。
3. 请依据辨证施灸理论,设立灸疗处方,并简要解释其方义。

【概念】

蛇串疮是指皮肤突发簇集性水疱,呈带状分布,痛如火燎的急性疱疹性皮肤病。有"蜘蛛疮""缠腰龙""火带毒""缠腰火丹""蛇缠疮""蛇形丹"等别名。相当于现代医学的"带状疱疹",春秋季多见,有自限性。

【病因病机】

本病多由于情志郁结,肝失疏泄,郁而化热而致使肝经郁热,或病患素体肝经火毒炽盛而患病。因感邪不同,可发生于头面、下肢、会阴、躯干等部位。若患者年老体虚,无以抗邪外出,感受毒邪,外溢肌肤,有形之邪阻滞经脉,导致气血凝滞,可出现剧烈疼痛。

【辨证治则】

1. 肝经郁热型　证候表现为皮疹颜色鲜红,灼热刺痛,口苦咽干,烦躁易怒,大便干燥或小便黄,舌红,脉弦数。治则:清肝火,解热毒。

2. 脾虚湿蕴型　证候表现为疱疹颜色淡红,起黄白色水疱或渗水糜烂,食少腹胀,大便溏泄,舌红,苔黄腻,脉濡数。治则:健脾利湿。

3. 气滞血瘀型　证候表现为皮疹消退后局部疼痛不止,属于后遗症期,舌紫暗,苔薄白,脉弦细。治则:理气活血,重镇止痛。

【艾灸取穴】

1. 主穴　阿是穴、夹脊穴。
2. 配穴　肝经郁热加行间、大敦;脾经湿热加隐白、内庭;瘀血阻络加血海、三阴交。

【施灸操作】

1. 操作准备　同第九章第三节相关内容。
2. 施灸方法　采用艾炷灸、温和灸、灯火灸、棉花灸等。
3. 灸疗时间

(1)艾炷灸:阿是穴二处(一处为先发之疱疹,另一处为疱疹密集处)采用实按灸,将2支艾条同时点燃,一支备用,另一支用10层棉纸包裹,紧按蛇串疮局部阿是穴。如被灸者感觉太烫,可将艾条略提起,等热减再灸,如此反复施行。如火熄、冷却,可改用备用的药艾条同法施灸,另一支重新点燃灸之。配合病变部位相应的夹脊穴施以温和灸,直达毒邪所留之处。

（2）温和灸：回旋灸以患者感觉灼烫但能耐受为度，灸治时间据皮损面积大小酌情掌握，一般约30分钟。每日1次即可，3天为1个疗程，如不愈，隔5天再灸。

（3）灯火灸：即取10~15cm长的灯心草或纸绳，蘸麻油或其他植物油，浸渍长3~4cm，点燃起火后用快速动作对准穴位，猛一接触听到"叭"的一声迅速离开，如无此声可重复1次。每2天1次，6天1个疗程。

（4）棉花灸：取医用脱脂棉，越薄越好，将薄棉片覆盖在疱疹上，令患者闭目，用火柴点燃棉片一端灸之，此时棉片一过性燃完。多数患者翌日疱疹颜色变暗，缩小消失，疼痛减轻，不再灸烧而愈。

案例分享

张某，男，52岁，于2020年3月6日就诊，主诉：左上臂发现密集性水疱伴疼痛1天。现感左上臂灼痛难忍。血细胞检查无异常。诊断：带状疱疹。治法：根据疱疹部位，患者取相应舒适体位，暴露皮损部位。常规消毒后，用艾条点燃后，在疱疹簇集处及其周围作广泛性回旋灸，以患者感觉灼烫但能耐受为度，灸治时间据皮损面积大小酌情掌握，一般约30分钟。每日1次，7次为1个疗程。治疗期间，注意保持皮损周围的清洁干燥。治疗5次后，疱疹大部分结痂，疼痛明显减轻；治疗9次后，疱疹全部结痂，部分脱落，疼痛消失。随访半年未见后遗神经痛。

带状疱疹，中医称"缠腰火丹""蛇串疮"，中医学认为本病多因正气不足，情志内伤，肝经气郁生火以致肝胆火盛；或因脾湿郁久，湿热内蕴，外感毒邪而发病。现代研究表明艾灸在治疗相关免疫疾病过程中，具有抗感染，抗自身免疫、抗过敏反应等作用，这主要是通过调节体内失衡的免疫功能实现的。故其有较好提高免疫力，破坏细菌和病毒所处的环境和抑制细菌、病毒活动的作用。通过艾灸治疗带状疱疹方法简便，直达病所，故病可愈。

4. 注意事项 一般初次治疗时选穴宜少，施灸时操作者的另一只手可以轻轻拍打于施术周围，以分散患者注意力，缓解疼痛。艾灸治疗过程中需要注意卫生和安全，避免交叉感染和烫伤等不良反应的发生。

【按语】

带状疱疹多由体虚劳累时，感染湿度或风火之邪，以致局部经络、肌肤之营卫壅滞发为疱疹。艾灸治疗可以通过温热刺激和活血化瘀的作用，促进局部血液循环，改善疼痛和加速疱疹愈合。

情景导入解析

1. 请根据患者的病史，明确中医诊断。

蛇串疮。

2. 请根据四诊结果，明确辨证分型及治法。

根据四诊结果，该患者辨证为肝经郁热证，治以清肝火，解热毒。

3. 请依据辨证施灸理论，设立灸疗处方，并简要解释其方义。

灸疗处方取蛇串疮局部阿是穴、病变部位相应的夹脊穴、行间、大敦。方义：蛇串疮局部阿是穴采用实按灸，可引火毒外出；现代医学认为本病是疱疹病毒侵害神经根所致，对病变部位相应的夹脊穴采用温和灸，可直达毒邪所留之处；配伍足厥阴肝经井穴、荥穴，可清泻肝经郁热。诸穴合用，可达到清肝火解热毒的功效。

第三节 神经性皮炎

情景导入

患者，男性，43 岁。主诉：反复颈部、胸背、四肢皮肤瘙痒 2 年。现病史：患者 2 年前出现颈部皮肤瘙痒，继之胸背部、四肢出现皮肤瘙痒，反复发作，呈阵发性，夜晚尤甚。辗转于多家医院就诊，疗效欠佳。现颈部、胸背、四肢皮损处皮肤粗糙增厚，粗厚如牛皮，色素沉着，淡褐色，干燥无渗出，表面覆盖有大量白色鳞屑，周围抓痕及血痂，蔓延成片状，夜间瘙痒剧烈，难以入睡，纳可，二便调。舌淡红，苔白，脉细。针对上述案例，请解决下列问题。

1. 请根据患者的病史，明确中医诊断。
2. 请根据四诊结果，明确辨证分型及治法。
3. 请依据辨证施灸理论，设立灸疗处方，并简要解释其方义。

【概念】

神经性皮炎是一种皮肤神经功能障碍性疾病，以皮肤肥厚、皮沟加深、呈苔藓样改变和阵发性剧痒为主症，又称慢性单纯性苔藓。好发于成年人，病变多局限于某处，常双侧对称分布。中医学称之为"顽癣""牛皮癣""摄领疮"等。

【病因病机】

神经性皮炎的发生多与情志不遂、风热侵袭、过食辛辣等因素有关。病位在肌肤腠理络脉，与肺、肝关系密切。基本病机是风热外袭或郁火外窜肌肤，化燥生风，肌肤失养。

【辨证治则】

1. 风热侵袭 证候表现为发病初期，仅有瘙痒而无皮疹，或丘疹呈正常皮色或红色，食辛辣食物加重，舌红，苔薄黄，脉浮数。治则：疏风清热止痒。

2. 肝郁化火 证候表现为心烦易怒，每因情志刺激后诱发或加重，舌红，苔薄黄，脉弦。治则：疏肝解郁化火。

3. 血虚风燥 证候表现为病久皮肤增厚，干燥如皮革样，色素沉着，夜间瘙痒加剧，舌淡，苔白，脉细。治则：养血和营润燥。

【艾灸取穴】

1. 主穴　阿是穴、风池、曲池、血海、膈俞、委中。

2. 配穴　风热侵袭配外关、合谷；肝郁化火配行间、侠溪；血虚风燥配足三里、三阴交。

【施灸操作】

1. 操作准备　同第九章第三节相关内容。

2. 施灸方法　采用雀啄灸、温和灸和艾炷灸。

（1）雀啄灸：风热侵袭型、肝郁化火型取以上腧穴施以雀啄灸：置点燃的艾条于穴位上约 3cm 高处，艾条一起一落，忽近忽远上下移动，如鸟雀啄食样，以局部皮肤红晕灼热为度。血虚风燥型施以温和灸：点燃的艾条于穴位上 1~3cm 高处，灸至局部皮肤潮红而不灼烫为度，随时吹艾灰，保持火旺。

（2）温和灸：每次取阿是穴和余穴 2~3 个。轮流取用。将艾条点燃后，对准穴位，距离 3~5cm，以患者感温热而不灼烫为度。

（3）艾炷灸：采用着肤灸法。先用纯艾绒制成麦粒大小之艾炷，置于阿是穴周围施灸，灸点之间相距 1.5cm，灸前可于灸点上先涂以蒜汁，以增加黏度。待艾炷燃尽后，扫去艾灰，用生理盐水轻轻拭净、盖以敷料。如为惧痛者，可于未燃尽前用压舌板压灭，并可在灸点周围以手轻拍减痛。每次只灸 1 壮，每周 2 次，更换灸点。不计疗程，至皮肤正常为止。此法不化脓，如出现水疱，可穿刺引流并用龙胆紫涂抹。化脓者，用消炎软膏，痊愈后不留瘢痕。

3. 灸疗时间　雀啄灸：每次可选 3~5 个穴位，每个穴位各施灸 20~30 分钟，每日 1 次。以上穴位可循环灸，10 天为 1 疗程；温和灸：每穴灸 5~7 分钟，以局部出现红晕为度。每日 1 次，10 天为 1 个疗程；艾炷灸：每次 30 分钟，每周 2 次。

> **案例分享**
>
> 罗某，男，22 岁，2017 年 4 月 15 日初诊。主诉：颈部发际对称皮疹剧痒 8 天。自诉 8 天前开始颈部发际处皮肤出现皮疹，并感剧痒。夜间尤甚，难以入眠。服西药及外搽"皮炎平霜"治疗仍未见好转。查体：颈部发际处皮肤有淡褐色圆形及多角形丘疹，境界清楚，抓痕明显，丘疹处明显肿胀；舌质淡红，舌苔薄白，脉濡缓。诊断为神经性皮炎，予梅花针叩刺局部病损部位，然后将艾条点燃后悬于皮炎病损部位，以有温热感、皮肤红晕而无灼痛又能耐受为度。每日灸 2 次，每次 15 分钟，10 天为 1 个疗程，共治疗 2 个疗程。患者接受治疗 3 天后，临床症状明显减轻，可安然入睡，治疗 2 个疗程后诸症消失而愈，随访至今未见复发。
>
> 按语：神经性皮炎中医学称之为"摄领疮""顽癣"，因其好发于颈部，状如牛领之皮，厚而且坚而得名。其临床特点为皮肤苔藓化，肥厚粗糙，瘙痒剧烈，病程缓慢，反复发作，常数年不愈，愈后宜复发。中医认为，艾叶苦辛温，入脾肝肾经，具有温经通络、散寒除湿的功效。首载《别录》：艾叶"灸百病"。《本草从新》中说："艾叶苦辛，能回垂绝之阳，通十二经，走三阴，理气血、逐寒湿，服子宫，止诸血……以之灸火，能透诸经而除百病。"《药性本草》称艾叶"治瓣甚良"。研究表明，艾叶含有挥发油，对皮肤可产生轻度的刺激，引起发热潮红，有利于皮损部位的真皮和皮上组织的神经、血管、淋巴管和肌肉功能渐趋正常，激发和增强机体的抗病能力。

4. 注意事项　精神因素被认为是神经性皮炎发病的主要诱因,故灸治期间,嘱患者要注意调畅情志,防止病情加重或复发;忌食鱼虾、海鲜、羊肉等食物,忌食辛辣、油腻之品,戒烟酒;皮损处不可搔抓、暴晒以及热水烫洗。

【按语】

神经性皮炎患者除具有明显的皮肤粗糙变厚外,剧烈瘙痒是其主要的症状。常因搔抓而在患部及其周围出现风痕、血痂或引起继发感染,导致皮损反复发作,多年不愈,患者情绪烦躁、容易激动、失眠、疲劳等。祛风止痒,调和营卫是治疗本病的关键。本病病程缠绵,较难痊愈,且易复发,需坚持治疗。治疗期间忌食辛辣、腥膻、酒类等刺激之物,保持精神安定,穿着棉麻衣物。

> **情景导入解析**
>
> 1. 请根据患者的病史,明确中医诊断。
>
> 神经性皮炎。
>
> 2. 请根据四诊结果,明确辨证分型及治法。
>
> 根据四诊结果,该患者辨证为血虚风燥证,治以养血和营润燥。
>
> 3. 请依据辨证施灸理论,设立灸疗处方,并简要解释其方义。
>
> 灸疗处方取阿是穴、风池、曲池、血海、膈俞、委中、足三里、三阴交。方义:取皮损局部阿是穴、颈部穴位风池可直达病所,既可散局部的风热郁火,又能疏通患部的经络气血,使患部肌肤得以濡养;膈俞为血会,委中为血郄,配伍调理血分之要穴曲池、血海,可养血和营、凉血解毒,取"治风先治血,血行风自灭"之义;足三里为足阳明胃经合穴,可补益气血;三阴交为肝、脾、肾三阴经的交会穴,取之可滋阴润燥。诸穴合用,可达到养血和营润燥的功效。

第四节　痤　疮

> **情景导入**
>
> 患者,女性,27岁。主诉:面部痤疮反复发作8月余。现病史:患者面部反复出现痤疮8月余,可挤出乳白色粉质样物,余无明显不适,纳眠可,尿赤,大便调。舌淡红,苔薄黄,脉数。针对上述案例,请解决下列问题。
>
> 1. 请根据患者的病史,明确中医诊断。
>
> 2. 请根据四诊结果,明确辨证分型及治法。
>
> 3. 请依据辨证施灸理论,设立灸疗处方,并简要解释其方义。

【概念】

痤疮,俗称"青春痘",是一种发生于毛囊及皮脂腺的慢性炎症性疾病,因皮脂腺管与毛孔的堵塞引起皮脂外流不畅所致。好发于青春期男女,女性尤为多见。颜面、胸背等皮脂腺分布较丰富的区域多发。

本病属中医"肺风粉刺""风刺"范畴。

【病因病机】

中医学认为,本病多因素体阳热偏盛,加上青春期生机旺盛,营血日渐偏热,肺经血热外壅,气血郁滞,郁于肌肤,熏蒸面部而发为此病;或因过食肥甘厚味、鱼腥辛辣之品,肺胃积热,循经上熏,血随热行,上壅于胸面;或肺胃积热,久蕴不解,化湿生痰,痰瘀互结;或冲任失调,肝肾阴虚,肌肤疏泄失畅;或病情日久不愈,气血郁滞,经脉失养等皆可致痤疮之疾。

【辨证治则】

1. 肺经风热证 证候表现为颜面潮红,丘疹色红,或有少量脓疱,伴有黑头或白头粉刺,常伴瘙痒,胸胁胀满,咳嗽痰黄稠,咽喉肿痛,口干喜冷饮,大便秘结,小便黄。舌质红,苔薄黄,脉数。治则:疏风清肺,清热解表。

2. 肠胃湿热证 证候表现为皮疹红肿疼痛,脘腹胀满,便秘,尿赤。舌红,苔黄腻,脉滑数。治则:清热利湿,理气和中。

3. 冲任不调证 证候表现为病情与月经周期有关,可伴有月经不调、痛经。舌暗红,苔薄黄,脉弦数。治则:调理冲任。

【艾灸取穴】

1. 主穴 大椎、合谷、曲池、内庭、阳白、四白。

2. 配穴 肺经风热加少商、尺泽;肠胃湿热加足三里、阴陵泉;冲任不调加血海、三阴交。

【施灸操作】

1. 操作准备 同第九章第三节相关内容。

2. 施灸方法 常用艾灸方法有雀啄灸、艾炷无瘢痕灸、隔姜灸。肺经风热型、肠胃湿热型取以上腧穴施以雀啄灸:置点燃的艾条于穴位上约 3cm 高处,艾条一起一落,忽近忽远上下移动,如鸟雀啄食样,以局部皮肤红晕灼热为度。冲任不调型施以温和灸:点燃的艾条于穴位上 1~3cm 高处,灸至局部皮肤潮红而不灼烫为度,随时吹艾灰,保持火旺。

3. 灸疗时间

(1)艾条雀啄灸:取 3~5 个穴位,常规雀啄灸,每穴每次灸 10~20 分钟,每日 1 次,以上穴位可循环灸,7 次 1 个疗程。

(2)艾炷无瘢痕灸:取 2~3 个穴位,每穴每次灸 3~5 壮,每日 1 次,7 次 1 个疗程。

(3)隔姜灸:每次取穴 2~3 个,轮流取用,每次灸 3~5 壮,每日 1~2 次,7 天为 1 个疗程。

马某,女,23岁,公司职员,2021年6月21日初诊。面部痤疮反复发作3年,加重2星期。两侧面颊及下颌有红斑皮疹,有如黄豆大小的5~6处,有脓疱,有如米粒大小10余处,并有3~4处褐色瘢痕。舌质红,苔黄腻。诊断为痤疮(肠胃湿热)。治法:选用黄连汤加味,药用黄连、黄芩、栀子各10g,黄柏、大黄各8g,藿香15g,大青叶、夏枯草各30g,天葵15g,然后研磨成粉,用蜂蜜或饴糖调和制成直径约3cm、厚约0.8cm的药饼,中间以针穿刺数孔,上置艾炷。取天枢穴。每次灸3~4壮,隔日1次,10次为1个疗程。治疗1个疗程后,面部痤疮明显减少,2个疗程后,痤疮基本消失。继续治疗1个疗程,痤疮全部消失,无新痤疮出现,疤痕基本消失,皮肤光滑润泽。治疗半年,随访无复发。

中医学理论认为,痤疮是因为腠理不密,外邪上蒸,肺气不清,外受风热,膏聚厚味,胃热上蒸,脾湿化热,湿热夹痰,或月经不调,瘀滞化热所致,血瘀痰结、湿热团阻、肾阴不足是痤疮的主要证型。足阳明胃经的天枢灾为大肠的募穴。隔药饼灸天枢穴能起到调中和胃,理气健脾功效。同时,根据对患者进行辨证论治,采用不同的处方制成不同药饼,使中药与灸疗协调作用。

4. 注意事项 艾灸操作时,因其温热性质,可能会使患者痤疮病变局部瘙痒加重,注意告知患者严禁用手抓挠,以免引发感染;痤疮患者需饮食清淡,多饮水,多吃蔬果,保证充足睡眠。注意保持面部清洁,常用温水洗脸,不要用手挤压痤疮,以免引起继发感染,遗留瘢痕。

【按语】

痤疮的致病因素不外乎火热、血瘀、痰湿等,与五脏关系密切,重点是肺、胃、肝、脾,正所谓:"有诸内必形诸外"。因肺主一身之皮毛,故肺经郁热,血热阻塞颜面,腠理开合失司,搏结不散而发痤疮。脾胃主运化,过食肥甘厚腻之品,以致脾失于运化,聚湿生痰,积久则化为湿热,湿热上蒸头面而发为痤疮。肝主疏泄,调畅情志,忧思忿怒,郁结伤肝,肝气郁结日久而化火,火热上炎于头面部发为痤疮。外部致病因素不容忽视,同时强调内在调养的重要性。

1. 请根据患者的病史,明确中医诊断。

痤疮。

2. 请根据四诊结果,明确辨证分型及治法。

根据四诊结果,该患者辨证为肺经风热证,治以疏风清肺,清热解表。

3. 请依据辨证施灸理论,设立灸疗处方,并简要解释其方义。

灸疗处方取大椎、合谷、曲池、内庭、阳白、四白、少商、尺泽。方义:大椎是督脉和三阳经交会穴,取之可透达诸阳经之郁热;合谷、曲池、内庭均为阳明经腧穴,取之可清泻阳明邪热;阳白、四白为面部局部取穴,可以疏通局部气血;少商为手太阴肺经井穴,配伍表里经之合穴尺泽,有清肺热之效。诸穴合用,可达到疏风清肺,清热解表的功效。

第五节　丹　毒

情景导入

　　患者,男性,64岁。主诉:前额、双侧眼睑红肿,发热十余天。现病史:患者十余天前突然出现发热,前额、双侧眼睑红肿,色红如丹,边界清晰,伴头痛,咽痛不欲进食,眠差,小便短赤,大便调。舌红,苔薄黄,脉浮数。针对上述案例,请解决下列问题。

　　1. 请根据患者的病史,明确中医诊断。

　　2. 请根据四诊结果,明确辨证分型及治法。

　　3. 请依据辨证施灸理论,设立灸疗处方,并简要解释其方义。

【概念】

　　丹毒是指由细菌感染引起的局部皮肤突然灼热疼痛,成片发红,色如涂丹,进展极快为主症的急性感染性疾病。本病发病突然,伴有恶寒发热、头痛等症状,可在数日内逐渐痊愈,但容易复发。

【病因病机】

　　本病多与素体血分有热,肌肤破损处有湿热火毒之邪侵袭有关。基本病机为血热火毒蕴结肌肤,病位在肌肤腠理。发于颜面者,多夹有风热;发于下肢者,多夹有湿热;发于胸腹腰胯者,多夹有肝脾郁火;新生儿丹毒者,多由胎热火毒所致。

【辨证治则】

　　1. 热毒夹风　证候表现为发于头面部,进展迅速,伴有恶寒发热、头痛、口渴,舌红,苔薄黄,脉浮数。治则:清热解毒,疏风散邪。

　　2. 热毒夹湿　证候表现为发于下肢,病变局部出现黄色水疱,关节肿痛,伴有发热、心烦、口渴、胸闷,肢体困重,小便黄等,舌红,苔黄腻,脉滑数。治则:清热解毒,利水渗湿。

　　3. 热毒内陷　证候表现为高热、神昏、谵语、胸闷、烦躁、呕吐等,舌红,苔黄而燥,脉弦数。治则:清热解毒,开窍醒神。

【艾灸取穴】

　　1. 主穴　大椎、合谷、曲池、委中、血海、阿是穴。

　　2. 配穴　热毒夹风加风池、风门;热毒夹湿加阴陵泉、丰隆;热毒内陷加劳宫、内关、水沟、十二井穴。发于头面者加百会、头维;发于下肢者加内庭;发于胁肋者加期门、章门。

【施灸操作】

　　1. 操作准备　同第九章第三节相关内容。

　　2. 施灸方法　宜采用泻法雀啄灸,用于化痰散结。施灸时以艾灸部位出现温热感但没有灼痛为度,以局部皮肤呈现红晕为宜。雀啄灸:运用腕部力量,艾条头端如鸟雀啄食般一上一下移动,不可触及皮肤,通过距离调整继而调节皮肤的热感。

3. 灸疗时间 每次可选 3~5 个穴位,每个穴位各施灸 20~30 分钟,每日 1 次。以上穴位可循环灸,10 天为 1 个疗程。

4. 注意事项 忌食刺激性食品、糖类食物、脂肪食物和油炸食物,注意皮肤清洁,保证局部干燥和清洁,避免损伤加重感染。还需积极治疗慢性皮肤病(原发病灶),如脚癣等。

【按语】

丹毒的主要特点是局部皮肤红肿、灼热疼痛,艾灸曲池、合谷、血海三个主穴,具有较好的清热解毒、凉血活血、调和气血、通络止痛、促进血液循环的作用,因此,可以很好地缓解皮肤红肿、灼热疼痛之症状。但由于单独容易复发,故宜忌食辛、辣刺激性食物,注意皮肤清洁,保证局部干燥,避免重复感染。

> **情景导入解析**
>
> 1. 请根据患者的病史,明确中医诊断。
>
> 颜面丹毒。
>
> 2. 请根据四诊结果,明确辨证分型及治法。
>
> 根据四诊结果,该患者辨证为热毒夹风证,治以清热解毒,疏风散邪。
>
> 3. 请依据辨证施灸理论,设立灸疗处方,并简要解释其方义。
>
> 灸疗处方取大椎、合谷、曲池、委中、风池、风门、阿是穴,采用雀啄灸以泻之。方义:督脉为阳脉之海、阳明经为多气多血之经,大椎为督脉与诸阳经的交会穴,曲池、合谷为手阳明经穴,三穴同用可发散火热毒邪;委中为"血郄",凡是血分热毒壅盛之证,用之最为适宜;风池、风门为祛风效穴,可疏风散邪。诸穴合用,可达到清热解毒,疏风散邪的功效。

第六节 痄 腮

> **情景导入**
>
> 患儿,男性,9 岁。主诉:右耳垂下漫肿 1 天。现病史:患儿 1 天前开始出现右耳垂下肿痛,质地坚硬,疼痛拒按,无咳嗽,流浊涕,时发热,体温最高 37.7℃,胃纳欠佳,二便调。查体:咽充血(+),双扁桃体Ⅱ度肿大,腮腺管口红赤,右耳垂下漫肿,皮色不变,舌红苔黄腻,脉弦数。
>
> 针对上述案例,请解决下列问题。
>
> 1. 请根据患者的病史,明确中医诊断。
>
> 2. 请根据四诊结果,明确辨证分型及治法。
>
> 3. 请依据辨证施灸理论,设立灸疗处方,并简要解释其方义。

【概念】

痄腮是指以发热、耳下腮部肿胀疼痛为主要特征的一种急性传染性疾病。本病常在冬春季流行,好发于儿童,尤以 3~6 岁发病率最高。

【病因病机】

本病多与感受风热疫毒有关。基本病机为温毒之邪蕴结阳明、少阳经。病位在耳下腮部。阳明、少阳经分别循行于腮部和耳下,风热疫毒从口鼻而入,郁遏两经,邪结耳下腮部而发病。因少阳与厥阴相表里,足厥阴肝经环绕前阴部,如感邪较重,传至足厥阴肝经可出现少腹部、睾丸红肿疼痛等;如邪气内陷与手厥阴心包经,则可发生痉厥、昏迷等。

【辨证治则】

1. 温毒袭表　证候表现为耳下腮部肿胀疼痛,伴有发热,头痛,口渴,纳差,舌红,苔薄黄,脉浮数。治则:清热解毒,疏风解表。

2. 温毒炽盛　证候表现为耳下腮部红肿热痛,质地坚硬,疼痛拒按,发热,舌红,苔黄腻,脉弦数。治则:清热解毒,消肿止痛。

3. 温毒内陷　证候表现为高热,烦躁不安,口渴,或睾丸肿胀疼痛,或神昏抽搐,舌红,苔黄燥,脉弦数。治则:清热凉血,开窍醒神。

【艾灸取穴】

1. 主穴　翳风、颊车、外关、合谷、关冲。

2. 配穴　温毒袭表加风池、风门;温毒炽盛加曲池、大椎;温毒内陷加劳宫、内关、水沟、太冲、十二井穴。

> **知识链接**
>
> ### 流行性腮腺炎并发症
>
> 流行性腮腺炎是全身性疾病,病毒常侵犯中枢神经系统及其他腺体而出现症状。甚至某些并发症可不伴有腮腺肿大而单独出现。
>
> (一)神经系统
>
> 1. 脑膜脑炎较为常见。一般在腮腺肿大后 1 周左右出现,其临床表现及脑脊液改变与其他病毒性脑炎相似。疾病早期,脑脊液中可分离出腮腺炎病毒,大多数预后良好,但也偶见死亡及留有神经系统后遗症者。
>
> 2. 多发性神经炎、脑脊髓炎,偶有腮腺炎后 1~3 周出现多发性神经炎、脑脊髓炎,但预后多良好。肿大腮腺可压迫面神经引起暂时性面神经麻痹,有时出现三叉神经炎、偏瘫、截瘫及上升性麻痹等。
>
> 3. 耳聋由听神经受累所致。发病率虽不高(约 1/15 000),但可发展成永久性和完全性耳聋,所幸 75% 为单侧,故影响较小些。
>
> (二)生殖系统
>
> 睾丸炎是男孩最常见的并发症,多为单侧,肿大且有压痛,约半数病例发生不同程

度萎缩,但很少引起不育症。7%青春期后女性患者可并发卵巢炎,表现下腹疼痛及压痛,目前尚未见因此导致不育的报告。

（三）胰腺炎

常发生于腮腺肿大后3~7天,以中上腹疼痛为主要症状,可伴有发热、呕吐、腹胀或腹泻等。由于单纯腮腺炎即可引起血、尿淀粉酶升高,故不宜作为诊断依据。血脂肪酶检测有助于胰腺炎的诊断。

（四）其他

还可有心肌炎、肾炎、乳腺炎、关节炎、肝炎等。

【施灸操作】

1. 操作准备　同第九章第三节相关内容。

2. 施灸方法　主要采用雀啄灸、灯火灸、火柴灸、温针灸、药物敷贴。

（1）雀啄灸:温毒袭表、温毒炽盛、温毒内陷的痄腮宜采用泻法雀啄灸,用于化痰散结。施灸时以艾灸部位出现温热感但没有灼痛为度,以局部皮肤呈现红晕为宜。雀啄灸:运用腕部力量,将艾条头端如鸟雀啄食般一上一下移动,不可触及皮肤,通过距离调整继而调节皮肤的热感。

（2）灯火灸:取角孙、腮腺（耳垂下0.3寸处）、颊车、合谷、大椎、曲池、太冲、曲泉,先将角孙处头发剪掉,常规消毒皮肤,然后用灯芯草对准穴位爆灸2壮,每日1次,连续灸治2次即愈。若肿势未退者,在腮腺、颊车上爆灸1~2壮即可。

（3）火柴灸:取角孙、腮腺（耳垂下0.3寸处）、颊车、合谷、大椎、曲池、太冲、曲泉,进行火柴灸,先将角孙处头发剪掉,常规消毒皮肤,然后用火柴对准穴位爆灸3~5壮,每日1次,连续灸治2次即愈。若肿势未退者,在腮腺、颊车上爆灸1壮即可。

（4）温针灸:选择角孙、颊车、合谷进行针刺。角孙和颊车用泻法以清热解毒,消肿止痛。合谷用泻法以清泻阳明经之热邪。

（5）药物敷贴:取吴茱萸9g,虎杖5g,胆南星3g,共研细末,加适量食醋调成糊状,分别敷于两足涌泉穴及上述穴位,外盖纱布,胶布固定。每日换药1次,2~3次为1疗程。或者取新鲜仙人掌,每次1块,洗净去刺后捣烂成泥,或切成薄片,贴于患处,每日1~2次,用于腮部肿痛。

3. 灸疗时间　每次可选3~5个穴位,每个穴位各施灸20~30分钟,每日1次。以上穴位可循环灸,10天为1个疗程。

案例分享

患者李先生,45岁。主诉:右侧腮腺区域疼痛、肿胀,咀嚼困难,伴有发热。

病史:李先生患有轻度糖尿病,近期工作繁忙,经常熬夜加班,饮食不规律,导致免疫力下降。诊断:中医诊断为痄腮,西医诊断为流行性腮腺炎。

治疗方案:艾灸治疗。艾灸取穴:合谷、曲池、外关、足三里、阿是穴（疼痛肿胀处）。

操作步骤:

1. 点燃艾条,对准穴位,距离皮肤2~3cm进行施灸,以患者感觉温热舒适为度。

2. 每穴施灸 10~15 分钟，每天 1~2 次。

3. 在施灸过程中，注意观察患者情况，如出现不适，立即停止施灸。

4. 治疗期间，嘱咐患者注意休息，饮食清淡，避免过度劳累。

治疗效果：经过一周的艾灸治疗，李先生的腮腺肿胀消退，疼痛明显减轻，发热消失。继续治疗一周后，腮腺炎完全治愈。随访 3 个月，未见复发。

注意事项：艾灸治疗痄腮需在专业医师指导下进行，对于病情严重或出现并发症的患者，应及时就医。

4. 注意事项　饮食清淡：饮食应以清淡为主，多吃新鲜蔬菜和水果，避免辛辣、刺激、油腻的食物，以免加重病情；痄腮具有传染性，应避免与他人密切接触，使用过的物品要进行消毒，居室要保持通风；患病后应多休息，避免劳累，以利于身体的恢复；患病后应积极治疗，按照医生的建议进行治疗，不要随意更改治疗方案；患病后要注意口腔卫生，早晚刷牙，饭后漱口，以保持口腔清洁；密切关注病情的变化，如发现病情加重或出现其他症状，应及时就医。

【按语】

痄腮是由风热时毒引起的急性传染病，病机为风热上攻，阻遏少阳；胆热犯胃，气血奎滞；温毒炽盛，涉及心肝；气血亏损，痰瘀阻留；邪退正虚，气阴亏耗等。艾灸治疗本病，以取手足阳明、手少阳经穴为主，常用合谷、外关、颊车、下关、翳风、角孙等穴位进行艾灸，可疏风清热、解表散结。若伴有咽喉疼痛，可加少商、商阳等穴位。针灸治疗痄腮效果较好，除艾灸治疗外，亦可取患侧角孙穴施以灯火灸。

情景导入解析

1. 请根据患者的病史，明确中医诊断。

痄腮。

2. 请根据四诊结果，明确辨证分型及治法。

根据四诊结果，该患者辨证为温毒炽盛证，治以清热解毒，消肿止痛。

3. 请依据辨证施灸理论，设立灸疗处方，并简要解释其方义。

灸疗处方取翳风、颊车、外关、合谷、关冲、曲池、大椎，采用雀啄灸以泻之。方义：局部取手足少阳经之会翳风、足阳明经颊车，有宣散局部气血蕴结的功效。远端取手少阳络穴外关、井穴关冲及手阳明经原穴合谷，以清泻阳明、少阳两经之风热疫毒；曲池性游走通导，善清热搜风；大椎为督脉与诸阳经的交会穴，配伍手阳明经之合穴曲池，可发散火热毒邪。诸穴合用，可达到清热解毒，消肿止痛的功效。

（于雅琴　周　悦）

第七节 乳 痈

情景导入

　　患者,女性,26 岁。主诉:右侧乳房流脓 7 月余。现病史:患者产后 7 月余,产后 20 余天时因右侧乳房患乳腺炎,在某医院外科住院手术。术后好转出院,但至今刀口未愈合,流少量脓水,局部已无红肿热痛,伴面色少华,神疲乏力,倦怠懒言。舌淡,苔薄白,脉细弱。针对上述案例,请解决下列问题。

　　1. 请根据患者的病史,明确中医诊断。

　　2. 请根据四诊结果,明确辨证分型及治法。

　　3. 请依据辨证施灸理论,设立灸疗处方,并简要解释其方义。

【概念】

　　乳痈是指女性乳房常见的急性化脓性疾病,主要临床表现为单侧或双侧乳房结块,破溃后脓液稠厚,常伴恶寒发热等全身症状,具有红、肿、热、痛的特点。本病可见于西医学的急性化脓性乳腺炎,好发于产后 1 个月以内的哺乳期妇女。

【病因病机】

　　本病多与风热毒邪、忧思恼怒、恣食肥甘厚腻等有关。基本病机为肝郁胃热,火毒凝结。病位在乳房,与肝、胃两经密切相关,因足阳明胃经经过乳房、足厥阴肝经行至乳房下。

【辨证治则】

　　1. 肝胃郁热　证候表现为乳房肿胀疼痛,或有结块,皮色微红,排乳不畅,伴恶寒发热,头身疼痛,大便干结,小便黄等,舌红,苔薄黄,脉浮数。治则:清胃疏肝,通络消肿。

　　2. 热毒炽盛　证候表现为乳房胀痛加重,结块变大,皮肤焮红灼热,壮热不退,口渴,喜冷饮,便秘,溲黄,舌红,苔黄腻,脉滑数。治则:清热解毒,托里透脓。

　　3. 正虚邪滞　证候表现为溃后乳房疼痛减轻,脓液清稀,淋漓不尽,日久不愈,伴面色少华,神疲乏力,倦怠懒言,舌淡白,苔薄白,脉细弱。治则:益气生血,托毒生肌。

【艾灸取穴】

　　1. 主穴　肩井、乳根、屋翳、期门、膻中。

　　2. 配穴　肝胃郁热加行间、内庭;热毒炽盛加曲池、大椎;正虚邪滞加足三里、气海。

乳　发

乳发是发生在乳房且容易腐烂坏死的急性化脓性疾病。其临床特点是病变范围较乳痈大，局部红肿疼痛，迅速出现皮肉腐烂，病情较重，甚至可发生热毒内攻。

本病多发生于哺乳期妇女，相当于现代医学的乳房部蜂窝织炎或乳房坏疽。

本病的发生多因火毒外侵，以及肝胃两经湿热蕴结乳房而成。乳痈火毒炽盛者亦可并发本病。

本病发病迅速，乳房部皮肤愀红漫肿，疼痛较重，毛孔深陷，伴见恶寒发热、苔黄、脉数。2~5 天后皮肤湿烂，继而发黑溃腐，疼痛加重，伴见壮热口渴、舌苔黄腻、脉象弦数。若溃后：腐肉渐脱，身热渐退，则疮口逐渐愈合。若正虚邪盛，毒邪内攻，可见高热神昏等症。血常规检查示白细胞总数及中性粒细胞比例明显增加。脓液或乳汁或血液细菌培养及药敏试验有助于选用抗生素。

【施灸操作】

1. 操作准备　同第九章第三节相关内容。

2. 施灸方法　肝胃郁热、热毒炽盛的乳痈宜采用泻法雀啄灸，用于清胃疏肝，通络消肿，清热解毒，托里透脓。正虚邪滞的乳痈宜采用温和灸，旨在温和以补，以调慢性虚损，温补气血，调和脏腑。施灸时以艾灸部位出现温热感但没有灼痛为度，以局部皮肤呈现红晕为宜。

（1）温和灸：点燃艾条，艾条头端位于穴位上方 2~3cm 施灸，使皮肤出现温热感。

（2）雀啄灸：运用腕部力量，艾条头端如鸟雀啄食般一上一下移动，不可触及皮肤，通过距离调整继而调节皮肤的热感。

3. 灸疗时间　每次可选 3~5 个穴位，每个穴位各施灸 20~30 分钟，每日 1 次。以上穴位可循环灸，7 天为 1 个疗程。

袁某，女，26 岁。初产后 8 天右侧乳房红肿、热痛 3 天，伴恶寒发热，体温 38℃，右侧乳房肿胀，局部可扪及一个约 3cm×3cm 大小的硬块，排乳不畅，中医辨证诊断为乳痈。取阿是穴（患侧乳房硬结处）及患侧乳根、双侧合谷、曲池、内庭等穴各灸 1 壮，10 分钟后患侧乳汁自然流出，肿痛明显减轻，次日复灸 1 次而愈。究其病因病机，乳痈为胃热壅滞，或肝气郁结，或血热内蕴，复感外邪热毒，致营卫不和、经络阻滞，故结肿成痈，属热证、实证。艾灸 2 次而愈，足见艾灸有引热外出之功，邪热引出，经络郁滞得除，肿痛自消。

4. 注意事项　艾灸治疗乳痈需要结合患者具体情况来决定，部分患者可以采用中医艾灸，但并不是所有患者都适用。

（1）在艾灸时配合上一些清热解毒药物，可以起到很好的作用。

（2）对于早期痈肿没有化脓的情况，可以服用消炎药来缓解疼痛，消除炎症。

（3）对于大面积感染、药物无法控制、破溃流脓的患者，通常需要进行外科手术来进行治疗。

（4）在进行艾灸治疗时，要注意安全，避免烫伤；保持空气流通，避免烟雾对室内环境的影响。如有任何不适或症状加重，应及时停止艾灸并咨询专业医生的意见；艾灸适用于乳痈初期未化脓者，若已化脓，应考虑外科切开引流以排脓，以防延误病情。

【按语】

乳痈郁乳期治疗的关键是排出乳汁，促进肿块的消散。因此，产妇分娩后1小时内可开始哺乳，产后24小时至3天以内，可适当对乳房进行热敷和按摩，以改善乳房的血液循环，有助于输乳管的通畅，减少乳痈发生的概率。断乳时，应逐渐减少哺乳时间，以免"断崖式"断乳，以防乳汁郁积。

情景导入解析

1. 请根据患者的病史，明确中医诊断。

乳痈。

2. 请根据四诊结果，明确辨证分型及治法。

根据四诊结果，该患者辨证为正虚邪滞证，治以益气生血，托毒生肌。

3. 请依据辨证施灸理论，设立灸疗处方，并简要解释其方义。

灸疗处方取肩井、乳根、屋翳、期门、膻中、足三里、气海，采用温和灸以补之。方义：肩井为治疗乳痈的经验效穴；乳根和屋翳为足阳明胃经穴位，可通调阳明经气血；膻中为八会穴的气会穴，有疏调气机的作用，配合足厥阴肝经募穴期门，可起到疏肝理气的作用；气海为补气之效穴，配伍足阳明经合穴足三里，可益气生血。诸穴合用，可达到益气生血，托毒生肌的功效。

第八节　乳　癖

情景导入

患者，女性，33岁。主诉：两侧乳房结块1年余。现病史：患者1年余前开始出现两侧乳房结块，月经来前两乳胀痛，肿块变硬，经后则变软，伴有腰酸乏力。患者平素月经推迟，量少色淡。查体可见两乳散在肿块，呈条索样，质地中等，边界清晰，轻度压痛。舌淡红，苔薄白，脉弦细。针对上述案例，请解决下列问题。

1. 请根据患者的病史，明确中医诊断。

2. 请根据四诊结果，明确辨证分型及治法。

3. 请依据辨证施灸理论，设立灸疗处方，并简要解释其方义。

【概念】

乳癖是指女性乳房常见的慢性良性肿块，主要临床表现为单侧或双侧乳房肿块和乳房胀痛。乳房肿块大小不等、形态不一、质地不硬、活动度好，又称为"乳痰""乳核"。本病好发于中青年妇女。

【病因病机】

本病多与月经周期、情志抑郁、忧思恼怒等有关。基本病机为气滞痰凝，冲任失调。病位在乳房，与肝、脾、胃三经密切相关；病性多为实证，虚实夹杂证。

【辨证治则】

1. 肝郁痰凝证 主证候表现为乳房肿块，质韧不坚，胀痛或刺痛，症状随心情变化而变化，伴有胸闷，胁胀，心烦，易怒，失眠多梦，口苦，舌质红苔薄黄，脉弦滑。治则：疏肝解郁，化痰散结。

2. 冲任失调证 证候表现为乳房肿块在经前加重，经后减缓，乳房疼痛较轻或无疼痛，伴有腰酸乏力，神疲乏力，月经量少色淡，或闭经，舌质淡苔白，脉沉细。治则：调摄冲任，和营散结。

【艾灸取穴】

1. 主穴 乳根、屋翳、期门、膻中。
2. 配穴 肝郁气滞加太冲、合谷；痰浊凝结加丰隆、中脘；冲任失调加肝俞、肾俞。

知识链接

乳腺囊性增生病的西医治疗方法

乳腺囊性增生病主要是对症治疗，绝大多数患者不需要外科手术治疗，一般首选中药或中成药调理，包括疏肝理气、调和冲任、软坚散结及调整卵巢功能。

目前，维生素类药物常为本病治疗的辅助用药，根据病情特点的不同，也可选用激素类药物联合治疗。对局限性增生病，应在月经后1周至10天内复查，若肿块变软、缩小或消退，则可予以观察或继续治疗。若肿块无明显消退者，应予空心针活检或局部切除并做快速病理检查。对活检证实有不典型上皮增生者，伴有乳腺导管内乳头状瘤的患者，同时乳腺易感基因（BRCA1/BRCA2）突变者；或有对侧乳腺癌或有乳腺癌家族史等高危因素者，以及年龄大，肿块周围乳腺组织增生也较明显者，可做单纯乳房切除术。目前此类手术是预防高危病变的有效办法。若无上述情况，可做肿块切除后密切随访，定期复查。

【施灸操作】

1. 操作准备 同第九章第三节相关内容。
2. 施灸方法 多采用雀啄灸、温和灸。

（1）雀啄灸：用于肝郁痰凝的乳癖，宜采用泻法，用于化痰散结。冲任不调的乳癖宜采用温和灸，旨在温和以补，以调慢性虚损，温补气血，调和脏腑。施灸时以艾灸部位出现温热感但没有灼痛为度，以局部皮肤呈现红晕为宜。雀啄灸运用腕部力量，艾条头端如鸟雀啄食般一上一下移动，不可触及皮肤，通过距离调整继而调节皮肤的热感。

（2）温和灸：点燃艾条，艾条头端位于穴位上方2~3cm处施灸，使皮肤出现温热感。

3. 灸疗时间　每次可选3~5个穴位，每个穴位各施灸20~30分钟，每日1次。以上穴位可循环灸，30天为1个疗程；温针灸针刺选用1.5寸毫针，用泻法，每隔5分钟行针1次，留针30分钟，每次灸30分钟，每日1次，7次为1个疗程。

案例分享

王某，女，53岁。2019年10月，发现乳房内有肿块，胀痛，左侧乳头有溢出黄绿色、咖啡色、血性液体，经细胞学诊断：镜下见大量淋巴细胞，未见癌细胞。先后注射青霉素、口服抗生素、中成药、汤药等，病情有所缓解，但肿块未减，乳头溢出物减少。2020年2月，乳房肿块增大，左侧乳房上外、上内30mm×30mm，右侧乳房上外30mm×30mm，右侧乳房上内30mm×25mm，疼痛加重，左侧乳头仍有溢出性液体，服中药数十剂，疼痛减轻，肿块未减，乳头偶有少量血性液体溢出。用葱白、大蒜、食盐捣成泥状，敷于肿块上，厚度3~5mm，点燃艾条，作雀啄灸。开始数天痛灸至不痛，不痛灸至痛，10天为1个疗程。10天后，疼痛缓解，施灸20分钟，乳房部自觉有温暖感。20天后，温暖感扩至胸腹部，肿块软化，疼痛大减。40天后，自觉胸腹部温暖感至灸后数小时肿块减小，疼痛消失，溢出性分泌物消失。50天后自觉周身温暖，可达灸后24小时，双侧乳房内肿块消失。为巩固疗效，第6个疗程起，灸1次，休息3天，1个月后停灸。愈后随访，至今未发，仅遇阴雨天左侧乳房上外有不舒感。

中医学认为乳腺增生病属于"乳癖"的范畴，其病因多由情感不遂、肝郁气滞、冲任失调、阴虚痰湿蕴结于乳络，乳络经脉阻塞不通所致。现代医学认为与卵巢的功能失调有关。其病的主要症状，情志郁闷，心烦易怒，两侧乳房胀痛或刺痛，乳房肿块随情志波动而消长，月经周期紊乱，兼有胸闷气短、纳差、失眠等。艾叶温经暖血、行气开郁止痛；葱白解毒、消肿痛、通阳；大蒜清热解毒，消积；食盐咸寒有软坚散结作用。因此，用大蒜、葱白、食盐捣成泥状敷于乳房肿块上，用艾条灸，具有健脾胃、疏肝气、行气活血、化痰湿、软坚散结、止痛的功效。

---

4. 注意事项　调节心情，舒缓精神压力，心态平和；合理膳食，营养均衡，忌食生、冷、辛辣刺激食物；定期检查，早发现，早治疗。

【按语】

情志内伤及各种原因导致肝气不舒、冲任不调是本病的主要因素。肝气不舒使布于胸胁之肝经脉络不通，乳部气机不畅，故乳房胀痛；乳房又为胃经经过，肝气郁滞，可至胃失和降，反之亦滞血瘀，气血互结而致乳络成瘀成结；肝郁克脾、脾失健运，湿聚成痰、痰湿互结，阻于乳络；脾失健运，生化受阻，血海不盈，冲任失养；冲任失调，致使内分泌功能失调,复杂的病机是乳癖的成因。艾灸是中医的传统疗法,艾灸疗法能温经通络、调和阴阳、行气活血、软坚散结,对诸多疑难杂症、顽固之疾疗效奇特。我们以艾条悬灸、艾绒直接灸、隔姜间接灸及电热磁艾灸等法治疗乳癖,在临床上取得很好的疗效。

> **情景导入解析**
>
> 　　1. 请根据患者的病史,明确中医诊断。
> 　　乳癖。
> 　　2. 请根据四诊结果,明确辨证分型及治法。
> 　　根据四诊结果,该患者辨证为冲任失调证,治以调摄冲任,和营散结。
> 　　3. 请依据辨证施灸理论,设立灸疗处方,并简要解释其方义。
> 　　灸疗处方取乳根、屋翳、期门、膻中、肝俞、肾俞,采用温和灸以补之。方义:乳根和屋翳为足阳明胃经穴位,可通调阳明经气血;膻中为八会穴的气会穴,有疏调气机的作用,配合足厥阴肝经募穴期门,可起到疏肝理气的作用;肝俞、肾俞分别为足厥阴肝经、足少阴肾经的背俞穴,取之可通调冲任气血。诸穴合用,可达到调摄冲任,和营散结的功效。

第九节　痔　　疮

> **情景导入**
>
> 　　患者,女性,57 岁。主诉:肛内肿物脱出伴便血 10 余天。现病史:患者 10 余天前因过度劳累出现肛内肿物脱出,不可自行回纳,需用手方可回纳,伴便血,色淡,面色少华,神疲乏力,纳少,眠可,排便无力,大便溏,小便调。舌淡红,苔白,脉弱。针对上述案例,请解决下列问题。
> 　　1. 请根据患者的病史,明确中医诊断。
> 　　2. 请根据四诊结果,明确辨证分型及治法。
> 　　3. 请依据辨证施灸理论,设立灸疗处方,并简要解释其方义。

【概念】

　　痔疮是指直肠末端黏膜下和肛管皮下的静脉丛发生扩张,纡曲形成的柔软肿块(静脉团),是一种最常见的肛门疾病。民间有“十人九痔”之说,多见于成年人,男性略多于女性。由于发病部位不同而有内痔、外痔和混合痔之分。

【病因病机】

　　痔疮的发生与解剖因素及静脉回流受阻、感染、损伤等有关。中医认为,多因久坐久立、负重远行、妊娠多产、长期便秘,以及七情郁结,气机失宣,引起气血瘀结于肛门或泻痢日久,体质亏耗及年老体弱,中气不足,气虚下陷;或饮食失调,嗜酒辛辣,湿热内生,下注肛门,湿热与瘀血结滞于肛门而形成痔疮。

【辨证治则】

1. 湿热瘀滞型　证候表现为湿热瘀滞者,排便时痔核脱出,滴血,肛门坠胀或灼热,排便不畅,里急后重,伴腹胀纳呆,身重困倦,苔黄腻,脉滑数。治则:清利湿热,活血化瘀。

2. 气虚下陷型　证候表现为气虚下陷者,排便时痔核脱出不能自行还纳或不能还纳,肛门下坠,排便无力,出血或不出血。伴气短倦怠,食少懒言,面色苍白,舌淡苔白,脉虚。治则:补中益气,升阳举陷。

【艾灸取穴】

1. 主穴　大肠俞、次髎、长强、会阴、承山、二白。

2. 配穴　湿热重者加阴陵泉;内痔偏气虚者加气海、足三里;痔核脱出不收加百会、关元、神阙;外痔炎症较重者,重灸承山;便秘加支沟、上巨虚;便血加脾俞、血海。

【施灸操作】

1. 操作准备　同第九章第三节相关内容。

2. 施灸方法　湿热瘀滞者,采用雀啄灸,运用腕部力量,艾条头端如鸟雀啄食般一上一下移动,不可触及皮肤,通过距离调整继而调节皮肤的热感。气虚下陷者,选用艾条温和灸,点燃艾条,艾条头端位于穴位上方 2~3cm 施灸,使皮肤出现温热感;或用艾灸盒,持续艾灸。

3. 灸疗时间

(1)温和灸:每次可选 3~5 个穴位,每个穴位各施灸 20~30 分钟,每日 1 次。以上穴位可循环灸,15 天为 1 个疗程。

(2)雀啄灸:将纯艾卷点燃一端后,先在穴位作回旋灸,约 10 分钟,再在八髎作雀啄灸,每穴 3~5 分钟,以患者感局部灼热为度。隔日 1 次,10 次为 1 个疗程。

(3)隔姜灸:每次灸 3~5 壮,每日 1~2 次,至症状消失时停止施灸。

(4)隔盐灸:每次可灸 7~10 壮,每日 1 次,3 次为 1 个疗程。

案例分享

1. 张某,女,24 岁,未婚,彩印工人。2005 年 10 月 27 日就诊。自诉大便时肛门坠胀,每次有鲜血数滴流出,先便后血,疼痛难忍;小便不利,便前精神十分紧张,口渴,舌红脉数。在肾俞与大肠俞之间找"痔点"(双侧),其状如绿豆大小,色深红,压之变色。在此点施以悬灸,每次 10~15 分钟,灸至皮肤潮红为度。2 次后,小便利,连灸 4 次,诸症消失,巩固 3 次而愈,至今未再复发。

2. 熊某,男,37 岁,已婚,汽车司机。2006 年 4 月 20 日就诊,自述大便时出血已 2 年余,先血后便,色为鲜红,肛门坠胀,喜吃油腻。尤其嗜好大蒜、辣椒。症见短气懒言,食少乏力,脉弱。选好"痔点"(双侧)用隔姜灸法,每穴灸7壮,5次为1个疗程,治疗1个疗程后,大便血止,解便利,食欲增加,嘱其少食辛辣食物,再巩固1个疗程,诸症消失而愈。随访半年,未复发。

痔疮临床按发病部位可分为内痔、外痔和混合痔三类。多因久坐久立,负重远行;或泻痢日久,长期便秘;或饮食嗜食辛辣甘肥;或劳倦,胎产等而发病。病例1的彩印工人,长期坐位操作,以致肛部气血瘀滞,瘀血滞于肛门而生痔核。病例2的汽车司机,由于过食油腻、辛辣,胃肠湿热内阻,导致肛门气血不调,终滞,蕴生湿热而成痔疮。根据其病因病机,治宜调理气血,消滞。取肾俞与大肠俞之间的"痔点"或皮肤异点,灸"痔点"在肾俞与大肠俞之间,正在膀胱经之循行的通路上,《灵枢·经别》篇说:"足太阳之正,别入于腘中,其一道下尻五寸、别入于肛,属于膀胱,散之肾。"施灸此点,能温通疏导膀胱经气而消瘀滞。肾为先天之本,且与膀胱相表里,灸此点以扶先天之本,补后天不足之意。标本兼施,故能获取捷效。

4. 注意事项　本病患者平素宜多食新鲜蔬菜、水果和粗纤维食物,忌食辛辣;加强提肛训练,养成定时大便习惯,以保持大便通畅,防止便秘;治疗期间忌久坐、久站、劳累、负重。

【按语】

痔疮中医病机与风火燥热、饮食不节、久坐久立、负重远行、泻痢日久等有关,上述因素导致肛门气血不调,脉络瘀滞,蕴生湿热而成痔疮。根据其病因病机,治宜调理气血,消瘀祛滞。

情景导入解析

1. 请根据患者的病史,明确中医诊断。

痔疮。

2. 请根据四诊结果,明确辨证分型及治法。

根据四诊结果,该患者辨证为气虚下陷证,治以补中益气,升阳举陷。

3. 请依据辨证施灸理论,设立灸疗处方,并简要解释其方义。

灸疗处方取大肠俞、承山、二白、百会、足三里、气海、关元、神阙,大肠俞、承山、二白、百会、足三里,采用艾条温和灸;气海、关元、神阙采用隔姜灸。方义:大肠俞通经活络,调理肠腑;二白为治疗痔疮的经验效穴;百会位居人体高位,有"三阳五会"之称,具升阳举陷之功;足阳明胃经为多气多血之经,取其合穴足三里,配伍气海、关元、神阙,可补中益气。诸穴合用,可起到补中益气,升阳举陷的功效。

第十节　落　　枕

情景导入

　　患者，男性，40岁。主诉：颈项强痛，活动受限1天。现病史：患者今日晨起时出现颈项强痛，活动受限，以左右旋转、后仰受限为主，疼痛呈持续性，牵及胸背，活动时加重，伴头痛、鼻塞。舌淡红，苔薄白，脉浮紧。针对上述案例，请解决下列问题。

　　1. 请根据患者的病史，明确中医诊断。

　　2. 请根据四诊结果，明确辨证分型及治法。

　　3. 请依据辨证施灸理论，设立灸疗处方，并简要解释其方义。

【概念】

　　落枕是因睡眠姿势不当或睡时受风寒侵袭造成颈部经络阻滞、气血失畅、筋脉拘紧而强痛的一种肌肉痉挛疾病。临床表现为急性颈部肌肉痉挛、强直、酸胀、疼痛，头颈转动障碍，严重者疼痛牵引至患侧背部及上肢。轻者可自行痊愈，重者能迁延数周。

【病因病机】

　　落枕多因劳累过度、睡眠时头颈部位置不当、枕头高低软硬不适，使颈部肌肉长时间处于过度伸展或紧张状态，引起颈部肌肉静力性损伤或痉挛；也可因风寒湿邪侵袭，或因外力袭击，或因肩扛重物等导致。

【辨证治则】

　　1. 风寒阻络型　证候表现为晨起出现颈项、肩背部疼痛僵硬不适，可伴有向同侧上肢放射，俯仰转侧受限，尤以旋转后仰为甚，头歪向健侧，肌肉痉挛酸胀疼痛，局部压痛，可伴有恶寒，头晕，精神疲倦，口淡不渴，舌淡红，苔薄白，脉浮紧。治则：祛风散寒，疏经通络。

　　2. 气滞血瘀型　证候表现为症状反复发作，颈项、肩背部疼痛僵硬不适部位固定，转动不利，肌肉痉挛酸胀，多在劳累、睡眠姿势不当后发作，舌暗，可见瘀点，苔白，脉弦涩。治则：行气活血，化瘀通络。

【艾灸取穴】

　　1. 主穴　阿是穴、大椎、天柱、后溪、悬钟、外劳宫。

　　2. 配穴　风寒阻络型加风池、合谷；气滞血瘀型加膈俞、血海。

【施灸操作】

　　1. 操作准备　同第九章第三节相关内容。

　　2. 施灸方法　宜采用温和灸、隔姜灸、温针灸、壮医药线点灸。

　　（1）温和灸：点燃艾条，艾条头端位于穴位上方2~3cm施灸，使皮肤出现温热感；或用艾灸盒,持续艾灸。

（2）壮医药线点灸：采用经过中药泡制的药线,点燃后甩动手腕,去除火焰,将呈珠状炭火的线头对准应灸部位或经穴,快速点灸。如雀啄食,一触即起,此为1壮,一般1穴灸1~3壮,每日1次,3次为1个疗程。

3. 灸疗时间

（1）温和灸每次可选3~5个穴位,每个穴位各施灸20~30分钟,每日1次。以上穴位可循环灸,7天为1个疗程;

（2）隔姜灸：艾炷如麦粒大,每穴可灸15~20分钟,每日多次,3次为1个疗程;

（3）温针灸：每穴可灸15~20分钟,每日灸1次,14次为1个疗程。

案例分享

　　张某,女,10岁,2008年5月10日其父随诊。自述颈部歪斜、活动受限1个月,经间断服药、按摩治疗不效。查体：一般情况可,营养发育正常,左侧胸锁乳突肌处有条索状结节,压痛明显,头歪向左侧,颈部旋转明显受限,诊为"顽固性落枕"。详细询问患儿发现有运动后汗出感寒史,并且得温歪斜程度减轻,并时有如常人状。乃遵《针灸问对》："应者灸之,使火气以助元气⋯⋯寒者灸之,使其气复温也⋯⋯"用艾条温和灸左侧风池、翳风、阿是穴30分钟后,患者颈部活动如常。第2天又歪向左侧,复重灸风池、翳风、阿是穴2小时,咳吐大量白黏痰后,头颈活动正常。第3天复查左侧胸锁乳突肌柔软无压痛。一年后随访其父,称未复发。

　　按语：患者因晨起汗出当风,风寒侵袭经络"寒性收引",能脉拘急而致病。根据"寒者灸之"的原则,选用艾条温和灸风池、阿是穴可温经散寒、祛风通络、舒筋利节以达通则不痛之目的。且风寒瘀久化热,故用翳风穴以清热化痰。落枕经月不愈,非重剂而不能取效,故诸穴合用,重灸2小时痰出而愈。

---

4. 注意事项　治疗期间注意疼痛部位保暖,避风寒,调整好睡眠姿势以防加剧疼痛。可配合局部按摩、热敷患处,改善局部循环,缓解疼痛。

【按语】

　　本病多由风寒客于皮部,导致气血运行不畅所致,治宜祛风散寒,温阳活络。艾灸治疗本病,后溪是重要的穴位。因为后溪属于手太阳小肠经穴,交会于大椎,通于督脉,故可治疗项背强痛;加灸大椎、风池不仅有散寒镇痛之功,而且能巩固治疗效果。另外,当患者落枕反复出现时,应注意和颈椎病进行鉴别。

情景导入解析

　　1. 请根据患者的病史,明确中医诊断。

　　落枕。

　　2. 请根据四诊结果,明确辨证分型及治法。

　　根据四诊结果,该患者辨证为风寒阻络证,治以祛风散寒,疏经通络。

3. 请依据辨证施灸理论,设立灸疗处方,并简要解释其方义。

灸疗处方取阿是穴、天柱、后溪、悬钟、外劳宫、风池、合谷。方义:后溪为八脉交会穴之一,通督脉,可强化督脉阳气、通经活络;悬钟为八会穴之髓会,达祛风湿、通经络之效,与局部天柱、阿是穴配伍,远近相配,可疏通局部气血经络;外劳宫又称为"落枕穴",是治疗落枕的经验效穴;风池、合谷配伍以祛风散寒。诸穴合用,可起到祛风散寒,疏经通络的功效。

第十一节　肩　痹

情景导入

患者,女性,44 岁。主诉:左肩部疼痛 10 天。现病史:患者 10 天前淋雨后受风,开始出现左肩部疼痛,活动轻度受限,以肩部上举、后伸受限为主,得温则痛减。舌淡红,苔薄白,脉浮紧。针对上述案例,请解决下列问题。

1. 请根据患者的病史,明确中医诊断。
2. 请根据四诊结果,明确辨证分型及治法。
3. 请依据辨证施灸理论,设立灸疗处方,并简要解释其方义。

【概念】

肩痹即肩关节周围炎,是指肩关节周围软组织(关节囊、韧带等)的一种退行性炎性疾病。中医称为"肩痹""肩凝""冻结肩""漏肩风"。本病好发于 50 岁左右的中年人,故又称"五十肩"。早期以肩部疼痛为主,夜间加重,并伴有凉、僵的感觉;后期病变组织会有粘连,且会并发功能障碍。

【病因病机】

肩关节是全身各关节活动范围最大的关节。随着年龄的增长、长期的活动而发生退行性改变以及劳损、外伤等均可导致疼痛和活动障碍。中医认为,人到中老年,气血不足,肾气渐衰,致使筋失濡养,关节失于滑利,若汗出当风,夜卧露肩受凉,风寒湿邪乘虚侵入,寒凝筋膜、经绪,气血运行不畅,筋脉拘急。或外伤治疗不当,或积劳成疾,以致经络阻滞,气血不和,绞屈不伸,遂致肩关节疼痛,关节活动功能障碍。

【辨证治则】

1. 风寒阻络型　证候表现为肩部疼痛,痛牵肩背、颈项,关节活动轻度受限,恶风畏寒,复感风寒则疼痛加剧,得温则痛减,或伴有头晕、耳鸣,舌淡红,苔薄白,脉浮紧。治则:祛风散寒,疏经通络。

2. 气滞血瘀型　证候表现为肩部疼痛,痛势较剧烈,痛如针刺,痛处固定不移,以夜间为重,肩关节活动受限较明显,局部肿胀、青紫,舌暗,可见瘀点,苔白,脉弦涩。治则:行气活血,化瘀通络。

【艾灸取穴】

1. **主穴**　肩髃、肩髎、肩贞、肩前、阿是穴、阳陵泉。
2. **配穴**　风寒阻络型:风池、合谷。气血瘀滞型:膈俞、血海。

> **知识链接**
>
> **肩周炎与颈椎病的鉴别诊断**
>
> 　　颈椎病主要是颈椎椎间盘退变、突出导致颈椎生理曲度改变、颈椎周围骨质退变或增生。如果刺激脊髓、神经、血管,可导致一系列症状,其中主要症状为颈肩痛,并无肩关节活动受限。如果压迫到相应神经,会导致手部麻木。
>
> 　　肩周炎是肩关节周围的炎症,主要由局部炎症刺激所导致,以肩关节活动受限为主,体格检查时肩关节有局部压痛。对于颈椎病与肩周炎,还可以通过辅助检查,如 X 片、磁共振等,进一步明确诊断。

【施灸操作】

1. **操作准备**　同第九章第三节相关内容。
2. **施灸方法**　采用艾条温和灸,隔药饼灸、隔姜灸、热敷灸、悬灸、艾炷灸等灸法。
3. **灸疗时间**

（1）隔药饼灸每穴每次施灸 20~30 分钟,每日 1 次,10 次为 1 个疗程。

（2）隔姜灸:每穴每次灸 5~7 壮,每日灸 1 次,7 次为 1 个疗程。

（3）热敷灸:依次按照回旋灸、雀啄灸、循经往返、温和灸 4 步法进行操作:先行回旋灸 2 分钟温热局部气血,继以雀啄灸 2 分钟加强敏化,循经往返 2 分钟激发经气,再以温和灸发动感传、开通经络。每天 1 次,连续治疗 14 天。

（4）悬灸:每穴每次灸 15~20 分钟,每日 1 次,10 次为 1 个疗程,疗程间隔 3~4 天。

（5）艾炷灸:每穴每次灸 3~5 壮,隔日 1 次,20 天为 1 个疗程。

> **案例分享**
>
> 　　陈某,女,57 岁。右肩酸困痛,反复发作 2 年。加重半月,活动受限,尤以夜间痛甚,局部无红肿,口服芬必得 3 天无效。诊为肩周炎(肩痹),证属风寒阻络,施以肩髃穴化脓灸。1 次连灸 9 壮,灸后 1 周有化脓迹象,前来更换敷料,诉右肩活动范围加大,疼痛明显减轻,经换敷料四次后,脓液基本消失。1 月许,结痂脱落,患者诉右肩疼痛基本消失,无压痛,肩关节活动自如,无须第 2 个疗程治疗,2 年后随访未再复发。
>
> 　　按语:肩髃穴系手阳明大肠经之经穴,亦属治疗本症之要穴。李文宪著《新编实用针灸学》对肩髃穴论述中曰:"此穴宜针深,著针者 1 寸 2 分以外,方能收效,且此穴最宜施行重刺激手术。"由此说明肩髃穴针灸对肩臂有特殊功效,而本法以艾炷的灸治,

直到灸疮的化脓、结痂、脱落需一个多月时间。在这段时间里,穴位一直受到化脓的较强刺激,这种刺激比一般针灸疗法作用时间长,刺激量大。临床观察灸后疗效大小的关键是化脓否,《针灸大成》云:"凡著艾,得灸发所患即瘥,不得疮发其疾不愈。"《小品方》曰:"灸得脓坏风寒乃出,不坏则病不除也。"吴谦等更明确指出:"灸后疮发时,脓水稠多其病易愈。"灸治后,穴位必须化脓才能疗效满意,一般灸后穴位化脓时间不宜超过1个月。用本法治疗肩周炎,具有疗效确切、无药物性副作用、经济,就诊次数少等优点,且寒证、虚证疗效较佳。若病程短、功能障碍少,则恢复快;反之,若病程长,功能障碍严重,并伴有肩部肌肉萎缩者,则疗程长,恢复慢。此法对肩周红、肿、热、痛者忌用。

4. 注意事项　肩关节活动受限者,可在艾灸远端取穴时配合肩关节活动,以增强疗效。

【按语】

患者平素可加强肩关节的功能锻炼,缓解肩关节粘连。本病相当于现代医学中的肩关节周围炎,治疗时需与肩关节结核、肿瘤等相鉴别。

情景导入解析

1. 请根据患者的病史,明确中医诊断。

肩痹。

2. 请根据四诊结果,明确辨证分型及治法。

根据四诊结果,该患者辨证为风寒阻络证,治以祛风散寒,疏经通络。

3. 请依据辨证施灸理论,设立灸疗处方,并简要解释其方义。

灸疗处方取肩髃、肩髎、肩贞、肩前、阿是穴、阳陵泉、风池、合谷。方义:肩髃、肩髎、肩贞、肩前、阿是穴均为局部取穴,可疏通局部气血经络以止痛;阳陵泉为八会穴之筋会,可舒筋止痛;风池、合谷配伍可祛风散寒。诸穴合用达到祛风散寒,疏经通络的功效。

第十二节　胆　石　症

情景导入

患者,张先生,45岁,因右上腹疼痛、黄疸、发热等症状就诊。胁肋刺痛,呈持续性加剧。恶寒、发热、口苦、心烦,厌食、厌油腻食物,恶心、呕吐,小便黄赤、便秘。入院后经B超检查,诊断为胆石症。患者舌质红、苔黄腻,脉滑数。针对上述案例,请解决下列问题。

1. 请根据患者的病史,明确中医诊断。

2. 请根据四诊结果,明确辨证分型及治法。

3. 请依据辨证施灸理论,设立灸疗处方,并简要解释其方义。

【概念】

胆石症属于"胁痛""黄疸"等范畴。中医认为，胆石症是由于肝胆疏泄失常，胆气郁结，久而久之熬炼成石。这主要是由于外感邪气、七情内郁、恣食肥甘厚腻等原因导致肝胆郁结或中焦湿热。

此外，中医还认为胆石症的形成与体质因素、生活方式、饮食习惯等多种因素有关。例如，长期饮食不节、过度劳累、情绪抑郁等都可能影响肝胆的功能，导致胆汁淤积，进而形成结石。

【病因病机】

胆石症的病因多因肝失调达、胆失疏泄通降所致。基本病机为胆汁排泄不畅，淤积日久化热，湿热蕴结，煎熬胆液则成砂石。病位在肝、胆，与脾、胃、肾密切相关。病性在初期以实证为主，日久则转为虚证。

【辨证治则】

1. 肝胆气滞　证候表现为右肋及剑突下胀痛或绞痛，绞痛程度每因情志而加重或者减轻，伴有嗳气频作、口苦、胸闷、纳差，苔薄白，脉弦。苔薄白，脉弦。治则：疏肝理气。

2. 肝胆湿热　证候表现为胁肋刺痛，呈持续性加剧，伴有恶寒、发热、口苦、心烦，厌食、厌油腻食物，恶心、呕吐，小便黄赤、便秘。舌质红、苔黄腻，脉滑数。治则：清热利湿。

3. 肝肾阴虚　证候表现为胁肋隐痛，绵绵不已，劳累后加重。伴有口干咽燥，头晕目眩，神疲乏力。舌质红，少苔，脉细。治则：补益肝肾，利胆排石。

【艾灸取穴】

1. 主穴　天宗、胆俞、中脘、胆囊穴。

2. 配穴　肝胆气滞加内关、支沟；肝胆湿热加行间、侠溪；肝肾阴虚加太溪、三阴交。

【施灸操作】

1. 操作准备　同第九章第三节相关内容。

2. 施灸方法　宜采用温和灸、雀啄灸、艾炷无瘢痕灸、灯火灸等方法。

（1）温和灸：点燃艾条，艾条头端位于穴位上方 2~3cm 施灸，使皮肤出现温热感；或用艾灸盒，持续艾灸。

（2）雀啄灸：运用腕部力量，艾条头端如鸟雀啄食般一上一下移动，不可触及皮肤，通过距离调整继而调节皮肤的热感。

（3）艾炷无瘢痕灸：每次取 2~3 个穴位，轮流取用。每穴每次灸 3~5 壮，每日 1 次，3 次 1 个疗程。

（4）灯火灸：每次灸 1~2 个穴位，轮流取用。每日 1 次，隔日再灸，3 次 1 个疗程。

3. 灸疗时间　每次可选 3~5 个穴位，每个穴位各施灸 20~30 分钟。

案例分享

谭某，男，55岁，工人。2019年8月28日初诊。主诉：右上腹间歇性绞痛4个月。患者连续2次发病，均为夜间2时突然右上腹绞痛，痛连肩背、大汗淋漓、恶心、呕吐、坐卧不安。第1次疼痛持续时间为15小时，经注射止痛针缓解。第2次发作症状更加剧烈，故前来诊治。经超声诊断为胆囊炎，胆结石。经补液，消炎，止痛处理后，症状缓解，于9月2日出院，出院后一直服用中药及胆石冲剂治疗。初服中药时连续淘洗大便十多次，无石粒发现。10月25日B超检查，胆结石，胆囊炎未见明显好转来治疗。临床检查，面色红润，体形稍胖，右上腹有压痛，舌质红、苔微黄腻，脉弦。治疗：取穴：肝俞、胆俞、胆囊、足三里、阳陵泉、丘墟、太冲，艾炷直接灸。疗程：10天为1个疗程，根据疾病的缓急病程长短而决定治疗时间。治疗3个疗程后病情好转。

胆囊、足三里、阳陵泉有补益脾胃，调和气血，扶正培元，祛邪防病之功效。肝俞、胆俞灸有解表通阳、疏风散寒、清脑醒神之功效。丘墟、太冲灸有宁神开窍、补肾益精、舒调肝气之作用。

4. 注意事项 患者宜卧硬板床，注意腰背部保暖，避免风寒湿刺激，腰部不可过度负重，取物时应避免大幅度弯腰和旋转。

【按语】

临床引起腰痛的原因诸多，应注意鉴别诊断，排除脊柱结核、肿瘤等引起的腰痛。艾灸治疗寒湿型、肾虚型腰痛效果较好，因脊柱结核、肿瘤等引起的腰痛，不属于艾灸治疗的范围。

（钟小文　周　悦）

情景导入解析

1. 请根据患者的病史，明确中医诊断。

依据四诊结果，患者所患疾病中医诊断为：胁痛、胆心痛、胆石症。

2. 请根据四诊结果，明确辨证分型及治法。

依据四诊结果，患者疾病分型为胆石症肝胆湿热型，治则：清热利湿。

3. 请依据辨证施灸理论，设立灸疗处方，并简要解释其方义。

（1）依据辨证施灸理论，设立灸疗处方如下。

主穴：天宗、胆俞、中脘、胆囊。

配穴：行间、侠溪。

施灸方法：艾条灸，点燃艾条，将艾条头端位于穴位上方2~3cm施灸，使皮肤出现温热感；或用艾灸盒，持续艾灸。每次可选3~5个穴位，每个穴位各施灸20~30分钟。

（2）灸方诠释：天宗可以舒缓肩颈疲劳、促进气血流通，对于缓解肝胆湿热型胆石症有一定的作用；胆俞可以调节胆汁分泌，促进胆道通畅，缓解肝胆湿热的症状；中脘可以调理脾胃功能，促进消化吸收，有助于缓解肝胆湿热型胆石症的症状；胆囊可以舒缓胆囊炎、胆结石引起的疼痛和不适感；行间可以舒缓肝胆湿热引起的口苦、胁痛等症状；侠溪可以缓解肝胆湿热引起的目赤肿痛、耳鸣耳聋等症状。

上述穴位能够帮助调节肝胆功能，促进胆汁分泌和排出，缓解肝胆湿热的症状。同时，艾灸还能够促进血液循环，缓解疼痛和不适感，有助于缓解胆石症引起的疼痛和不适感。

第十三节 疔 疮

情景导入

患者李先生，35 岁，是一位繁忙的企业家，由于长期的工作压力和不良的生活习惯，身体状况逐渐变差。某一天，他的右脚足背突然出现了一个小红点，伴随着疼痛和肿胀。他原本以为只是小问题，但是很快发现红点越来越大，疼痛也越来越剧烈，故于 2023 年 8 月 19 日就诊。患者伴有烦躁不安、口干口苦，面红耳赤，大便干结，小便溲赤。舌红苔黄，脉滑数。根据上述情况，请回答下列问题。

1. 提出该患者的中医诊断？辨证分型和治则。
2. 拟定灸方并诠释方义。

【概念】

疔疮是指好发于颜面部和手足部的急性化脓性疾病，因其初起形小而有粟粒样脓头，底部根深坚硬如钉，故名疔疮。根据发病部位和形状的不同，又有"人中疔""虎口疔""红丝疔""涌泉疔"等名称。

【病因病机】

本病病因多与皮肤不洁、恣食辛辣油腻之品、脏腑火毒积热结聚、肌肤破损处有湿热火毒之邪侵袭有关。基本病机为血热火毒蕴结肌肤，经络气血凝滞。病位在肌肤腠理，如火毒炽盛，循经流窜，可以内攻脏腑而成危重病症。

【辨证治则】

1. 火毒炽盛 证候主症表现为患者皮肤突然出现粟粒样红节，红肿突起，根深坚硬；伴有发热、头痛、口渴，头晕耳鸣、大便干结，小便溲赤，舌红，苔黄、脉数。治则：清热解毒，消肿止痛，软坚散结。

2. 火毒入营 证候主症表现为皮肤突然出现粟粒样红节，红肿突起，根深坚硬；烦躁不安，口干口苦，面红耳赤，便秘溲赤。舌红苔黄，脉弦滑数。治则：清热凉血，消肿止痛。

3. 疔疮走黄 为疮形平塌，肿势散漫，迅速向周围组织扩散，肤色紫暗，灼热疼痛，且边界不清；伴高热，头痛，胸闷、四肢酸软无力。或伴有恶心、呕吐、食欲减退；有的患者出现咳嗽、气喘、胁痛等症状,严重者出现昏迷。治则:清热解毒,醒神开窍。

【艾灸取穴】

1. 主穴　肝俞、肾俞、大椎、阿是穴。

2. 配穴　热毒炽盛加灵台、身柱;火毒入营加合谷(双)、委中(双)、曲池(双)、内庭;疔疮走黄加身柱、灵台等。

【施灸操作】

1. 操作准备　同第九章第三节相关内容。

2. 施灸方法　热毒炽盛、火毒入营的疔疮宜采用泻法雀啄灸,用于化瘀散结。施灸时以艾灸部位出现温热感但没有灼痛为度,以局部皮肤呈现红晕为宜。雀啄灸:运用腕部力量,艾条头端如鸟雀啄食般一上一下移动,不可触及皮肤,通过距离调整继而调节皮肤的热感;疔疮走黄采用温和灸。

3. 灸疗时间

(1)温和灸:取阿是穴、身柱穴、灵台穴,进行艾条悬起灸,每次每穴灸治 10~20 分钟,每日灸治 12 次,5 次为 1 个疗程。

(2)隔蒜灸:取阿是穴、身柱穴、灵台穴,进行艾炷隔蒜灸。以新鲜的大蒜为宜,切成 0.3~0.4cm 的薄片,中间穿刺数个针孔,取患部穴位,隔蒜片灸 7~10 壮,每日 1 次,7 次为 1 个疗程。

(3)艾炷灸:艾炷如枣核或黄豆大小。每日灸治 2~3 次,5 次为 1 个疗程。

案例分享

朱某,男,43 岁,农民。主诉:颜面鼻翼右侧中部有一硬结 2 月余。开始为玉米粒大小,局部红肿,无其他不适,自涂皮炎平软膏后稍有缓解。5 天后,红肿加重,伴疼痛和黏性渗出物,曾口服抗生素疗效不佳,遂进行手术治疗,切开后其内部组织腐烂臭秽,有新生的肉芽组织,术后症状稍有缓解,但几日后又出现硬结,于是前来诊治。

查体:体温 37.8℃,鼻翼右侧中部有一硬结(1cm×1cm),红肿,仍有少量分泌物渗出,疼痛剧烈,伴恶寒发热,口渴,小便黄赤,舌红苔黄,脉滑数。诊断:疔疮(毒热炽盛型),治法:清热解毒,消肿排脓。

采用艾条隔蒜灸治疗(先将独头蒜切成 0.5cm 厚的薄片,用针穿刺数孔备用。治疗时患者取适当体位,充分暴露患部,然后将备用蒜片放于患处,点燃艾条施灸,距离皮肤 2~3cm,使患者局部有温热感而无灼痛为宜。如果病灶已化脓,则先用三棱针点刺排出脓液后再行此法,一般灸 20~40 分钟,至皮肤红晕为度,每天 1 次,10 天为 1 个疗程)。经治疗 3 天后症状好转,全身症状减轻;8 天后,硬结消散,全身症状消失;1 个疗程后,疮口愈合,随访半年未见复发。

《圣济总录》曰:"凡痈疽发背初生……须当上灸之一二百壮,如绿豆许大。凡灸后却似熁痛,经一宿乃定,即火气下彻。肿内热气被火夺之,随火而出也"。然大蒜味辛,性温,有解毒健胃杀虫之功。加之艾条灸,有通经活络,行气活血化瘀之效。共同起到消瘀散结,拔毒泄热排脓的作用,因而可获良效。

4. 注意事项

灸后饮食宜忌：艾灸可以扶阳气，故灸后饮食宜清淡，宜食比较清润的水果，忌食油炸、煎炒等食物，避免上火；针灸治疗本病有一定疗效。疔疮初起，局部切忌挤压、针挑、拔罐和针刺；红肿发硬时忌手术切开，以免感染扩散；如已成脓，应转外科处理；如果出现疔疮走黄，病情凶险，必须积极抢救。

【按语】

疔疮是常见的外科病证，多因肌肤不洁或破损，外感风热火毒侵袭，火毒结聚，邪热蕴结肌肤，或因嗜食肥甘厚味，醇酒辛辣，吸烟过度以致脏腑积热，热毒结聚由内而发，血败肉腐则成脓。督脉为阳脉之海、阳明经为多气多血之经，大椎为督脉与诸阳经的交会穴，曲池、合谷为手阳明经穴，三穴同用可发散火热毒邪；委中为"血郄"，凡是血分为热毒壅盛之证，用之最为适宜。灵台穴是治疗疔疮的经验效穴。诸穴合用，可达到清热解毒、泻火退热的功效。

情景导入解析

1. 提出该患者的中医诊断？辨证分型和治则。

依据四诊结果，该患者所患疾病中医诊断为疔疮，火毒入营证，治则：清热凉血，消肿止痛。灸法采用温和灸和雀啄灸。

2. 拟定灸方并诠释方义。

（1）灸方拟定

主穴：阿是穴、大椎、肝俞、肾俞。

配穴：合谷（双）、委中（双）、曲池（双）、内庭。

（2）灸方诠释：当疔疮走黄时，温和灸和雀啄灸都可以作为治疗方式之一。这两种灸法都可以起到刺激穴位、促进气血流通、缓解疼痛和不适感的作用。具体来说，温和灸可以通过将艾条悬于患处进行固定一点灸，或者在疔疮上盘旋灸，以温热感为度。这种灸法可以刺激阿是穴，阿是穴是中医针灸学中一种特殊的穴位，没有固定位置，主要出现在病患部位，能通络止痛，缓解局部症状。同时，温和灸大椎可以起到疏风解表、清热解毒的作用，对于疔疮走黄的治疗有一定帮助。此外，温和灸肝俞、肾俞等穴位也可以调节身体内部环境，有助于恢复身体健康。而雀啄灸则是一种特殊的灸法，通过将艾条像鸟啄食一样在患处快速移动，以刺激穴位，达到治疗效果。这种灸法可以刺激合谷、委中、曲池等穴位，这些穴位具有通经活络、调理气血的作用，有助于缓解疔疮引起的疼痛和不适感。同时，雀啄灸内庭可以起到清泻阳明、通络止痛的作用，有助于缓解疔疮走黄引起的疼痛和不适感。

第十四节　前列腺炎

情景导入

　　患者李先生,56 岁,于 2019 年 10 月就诊。主诉:长期尿频、尿急、尿不尽感,伴有腰膝酸软、夜尿频繁。现病史:患者自述近一年来,反复出现尿频、尿急、尿不尽等症状,尤其在劳累或性生活后加重。同时伴有腰膝酸软、夜尿频繁的现象。曾自行服用消炎药,但症状未有明显改善。既往史:无重大疾病史,否认食物及药物过敏史。体格检查:舌质淡,苔薄白,脉沉细。前列腺指检显示前列腺质地偏硬,有轻度压痛。针对上述情况,请回答下列问题。

　　1. 列出该患者中医诊断、辨证分型和治则。

　　2. 拟定灸疗处方,诠释方义并分析病机。

【概念】

　　前列腺炎是男性常见的男科疾病,在中医上称为淋证。多因生殖系统感染导致前列腺长期充血、腺泡淤积、腺管水肿,分为急性和慢性两种类型。急性前列腺炎多表现为小便刺激症状,如尿频、尿急或尿痛,也有一部分患者表现为小腹或会阴部位的酸胀疼痛。慢性前列腺炎症状不典型,脓尿较少,伴有不同程度的性功能障碍。

【病因病机】

　　中医认为导致前列腺炎的病因和病机比较复杂,主要有以下几个方面:一是外邪侵袭,多因下阴不干净,湿热秽浊之邪上犯膀胱,膀胱气化不利则为前列腺。二是饮食不节、久嗜烟酒、辛辣之品,导致脾胃运化功能失常,内生湿邪,湿郁化热,阻滞于中,下注膀胱,气化不利,则发展为前列腺炎。三是情绪失常,引起肝气郁结,疏泄失司,从而影响三焦水液的运送及气化功能,导致水道通调受阻,形成前列腺炎;四是瘀浊内停瘀血败精阻滞于内,或痰瘀积块或砂石内生,尿路阻塞,小便难以排出而发病。病位在下焦,主要涉及肾、膀胱、脾等脏腑。病性多为实证,久病可以变成虚证。

【辨证分型】

　　1. 湿热下注　证候主证表现为排尿频繁,尿道口时有白色黏液溢出,下腹部、会阴部或阴囊部疼痛,尿频、尿急、尿痛、脓尿及终末血尿,少腹拘急,会阴部胀痛,舌红苔黄腻,脉滑数。治则:清热利湿,分清泌浊。

　　2. 脾虚气陷　证候主证表现为排尿频繁,尿道口时有白色黏液溢出,下腹部、会阴部或阴囊部疼痛,小便浑浊,神疲乏力。面白无华,头晕食少,舌淡嫩或胖大有齿痕,脉缓;治则:益气升阳,分清泌浊。

　　3. 肾气不足　证候主证表现为排尿频繁,尿道口时有白色黏液溢出,下腹部、会阴部或阴囊部疼痛,耳鸣耳聋,腰膝酸软,精神呆钝,健忘。严重者可有阳痿、早泄、血精及遗精,舌淡,苔白,脉细弱;治则:补肾固摄,分清泌浊。

【艾灸取穴】

1. **主穴** 三阴交、阴陵泉、中极、关元、肾俞。
2. **配穴** 湿热下注加太冲;脾虚气陷加脾俞、足三里;肾气不足加涌泉、命门。

【灸疗操作】

1. **操作准备** 取仰卧位和俯卧位,做好解释工作,取得患者信任。
2. **艾灸方法** 以温和灸、隔姜灸、隔蒜灸为宜。
3. **艾灸时间**

(1)温和灸:每次取穴 2~3 个,轮流取用。一般每穴灸 5~7 分钟,以局部出现红晕为度。每日 1 次,7 天为 1 个疗程。

(2)隔姜灸:每次灸 3~5 壮,每日 1~2 次,7 天为 1 个疗程。

(3)隔蒜灸:每次灸 7~9 壮,每日 1~2 次,7 次为 1 个疗程。

案例分享

张某,男,未婚,科研工作者,2023 年 6 月 8 日初诊。症状:排尿等待,淋漓不尽,会阴坠胀 6 月余。阴囊潮湿,时轻时重未引起重视。3 个月前出差归来,旅途疲乏引起重感冒,未愈复饮酒受寒,继发尿频、尿急、尿痛(灼热感)、便起色黄、小腹坠胀、腰酸腿软。左侧睾丸酸胀痛、头昏、乏力、记忆力下降,尿常规检查白细胞(+)、红细胞少有、黏液丝(+)。肛诊前列腺略大、坚硬。前列腺液镜检白细胞 + + + /HP,卵磷脂小体 + + + + /HP。B 超检查,前列腺偏大,曾服药调理效果差。患者心情烦闷求诊。针对患者情况和四诊结果给予针灸治疗。第一次取穴三阴交、肾俞、次髎、气海温针灸,患者自诉针感直达前列腺及阴茎,雀啄灸会阴穴;第二次灸疗即述局部症状减轻,小便次数减少。但睾丸酸胀痛难忍,加大敦放血。经 4 次针灸治疗,慢性前列腺炎急性发作症状基本控制,遂自行悬灸单穴会阴,2 个疗程后,诸症全消,随访半年未见复发。

对慢性前列腺炎,中医辨证分型多为湿热下注,气滞血瘀,肾阳不足,气血虚弱等,然究其根本皆为前列腺局部炎症所诱发。治病必求本,我们用艾灸会阴穴来有效地抑制前列腺局部炎症,使周围血管通透性升高,加速血液循环。会阴穴居两阴间,又为任、督、冲脉之聚结处。其中任脉调节诸阴经脉,督脉调节诸阳经脉,冲脉为十二经之海,具有涵蓄十二经脉气血的作用。以艾火灸会阴穴可对任、督、冲脉以良性刺激,滋阴壮阳,清利湿热。

---

4. **注意事项** 注意个人卫生,防止尿路感染;调整膳食结构,忌食辛辣刺激性食物;房事不可纵欲过度,戒烟酒、手淫等不良行为。

【按语】

艾灸治疗前列腺炎的原理是通过温热刺激穴位,促进局部血液循环,改善炎症症状。关元、气海等穴位具有补肾壮阳、调理气血的作用,对于改善前列腺炎的症状有很好的效果。同时,艾灸还可以提高机体的免疫力,增强身体的抵抗力,有助于预防和减少前列腺炎的复发。

需要注意的是,艾灸治疗前列腺炎需要坚持一定的时间,不能急于求成。在治疗期间,患者需要保持规律的性生活,避免长时间坐立不动,注意个人卫生等,这些都有助于缓解前列腺炎的症状。

（郭 葵　赵美玉）

情景导入解析

1. 列出该患者中医诊断、辨证分型和治则。

该患者所患疾病中医诊断为肾气不足型前列腺炎;治则:补肾固摄,分清泌浊。

2. 拟定灸疗处方,诠释方义并分析病机。

灸疗处方如下。

主穴:三阴交、阴陵泉、中极、关元、肾俞。

配穴:涌泉、命门。

方义诠释:艾灸肾气不足型前列腺炎相关的穴位,如三阴交、阴陵泉、中极、关元、肾俞和命门、涌泉等,可以促进血液循环。艾灸可以温热局部的穴位,促进血液循环,有助于炎症的消退;关元、肾俞、命门等穴位具有补肾壮阳的作用,可以增强肾脏的功能,提高机体抵抗力;中极等穴位具有调理气机的功效,有助于缓解排尿困难等症状;艾灸三阴交、阴陵泉等穴位可以通利下焦、消肿祛湿,有助于改善前列腺炎的症状;涌泉具有安神、舒缓情绪的作用,有助于缓解患者的焦虑和不适感。

根据患者症状、体征及舌脉表现,中医诊断为肾气不足型前列腺炎。此类型前列腺炎多因年老体衰、劳累过度或性生活频繁导致肾气不足,气化不利,水道不通所致。表现为尿频、尿急、尿不尽等排尿困难症状,同时伴有腰膝酸软、夜尿频繁等现象。舌质淡,苔薄白,脉沉细,亦为肾气不足的典型表现。故治疗原则宜温补肾阳,化气行水。

第十五节　颈　椎　病

情景导入

患者李先生,45岁,办公室职员。主诉:颈部疼痛、僵硬,伴头痛、眩晕,手指麻木感,近期前来就诊。就诊时问诊,患者颈项、肩臂疼痛,加重时放射至前臂,手指麻木,劳累后加重,活动不利,舌质紫暗有瘀点,脉涩。针对上述情况,请回答下列问题。

1. 患者疾病的中医诊断、辨证分型和治则。

2. 拟定灸方,诠释方义。

【概念】

颈椎病指的是颈椎骨质增生、颈项韧带钙化、颈椎间盘萎缩退化等改变,刺激或压迫颈部神经、脊髓和血管而产生的一系列综合征。中医认为,颈椎病的症状是由于太阳经的经脉阻滞和气血虚弱所导致。从经脉循行方面来说,颈椎病属于太阳经的病症。从其所属性质来分,由于气血虚弱无法濡养筋脉,导致筋脉长期处于失氧、营养缺乏的状态,导致了湿邪入侵,并滞留在筋脉,引起筋脉的闭阻不通。若长期如此,患者可出现痉证、痿证等。

【病因病机】

颈椎病与颈部的风寒侵袭和外伤劳损有关。颈部感受风寒或外伤劳损可能导致肌肉僵硬失衡、筋骨移位、痹阻经络、血脉,进而扰乱情志而出现一系列症状。除此之外,年老体衰、肝肾功能不足也可以导致颈椎病的发生。主要病机是经脉痹阻,或筋骨失养;病位在颈椎,病性为虚实夹杂。

【辨证分型】

1. 风寒痹阻　证候主证表现为颈项脊痛,肩臂酸楚,颈部活动受限,甚至手臂麻木发冷、遇寒加重。伴有形寒怕冷,全身酸楚不适。苔薄白或滑腻,脉弦紧。治则:祛风散寒,舒筋活络,补益肝肾。

2. 劳伤血瘀　证候主证表现为颈项肩臂疼痛,劳累后加重。疼痛,加重时放射至前臂,手指麻木;颈部僵直或者肿胀。活动受限,肩胛冈上下窝及肩峰均有压痛点;舌质紫暗有瘀点,脉涩。治则:同风寒痹阻型。

3. 肝肾亏虚　证候主证表现为颈项肩臂疼痛,四肢麻木乏力。伴有头晕眼花、耳鸣、腰膝酸软、遗精、月经不调;舌红、少苔、脉弦细。治则:同风寒痹阻型。

【艾灸取穴】

1. 主穴　风池、颈夹脊、天宗、肩井。

2. 配穴　风寒痹阻加风门、大杼、风府;劳伤血瘀加膈俞、血海、太冲;肝肾亏虚加肝俞、肾俞。

【灸疗操作】

1. 操作准备　取俯卧位和仰卧位,且卧位舒适;向患者做好解释工作,取得配合。

2. 艾灸方法　常用的艾灸方法有艾条温和灸、隔姜灸、温针灸、温盒灸、鹅透膏敷灸。

3. 艾灸的时间

（1）艾条温和灸:每次每穴可灸 5~10 分钟,每日灸 1~2 次,10 次为 1 个疗程,疗程间隔 3~5 天。

（2）隔姜灸:每次每穴可灸 3~6 壮,艾炷如枣核大,每日灸 1 次,7~10 次为 1 个疗程。

（3）温针灸:每次每穴可灸 2~3 壮,每日或隔日灸 1 次,7~10 次为 1 个疗程,疗程间隔 3~5 天。

（4）温盒灸:用于颈夹脊穴处,每次施灸 10~20 分钟,每日灸 1~2 次,10 次为 1 个疗程,疗程间隔 3~5 天。

（5）鹅透膏敷灸：用于颈夹脊穴处。每日1次，每次敷灸2~3小时，3天更换药末1次，6次为1个疗程，疗程间隔3~5天。

4. 注意事项 避免长期伏案工作；经常进行颈肩部活动；避免颈肩部受寒。电脑族电脑高度和座椅高度科学合理，坐姿良好；经常使用艾灸贴贴敷颈部。颈椎病严重时可采用0.9%的生理盐水（加热后）湿敷，以促进血液循环，缓解水肿、疼痛、肿胀等症状。同时，湿热敷可以使椎间关系得到稳定，使肌肉稳定，有助于延缓椎间盘的突出，使颈椎稳定。此外，热敷还有助于改善椎间盘压迫神经根和脊髓造成的缺血。

【按语】

椎动脉型颈椎病属中医学"眩晕"范畴，其病位在清窍。头为清阳之会，气血不能上营头目则清阳上升受阻，头脑得不到充养则发为眩晕。风池为足少阳胆经穴位，为手足少阳、阳维之会，功擅活血通经、祛风通络。艾灸风池能够温通经脉、振奋阳气。西医学认为，艾灸的温热作用能解除或缓解局部肌肉痉挛，使局部组织张力下降，减轻局部无菌性炎症反应，从而减轻椎间盘突出物等对椎动脉、神经根及颈部交感神经的直接或间接的压迫刺激，改善或解除椎动脉的血管痉挛状态，调节血流速度，从而改善脑供血状况和临床症状。

情景导入解析

1. 患者疾病的中医诊断、辨证分型和治则。

根据四诊结果，该患者所患疾病中医诊断为：劳伤血瘀型颈椎病。治则：祛风散寒，舒筋活络，补益肝肾。

2. 拟定灸方，诠释方义。

（1）灸疗处方

主穴：风池、大椎、颈夹脊、天宗、肩井。

配穴：膈俞、血海、太冲。

（2）治疗原则：活血化瘀，通络止痛。

3. 治疗方法：采用艾条温和灸、隔姜灸、温针灸等方法。

（1）患者取俯卧位，暴露颈部及双上肢，将事先准备好的艾条点燃，对准颈夹脊穴、大椎、肩井等穴位进行温和灸，每穴10分钟，以局部温热为度。在灸治过程中，观察患者反应，如出现不适，应立即停止灸治，并给予相应处理；每日治疗1次，10次为1个疗程。疗程间隔2~3天。

（2）治疗过程

治疗第1天：患者颈部疼痛、僵硬感有所减轻，但仍感头痛、眩晕。继续灸治，加强活血化瘀力度。

治疗第3天：患者颈部疼痛、僵硬感明显缓解，头痛、眩晕症状减轻，继续巩固治疗。

治疗第7天：患者颈部疼痛、僵硬感基本消失，头痛、眩晕症状明显减轻。调整灸治穴位为阿是穴，以舒缓颈部肌肉紧张。

治疗第10天：患者颈部疼痛、僵硬、头痛、眩晕等症状基本消失，手指麻木感减轻。巩固治疗，调整灸治穴位为双侧曲池、合谷等。

治疗第 13 天：患者自述所有症状消失，颈部活动自如。为巩固疗效，继续治疗一个疗程。

经过两个疗程的艾灸治疗，患者劳伤血瘀型颈椎病得到明显改善，颈部疼痛、僵硬等症状消失，头痛、眩晕、手指麻木感等症状明显减轻。随访半年，患者未出现复发情况。

第十六节　肘　劳

情景导入

患者张先生，45 岁，银行职员。主诉：右侧肘部疼痛，活动受限，于 2023 年 12 月 10 日前来就诊。病史：张先生长期从事银行工作，需要长时间使用电脑和鼠标。最近几个月，他感到右手肘部疼痛，尤其在屈伸肘关节时，疼痛加剧，影响日常活动。经过多家医院治疗，效果不明显。针对上述情况，请回答下列问题。

1. 该患者所患疾病的中医诊断和治疗原则是什么？
2. 拟定灸疗处方并诠释方义。

【概念】

肘劳，也被称为"网球肘"，是一种以肘部疼痛、关节活动障碍为主症的疾病。从中医角度来看，肘劳属于"伤筋"和"痹证"的范畴。该病通常起病缓慢，常反复发作，无明显外伤史。多见于从事旋转前臂、屈伸肘关节和肘部长期受震荡的劳动者，如网球运动员、打字员、木工、钳工、矿工等。

本病的发生主要与慢性劳损有关，例如在工作中反复进行拧、拉、旋转等动作，可能导致肘部的经筋慢性损伤。这种损伤会使筋脉不通，气血阻滞。

【病因病机】

在中医理论中，肘劳的病位在肘部手三阳经筋。病因多为反复劳伤，寒湿侵袭。基本病机是肘部筋脉经气不通，气血阻滞不畅。病位在肘部的经脉和经筋；病性为虚实夹杂。

【辨证治则】

起病缓慢，初起时在劳累后偶感肘外侧疼痛，延久逐渐加重，疼痛甚至可向上臂及前臂放射，影响肢体活动。做拧毛巾、扫地、端壶倒水等动作时疼痛加剧，前臂无力，甚至持物落地。肘关节局部红肿不明显，在肘关节外侧有明显压痛点。患侧肘伸直、腕部屈曲，作前臂旋前时，外上髁出现疼痛。治则：舒筋活血、通络止痛。

【艾灸取穴】

主要取阿是穴、曲池、尺泽。

【灸疗操作】

1. 操作准备   同第九章第三节相关内容。

2. 艾灸方法   主要采用隔姜灸、温针灸、麦粒灸、隔药饼灸、壮医药点线灸等方法。

3. 艾灸时间

（1）隔姜灸：每穴每次灸 5~7 壮，每日 1 次，7 次为 1 个疗程。

（2）温针灸：每穴每次灸 15~20 分钟，每日 1 次，6 次为 1 个疗程。

（3）麦粒灸：每穴每次灸 7 壮，后用 75% 酒精消毒灸处，无须包扎。一般 1 星期后即痊愈。若 1 星期后仍有痛感，再灸之。

（4）隔药饼灸：每穴每次灸 2~3 壮，每日或隔日 1 次，5 次为 1 个疗程。

（5）壮医药点线灸   每次每穴灸 1~2 壮，每天 1 次，10 次为 1 个疗程，间隔日期为 3~4 天。

> **案例分享**
>
> 赵某，女，50 岁，农民，于 2023 年 8 月 18 日就诊。病史：患者因为长时间为儿媳带孩子，导致右肘关节外侧疼痛无力，右手握物困难 3 个月前来就诊，曾在院外服用消炎止痛药，外贴麝香虎骨膏无效，就诊时右肘关节肿胀不明显，肘关节活动时关节局部疼痛明显并向前臂放射，肱骨外上髁处明显压痛。采用艾条灸和温和灸，取肘部痛点阿是穴和冲阳，用 20cm 的艾条（直径约 1.5cm），一端点燃，对准穴位距离皮肤 2~3cm 进行悬灸，以患部有温热感而无灼痛为宜，每处灸 5~7 分钟，至皮肤红晕为度，每天 1 次，15 天为 1 个疗程，连续 3 个疗程彻底治愈。
>
> 本病乃由体质较弱，筋脉受损，气血亏虚，血不养筋所致。以疏经通络，活血止痛为治则，取冲阳和阿是穴。阿是穴缓解疼痛，冲阳为足阳明胃经之原穴，脾胃为后天之本，气血生化之源，又主筋肉，胃经多气多血，故刺胃经原气所聚之处，可生气血濡筋肌，利关节止疼痛。

---

4. 注意事项   灸疗法对网球肘有着较好的疗效；治疗期间应尽量减少肘部活动，勿提取重物。

【按语】

肘劳属"伤筋"范畴，一般起病缓慢，常反复发作，无明显外伤史，多见于从事旋转前臂和屈伸关节的劳动者，肘外部主要归手三阳经所主。肘关节长期劳作，以致劳伤气血。血不荣筋、筋骨失于濡养，风寒之邪乘虚侵袭肘关节，手三阳经筋受损导致本病。若肘关节外上方（肱骨外上髁周围）有明显的压痛点，属手阳明经筋病证。临床治疗本症以疏经通络、止痛为主。采用温和灸和隔姜灸法取其温经散寒、祛风除湿、通络止痛之功。艾叶具有温煦气血透达经络作用；生姜取其发散风寒、温经止痛之功。艾叶和生姜两药共同作用,相得益彰,起到良好的疏经通络、散寒止痛作用,故取得了良好的临床效果。

（赵美玉）

情景导入解析

1. 该患者所患疾病的中医诊断和治疗原则是什么?

患者所患疾病中医诊断为:肘劳(痹证)。治则:舒筋活血、通络止痛。

2. 拟定灸疗处方并诠释方义。

（1）灸方拟定:阿是穴、曲池、尺泽、冲阳。采用温和灸、温针灸、隔姜灸方法,每穴每次灸 15~20 分钟,每日 1 次,6 天为 1 个疗程。治疗后嘱患者注意保暖,避免肘部过度劳累。

（2）治疗结果:经过 5 天的艾灸治疗,张先生的肘部疼痛明显减轻,屈伸肘关节时不再感到明显疼痛。继续巩固治疗 2 周后,疼痛完全消失,肘部活动正常。

中医理论认为,肘劳属于痹证范畴,多因劳累过度、气血不畅所致。艾灸具有温经散寒、活血通络的作用,可以有效缓解肘劳引起的疼痛。本案例中,艾灸治疗针对张先生的肘部疼痛取得了显著效果。

第十二章

五官科常见病症辨证施灸

【学习目标】

1. 通过本章内容的学习，重点掌握五官科常见病症的概念和辨证施灸以及治则；熟悉艾灸治疗五官科常见病症的取穴原则、配穴方法及操作步骤；了解艾灸治疗五官科常见病症的适应证、禁忌证和注意事项。

2. 具备对五官科常见病症的辨证思维能力和综合分析能力、具备辨证施灸的专业技能和较高的操作水平。

3. 拥有良好的沟通技巧，能够与患者进行良好的沟通；具备自主学习和终身学习的意识，不断更新知识和技能，提高自身的专业水平。

第一节 目赤肿痛

> **情景导入**
>
> 陈某，女，58岁。眼睛红肿疼痛，沙涩灼热，白睛红赤，胞睑肿胀，怕光刺痛，热泪如汤，分泌物多且黏稠胶结。伴头痛、心情烦躁、口渴喜饮。舌红、苔黄，脉数。针对患者上述情况，请回答下列问题。
>
> 1. 依据上述情况提出临床诊断，并对病机病理进行辨证分型，提出治则。
>
> 2. 拟定灸治处方并诠释方义。

【概念】

目赤肿痛是一种比较常见且偏急性的眼科病症。发病时患者自觉目赤肿痛、畏光、流泪，或视物不清，眼部肿胀涩痛等。因目赤肿痛多发于外感风热或疠气，且传染性很强，故又被称为"风热眼""天行赤眼""红眼病"等。

【病因病机】

目赤肿痛的发生多因外感六淫、疠气或内伤七情、脏腑积热等因素。外感风热、湿热、疠气致病时，起病急，传染性强。而素体阳盛，脏腑积热致病时，易反复发作。其基本病机是热毒蕴结目窍,病位在目,与肝、胆关系密切。病性:初发多属实证,病久常见虚证,也可以虚实夹杂。

【辨证治则】

1. 风热外袭　证候主症表现为目赤肿痛,畏光,流泪,眼屎增多。起病急,眼部灼热,眼睑肿胀,白睛红赤,痒痛皆做,伴头痛,鼻塞,舌红,苔薄白或微黄,脉浮数。治则:疏风解表清热,明目止痛。

2. 热毒炽盛　证候主症表现为白睛红赤,胞睑肿胀,怕光刺痛,热泪如汤,分泌物多且黏稠胶结。重者白睛点状或片状溢血,黑睛生翳。伴头痛、心情烦躁,口渴喜饮,小便色黄,大便秘结,舌红,苔黄,脉弦数。治则:清热凉血解毒。

3. 阴虚火旺　证候主症表现为目赤肿痛,干燥瘙痒,怕光流泪。口干鼻燥,咽喉部干痛,或舌鼻生疮。治则:滋阴清热。

【艾灸取穴】

1. 主穴　大椎、风池、印堂、太阳。

2. 配穴　风热外袭加曲池;热毒炽盛加侠溪、行间;阴虚火旺加肝俞、胆俞、膈俞。

【施灸操作】

1. 操作准备　向患者做好解释工作,避免紧张,取得配合。

2. 施灸方法　主要采用悬灸、温和灸、雀啄灸、隔蒜灸和毛莨敷灸等方法。

3. 灸疗时间

(1)悬灸:每次每穴灸5~10分钟,每日灸1次,3次为1个疗程。

(2)温和灸:同悬灸。

(3)雀啄灸:同悬灸。

(4)毛莨敷灸:左眼患病敷右眼,右眼患病敷左眼,双眼患病穴位均取。每次每穴灸5~15分钟,每日灸1次,3次为1个疗程。

案例分享

　　患者,女性,26岁。主诉:一天前眼睛突然红肿,灼热疼痛,伴随头痛,发热,舌红,苔微黄,脉浮数。

　　诊断:根据四诊结果,可辨证为风热外袭,上犯目系。

　　病位:目。

　　治则:清泻风热,消肿定痛。

　　灸方:依据辨证施灸理论,设灸方:太阳、攒竹、风池、外关、合谷、少商、太冲。

　　辨证施灸:艾灸眼周穴位太阳、攒竹,可疏通眼部经血;风池穴疏泄风热,止头痛;雀啄灸外关、合谷、少商、太冲等四肢穴位,清泻风热,消肿定痛。

　　疗效观察:第一天艾灸两次,眼睛红肿减轻,疼痛消失。灸到第三天,红肿完全消失。

4. 注意事项　艾灸头面部穴位时要注意检查艾条燃烧状态，及时刮灰，避免烫伤；本病具有传染性、流行性，患者用过的器具和物品均要严格消毒；饮食宜清淡，忌食辛辣刺激性食物，多饮水，劳逸结合。

【按语】

艾灸对治疗目赤肿痛有较好效果。因本病具有一定传染性，治疗时应注意用具隔离，避免感染。

> **情景导入解析**
>
> 　　1. 依据上述情况提出临床诊断，并对病机病理进行辨证分型，提出治则。
> 　　根据四诊结果，该患者眼睛红肿疼痛，情绪急躁易怒，舌红苔黄，脉弦，可以看出患者肝胆火盛，循经上扰目窍，导致目赤肿痛。故患者所患疾病为热毒炽盛型目赤肿痛；治则：清热凉血解毒。
> 　　2. 拟定灸治处方并诠释方义。
> 　　（1）灸方拟定
> 　　主穴：大椎、风池、印堂、太阳。
> 　　配穴：肝俞、胆俞、攒竹、合谷、三阴交、太冲、侠溪、行间。采用温和灸、雀啄灸之灸法，每日艾灸1次，每次每穴灸15~20分钟，7天为1个疗程。
> 　　（2）方义诠释
> 　　大椎：调整全身阳气，具有解表退热、散寒通痹的作用；风池：祛风解毒，舒经通络；印堂：镇静安神，通鼻窍；太阳：缓解头痛、偏头痛等病症；肝俞：疏肝利胆，养血明目，镇静安神，降逆止呕；胆俞：疏肝利胆，理气解郁；攒竹：缓解头痛、目眩等症状；合谷：镇静止痛，通经活络，清热解表；三阴交：健脾益血，调肝补肾，安神助眠；侠溪：缓解头痛、目赤肿痛等症状；行间：疏肝泻火，息风明目。
> 　　艾灸一次后眼睛红肿减轻，疼痛减轻，心情较之前舒畅。艾灸治疗目赤肿痛见效较快。取眼周穴位疏通眼部经血，泻局部郁热，配合肝经、胆经、阳明经上的穴位，以清泻风热，消肿定痛。艾灸一次即有明显效果，后续建议持续治疗以巩固。

第二节　睑　腺　炎

> **情景导入**
>
> 　　金某，女，35岁。右眼红肿疼痛3天。平素工作比较劳累，经常熬夜，爱吃辛辣食物，情绪波动大。3天前出现右眼睑痒痛，然后逐渐红肿，且疼痛加剧，伴随头痛。可观察到右眼上眼睑有结节。舌红苔黄，脉数。作睑腺炎治疗。针对患者上述情况，请解决以下几个方面的问题。
> 　　1. 依据上述情况提出临床诊断。

2. 对患者的病机病理进行辨证。

3. 拟定灸治处方。

4. 病案分析。

【概念】

睑腺炎指的是胞睑边缘生小硬结，形似麦粒，且伴随红肿疼痛，易于溃疡的眼科疾病，俗称"针眼""麦粒肿"。本病上、下眼睑均可发生，以上眼睑为多，且易反复发作。

【病因病机】

睑腺炎的发生多因外感风热、热毒炽盛以及脾胃湿热等。其基本病机为热邪结聚于胞睑。

【辨证治则】

主症：胞睑边缘出现形似麦粒的小硬结，伴随红肿疼痛，3~5 天后红肿硬结表面出现黄白色脓头，破溃后流脓。

1. 风热外袭　证候主证表现为肿块初起，痒痛微作，触痛明显，多发于上眼睑，伴随头痛发热，全身不适，舌红，苔薄黄，脉浮数。治则：疏风祛热，消肿散结。

2. 热毒炽盛　证候主证表现为胞睑红肿，硬结较大，灼热疼痛，有黄白脓点，多发于下眼睑，伴随口渴喜饮，便秘尿赤，舌红，苔黄或腻，脉数。治则：清热解毒，消肿散结。

3. 脾胃湿热　证候主证表现为睑腺炎屡屡发作，红肿疼痛，经久不消，多发于下眼睑，伴随口黏口臭，腹胀便秘，舌红苔黄腻，脉数。治则：健脾和胃，清热祛湿。

【艾灸取穴】

1. 主穴　取攒竹，太阳，厉兑。

2. 配穴　风热外袭加风池、商阳；热毒炽盛加大椎、曲池、合谷；脾胃湿热加中脘、阴陵泉、内庭。

【施灸操作】

1. 操作准备　同第九章第三节相关内容。

2. 施灸方法　睑腺炎患者可采用雀啄灸艾灸足太阳、手太阳、足阳明经穴。

3. 灸疗时间　每次可选 3~5 个穴位，每个穴位各施灸 10~15 分钟，每日 1 次，7 天为 1 个疗程。

4. 注意事项　在艾灸治疗过程中，患者需保持舒适的体位，放松心情。施灸时，需注意火候和灸感，避免烫伤皮肤。一般情况下，睑腺炎的艾灸治疗需要数次才能见效。在治疗期间，患者需注意眼部卫生，避免过度用眼，保持充足的休息。

案例分享

患者,女性,10岁。主诉:下眼睑突发睑腺炎,用药后3天未见明显好转。患者经常暴饮暴食,特别爱吃肉和辛辣食物,不爱吃青菜,口臭,长期腹胀便秘。近半年睑腺炎发作2次。舌红苔黄腻,脉数。

诊断:根据四诊结果,可辨证为脾胃湿热型睑腺炎。病位:目。以健脾和胃,祛湿清热,消肿散结为治则。

灸方:依据辨证施灸理论,设立灸方如下:攒竹、太阳、厉兑、中脘、天枢、足三里、阴陵泉、内庭。

辨证施灸:先重点艾灸眼周穴位以加速脓肿的溃烂或吸收,后续坚持艾灸中脘、天枢、足三里、阴陵泉等穴改善脾胃功能,避免复发。

疗效观察:艾灸3天后睑腺炎明显变小,肿痛减轻;艾灸5天后症状全部消失,且口气减轻,排便正常;坚持每周艾灸1~2次,近一年未复发睑腺炎。

【按语】

在中医理论中,睑腺炎被认为是由脾胃积热,热毒上攻所致。艾灸治疗睑腺炎的方法是通过燃烧艾叶制成的艾条,使其产生的温热刺激作用于人体的特定穴位。通过刺激相应的穴位,可以调和气血、平衡阴阳,扶正祛邪,从而达到治疗睑腺炎的目的,故艾灸对治疗睑腺炎有独特的疗效。需要注意的是,睑腺炎在初起至起脓前,不要用手挤压患处,以免脓毒扩散。待到成脓以后,可通过艾灸促进溃脓或切开排脓。艾灸作为一种传统的中医疗法,具有温通气血、扶正祛邪的效用,对于治疗睑腺炎具有独特的效果。

情景导入解析

1. 依据上述情况提出临床诊断。

热毒炽盛型睑腺炎。

2. 对患者的病机病理进行辨证。

依据该患者工作劳累,熬夜多,嗜食辛辣,舌红苔黄,脉数可分析出患者火热内积,热毒上攻,阻于胞睑而发病。

3. 拟定灸治处方。

经辨证后拟定灸方如下:攒竹、太阳、厉兑、曲池、合谷、足三里、内庭,每日艾灸1次,7天为一个疗程。

艾灸1天后,红肿疼痛明显减轻。坚持艾灸3天后症状完全消失。艾灸一法,可引郁热之气外发,治疗睑腺炎初起者能使其快速消散,已化脓者,使其加速溃烂或者吸收,反复发作者只要坚持艾灸,也可以根治。

第三节 近 视

情景导入

刘某，男，14 岁。近半年来视力减退，视物模糊且容易干涩，平时学习压力大，经常熬夜写作业，睡眠不好，容易疲惫，胃口一般，大便不成形。舌淡苔薄白，脉细弱。作近视治疗。针对患者上述情况，请解决以下几个方面的问题。

1. 依据上述情况提出临床诊断。
2. 对患者的病机病理进行辨证。
3. 拟定灸治处方并诠释方义。

【概念】

近视是指视远物模糊，视近物清晰的眼科病症，多发于青少年。

【病因病机】

近视的发生多因不良用眼习惯或先天禀赋不足，后天劳心伤神所致。本病的基本病机为目络瘀阻，目失所养。

【辨证治则】

主症：视力减退，视远物模糊，视近物清晰。

1. 肝肾亏虚 证候主证表现为双目干涩，伴随头晕耳鸣，夜寐多梦，腰膝酸软，舌淡少苔，脉细弱。治则：补肾益精，养肝明目。

2. 心脾两虚 证候主证表现为眼涩疲劳，喜闭，面色发白，神疲体倦，失眠健忘，纳呆便溏，舌淡苔薄白，脉细弱。治则：补心养脾，通络明目。

【艾灸取穴】

1. 主穴 取睛明、四白、太阳、风池、光明。

2. 配穴 肝肾亏虚加肝肾、肾俞、太溪；心脾两虚加心俞、脾俞、中脘、足三里。

【施灸操作】

1. 操作准备 向患者做好解释工作，舒适体位、避免紧张，取得配合。

2. 施灸方法 近视患者艾灸眼周穴位时应采取温和灸或回旋灸，火力温和，时间不可太久。

3. 灸疗时间 每次可选 3~5 个穴位，眼周穴位施灸 10 分钟左右，其余每个穴位各施灸 15~20 分钟，每日艾灸 1 次，30 天为一个疗程。

案例分享

患者,女性,13 岁。主诉:11 岁开始戴眼镜,左眼 –200 度,右眼 –150 度。12 岁复查,双眼视力均下降 50 度。曾用过眼贴和视力矫正眼镜,均无效果。平素久坐学习,很少运动,食量较少,人偏瘦,肌肉松软,脸色蜡黄,眼睑、唇色白。舌淡苔白,脉细弱。

诊断:根据四诊结果,可辨证为心脾两虚型近视,气血不足,目失所养。病位在目。治则:健脾养心,调补气血。

灸方:依据辨证施灸理论,设立灸方。具体如下:睛明、四白、光明、大椎、心俞、脾俞、中脘、神阙、足三里。辨证施灸:每日艾灸眼周穴位,增强眼部气血循环,改善视神经视网膜血液灌注,再辅以其他穴位,增强体质,帮助视力恢复。

疗效观察:艾灸一个月后,视力有所上升,戴眼镜开始感觉不适,遂逐渐减少眼镜的使用。艾灸 7 个月后,视力基本恢复,不需要再戴眼镜,体质也更加壮实。

方义诠释:睛明是治疗眼部疾病的重要穴位;四白可以调节眼部周围的血液循环,有助于缓解眼部的疲劳和紧张;艾灸光明可以促进眼部的新陈代谢,缓解眼部的疲劳和不适感;艾灸大椎可以调节人体的气血,有助于缓解眼部的不适感;心俞、脾俞这两个穴位都是重要的脏腑穴位,艾灸它们可以调节人体的脏腑功能,有助于改善视力;中脘、神阙、足三里都是人体的重要穴位,艾灸它们可以促进人体的新陈代谢,增强人体的免疫力,有助于改善视力。

4. 注意事项　注意用眼卫生,不要在光线太强或太弱的环境下看书、写字;卧位、行走、乘车不看书;经常眺望远方,以减轻视觉疲劳;在艾灸的同时,经常做眼保健操。

【按语】

艾灸对治疗假性近视效果较好,对轻度、中度近视也有一定治疗效果,对高度近视患者或大龄近视患者疗效有限。患者在治疗期间应注意用眼卫生和适当休息,坚持做眼保健操能提高疗效。

情景导入解析

1. 依据上述情况提出临床诊断。

心脾两虚型近视。

2. 对患者的病机病理进行辨证。

依据该患者平素学习压力大,用眼过度,睡眠不佳,容易疲惫,纳呆,大便稀,舌淡脉细弱等,可分析出患者心脾两虚,气血不足,导致双目失于濡养,引发近视。

3. 拟定灸治处方。

经辨证后拟定灸方如下:睛明、四白、心俞、脾俞、中脘、天枢、关元、内关、神门、足三里。每日艾灸 1 次,每次选 3~5 穴,艾灸 30~60 分钟,30 天为一个疗程。

方义诠释:睛明是治疗眼部疾病的重要穴位;四白可以调节眼部周围的血液循环,有助于缓解眼部的疲劳和紧张;艾灸光明可以促进眼部的新陈代谢,缓解眼部的疲劳和不适感;艾灸大椎可以调节人体的气血,有助于缓解眼部的不适感;心俞、脾俞这两个穴位都是重要的脏腑穴位,艾灸它们可以调节人体的脏腑功能,有助于改善视力;中脘、神阙、足三里都是人体的重要穴位,艾灸它们可以促进人体的新陈代谢,增强人体的免疫力,有助于改善视力。至于艾灸天枢、内关和神门,可有效促进眼部周围的血液循环,缓解眼部疲劳,减轻眼睛的干涩和不适感。调整身体机能,改善身体状况,有助于缓解近视的症状。还可以温经通脉,可以提高身体的免疫力,增强身体的抵抗力,有助于预防近视的发生和发展。

艾灸对轻度近视疗效较好,患者艾灸一个月以后视力明显提升,继续坚持艾灸可以完全恢复。儿童出现近视不要拖延治疗,越早干预效果越好,根据个人体质不同,近视程度不同,治疗周期也有所区别,最短1个月,最长1年。

第四节 耳鸣、耳聋

情景导入

患者张先生,50岁,因长期工作压力大,生活作息不规律,导致出现耳聋耳鸣的症状,于2023年10月24日前来就诊。患者自诉头晕目眩、胸闷痰多,曾自服药物但效果不佳。舌红苔黄,脉弦数。针对患者上述情况,回答下列问题。

1. 依据上述情况提出临床诊断,并对患者的病机病理进行辨证,提出治则。
2. 拟定灸治处方并诠释方义。

【概念】

耳鸣是指以患者自觉耳内或颅内鸣响,而周围并无相应声源的病症。耳聋是指以患者听力不同程度减退或失听为主要症状的疾病,轻者又称"重听",重者称为"耳聋"。临床上耳鸣耳聋可单独发生,亦可同时出现。

【病因病机】

导致耳鸣、耳聋发生的病因、病机基本一致,其主要病因有外感六淫、七情郁结、饮食不节以及劳损、先天禀赋不足,肾精亏虚、脾胃虚弱等。其基本病机大多为烦躁易怒、惊恐、肝胆风火上逆、导致少阳经气闭阻;虚为肾气虚弱、肝肾亏虚,精气不能上濡于耳,使邪扰耳窍或耳窍失养而发病。病位在:肝、胆、肾。病性分为实热证、虚证。

【辨证治则】

1. 外感风邪 证候主证表现为耳中嗡鸣或听力减退、失聪。初始或有感冒症状,而后耳鸣、耳聋,耳部闷胀,伴头痛恶风,发热口干,舌质红,苔薄白或薄黄,脉浮数。治则:祛风固表,通络开窍。

2. 肝胆火盛 证候主证表现为耳中嗡鸣或听力减退、失聪。情绪郁结或暴怒后,突发耳鸣、耳聋或加重,兼有耳胀,头痛,晕眩,口苦厌干,心烦易怒,大便秘结,舌红苔黄,脉弦数。治则:疏肝理气,泻火通络。

3. 痰火郁结 证候主证表现为耳中嗡鸣或听力减退、失聪。耳鸣如蝉,闭塞如聋,头晕目眩,胸闷痰多,舌红,苔黄,脉弦滑。治则:化痰开窍。

4. 肾精亏虚 证候主证表现为久病后耳鸣、耳聋,或素体虚弱,耳鸣反复发作,声细调低,按之鸣声减弱,劳累后加剧,伴头晕,腰酸,遗精,舌红苔少,脉细。治则:补肾益精,养虚通络。

5. 脾胃虚弱 证候主证表现为耳鸣、耳聋,时轻时重,遇劳加重,休息则减、神疲乏力,食少腹胀,大便易溏舌淡,苔薄白或微腻,脉细弱。治则:健脾益气。

【艾灸取穴】

1. 主穴 取听会、听宫、太阳、耳门、肝俞、翳风。

2. 配穴 外感风邪加风池、外关、合谷;肝胆火盛加太冲、侠溪、行间、丘墟;痰火郁结加丰隆、内庭;肾精亏虚加肾俞、太溪、关元;脾胃虚弱加足三里、脾俞。

【施灸操作】

1. 操作准备 同第九章第三节相关内容。

2. 施灸方法 肾精亏虚和脾胃虚弱患者,可采用温和灸或回旋灸诸穴。外感风邪或肝胆火盛、痰火郁结患者可采用雀啄灸、隔姜灸四肢穴位。

3. 灸疗时间

(1)温和灸:每次每穴灸5~10分钟,每日1次,10次为1个疗程,疗程间隔5~7天。

(2)隔姜灸:每次每穴施灸5~7壮,每日或隔日灸治1次,10次为1个疗程,疗程间隔3~5天:

(3)隔苍术灸:每次每穴施灸5~7壮,每日或隔日灸治1次,10次为1个疗程,疗程间隔5~7天。

(4)隔姜灸:每次每穴施灸5~7壮,每日或隔日施灸1次,10次为1个疗程,疗程间隔3~5天。

案例分享

患者,女性,23岁。主诉:耳鸣3个月,听力下降,甚至有幻听。平素体质较差,气血不足,蹲起时眼前发黑,甚至晕倒。经常腰痛。舌红苔少,脉细弱。依据四诊结果,辨证为肾精亏虚型耳鸣,精血不足不能上濡耳窍,病位:耳窍。治则:补肾填精。

依据辨证施灸理论,设立灸方如下:听宫、翳风、肾俞、命门、太溪、照海。

辨证施灸:艾灸听宫、翳风可疏导太阳经气,宣通耳窍,再配合肾俞、命门、太溪、照海等穴益肾填精。以7天为1个疗程,建议先艾灸3个疗程。

疗效观察:艾灸7天左右,耳鸣较少发作,后坚持艾灸,增加脾俞、胃俞、中脘、足三里健脾养血。艾灸3个疗程后,耳鸣未再发作,气色变好,腰痛较少发作。

4. 注意事项　引起耳鸣、耳聋的原因特别复杂，在治疗中应及时明确诊断，积极治疗原发疾病；注意生活规律和精神调节，避免劳倦、节制房事。

【按语】

艾灸对治疗耳鸣、耳聋有较好疗效，但对于鼓膜损伤而导致听力减退或丧失者，疗效较弱，须诊断明确病因后采取相应治疗手段。

> 情景导入解析
>
> 1. 依据上述情况提出临床诊断，并对患者的病机病理进行辨证，提出治则。
>
> 依据四诊结果，患者所患疾病临床诊断为痰火郁结型耳聋耳鸣；其病机病理主要包括：一是痰火郁结会导致气血不畅，清窍受阻，从而引起耳鸣耳聋；二是痰火郁结会蒙蔽清窍，使清阳之气不能上升，从而导致耳鸣耳聋；三是痰湿中阻，气机不利，导致气血运行不畅，从而引起耳鸣耳聋；四是痰火犯肺，肃降失常，使肺气不能正常宣发和肃降，从而引起耳鸣耳聋；五是痰湿困脾，使脾胃不和，升降失常，从而导致气血运行不畅，引起耳鸣耳聋。
>
> 2. 拟定灸治处方并诠释方义。
>
> （1）灸方拟定
>
> 主穴：听会、听宫、太阳、耳门、肝俞、翳风。
>
> 配穴：丰隆、内庭。采用温和灸和雀啄灸。每次每穴艾灸10~20分钟，每日1次，10次为1个疗程。
>
> （2）灸方诠释
>
> 听宫：听宫因为在耳部周围，所以可以很好地治疗耳周系统疾病，比如耳鸣、耳聋，无论是长时间的耳鸣、耳聋，还是突发的耳鸣、耳聋，都有很好的调理效果；肝俞：为肝脏的背俞穴，可疏肝利胆、降火行气，是治疗肝火上炎型耳聋耳鸣的主要穴位；翳风：位于耳垂后颞骨乳突与下颌角之间中点处，此穴具有通络活血，安神通耳之功效，对耳部疾患有较好的预防和治疗作用；丰隆：是化痰护胃养生大穴，此穴是中医针灸最好的化痰穴，能够化痰湿、宁神志。此外，太阳、耳门、听会等穴位也具有调理耳部疾病的作用。艾灸这些穴位可以促进局部血液循环、舒缓肌肉紧张、促进炎症消退，从而缓解耳鸣症状。

第五节　鼻　渊

> 情景导入
>
> 司某，男，14岁。五年级时参加游泳比赛后开始鼻塞，流鼻涕，一天流的鼻涕需要用一盒抽纸，鼻涕为清白色。眼干眼痒，吃多了一些就容易腹胀，最近发现起床嘴角有口水。舌红，苔薄黄，脉浮数。作鼻渊治疗。针对患者上述情况，请解决以下几个方面的问题。

1. 依据上述情况提出临床诊断,并对患者的病机病理进行辨证,提出治则。
2. 拟定灸治处方并诠释方义。

【概念】

鼻渊是指鼻流浊涕,伴随鼻塞、嗅觉减退为主的病症,严重者称为"鼻漏"。西医学中急、慢性鼻炎以及急、慢性鼻窦炎和副鼻窦炎可参照本节治疗。

【病因病机】

鼻渊的发生多因外感风热或外感风寒郁而化热,胆腑郁热,脾胃湿热等因素,其基本病机为邪壅鼻窍。

【辨证治则】

主症:鼻塞,鼻流浊涕,嗅觉减退。

1. 肺经风热　证候主症表现为发病初期鼻涕量多,色白或微黄,发热恶寒,头痛,咳嗽,舌红,苔薄黄,脉浮数。治则:祛风清热,宣肺通窍。

2. 胆腑郁热　证候主症表现为鼻涕浓浊,量多,色黄或黄绿,或有腥臭味,头痛,口苦咽干,心烦易怒,小便黄赤,舌红苔黄,脉弦数。治则:清热泻火,通络利鼻。

3. 脾胃湿热　证候主症表现为鼻渊后期,鼻塞严重,鼻涕量多黄浊,持续不愈,嗅觉减退,头昏闷或重胀,胸脘痞闷,纳呆食少,苔黄腻,脉滑数。治则:健脾养胃,清热通窍。

【艾灸取穴】

1. 主穴　取通天、印堂、迎香、列缺、合谷。
2. 配穴　肺经风热加尺泽、少商;胆腑郁热加阳陵泉、侠溪;脾胃湿热加曲池、阴陵泉。

【施灸操作】

1. 操作准备　同第九章第三节相关内容。
2. 施灸方法　鼻渊患者可采用温和灸或回旋灸头面部穴位,采用雀啄灸四肢穴位。
3. 灸疗时间　每次可选 3~5 个穴位,每个穴位各施灸 15~20 分钟,每日艾灸 1 次,以上穴位可循环灸,7 天为 1 个疗程。

案例分享

患者,女性,7 岁。主诉:感冒后喉咙痛,咳嗽,流鼻水,因为鼻塞呼吸不利,导致晚上睡不好。舌红苔黄,脉浮数。

诊断:根据四诊结果,可辨证为肺经风热型鼻渊。病位:鼻。

治则:通利鼻窍。

灸方:依据辨证施灸理论,设灸方:通天、印堂、迎香、列缺、尺泽、合谷、少商。

辨证施灸：艾灸穴位迎香、印堂可疏通鼻窍；远取列缺、合谷清泻肺热，通利鼻窍。

疗效观察：艾灸一次后风热感冒症状有所缓解，鼻窍较之前通畅。艾灸3次后症状均消失。

4. 注意事项　艾灸头面部穴位时注意检查艾条燃烧状态，及时刮灰，避免烫伤。

【按语】

艾灸对鼻渊有较好疗效，若慢性鼻渊患者久治不愈，应及时检查，排除肿瘤可能。鼻渊患者平时要加强锻炼，提高身体免疫力，预防感冒。

情景导入解析

1. 依据上述情况提出临床诊断。

依据四诊结果，该患者所患疾病中医诊断为肺经风热型鼻渊。治则：祛风清热，宣肺通窍。

2. 对患者的病机病理进行辨证。

根据患者游泳后开始鼻塞流涕，舌红苔薄白等可分析出患者因风寒袭表，郁而化热，引发肺经风热型鼻渊。

3. 拟定灸治处方。

经辨证后，灸方如下：风池、大椎、肺俞、身柱、迎香、尺泽、合谷、足三里。采用温和灸或者雀啄灸。每次每穴艾灸15~20分钟，每日1次，连续艾灸7次为1个疗程。

患者坚持艾灸3天，一天只用擤2~3次鼻涕，可以用鼻子呼吸。腹胀的情况也有好转。分析认为，取局部穴位迎香，疏通局部气血，通利鼻络，再配合手太阴肺经以及手阳明大肠经的穴位，疏风解表，清热泻火，通络利鼻，即可取得显著效果。

第六节　鼻　衄

情景导入

陈某，男，8岁。经常流鼻血，偶尔大便不成形，偶尔便秘。食欲不佳，不好好吃饭，不爱喝水。舌红苔黄，脉滑数。作鼻衄治疗。针对患者上述情况，回答以下问题。

1. 依据上述情况提出临床诊断，对患者的病机病理进行辨证，提出治则。

2. 拟定灸治处方并诠释方义。

【概念】

鼻衄又称"鼻红""鼻洪"，是指鼻腔出血，是一种常见病症。鼻衄的发生可因局部原因或全身原因引起,其中因局部外伤导致的鼻衄,不在本节讨论范围。

【病因病机】

鼻衄的发生多因外感风热,过食辛辣,情志不畅等因素。本病发作时多为单侧,也可双侧同发,出血量一般较小,持续时间长或反复出血。其基本病机是热伤鼻络,迫血妄行。

【辨证治则】

主症:一侧或双侧鼻腔出血。

1. 肺经郁热 证候主症表现为出血量少,伴鼻咽干燥,发热,咳嗽,舌红苔薄,脉数。治则:清肺热,润燥止血。

2. 胃火炽盛 证候主症表现为出血量多,伴牙龈肿胀或出血,大便秘结,小便短赤,舌质红,苔黄,脉滑数。治则:清泻胃火,凉血止血。

3. 肝火上炎 证候主症表现为出血量多,伴面红耳赤,口苦咽干,烦躁不安,胸胁胀满,舌质红,苔黄,脉弦数。治则:清肝降火,凉血止血。

【艾灸取穴】

1. 主穴 取上星、印堂、迎香、孔最、合谷。

2. 配穴 肺经郁热加尺泽、鱼际、少商;胃火炽盛加足三里、内庭;肝火上炎加太冲,行间。

【施灸操作】

1. 操作准备 同第九章第三节相关内容。

2. 施灸方法 鼻衄患者可采用温和灸或回旋灸头面部穴位,采用雀啄灸四肢穴位。

3. 灸疗时间 每次可选3~5个穴位,每个穴位各施灸15~20分钟,每日艾灸1次,灸至止血。止血后持续灸疗,7天为1个疗程。

案例分享

患者,男性,12岁。主诉:突然流鼻血,伴随低热,口干咽燥,咳嗽有痰,痰中带血丝。舌红苔薄,脉数。

诊断:根据四诊结果,诊为鼻衄,可辨证为肺经郁热,热伤鼻络,迫血妄行;病位:鼻窍;治则:清肺热,凉血止血。

灸方:依据辨证施灸理论,设立灸方如下。印堂、迎香、孔最、大椎、肺俞、尺泽鱼际、少商。疗效观察:艾灸一次便止血,后续又坚持艾灸3次,巩固疗效,症状消失。

艾灸印堂、迎香调和气血,疏通鼻络;艾灸大椎、肺俞、尺泽泻热,清鼻窍之火;雀啄灸孔最、鱼际、少商清肺热,凉血止血。

---

4. 注意事项 鼻衄艾灸时,艾条的热量会传递到鼻腔内部,因此需要避免烫伤。建议在艾灸时轻轻晃动艾条,以保持适当的距离,避免过热。在进行鼻衄艾灸时,需要保持正常的呼吸,避免因熏烤导致呼吸不畅。如有不适,请立即停止艾灸。另外,鼻衄艾灸会产生烟雾,建议在艾灸时将鼻子轻轻地捏住,避免烟雾进入鼻腔,还需要避免过度刺激,以免引起

不适。建议在医生的指导下进行操作。艾灸头面部穴位时，注意检查艾条燃烧状态，及时刮灰，避免烫伤。

【按语】

艾灸治疗鼻洪有较好效果。对于大量出血的患者，需采取止血措施。若患者体质虚弱，出血量大导致昏厥、休克，须采取急救措施。

情景导入解析

1. 依据上述情况提出临床诊断。

诊断为胃火炽盛型鼻衄；治疗原则：清热泻火。该证型的病机病理主要为胃火上炎，迫血妄行。由于饮食失节，长期过食肥甘、醇酒厚味、辛辣香燥，损伤脾胃，导致脾胃运化失职，积热内蕴，化燥伤津，消谷耗液。此外，胃火上炎还会破血妄行，引起鼻衄。同时，患者可能出现多食易饥、口渴、尿多等症状。舌红、苔黄、脉数，为胃热炽盛的表现。

2. 拟定灸治处方并诠释方义。

（1）灸方拟定：经辨证后，拟定灸方如下：上星、印堂、迎香、孔最、合谷、足三里、内庭。

（2）方义诠释：当天艾灸1次后，鼻血止，后坚持艾灸5天，不仅鼻衄未复发，患儿食欲变好，大便正常，父母对效果感到惊喜，后坚持艾灸，患儿身体越来越结实。

第七节　咽喉肿痛

情景导入

黎某，女，53岁。咽喉肿痛3天。患者近期过食寒凉、厚腻之物，出现喉咙肿痛，说话、吞咽困难，发热38.8℃，舌苔厚腻，脉浮数。针对患者上述情况，回答下列问题。

1. 依据上述情况提出临床诊断。
2. 对患者的病机病理进行辨证。
3. 拟定灸治处方。
4. 病案分析。

【概念】

咽喉肿痛是指以咽喉部出现红肿疼痛、咽干咽痒、有异物感、吞咽不利为主症的病证。西医学中急、慢性咽喉炎、扁桃体炎等可参照本节内容治疗。

【病因病机】

咽喉肿痛的发生多因外感风热、饮食不节和体虚劳累等。基本病机是火热之邪或虚火上灼咽喉。其中,因风热导致的咽喉肿痛,相当于西医学中的急性咽炎;而因虚火上炎导致的咽喉肿痛,相当于西医学中的慢性咽喉炎。

【辨证治则】

主症:咽喉红肿疼痛,吞咽不适。

1. 外感风热 证候主症表现为咽部红肿疼痛,吞咽不适,伴发热汗出,头痛咳嗽,小便发黄,舌红,苔薄白或微黄,脉浮数。治则:清热利咽,消肿止痛。

2. 肺胃热盛 证候主症表现为咽部红肿灼热,难以吞咽,伴高热,口渴,口气臭秽,大便秘结,小便黄赤,舌红,苔黄,脉数。治则:清肺泻热,清泻胃火。

3. 阴虚火旺 证候主症表现为咽干咽燥,微肿,疼痛,午后或入夜后加重,咽喉部或有异物感,或伴干咳少痰,手足心热,舌红苔少,脉数。治则:滋阴降火,利咽止痛。

【艾灸取穴】

1. 主穴 取天容、关冲、少商。

2. 配穴 外感风热加风池、大椎、外关、合谷;肺胃热盛加尺泽、内庭、厉兑;阴虚火旺加太溪、照海。

【施灸操作】

1. 操作准备 同第九章第三节相关内容。

2. 施灸方法 咽喉肿痛患者可采用雀啄灸艾灸诸穴,阴虚火旺患者可采用温和灸或回旋灸。

3. 灸疗时间 每次可选 3~5 个穴位,每个穴位各施灸 15~20 分钟,每日艾灸 1 次,7 天为 1 个疗程。

案例分享

患者,女性,49 岁。主诉:咽喉肿痛,吞咽困难,干咳无痰,发热头痛,鼻塞。舌红,苔微黄,脉浮数。根据四诊结果,辨证为外感风热,火热毒邪结聚于咽部。病位:在咽部。治则:疏风清热,利咽消肿。

灸方:依据辨证施灸理论,设立灸方如下:风池、大椎、肺俞、太阳、迎香、天容、尺泽、少商。

辨证施灸:艾灸咽喉部天容,可清利咽喉;艾灸大椎、肺俞、尺泽、少商可祛风清热;艾灸风池、太阳、迎香醒脑开窍,通利鼻窍。

疗效观察:第一天艾灸,嗓子特别干痒,咳得厉害,灸完再贴上艾灸贴,喝艾茶时放一点点盐,从头到脚出了一身细小的汗;第三天灸时,咳嗽减轻,每咳一次都有痰排出(色白,质稀),咳的频率间隔变长,恢复味觉,开始有食欲;第四天艾灸,开始排黄痰且黏腻,基本不咳嗽;第七天完全不咳嗽,痰也全部清完。

治疗期间,每天都有坚持灸,每次灸完贴艾贴,饮食清淡,禁食辛辣,早上空腹喝艾茶,直到微微有发汗的感觉。

4. 注意事项　操作雀啄灸时要注意艾条燃烧情况,避免火头脱落烫伤。

【按语】

艾灸对治疗咽喉肿痛有较好效果,治疗期间应注意饮食清淡,忌食辛辣刺激食物,忌烟酒,保持空气干净湿润。若咽喉部有脓肿,影响呼吸,宜转入专科处理。

> **案例解析**
>
> 1. 依据上述情况提出临床诊断。
>
> 外感风热型咽喉肿痛,治疗原则:解表散寒。
>
> 2. 对患者的病机病理进行辨证。
>
> 依据该患者发病前有过食寒凉以及厚腻的食物,出现喉咙红肿疼痛、发热以及舌苔厚腻的情况分析,属于外邪客于咽部,导致咽喉肿痛。
>
> 3. 拟定灸治处方并诠释方义。
>
> (1)灸方拟定:依据辨证施灸理论,拟定灸方如下。大椎、肺俞、天容、关冲、中脘、鱼际、合谷、少商。采用温和灸和雀啄灸,每日每穴艾灸 15~20 分钟,每日 1 次,7 次为 1 疗程。
>
> (2)方义诠释
>
> 大椎:中医认为大椎可以解表清热、通阳理气、镇痉安神;肺俞:此穴位是手太阴肺经的重要穴位,可以调补肺气,尤其擅长治疗呼吸系统的疾病,如咳嗽、气喘等;天容:天容位于耳后,此穴位有清热消炎、通咽的作用,对于缓解咽喉肿痛有很好的效果;关冲:关冲为手少阳三焦经井穴,此穴位具有泄热、利咽、开窍醒神等作用;中脘:此穴位有理气和中、镇静止痛、养胃消食的作用,对于治疗脾胃虚弱、胃痛、恶心呕吐等有很好的效果;鱼际:此穴位有清肺泻火、解表退热、利咽止痛等作用,对于治疗咳嗽、咽喉肿痛等有很好的效果;合谷:此穴位能够清热解表、镇静止痛、通经活经。通常用于治疗目赤肿痛、咽喉肿痛、头痛、发热等症状;少商:少商属手太阴肺经,主要功效有清热解表,通利咽喉。本穴内可清泄肺热,外可宣散风热,为治疗咽喉肿痛之要穴,对声音嘶哑也有一定疗效。
>
> 经过 4 天的理疗,咽喉肿痛明显好转,吞咽顺畅,嘱咐后期还需要继续调理巩固。

第八节　牙　痛

> **情景导入**
>
> 陈某,女,45 岁,牙痛两天。患者无明显诱因于 2 天前出现牙龈肿痛,伴咽喉痛,喜凉,微微发热,夜寐差,二便尚调。舌红苔薄黄,脉浮数。针对患者情况,回答下列问题。
>
> 1. 依据上述情况提出临床诊断和治则,并分析病机病理。
>
> 2. 拟定灸治处方并诠释方义。

【概念】

牙痛是指因各种原因引起的牙齿和牙龈的疼痛。牙痛因其病变部位以及引起的原因不同,可分为自发性剧痛或刺激性激发痛。西医学中牙髓炎、牙周炎、冠周炎以及干槽症等,可依照本节内容治疗。

【病因病机】

牙痛的发生多因外感风热火毒,肠胃郁热或阴虚火旺等因素。其基本病机为火热毒邪上炎于口腔所致。

【辨证治则】

主症:牙齿或牙龈疼痛。

1. 风火牙痛 证候主症表现为牙痛剧烈,发作急,牙龈红肿热痛,喜凉,伴发热,舌红,苔薄黄,脉浮数。治则:疏风泻热,通络止痛。

2. 胃火牙痛 证候主症表现为牙痛剧烈,遇热加重,牙龈红肿甚至出血,伴口渴口臭,便秘尿赤,舌红苔黄,脉洪数。治则:清泻胃火,泻热止痛。

3. 虚火牙痛 证候主症表现为牙齿隐隐作痛,时发时止,午后或夜晚加重,绵延不愈,甚至可见牙龈萎缩,牙齿松动,伴腰膝酸软,手足心热,头晕眼花,舌红少苔或无苔,脉细数。治则:滋阴降火,补肾固本。

【艾灸取穴】

1. 主穴 取颊车、下关、合谷。

2. 配穴 风火牙痛加翳风;胃火牙痛加内庭,厉兑;虚火牙痛加太溪,照海。

【施灸操作】

1. 操作准备 向患者做好解释工作,避免紧张,取得配合。

2. 施灸方法 牙痛患者采用雀啄灸;阴虚火旺患者可温和灸或回旋灸。另外,还可以采用隔物灸、温针灸等。

3. 艾灸时间

(1)非化脓灸:每穴每次灸3~9壮,每日或隔日1次,3次为1个疗程。

(2)隔附子灸:每穴每次灸7~9壮,每日或隔日1次,3次为1个疗程。

(3)灯火灸:每穴每次灸1次,多于牙痛发作时施灸。

(4)隔蒜灸:每穴每次灸5~7壮,艾炷如枣核或黄豆大,每日1~2次,多于牙痛发作时施灸。

(5)隔姜灸:每穴每次灸5~7壮,艾炷如枣核或黄豆大,每日1~2次,多于牙痛发作时施灸。

(6)温针灸:每次可选3~5个穴位,每个穴位各施灸15~20分钟,每日可艾灸1次,7天为1个疗程。

案例分享

赵某,女,62岁,教师,2024年1月10日就诊。自述右下牙疼痛4天,曾在口腔医院诊治诊断为"牙周炎",经给予消炎止痛等西药后,牙痛未见明显减轻,遂来就诊。症见:右下牙疼痛,牙龈红肿较甚,肿连腮颊,头痛,口渴喜饮,口气臭秽,大便秘结,舌苔黄垢,脉滑数。中医诊断:牙痛(胃火牙痛型),给予壮医药线点灸,取患侧颊车、地仓、下关、合谷、解溪、二间,每穴施灸2次,配合中药萹蓄100mg,水煎当茶饮。第2天来诊诉诸症明显减轻,用以上方法继续治疗,第3天来诊诉诸症已缓解,为巩固疗效,再施灸2次及口服萹蓄煎剂。

牙痛是口齿科疾病常见症状之一,无论是牙齿或牙周的疾病都可发生牙痛。壮医药线点灸疗源远流长,是采用经过药物泡制好的宁麻线点燃后取其珠火,直接点灸于患者体表的一定穴位或部位,通过经络传导调整气血功能,具有通痹、止痛、祛风止痒,消炎、活血化瘀、消肿散结等功效。手足阳明经脉分别入上下齿,大肠、胃腑积热,或风邪外袭经络,郁于阳明而化火,火邪循经上炎而发为牙痛。肾主骨,齿为骨之余,肾阴不足,虚火上升亦可引起牙痛,亦有多食甘酸之物,口齿不洁,垢秽蚀齿而作痛,取合谷清手阳明经之热。颊车、下关、地仓、解溪疏泄足阳明经气。外关、风池疏解表邪,有祛风热作用。太溪补肾阴,故能治阴虚牙痛。

4. 注意事项 平时注意口腔卫生,刷牙器具勤更换,牙痛缓解后,积极治疗原发病。艾灸对止痛效果显著,止痛后仍应坚持灸疗,以免复发。对于龋齿患者,艾灸只能暂时止痛,应查明原因后采取相应治疗手段。另外,艾灸治疗本病期间应控制饮食,忌食辛辣刺激性食物,避免冷热酸甜的刺激。

【按语】

著名医学家田从豁教授指出:手阳明之脉入下齿,风邪外袭经络,郁于阳明化火,火邪循经上炎,引起牙痛。针灸治疗牙痛简单方便,止痛作用快、疗效好、作用时间长,并有加强药物的消炎、消肿等作用。急诊患者常可立即止痛,使患者安定后再做其他处理。对应用止痛药、止痛针无效的患者,针灸往往可以单独奏效,缓解疼痛,或促使止痛药见效。如在发作剧烈时施灸,奏效最速。

情景导入解析

1. 依据上述情况提出临床诊断和治则,并分析病机病理。

依据四诊结果,患者诊断为风火牙痛,治疗原则为:疏风清热,泻火止痛。其病机病理主要涉及风火邪毒、胃腑积热、虚火上炎等。该患者突然出现牙痛,伴随咽喉肿痛、喜凉、微微发热,以及舌红苔薄黄等情况,属于风热之邪侵犯口腔,使脉络热壅,导致牙痛。

2. 拟定灸治处方并诠释方义。

(1)灸方拟定

主穴:阿是穴、颊车、合谷、下关。

配穴：风池、大椎、下关、颊车、尺泽、合谷。

（2）方义诠释

合谷是治牙痛的速效穴，针灸歌诀里面说"面口合谷收"，就是说合谷通调头面五官的疾病，而效果最明显的就是缓解牙痛。颊车、下关：这两个穴位属于阳明经，是改善牙痛的要穴，不管是什么原因引起的牙痛，均可用这几个穴位进行调理。风火牙痛加灸翳风：翳风位于耳垂后耳根部，颞骨乳突与下颌骨下颌支后缘间凹陷处。对于风火牙痛可取翳风进行艾灸。胃火牙痛加灸支沟：支沟可以泄三焦之火，消火而助通便，再灸大肠俞以通腑泄实。虚火牙痛加灸太溪、行间。因肾主骨、齿为骨之余，故调理时还要选择肝肾经上的穴位以滋阴泻热、补肾固本。艾灸风池、大椎可疏风泻热，解表止痛。艾灸下关、颊车、合谷等阳明经穴，亦可泻热止痛。

经过 2 天的调理，症状消失。于牙痛患者来说，艾灸简单易操作，效用好。

第九节　口　　疮

情景导入

季某，男，50 岁。口腔溃疡 3 天。患者过食肥甘厚味后口腔出现椭圆形溃疡，疼痛难当，食纳、夜寐差，二便尚调。舌红苔黄，脉滑数。针对患者上述情况，回答下列问题。

1. 依据上述情况提出临床诊断、治则，并对患者的病机病理进行辨证。
2. 拟定灸治处方，诠释方义。

【概念】

口疮又名"口疳""口糜"，指的是以口腔内唇、舌、颊、上颚等多处黏膜发生单个或多个溃疡为主症的病症。口疮的发作以成年人为多，常突然出现，出现圆形或椭圆形的溃疡，有火样灼痛，口腔运动时疼痛加剧。西医学中溃疡性口炎，复发性口疮可参照本节内容治疗。

【病因病机】

口疮的发生多因外感风火燥邪、病后劳损或过食辛辣刺激、嗜酒等导致心脾积热等，其基本病机是火热上炎于口、舌。

【辨证治则】

主症：口腔内唇、舌、颊、上颚等黏膜出现淡黄色或灰白色小点，呈椭圆或圆形，周围红晕，表面凹陷，局部灼痛。

1. 心脾蕴热　证候主症表现为口疮周围鲜红微肿，灼热疼痛，伴口干口渴，心烦不寐，便秘,小便短赤,舌红苔黄或黄腻,脉滑数。治则:清热泻火止痛。

2. 阴虚火旺　证候主症表现为口疮灰白或灰黄,周围色淡红,溃疡面较少而小,多因劳累诱发,易反复发作,伴口干咽燥,五心烦热,腰膝酸软,舌红苔少,脉细数。治则:滋阴降火止痛。

【艾灸取穴】

1. 主穴　取地仓、合谷、劳宫。

2. 配穴　心脾郁热加通里、阴陵泉;阴虚火旺加廉泉、照海。

【施灸操作】

1. 操作准备　患者取舒适体位,充分暴露治疗部位,清洁皮肤,用骨度分寸法配合解剖标志定位法及手指同身寸法定位,以患者感觉局部酸、麻、胀、痛为标志。向患者做好解释工作,避免紧张,取得配合。

2. 施灸方法　实证患者可采用雀啄灸。阴虚火旺患者采用温和灸或回旋灸诸穴。

3. 灸疗时间　每次可选 3~5 个穴位,每个穴位各施灸 15~20 分钟,每日艾灸 1 次,7 天为 1 个疗程。

案例分享

　　患者,男性,43 岁。主诉:近三个月反复发作口疮,最近一次是一天前。患者平素工作压力较大,经常熬夜加班,嗜食烟酒,近半年出现五心烦热,盗汗。舌红苔少,脉细数。根据四诊结果,可辨证为阴虚火旺型口疮,肺肾阴亏,虚火上炎。病位在口。治则:滋阴降火,消炎止痛。

　　灸方:依据辨证施灸理论,设立灸方。具体如下:地仓、廉泉、合谷、肾俞、太溪、照海、涌泉。

　　辨证施灸:艾灸地仓、廉泉、合谷疏通经气、止痛消炎,配合肾俞、太溪、照海、涌泉等穴位滋阴降火。

　　疗效观察:艾灸 2 次后,口疮逐渐愈合,疼痛消失;艾灸 5 次后症状完全消失,五心烦热和盗汗减轻;后又持续艾灸 15 次,近半年未复发口疮。

---

4. 注意事项　口疮患者还需要注意口腔卫生,保持口腔清洁干燥,避免食用辛辣、刺激性食物。在治疗期间,要保持心情舒畅,避免过度疲劳和熬夜。如果症状较重或持续时间较长,建议及时就医。

【按语】

艾灸治疗口疮有较好的效果。口疮容易反复发作,日常生活中应注意饮食清淡,戒烟酒,不要过度劳累。

情景导入解析

1. 依据上述情况提出临床诊断、治则，并对患者的病机病理进行辨证。

依据四诊结果，患者口疮为心脾蕴热型，治则：清心泻脾，解毒祛腐。其病机病理主要是患者在过食肥甘厚味后出现口疮，伴随纳差、夜寐不安，舌红苔黄等情况，分析为心脾积热，痰火互结导致口疮。

2. 拟定灸治处方，诠释方义。

（1）依据辨证施灸理论，拟定灸方如下：地仓、廉泉、合谷、劳宫、足三里、丰隆。

（2）方义诠释

地仓：艾灸此穴可疏风止痛，适用于口疮疼痛。廉泉：位于颈部，喉结上方，舌骨上缘凹陷处。艾灸此穴可清利咽喉，适用于口疮、咽喉肿痛。合谷：位于手背，第1与2掌骨间，第2掌骨桡侧的中点。艾灸此穴可清热解表，适用于口疮、齿痛。劳宫：位于手掌，第2与第3掌骨之间偏于第3掌骨，握拳屈指时中指尖处。艾灸此穴可清心火，适用于心脾蕴热所致的口疮。足三里：位于小腿前外侧，犊鼻穴下3寸，距胫骨前缘一横指。艾灸此穴可健脾和胃，适用于脾胃湿热所致的口疮。丰隆：位于小腿前外侧，外踝尖上8寸，条口穴外1寸，距胫骨前缘二横指。艾灸此穴可祛痰化湿，适用于痰湿蕴结所致的口疮。

经过两天的理疗，口疮症状基本消失，继续巩固效果；该患者调理有四年多，从胃溃疡变成了浅表性胃炎，尿酸高，血脂高也变正常。第二年，重度脂肪肝也转成轻度，原有肾结石现已痊愈。

（林小红　赵美玉）

参 考 文 献

［1］梁繁荣，王华.针灸学.5版.北京：中国中医药出版社，2021.

［2］郭宏伟，徐江雁.中国医学史.5版.北京：中国中医药出版社，2021.

［3］窦材.扁鹊心书.北京：中国医药科技出版社，2018.

［4］王振国，徐建云.中外医学史.4版.北京：中国中医药出版社，2021.

［5］柯雪帆.伤寒论选读.上海：上海科学技术出版社，1996.

［6］皇甫谧.针灸甲乙经.北京：中国医药科技出版社，2018.

［7］孙思邈.备急千金要方.北京：中医古籍出版社，2022.

［8］李明今，衣运玲.中医护理学.北京：科学出版社，2018.

［9］吴琦，黄志雄.中医护理.长沙：中南大学出版社，2019.

［10］祝建材，储成志.中医护理学.成都：西南交通大学出版社，2021.

［11］温茂兴.中医护理学.北京：高等教育出版社，2020.

［12］徐桂华，胡慧.中医护理学基础.4版.北京：中国中医药出版社，2021.

［13］赵桂芝，王伟.中医基础理论.3版.西安：西安交通大学出版社，2019.

［14］高树中，冀来喜.针灸治疗学.5版.北京：中国中医药出版社，2021.

［15］刘蓬.中医耳鼻咽喉科学.5版.北京：中国中医药出版社，2021.

［16］彭清华.中医眼科学.北京：中国中医药出版社，2021.

［17］彭清华，忻耀杰.中医五官科学.北京：人民卫生出版社，2020.

［18］刘乃刚，刘福水.艾灸传统疗法速查.南京：江苏凤凰科学技术出版社，2018.

［19］刘密.艾灸疗法.北京：中国医药科技出版社，2012.

灸材基础知识

【艾草的种植与收集】

一、艾草种植的环境条件

艾草在我国分布广泛,遍及南北各地。艾草对种植的环境条件要求不高,在我国很多地区皆可种植,南到贵州,北到河北,田野上均有艾草的身影。艾草种植需要满足以下几个方面的环境条件。

1. 温度条件　艾草耐寒性比较好,不同季节对温度需求不一样,冬季温度保持在 8℃左右即可,其他季节保持在 15~25℃即可。在北方,冬季天气过于寒冷,需要做一些防寒保暖措施,比如盖膜。

2. 光照条件　艾草是喜阳植物,所以需要选择向阳处的地块,以有利于艾草生长,阳光过于强烈,艾草植株容易晒伤,所以夏季要适当遮阴。

3. 水分条件　艾草生长期间要科学浇水,它尽管喜欢湿润的环境,但不耐水。浇水之后,要注意排水系统是否完善,因为过于湿润的环境会对其生长产生严重影响,如发生病虫害,影响植株的正常生长,甚至出现根烂致死的现象。

4. 土壤环境　艾草适合种植在疏松透气、排水性好的土壤中,过于湿润的环境会发生病害,还有可能会造成烂根。

二、艾草的种植技术和养护方法

（一）艾草的种植技术

1. 品种选择　宜选用抗病、丰产、适应性广的青秆品种,以高原艾(当地野生五叶大白艾)和宛艾(如河南南阳五叶艾)为主。高原艾是最好的品种,出绒率最高,提取物含油量以及黄酮含量均很高,其中龙脑含量高于平原艾 1.5 倍。除此之外,五叶艾叶大肥厚,出绒率高;七叶艾叶小细碎,出绒率相对较低。

2. 艾草的种植技术　艾草的种植分为三种方法。

（1）艾籽种植:就是用艾草的种子均匀地撒在土壤表面,然后覆上一层薄土,再进行浇水保持土壤微湿即可。种子种植通常在早春,即每年 3-4 月播种。行距为 40~50cm,播种覆土不宜太厚,以 0.5cm 为宜或以盖着种子为宜,覆土太厚种子出苗难。出苗后注意松土、除草和间苗。苗高 10~15cm 时，按株距 20~30cm 定苗。

（2）种苗种植：就是把艾草种苗进行移栽种植。即在种植三年或三年以上的艾草田，挖取艾草，选择其中具有本品种特征并有良好根系的健壮株，切除上端茎叶，保留茎长 12cm，作为种苗。种苗种植每穴 1~2 株，种苗栽植深度为 5~7cm，每年 3 月下旬至 4 月中旬栽植的，株行距 30~40cm；9 月中旬 -10 月中旬栽植的，株行距为 20~30cm。

（3）根状茎种植：生产上以根状茎种植为主。栽种期通常在早春，最好在芽苞萌动前，挖取多年生地下根茎，将完整的艾根挖出，选取嫩的根状茎，分割成 10~12cm 长的节段，晾半天后进行栽种。栽种时按行距 40~50cm 开沟，把根状茎按 20cm 左右的株距平放于沟内，再覆土压住。土壤较干的，栽种后应及时浇水，出苗后要注意及时松土、除草和追肥。

艾根种植的成活率很高，分蘖力比较强，会使整块地很快地铺满，生长很快生长周期比较短（平原艾一年一般可收 4~5 次，高原艾一年收 3 次，分别为端午、8 月、10 月）。

（二）艾草的养护方法

1. 施肥与整地　结合整地，每亩施农家肥 300~400kg，20~30kg 的 40% 三元复混肥，深耕细耙。

2. 追肥养护　每年在采收最后一茬后，每亩施 1 000kg 农家肥。

3. 水分管理　平茬、施肥后需要浇足水，之后可保持土壤水分在 60% 左右。采收前 15 天，适当提高土壤水分，使土壤含水量保持在 65%~70%，直到采收。

4. 采后平茬　艾草采收后，将剩下的老桩贴地面去除，清理地面枝叶，使地面平整。

5. 病虫害防治

（1）防治原则：贯彻"预防为主、综合防治"的植保方针，坚持以"农业防治、物理防治、生物防治为主，化学防治为辅"的无害化防治原则。

（2）病虫害防治方法：一是实行三年轮作 1 次，选择抗病虫害性能强的高原艾，合理密植，深耕晒垄，增施无害化处理的农家肥，中耕除草，清洁地面。二是应用灭虫灯诱杀害虫、黄板诱杀蚜虫等。三是保护利用天敌。四是化学防治。

三、艾草的采收

1. 采收时间　艾草的采收期为 4 月上旬至 10 月上旬，每年采收三茬，茬间间隔 35~40 天。春季栽植的可于当年 6 月中旬第一次采收，秋季栽植的可于次年 4 月上旬采收第一茬。艾草采收宜选择晴天的早晨或多云天气，气温在 18~28℃时采收较好。

2. 采收方法　当艾草植株长到 70~100cm 高时，根据加工要求及时采收。机械采收的距地面 10cm 留茬，用割晒机割倒。根据情况也可以人工收割。

3. 采收后处理　在田间晾晒每 3~4 天翻动 1 次，达到水分低于 30% 且手捏叶片不碎时，用秸秆打捆机打捆，装车、运回、陈放。

【艾草的储存和陈化】

一、艾草的储存

（一）艾草储存的条件

1. 集中存放条件 艾草储存要大量堆放，最好是堆放在比较大的仓库内，一般是几十吨甚至是几百吨堆放在一个仓库中。

2. 避光防潮 艾草储存过程中应注意避光，忌被阳光直接照射。条件允许最好完全避光，这一项非常重要。同时还要注意防潮，仓库环境要求干燥，通风效果好，杜绝受潮生霉。

（二）艾草储存的方法

1. 干燥的艾草储存法

（1）散装纯叶阴干储存

散装：指的是用多个袋子盛装，透气性好，同时具备避光条件。

纯叶阴干：常用于精品纯艾叶（即没有枝干，转化慢、转化一致的艾叶），将其放在阴凉、通风、避光的仓库环境阴干。这种方法最大的优点是能最大程度还原古法天然存储，艾叶能避免潮湿和高温的负面影响，叶内有机物质更好得以保存。产品香味扑鼻，灸感很好。颜色上甚至三年后仍然会出现绿色，而不是金黄色（指低比例加工）。若颜色为土黄色且中间带有红褐色（蕲艾），加上有霉味，就说明储存不当，且已经受潮。

（2）挤压包纯叶阴干储存：和袋装唯一区别就是挤压包是高密度，所以艾草颜色会呈现金黄色，并且转化周期提前（变相发酵），无须三年就能使用。不足之处是艾香不明显（指三年的），若提前使用则艾香较浓。

（3）挤压包全棵储存：区别在于节省人力，节省成本（无须去枝去秆），发酵更快（因为枝干水分高于叶片），全棵储存正常情况无需三年时间，一年即可使用。因为全棵储存1年和储存1~3年无明显差别。

（4）全棵室外堆放储存：这种方法南阳艾多用，优点是更节省成本，发酵更快（高温、高水分、加太阳直射），明显有霉味（高比例能去掉）。

2. 新鲜艾草储存法 新鲜的艾草大多用于直接食用。其储存方法如下。

（1）采摘回来的艾叶倒入清水中浸泡片刻，清洗过程中将硬硬的老梗折掉，只留嫩叶部分。艾叶折好后用清水多淘洗两遍，捞出来控干水分。也可以先放在太阳底下稍微晒一晒，去除水气，然后拣去杂质，清洗干净。

（2）在煮锅里倒入适量的清水，水烧开后加入小苏打粉，并分次放入清洗干净的艾叶，用中小火煮三五分钟，去除苦涩味。在开水里加入小苏打粉，不仅可以让艾叶变得更软，而且还有固色的作用，这样蒸出来的艾团翠绿不发黑。注意：艾叶焯水时不要用铁锅，因为铁锅容易氧化使艾叶变黑。

（3）艾叶焯过水后立刻捞出放入清水中浸泡，多用冷水清洗2~3遍，这样可以保证艾叶翠绿。

（4）最后一次清洗好,再用手把艾叶攥成团,用力挤干水分。

（5）把滤干水分的艾叶团装入保鲜袋里,将袋口系紧,然后放冰箱里冷冻保存。这样保存一年艾叶都不会腐烂也不会变黑。

（6）也可以把艾叶打成泥状。淘洗好的艾叶水分不要挤太干,然后分次放入破壁机内,加入少许清水再选果蔬键打成细腻的艾叶泥。把打好的艾叶泥倒出来装入碗中,根据每次的用量分装到自封袋里,排出里面的空气后再封口,然后放冰箱里冷冻保存起来,随用随取,特别的方便。

（7）如果要使用,可以先把冷冻的艾叶泥取出来解冻后再制作美食。如果是使用自封袋保存的干艾叶泥,就可以直接撕开袋子将艾叶泥加入食材中。

（三）艾草不同储存方法结果比较

1. **仓储成本**　散装纯叶 > 挤压包纯叶 > 全棵挤压包 > 室外堆放。
2. **转化时间**　室外堆放 > 全棵挤压包 > 挤压包纯叶 > 散装纯叶。
3. **艾草颜色**　土黄、深黄、金黄。
4. **艾草气味**　清香带薄荷香(蕲艾)、陈香、刺鼻霉味、无味。
5. **出绒率**　挤压包纯叶 > 纯叶散装 > 全棵挤压包 > 室外堆放(这个可以通过年份调整出绒率,无明显差别),全棵出绒率 ≠ 纯叶出绒率(所谓的比例)计算适用参数不同。不同的储存方式决定绒的外观差异。

二、艾草的陈化

新收割的艾草如果未经过陈化,直接制作成艾条进行艾灸,会因为过于燥烈损伤人体的气血。陈化不是简单的陈放,陈化是一种科学。艾草陈化的过程,其实就是艾草发酵的过程,不但需要满足一定的仓储条件,还要经过夏季的高温,艾草才能更好地发酵。中药材里面除了艾草需要陈化之外,陈皮也是经过陈化而得的。而艾草的陈化至少需要1年,尤以陈化3年以上为宜,其药用价值更高。

艾叶最早于《名医别录》载其"味苦,微温",名医李时珍根据艾叶的功效总结首次提出艾叶味"辛",现代普遍认为艾叶具有"味辛、味苦、微温"的特性。中医认为,"辛"能行能散,药理研究学介绍,辛味药所含化学成分以挥发油最多。

大量药理研究表明,艾叶富含多种生物活性成分,其中挥发油是艾叶的主要有效成分群。艾叶挥发油具有抗菌、抗炎、消毒驱虫、美白、止血、抗过敏、镇嚏、止痒等功效。但是,如果艾叶中挥发油的含量过量,使用时会导致头晕、咽干等一系列不良反应。新艾叶挥发油含量较高,所以必须经过长时间陈化处理。

陈化对艾叶中的挥发油有显著影响。在陈化发酵过程中,一方面挥发油含量随贮存时间的延长而减少;另一方面,挥发油逐渐被氧化,会产生大量氧化物,增强了挥发油的生物活性,用陈化的艾草艾叶制作的艾条,艾灸时效果更佳。

【艾草的加工】

一、艾草加工常用设备

艾草产品的生产设备包括粉碎机组（含粉碎、分离、筛选等）、艾香机、自动包装机、搅拌机、低温烘干室、自动艾条机、半自动艾条机、艾炷机、切纸机、打码机等。艾产品的检测设备包括气相色谱仪、液相色谱仪、显微镜、薄层色谱、快速水分测试仪、烘干设备等仪器试剂。

二、艾草的加工流程

艾草艾条是一种传统中药材，对人体有很好的保健作用。在中国，艾草艾条的生产工艺历史悠久，流程十分复杂，需要经过多个环节。

1. 采摘　艾草生长在山区或平原的田野上，采摘时间为 8 月到 9 月份。根据经验，最好在傍晚或清晨采摘，避免艾草受热或时间过长，导致失去营养成分。厂家选用的艾草一般为具有春季第一次茎的艾草。

2. 晾晒　采摘的艾草，进行清洗、翻晒、放风等工序后，摆放在室内阴凉处晾晒，或者选用太阳照射时间较短的时间段进行晾晒。否则，过度暴晒会损毁有效成分。艾草晾晒时还需及时翻动，以免烤焦。

3. 打秆　艾草晒干后，进行打秆，去掉秆和杂质以便后续操作。

4. 烤干　选用标准化电控烘干机，对艾草进行烤干，杀死细菌提高品质，强化草本的香气，烤干后的艾草香气浓烈，脆硬易碎。艾草烘干时间一般为 2~3 小时。

5. 制条　使用专业艾草机器，将烤干后的艾草利用机器进行压制成条，艾条形状一般是长的圆柱形，艾条填装量约为三分之二，填装是否均匀是关系到艾条质量的一个关键因素。

6. 熏制　选择的熏制方法包括干熏和湿熏，大部分采用的是干熏的方式。首先把艾草放入熏房内，然后点燃熏炉，混合艾草释放出的气息，有效地改善环境条件，并且根据艾草内在的透明质酸、黄酮的成分等，决定熏制的时间以及熏制的温度。这一环节管理关键在于经常开窗通风，否则释放的气息会造成艾草质量变差。

7. 包装　通常选用的包装方式，是将熏制后的艾草艾条放入长条形的泡沫套子里面，然后再放入盘子内。不仅要注重包装的美观，同时还要严格考虑包装的物理性能，需要防潮，避免艾草艾条在包装内部受到挤压、损伤等。

总之，在艾草艾条的生产和加工过程中，严格控制每个环节，以确保艾草艾条的质量和安全性。要求对每个环节都要做到精益求精，向消费者提供最优质的艾草艾条产品。

三、艾条的制作方法

艾条又称为艾卷。根据内含成分分为纯艾条和药艾条两种。一般长 20cm，直径 1.2cm。制作方法如下：

1. 将裁成 85mm × 150mm 的厚绵纸（或其他有挺度且易于燃烧的纸张）在 25mm 外径，20cm 长 PP-R 管上卷成筒状。接口用胶水粘好，PP-R 管的表面非常光滑，即使胶从纸管内少许外溢，也很容易将纸筒从管子上推下来，做好的纸筒尺寸为直径 25mm，长度为 15mm。

2. 纸筒的接口完全干燥后，放到较粗的 25mm 内径的 PP-R 管中填充艾绒，使用的艾绒比例适度为宜。刚开始艾绒不易填充过多过紧，填充的过程中多用前段削尖的、恰似筷子一样的器具多次捅 PP-R 管，促使填绒均匀。然后一手握紧粗管将管的一端按在平面操作台上，一手用捣棒将纸筒的艾绒捣实。

捣绒时的力量先小后大逐步加力。捣好 1 次后，绒的上面会光滑，用削尖的器具将光滑的艾绒表面划烂后，再往纸筒里填绒。重复以上步骤几次后即可完成，最后一次填绒捣实后，在艾绒的上面到达 PP-R 管的顶端后，将剩余的纸筒壁用剪刀切开几个口，然后将纸按倒至艾绒面。

3. 将艾棒从粗管中推出后，用胶棒涂底，沾上一块棉纸，在桌面上捣几下让纸粘牢，待干燥后用剪刀剪圆，此步骤称为糊底。将从纸筒前端呲出来的艾绒整理干净后，手握艾棒在平面操作台上把露在外面的艾绒捣平，则完成艾条制作的全部工序。

需要说明的是，药艾条的制作过程同纯艾条，只是根据治疗疾病的需要，加入不同的药物成分。

其他还有艾炷、太乙针和雷火针的制作方法，以及机器制作艾条，在这里不再描述，请参照网络和其他教材资料进行学习。

【艾草的识别】

艾叶为菊科植物艾的干燥叶，性温，味苦、辛，归肝、脾、肾经，具有散寒止痛、温经止血、镇咳平喘、杀菌止痒及安胎的作用。其属多年生草本或略成半灌木状植物主根明显，略粗长，侧根多，常有横卧地下的根状茎，植株有浓烈香气；叶被有灰白色短柔毛，并有白色腺体与小凹点；头状花序椭圆形，无梗或近无梗。艾在我国分布广泛，在野外在田间地头均有生长，遍及南北各地。艾有很多种同属的植物，形态相似，人们易混淆。鉴于此，艾草可按照如下几种方式进行识别。

一、真"艾"的特征

1. 茎　艾草的茎直立，具有分枝，有时甚至呈现出灌木的特点。茎皮呈现银绿色，表面有短小的绒毛。

2. 根　艾草的根系发达，一般有横卧的根茎，颜色土黄色。

3. 叶片　艾草的叶片呈椭圆形，表面有绒毛，叶片大小约 6cm。叶片还有深裂，裂片呈椭圆状披针形，边缘有不规则的粗锯齿。上表面灰绿色或深黄绿色，下表面密生灰白色绒毛。

4. 花序和果　艾草的花期在 7—10 月，花属于头状花序，有苞片、花丝、花药等结构。其果实属于瘦果，形状为长圆形，果期也在 7—10 月。

5. 气味　艾草具有清香的气味，味苦。

二、如何识别真"艾"和蒿草

1. 外观　艾草长得十分饱满，裂口接近叶片的顶端，艾叶表面为五瓣灰绿色，相对比蒿草叶更宽大，而且叶片周围有小的齿锯齿；蒿草叶片通常较细，正面颜色泛白，会有一层白色绒毛，且叶片相对比艾草叶片小，整个叶片呈狭长状；艾叶的主干略粗长，茎部呈淡绿色，靠近地面的根部稍木质化，可作为中药，艾灸条。蒿草的高度要低一些，主干也比较细小，茎部呈暗红色，长势最好的蒿草只有10cm左右，可食用，常用于配料。

2. 气味　艾草气味比较浓，呈清凉油味，而蒿草香味偏淡，而且伴有草臭味；艾叶有温经散寒、祛湿平喘、止咳安胎、抗过敏等功效；蒿草则有止血、温经、解表、抗疟疾、利胆等作用。

（邓松雨　赵美玉　姚中进）

制约艾灸发展的问题及未来战略思考

一、制约艾灸发展的问题

艾灸是一种古老而有效的中医治疗方法,具有广泛的应用和发展前景。然而,目前艾灸发展还存在着一些制约因素,主要表现在以下几个方面。

1. 艾灸技术的传承问题 艾灸技术需要专业的中医知识和技能,而且不同的疾病需要不同的艾灸方法,因此艾灸技术的传承难度较大。目前,艾灸技术的传承主要依靠传统的师徒制,但是这种传承方式效率低下,也难以保证传承的准确性和完整性。

2. 艾灸设备的研发问题 艾灸设备的研发需要涉及医学、材料学、电子学等多个领域的知识和技能,而且需要满足不同患者和不同疾病的需求。然而,目前市面上的艾灸设备种类繁多,质量参差不齐,而且存在一些操作不便、安全隐患等问题,难以满足患者的需求。

3. 艾灸的临床应用问题 虽然艾灸在中医临床上有着广泛的应用,但是其临床应用还存在一些问题。例如,艾灸的治疗效果受到患者个体差异、病情严重程度、操作技巧等多种因素的影响,难以进行准确地评估和预测。此外,艾灸的治疗过程可能会对患者造成一定的不适和疼痛,需要在临床应用中加以注意。

4. 艾烟的安全性问题 艾灸会产生一定的艾烟,其中含有微小的颗粒物和有害气体,可能对人体健康造成一定的影响。特别是对于长期吸入艾烟的人群,可能会出现咽喉肿痛、眼睛干涩红肿、皮肤过敏等不适症状。因此,在艾灸过程中需要注意通风和防护措施。

二、艾灸未来的研究趋势及战略思考

艾灸作为一种古老而有效的中医治疗方法,近年来在国内外均受到了广泛的关注和研究。未来,艾灸行业的发展趋势和展望将与以下几个方面密切相关:

1. 艾灸技术不断创新 随着科技的不断进步,艾灸技术也将不断发展和创新。未来可能会出现更加智能化的艾灸设备,能够根据病情和个体差异自动调整艾灸的温度、时间和位置等参数,提高治疗效果和舒适度。

2. 设备改良与升级 随着人们对健康的关注度不断提高,艾灸设备也将会不断升级和改进。未来的艾灸设备可能会更加便携、易操作和美观,同时也将具备更好的安全性和舒适性。

3. 提升健康消费观念 随着健康消费观念的不断提升,艾灸行业将会进一步发展和壮大。未来,艾灸行业将会更加注重消费者的需求和体验,提供更加专业化和个性化的服务,同时也将更加注重艾灸的健康和教育作用。

4. 国家政策的支持　随着国家对中医药行业的不断支持和推动,艾灸行业也将会得到更多的政策支持和资金投入。未来,艾灸行业将会更加规范化和标准化,推动行业的健康发展。

　　总之,随着科技的不断进步和健康消费观念的提升,艾灸行业将会得到更加广泛的应用和发展,同时也将面临更多的机遇和挑战。未来,艾灸行业需要不断提高技术水平和服务质量,推动行业的健康发展,为人类的健康事业作出更大的贡献。

（姚中进　金静军　赵美玉）